普通高等教育"十三五"电子商务专业规划教材

电子商务管理

(第二版)

主　编　曾小春
副主编　应　喆　薛伟宏

西安交通大学出版社

XI'AN JIAOTONG UNIVERSITY PRESS

内容提要

本书包括引导、基础、应用、发展等四篇内容，主要特色如下：第一，结构设计逻辑清晰，内容丰富，涵盖了电子商务管理概述、电子商务面临的问题、电子商务的技术基础、电子商务模式与运作流程、电子商务战略管理、电子商务组织管理、电子商务"三流"管理、ERP的应用、供应链管理及其绩效评价、客户关系管理与有效沟通、电子商务风险管理、电子商务效率的改进、电子商务模式创新等方面内容；第二，兼顾完善和新颖，前两篇的内容在满足完善的前提下追求新颖，后两篇各章无论是标题选用还是内容的考量，都力求突出新意；第三，管理学的论述与经济学的分析结合并重；第四，既关注理论分析和阐释，又强调与实践的结合，突出可操作性，每章的案例选取尽量以问题为导向。

本书既可以作为高等院校电子商务及相关经管专业的教材，也可以作为相关专业硕士研究生的教学参考书以及电子商务方面的高级培训用书。

丛书编委会

顾　　　问　汪应洛　闵宗陶

主 任 委 员　李　琪

副主任委员　魏修建　王刊良　彭丽芳

委　　　员　廖咸真　秦成德　曾小春　石榴红　薛伟宏

　　　　　　　彭　晖　王　晔　胡宏力　应　喆　张爱莉

　　　　　　　周　琳　张仙锋　张永忠　王立华　韩小红

总 序

从2001年教育部批准13所高等院校开办电子商务本科专业，经过6年的发展，目前全国开设电子商务本科专业的高等学校已超过320所。在教育部高教司的直接支持和指导下，2002年中国高等院校电子商务专业建设协作组正式成立。其主要任务是：为中国高等学校电子商务专业的研究、教学、实践和人才培养提供指导与支持。协调组自成立之日起，一直致力于我国电子商务专业的师资队伍、实验室及教材的建设。2003年3月，在华侨大学召开了"全国高校电子商务专业主干课程教学基本要求研讨会"，此次会议是国内电子商务本科专业教育界对教学大纲问题的首次集中讨论。来自全国19所高校电子商务专业的专家、学者参与了本次讨论。专家们对每门课程的性质、地位、教学任务和要求、教学中应注意的问题、建议学时数、教学要点、教学方法建议等问题进行了广泛的讨论，形成了比较一致的意见，并确定了电子商务专业的主干课程。

2006年春，教育部成立2006—2010年高等学校电子商务专业教学指导委员会，还特聘了国家商务部信息化司司长王新培、中国电子商务协会理事长宋玲和阿里巴巴公司CEO马云作为领域专家委员。电子商务专业教学指导委员会成立以来，在专业教育的大政方针、师资培养、教材建设、实验和实训建设方面积极努力地工作，从不同方面指导和推动着本专业的发展。2006年在电子商务的课程体系方面提出了三级结构的设想：专业基础课、专业课和前沿类课程，反映了电子商务专业与时俱进的特色。2007年在教育部的统一部署下，教指委大力推进电子商务专业的知识体系建设，将其归纳为电子商务经济（ECE）、电子商务技术（ECT）、电子商务管理（ECM）和电子商务综合（ECG）四个大类。

随着电子商务理论和实践的快速发展，电子商务教材也需要随之更新，以更加符合电子商务的发展要求。在此背景下，西安交通大学出版社与中国信息经济学会电子商务专业委员会合作，共同组织编写出版一套电子商务本科专业教材。2006年10月，经协商决定，由中国信息经济学会电子商务专业委员会和西安交通大学出版社两家联合组织编写电子商务本科专业系列教材。

从2006年10月到2007年5月，在西安交通大学和中国信息经济学会电子商务专业委员会共同努力下，成立了电子商务本科系列教材编写委员会，继而从众多自愿报名和编委会推荐的学校和教师中，选择主编，采取主编负责制，召开协作大纲研讨会、反复征求各方意见，群策群力，逐步编写本套电子商务专业本科系列教材。

该系列教材具有以下几方面的特色:

(1) 在教材体系上,吸收了众多学者、学校和产业实践者的意见,使系列教材具有普遍适应性和系统性。本系列教材较为全面地包含了电子商务教学中的各门课程,不仅包括了电子商务专业的骨干课程,而且也增加了电子商务发展需要的一些选修课程,如《网络价格》、《网络消费者行为》等。不仅使教材体系更具有合理性,而且也使开设电子商务本科专业的学习有更多的选择余地。

(2) 从教学大纲研讨到编写大纲的讨论,再到按主编负责制进行编写、审核等,集中了电子商务专业委员会内外在电子商务方面有丰富经验的教师、研究人员以及产业实践者的宝贵意见。经过一系列严格的过程约束与控制,使整套教材更加严谨和规范,具有科学性和实用性。

(3) 注重电子商务理论与实践相结合,教学与科研相结合,课堂教学与实验、实习相结合,使教材更能符合学生的学习、更能够反映电子商务的时代特征。

在各方的共同努力下,作为系列教材的丛书即将面世,希望本系列教材的出版,能为我国电子商务的教学与人才培养贡献一些微薄之力。

电子商务作为一个新生事物,其飞速的发展需要教材不断地更新,我们衷心希望各教学单位教师们和电子商务的产业实践者不断对我们提出宝贵的意见,使编者们与时俱进,不断充实、完善这套系列教材。

中国信息经济学会电子商务专业委员会
电子商务专业教材编写组
2008年1月

第 2 版 前 言

光阴似剑,岁月如梭,不知不觉中这本书已经使用了 6 年。此时此刻,我的感激之情油然而生,我要衷心地感谢这些年来使用本书的学校、老师和学生们!随着网络技术、大数据、云计算、人工智能等的发展,电子商务发展迅猛,电子商务管理也需要顺应时代发展的潮流而变化。正因为如此,经过众多学者专家的共同努力,我们推出了本书的第 2 版。

本书第 2 版对原版的文字内容更新约 30~40%;参考文献更新率为 66%;本书有 10 章的案例已经更新,案例更新率 77%。总体上讲,本书具备独有的特色,兼顾完善和新颖,本书第 2 版正是对这两点的延续。

具体安排上,在引导篇中,第一章电子商务管理概述,主要阐述电子商务及其竞争优势、电子商务与企业管理变革、电子商务管理及其内容、电子商务智能管理,不仅更新了二级子目录,而且增加了智能管理的全部内容,更新了案例分析;第二章电子商务面临的问题,在原有框架法律、经济、质量、技术、安全等议题下,更新了相关资料,尤其是相关技术问题以及案例分析。

在基础篇中,第三章电子商务的技术基础,涵盖了网络基础、电子商务网站涉及的技术、电子商务安全技术等内容,Web 技术更新的比较多,同时更新了案例分析;第四章电子商务模式与运作流程,主要阐述电子商务模式及其分类、模式分析、电子商务运作流程等,基本框架和案例分析未变,但里面的内容作了相应的更新;第五章电子商务战略管理,包括战略管理概述、企业电子商务战略管理、战略管理的协调等内容,除了里面的战略管理与战略规划、电子商务人才战略有详细更新之外,还更新了案例分析;第六章电子商务组织管理,主要包括组织结构及其优化、涉足电子商务活动的组织、电子商务组织的运行机制、电子商务组织的管理制度等内容,更新了许多内容(特别是虚拟企业),同时更新了案例分析;第七章电子商务"三流"管理,涉及"三流"管理概述、信息流管理、资金流管理和物流、信息流、资金流的协同运作等,除了相关内容的更新之外,更新的重点在第四节(包括主标题)和案例分析。

在应用篇中,第八章 ERP 的应用,主要阐述 ERP 的形成与发展、ERP 的功能模块、ERP 在企业管理中的应用、ERP 的发展趋势等,更新了很多内容,特别是 ERP 的发展趋势以及案例分析;第九章供应链管理及其绩效评价,包括供应链管理概述、供应链管理的发展、供应链的规划、组织与控制、供应链管理绩效评价等,更新了不少内容,特别是供应链管理的发展、供应链管理绩效评价的研究现状、供应链绩效评价的一般步骤以及案例分析;第十章客户关系管理与有效沟通,包括客户关系管理概述、客户关系管理实施、客户关系中的呼叫中心、与客户的有效沟通等,更新的内容主要有第一节和第二节;第十一章电子商务风险管理,包括电子商务风险及其分类、电子商务风险评估、电子商务风险防范、电子商务的非技术风险等,不仅更新了二级子目录,而且增加了电子商务的非技术风险的内容以及更新了案例分析。

在发展篇中,第十二章电子商务效率的改进,包括成本分析、效率评价、业务流程再造与效率改进等,更新的内容很多,主要包括电子商务对传统企业的影响、电子商务成本及其构成、电子商务效率基本分析、业务流程再造与效率改进等;第十三章电子商务模式创新,涵盖再论电子商务模式、基于交易对象的电子商务模式、商业模式创新、电子商务模式创新的策略等,主要更新了电子商务模式的相关描述、商业模式创新、电子商务模式创新的思路和策略、案例分析等内容。

由于本书内容丰富、全面且比较新颖,既可作为高等院校电子商务专业本科生的必修课教材、其他本科专业的选修课教材,也可以作为非电子商务专业硕士研究生的教学参考书以及电子商务方面的高级培训教材。

本书第2版仍然由西安交通大学曾小春担任主编,并负责各章的审改与协调以及全书的总纂;西安交通大学应喆、薛伟宏老师担任副主编。各章更新修改的分工如下:第一、十一章由广东惠州学院谈海霞老师负责,第二章由西安财经学院李楠老师负责,第三章由西安交通大学应喆老师负责,第四章由陕西师范大学王艳玮老师负责,第五章由西安财经学院赵益维老师负责,第六章由西安邮电大学冯晓莉老师负责,第七、九章由湖南师范大学曾姣艳老师负责,第八章由西安科技大学李晓琳、李玲老师负责,第十章由西安思源学院张守刚老师负责,第十二章由西安科技大学吕靖烨老师负责,第十三章由西安交通大学王立华老师负责。除此之外,西安交通大学应喆老师负责第二、三、四、七、八、十三章的审改;薛伟宏老师负责第一、五、六、九、十章的审改。

本书第2版的顺利完成得益于许多人的帮助和支持,在此我要对所有帮助者表达谢意。首先感谢经济与金融学院院长孙早教授的大力支持和教学副院长李倩教授的鼎力相助。同时,我还要感谢对本书的完善提出建设性意见的专家学者们,他们是中央财经大学苏雪串教授、西安建筑科技大学周勇教授、西北工业大学张识宇教授。另外,我还要特别感谢钟世和、陈晨、段喆、代晓辉、史毛莉、王炜、吴丹、牛婧同学,他们在参与、协助我的工作、收集资料等方面做了很多基础性工作,为该书的顺利再版奠定了良好的基础。本书能够顺利再版,我还要特别感谢西安交通大学出版社,感谢出版社责任编辑祝翠华女士,感谢她认真、辛劳而有效的工作。

曾小春
西安交通大学博士生导师,全国经济管理院校工业技术学研究会理事长
2017年5月于交大财经校区

第1版前言

伴随网络技术的发展,电子商务逐渐渗透到传统商务之中。作为一门新兴学科,国内许多高校都已开设了电子商务专业,而在该专业的课程体系中,电子商务管理又是一门十分重要的必修课程。截至目前,国内作者编写的《电子商务管理》教材已有多本,可以说是各有千秋。

本书的编写宗旨是既要吸收反映电子商务管理领域的最新研究成果,又要避免呆板和教条,期望形成独有的特色,具体表现在:①结构设计新颖,以"引导—基础—应用—发展"的逻辑线条逐渐展开。②内容上力求全面系统与创新相结合。全书在理论基础和方法论方面尽量将管理学与经济学的思维方法兼收并蓄。③案例配合,实用性强。本书既关注严密的理论分析和阐释,又强调理论与实践的结合,每章设有案例并尽量以问题为导向,便于阅读思考。

本书的主要内容包括四篇:第一,引导篇,包括两章:第一章电子商务管理概述,主要阐述电子商务活动、电子商务的竞争优势、电子商务与企业管理变革、电子商务管理及其内容等;第二章电子商务面临的问题,主要阐述法律、经济、质量、技术、安全等问题。第二,基础篇,包括五章:第三章电子商务的技术基础,涵盖了网络基础、电子商务网站涉及的技术、电子商务安全技术等内容;第四章电子商务模式与运作流程,主要阐述电子商务模式及其分类、模式分析、电子商务运作流程等;第五章电子商务战略管理,包括战略管理概述、企业电子商务战略管理、战略管理的协调等内容;第六章电子商务组织管理,涵盖了组织结构及其优化、涉足电子商务活动的组织、组织的运行机制、组织的管理制度等内容;第七章电子商务"三流"管理,涉及概述、信息流管理、资金流管理和物流管理等内容。第三,应用篇,包括四章:第八章ERP的应用,主要阐述ERP的形成与发展、ERP的功能模块、ERP在企业管理中的应用、ERP的发展趋势等内容;第九章供应链管理及其绩效评价,包括供应链管理概述、供应链管理的最新发展、供应链的规划、组织与控制、供应链管理绩效评价等内容;第十章客户关系管理与有效沟通,包括客户关系管理概述、客户关系管理实施、客户关系中的呼叫中心、与客户的有效沟通等内容;第十一章电子商务风险,包括电子商务风险及其分类、消费者面临的风险及预防、企业面临的风险、企业电子商务风险评估、企业电子商务风险防范等内容。第四,发展篇,包括两章:第十二章电子商务效率的改进,主要阐述成本分析、效率评价、业务流程再造与效率改进等内容;第十三章电子商务模式创新,涵盖再论电子商务模式、基于交易对象的电子商务模式、其他电子商务模式分类体系、电子商务模式的创新策略等内容。

因此,本书内容丰富全面,既可作为高等院校电子商务本科专业的必修课教材,也可以作为非电子商务专业硕士研究生的教学参考书以及电子商务方面的高级培训教材。

本书由西安交通大学曾小春博士担任主编,主要负责大纲的拟定、各章的修改与协调以及全书的总纂;西安交通大学薛伟宏副教授担任副主编,参与大纲的修改及部分章节的协调。各章的编写分工如下:第一、十一章由广东惠州学院谈海霞讲师编写,第二章由西安财经学院讲师李楠博士编写,第三章由西安交通大学应喆副教授编写,第四章由陕西师范大学王艳玮博士编写,第五章由西安财经学院赵益维博士编写,第六章由西安邮电学院冯晓莉博士编写,第七、九章由湖南师范大学曾姣艳讲师编写,第八章由西安科技大学李晓琳讲师、李玲讲师编写,第十章由西安思源学院张守刚讲师编写,第十二章由西安科技大学吕靖烨博士、申飞讲师编写,第十三章由西安交通大学王立华博士编写。除此之外,河北大学任桂芬教授、湖南师范大学曾姣艳讲师参与了大纲的编写和修改,孙宁、王永斌、王曼、罗佳等硕士参与了对书稿的审改工作。

在本书的编写过程中,我们查阅了大量的国内外资料以及互联网上的一些资料,有些精辟论述也已被吸收引用。为此,我们将主要参考资料列示于本书的后面,并在此向各位作者致以衷心的感谢!百密一疏是有可能的,参考文献中如有遗漏的作者,在此一并表示感谢和深深的歉意。最后还要感谢西安交通大学出版社的大力支持,感谢蔡庆华编辑的辛勤劳动!感谢所有对本书出版有过支持和帮助的人们!

曾小春
2009年7月于交大西区

目 录

第一篇 引导篇

第一章 电子商务管理概述 (3)
  第一节 电子商务的定义及其竞争优势 (3)
  第二节 电子商务与企业管理变革 (6)
  第三节 电子商务管理及其内容 (10)
  第四节 电子商务智能管理 (14)
  本章小结 (20)
  思考题 (20)
  案例分析 (21)

第二章 电子商务面临的问题 (24)
  第一节 法律问题 (24)
  第二节 经济问题 (31)
  第三节 质量问题 (38)
  第四节 技术问题 (42)
  第五节 安全问题 (45)
  本章小结 (48)
  思考题 (48)
  案例分析 (49)

第二篇 基础篇

第三章 电子商务的技术基础 (53)
  第一节 网络基础 (53)
  第二节 电子商务网站涉及的技术 (60)
  第三节 电子商务安全技术 (72)
  本章小结 (82)
  思考题 (82)
  案例分析 (82)

第四章 电子商务模式与运作流程 (85)
  第一节 电子商务模式及其分类 (85)

第二节　电子商务模式分析 …………………………………………… (87)
　　第三节　电子商务运作流程 …………………………………………… (93)
　　本章小结 ………………………………………………………………… (101)
　　思考题 …………………………………………………………………… (101)
　　案例分析 ………………………………………………………………… (102)

第五章　电子商务战略管理 ……………………………………………… (104)
　　第一节　战略管理概述 ………………………………………………… (104)
　　第二节　企业电子商务战略管理 ……………………………………… (109)
　　第三节　战略管理的协调 ……………………………………………… (119)
　　本章小结 ………………………………………………………………… (122)
　　思考题 …………………………………………………………………… (122)
　　案例分析 ………………………………………………………………… (122)

第六章　电子商务组织管理 ……………………………………………… (125)
　　第一节　组织结构及其优化 …………………………………………… (125)
　　第二节　涉足电子商务活动的组织 …………………………………… (131)
　　第三节　电子商务组织的运行机制 …………………………………… (135)
　　第四节　电子商务组织的管理制度 …………………………………… (139)
　　本章小结 ………………………………………………………………… (141)
　　思考题 …………………………………………………………………… (142)
　　案例分析 ………………………………………………………………… (142)

第七章　电子商务"三流"管理 ………………………………………… (145)
　　第一节　"三流"管理概述 …………………………………………… (145)
　　第二节　信息流管理 …………………………………………………… (149)
　　第三节　资金流管理 …………………………………………………… (155)
　　第四节　物流、信息流、资金流的协同运作 ………………………… (159)
　　本章小结 ………………………………………………………………… (162)
　　思考题 …………………………………………………………………… (162)
　　案例分析 ………………………………………………………………… (163)

第三篇　应用篇

第八章　ERP 的应用 ……………………………………………………… (167)
　　第一节　ERP 的形成与发展 …………………………………………… (167)
　　第二节　ERP 的功能模块 ……………………………………………… (170)
　　第三节　ERP 在企业管理中的应用 …………………………………… (175)

第四节　ERP 的发展趋势 ………………………………………………………（179）
　　本章小结 …………………………………………………………………………（183）
　　思考题 ……………………………………………………………………………（183）
　　案例分析 …………………………………………………………………………（183）

第九章　供应链管理及其绩效评价 …………………………………………………（186）
　　第一节　供应链管理概述 ………………………………………………………（186）
　　第二节　供应链管理的发展 ……………………………………………………（192）
　　第三节　供应链的规划、组织与控制 …………………………………………（197）
　　第四节　供应链管理绩效评价 …………………………………………………（203）
　　本章小结 …………………………………………………………………………（210）
　　思考题 ……………………………………………………………………………（210）
　　案例分析 …………………………………………………………………………（211）

第十章　客户关系管理与有效沟通 …………………………………………………（214）
　　第一节　客户关系管理概述 ……………………………………………………（214）
　　第二节　客户关系管理实施 ……………………………………………………（218）
　　第三节　客户关系中的呼叫中心 ………………………………………………（223）
　　第四节　与客户有效沟通 ………………………………………………………（226）
　　本章小结 …………………………………………………………………………（233）
　　思考题 ……………………………………………………………………………（233）
　　案例分析 …………………………………………………………………………（234）

第十一章　电子商务风险管理 ………………………………………………………（237）
　　第一节　电子商务风险及其分类 ………………………………………………（237）
　　第二节　电子商务风险评估 ……………………………………………………（239）
　　第三节　电子商务风险防范 ……………………………………………………（242）
　　第四节　电子商务的非技术性风险 ……………………………………………（248）
　　本章小结 …………………………………………………………………………（254）
　　思考题 ……………………………………………………………………………（254）
　　案例分析 …………………………………………………………………………（255）

第四篇　发展篇

第十二章　电子商务效率的改进 ……………………………………………………（261）
　　第一节　成本分析 ………………………………………………………………（261）
　　第二节　效率评价 ………………………………………………………………（265）
　　第三节　业务流程再造与效率改进 ……………………………………………（271）

本章小结……………………………………………………………………………（279）
　思考题………………………………………………………………………………（280）
　案例分析……………………………………………………………………………（280）

第十三章　电子商务模式创新……………………………………………………（282）
　第一节　再论电子商务模式………………………………………………………（282）
　第二节　基于交易对象的电子商务模式…………………………………………（283）
　第三节　商业模式创新……………………………………………………………（286）
　第四节　电子商务模式创新的思路………………………………………………（288）
　第五节　电子商务模式创新的策略………………………………………………（289）
　本章小结……………………………………………………………………………（291）
　思考题………………………………………………………………………………（291）
　案例分析……………………………………………………………………………（291）

参考文献……………………………………………………………………………（294）

第一篇

引导篇

第一章 电子商务管理概述

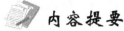 内容提要

本章首先介绍电子商务及其竞争优势,接下来探讨电子商务给传统企业管理带来的影响和变革,并提出电子商务管理及其主要内容,最后分析了未来电子商务管理的新趋势——智能管理。

第一节 电子商务的定义及其竞争优势

一、什么是电子商务

电子商务(Electronic Commerce,简称为 E-Commerce),就是利用现代互联网信息技术并在互联网上从事的各种商业活动的总称。因特网上的电子商务可以分为三个方面:信息服务、交易和支付。其主要内容包括:电子商情广告,电子选购和交易、电子交易凭证的交换,电子支付与结算以及售后的网上服务等。参与电子商务的实体有四类:顾客(个人消费者或企业集团)、商家(包括销售商、制造商、储运商)、银行(包括发卡行、收单行)及认证中心。

电子商务的定义至今还没有形成一个统一规范的认识。各国政府、学者、企业界人士都根据自己所处的地位和对电子商务的参与程度,给出了许多表述不同的定义。比较这些定义,有助于我们更全面地了解电子商务。

(一)世界电子商务会议关于电子商务的阐述

1997 年 11 月 6 日至 7 日在法国首都巴黎,国际商会举行了世界电子商务会议(The World Business Agenda for Electronic)。在这次会议中给出了关于电子商务最权威的概念:电子商务是指对整个贸易活动实现电子化。从涵盖范围方面可以定义为:交易各方以电子交易方式而不是通过当面交换或直接面谈方式进行的任何形式的商业交易;从技术方面可以定义为:电子商务是一种多技术的集合体,包括交换数据(如电子数据交换、电子邮件)、获得数据(共享数据库、电子公告牌)以及自动捕获数据(条形码),等等。

(二)欧洲议会对电子商务的定义

欧洲议会对电子商务给出的定义是:"电子商务是通过电子方式进行的商务活动。它通过电子方式处理和传递数据,包括文本、声音和图像。它涉及许多方面的活动,包括货物电子贸易和服务、在线数据传递、电子资金划拨、电子证券交易、电子货运单证、商业拍卖、合作

设计和工程、在线资料、公共产品获得。它包括了产品(如消费品、专门设备)和服务(如信息服务、金融和法律服务)、传统活动(如健身、体育)和新型活动(如虚拟购物、虚拟训练)。"

(三)权威学者的看法

美国学者瑞维·卡拉克塔和安德鲁·B·惠斯顿在他们的专著《电子商务的前沿》中提出:"广义地讲,电子商务是一种现代商业方法。这种方法通过改善产品和服务质量、提高服务传递速度,满足政府组织、厂商和消费者降低成本的需求。这一概念也用于通过计算机网络寻找信息以支持决策。一般地讲,今天的电子商务通过计算机网络将买方和卖方的信息、产品和服务联系起来,而未来的电子商务则通过构成信息高速公路的无数计算机网络中的一条将买方和卖方联系起来。"

(四)IT行业对电子商务的定义

IT行业是电子商务的直接设计者和设备的直接制造者。很多公司都根据自己的技术特点给出了电子商务的定义。虽然差别很大,但总的来说,无论是国际商会的观点,还是惠普公司的E-World、IBM公司的E-Business,都认同电子商务是利用现有计算机硬件设备、软件和网络基础设施,通过一定的协议连接起来的电子网络环境进行各种各样的商务活动。

归纳上述对电子商务的定义,我们可以这样说,迄今为止,人们所谈及的电子商务,是指在全球各地广泛的商业贸易活动中,通过现代信息技术,特别是信息化网络所进行并完成的各种商务活动、交易活动、金融活动和相关的综合服务活动。

电子商务的概念有狭义和广义之分。狭义的电子商务主要指利用因特网进行的商务活动,而广义的电子商务指所有利用电子工具从事的商务活动,如市场分析、客户联系、物资调配等。这些商务活动可以发生于公司内部、公司之间及公司与客户之间。在不少研讨中,电子商务仅指以因特网及其他的以网络为基础的商务活动。然而,像电话、电传和电视这样的工具早已应用,最早追溯到通信工具商业化的时候开始,事实上就是从电报的商业化应用开始,广义的电子商务就产生了。电话、传真和广播电视的出现进一步推动了广义上的电子商业贸易,尤其在发达国家,这些工具更是广泛用于商务活动。总的来说,狭义的电子商务仅仅将通过因特网进行的商业活动归属于电子商务,而广义的电子商务则将利用包括因特网、内部网等各种不同形式在内的一切电子工具进行的商务活动都归属于电子商务。

二、电子商务的竞争优势

(一)降低采购成本

在传统的商务运作过程中,企业采购原材料或服务是一个复杂的多步骤过程。首先,采购上要搜寻生产该产品的供货商,并确定它们是否能够在批量、送货、质量和价格方面满足自己的要求。一旦寻找到潜在的供货商,就要与供货商进行详细的信息交换以确保产品能够真正满足企业的技术要求。假定产品样品已经确认,供货商的生产线已经作好了生产准备,则采购商就要给出采购物品的订单。与此同时,采购商会收到供货商的回函,确认订单已经收到,回答要求是否能够满足。当产品起运(与货物发票一起)时,采购商还会得到通知。采购商的财务部门核实订单与发票并交付货款。如果多数企业的日常采购活动频繁变化,那么这一采购过程将变得更为复杂。可见,在传统商务流程中,对于企业来说,采购原材

第一章 电子商务管理概述

料或服务是一个成本颇高、步骤繁多的过程。现在通过计算机网络技术的整合可将"手工采购"自动化。电子商务的全球性和实时性为企业和供应商的电子交易打开了方便之门,通过网络收集信息,从而大大降低了采购成本。

(二)优化库存结构

一般来说,公司库存越多,其管理费用就越高,利润就越低。同时,大量库存并不一定就能达到令客户满意的目的。因此,许多公司意识到,减少库存,优化库存结构,加强对库存的有效管理不仅能提高客户的满意度,而且还能降低经营成本。增加库存的周转率可以减少与库存相关的利息、管理与仓储费;库存水平的降低表明企业现有的生产能力得到更加有效的利用;企业生产能力的效率提高就可以减少甚至取消因需要扩大生产能力而对厂房和设备的投资。电子商务是买卖双方及时沟通供需信息,使无库存生产和无库存销售成为可能,从而使库存成本得到有效控制和降低。

(三)缩短产品周期

所谓产品周期是指企业开发一个产品所需的全部时间。不管开发什么产品,有一些固定费用,如设备折旧、基础设置以及管理与监测的时间成本等是必然发生的。如果产品开发的时间可由 10 天缩短到 7 天,那么这个产品的固定费用将会减少。电子商务就可以缩短产品周期,以同样多的时间或费用生产更多的产品。通过与大的供货商和客户之间建立电子方式的联系,可以使公司用比以前少得多的时间发送和接受采购单、开具发票和发货通知。有些公司甚至可以利用网络参与产品的技术参数确定,加速产品设计与开发。还可以通过扩大企业内部的联系,促进不同工作团组和不同地区分布之间的协作,缩短产品周期。

(四)降低营销成本

一般情况下,营销人员掌握的客户越多,则该公司的销售量就越大。但是,营销人员通过走访或电话的方式联系客户的数量毕竟是有限的。而且,当客户数量增多时,营销队伍也将扩大,管理费用必将增加。而电子商务几乎可以不用任何成本就增加客户数量。这是因为电子商务的销售职能是通过网络服务器来完成的,而不是由固定在某个区域的店铺或销售人员来实现。它的销售范围仅受到网络服务器对询问和订货的反应能力的影响。此外,电子商务还可以使传统营销机构运行得更有效率。这是因为营销机构运用电子商务后,网络系统会产生自动订货处理的能力。销售代表无需进行耗时的手工订货处理,可以把时间尽量多地花在建立、维护和融洽客户关系上。总之,在网上进行直接营销不仅可以缩短订货周期,而且还可以增强销售新产品的能力,降低营销成本。

(五)增加销售机会

互联网没有时间限制,每天 24 小时运行。因此,利用电子商务可以把销售触角伸向世界的每一个地方,公司可以通过自己的网站收集访问顾客的资料,建立顾客数据库,有针对性地进行销售。首先,互联网可以对特定顾客进行一对一的销售使其比较容易获得顾客的个人资料。其次,可以根据顾客的消费偏好进行有针对性的促销,激起消费者潜在的购买欲望。例如,当某一顾客进入网络时,网络软件程序会作出识别,叫出顾客的名字以示问候,询问一个或几个数据就可以知道这位顾客最近新添置了一条蓝色牛仔裤或者一些有关欧洲旅游的书籍。网上商店也许会建议顾客再购买一件类似风格的裤子或与之搭配的衬衣。当有

关旅游方面的新书出版时,网上商店还可以建议顾客购买有关欧洲复兴的图书。公司用互联网销售产品时,还可吸引新客户。网上最大的虚拟书店亚马逊书店(Amazon)以先进的网络技术使得顾客购物变得具有主动性和享受性,从而使来访者成为顾客。该公司通过精密的网上查找工具帮助顾客在大量的图书中迅速找到某一特定的作者和书名。由于网站还提供书评与简介等额外信息,这可能促使顾客作出购买决定,并使很多闲逛书店的人成为顾客。公司简便的购书方式与迅速的付款过程进一步锁定了顾客。目前,亚马逊书店50%以上的订单来自回头客。

(六)为客户提供更有效的服务

电子商务实行无店面交易,不仅可以最大限度地降低成本,增加销售,而且还可以通过提供多样化的延伸服务,巩固消费者群体。通用汽车公司也采用互动的方式进行网上营销活动,它允许顾客在互联网上通过该公司的有关引导系统自己设计和组装满足客户自己需要的汽车,公司最终生产的产品恰好能满足顾客对价格和性能的要求。法国某钢铁制造商为了吸引更多的客户,通过公司内部网与汽车制造商建立联系,从而在对方提出要求后,及时把钢铁送到对方的生产线上。该公司迅速及时的服务,起到了巩固客户的作用。

互联网上的虚拟公司还可以通过注册等方式获取顾客资料,进行有针对性的延伸服务。诞生于互联网上的花园消遣(Garden Escape)公司为园艺爱好者提供了几千种花卉种子、常绿植物、玫瑰、球根、温室工具以及世界各地的其他产品,这是一份即使是世界上最大的花园苗圃也无法存储的园艺虚拟清单。园艺爱好者可以使用在线软件设计自己理想的花园。花园消遣公司在网上设有"一本杂志""一间聊天室"和"每日秘诀"栏目。因此,有关园艺方面的问题可以通过在线词汇索引或是拨打公司的免费电话得到答案。注册会员可以保存园艺规划图、创建个人笔记本、享受各种各样的个性化服务,如礼品登记、重要日期提示、个人购物、订购状态以及缺货提示等服务。该公司借助互联网交互式的特点,为园艺爱好者和园艺专家提供了一个在线环境以便交流园艺心得,而这恰恰是传统渠道难以做到的。

第二节 电子商务与企业管理变革

一、电子商务与传统企业的关系

世界范围内的电子商务的发展是阶段性演进的。第一阶段发展的主要特征是由纯网络公司唱主角,大量的网络公司以建网站的形式,引入电子商务概念并进行大张旗鼓的宣传,由此引燃了电子商务这一"火种",炒热了电子商务市场。成功的主要是以亚马逊等为代表的一部分B to C电子商务公司,还有以阿里巴巴、美商网为代表的B to B电子商务公司。当然,纯粹的网络公司并不代表"新经济",它们只是新经济的领头羊,只是电子商务发展的"基础设施"。而传统企业才是发展电子商务的真正主角。美国汽车制造业的三大巨头——通用、福特、戴姆勒-克莱斯勒联合构建的电子化采购网站Covisint.com一年的网上采购额达2400亿美元。这样的成交额是任何纯网络公司都望尘莫及的。所以说,传统企业把他们的产品、服务、品牌、客户、业务流程及设计研发等资源带到互联网,电子商务发展的第二阶段才真正开始。GE公司、Cisco、联想集团、海尔集团等传统企业率先步入电子商务发展阶段所取得的成功,充分说明了电子商务发展的真正动力在于传统企业,离开了传统企业的支撑,网络经济的泡沫是显而易见的。传统企业发展电子商务有着纯网络公司无可比拟的优势。一是基础优势。电子商务既需要技术也需要配套的硬件设施,而目前纯网络公司仅仅提供技术平台,生产能力、物流配送等许多问题并没有解决。而对传统企业来说,只需把原来的基础优势移植到互联网上就可达到目的。二是资金、品牌优势。现在的纯网络公司都是把融资作为企业前期目标的,但他们大都成立时间不长,很难具备品牌优势。而传统企业往往都有雄厚的资金实力、稳定的融资渠道和有号召力的品牌资源,因此很容易在网络世界里找到自己的生存空间。此外,传统企业还具有自己的客户资源、人才资源等开发商务活动所必需的十分重要的资源,这些都是纯网络公司短时间内很难取得的。

从未来的趋势看,新经济与传统经济的融合将是大势所趋。传统媒体的巨擘——时代华纳与美国在线的合并、联想集团巨资入注证券业电子商务的新星——赢时通等,都充分说明:传统经济为新经济挤掉泡沫,新经济为传统经济安上飞轮。它们的融合,将使人类进入一个崭新的发展阶段。

二、电子商务引发企业管理的变革

企业是参与经济活动最多的组织。自19世纪后半叶以来,企业组织发生了两次重大转变。第一次转变发生在19世纪末至20世纪初期间,它使管理权与所有权分离,并使管理工作自成体系。第二次转变发生在20世纪20年代初,皮埃尔·杜邦改组了他的家族公司。几年后,埃尔弗雷德·斯隆随之重建通用汽车公司。这一切奠定了一直延续至今的命令控制型结构,强调权力集中,重视中心业务部门和人事管理、完整的预算和控制体系,明确区分政策制定和具体经营。由于全球网络的推动,现在好多企业组织正在逐渐转型,从上下级之间实行命令和控制转向以知识型专家为主的信息型组织。

(一)电子商务改变企业内部结构

1. 电子商务改变了企业传统的组织边界

以因特网为基础的电子商务给企业传统的组织形式带来很大冲击。它打破了传统职能部门依赖于通过分工与协作完成整个工作的过程,产生了并行工程的思想。除了市场部和销售部与客户直接打交道外,企业的其他部门也可以通过电子商务网络与客户频繁接触,从而改变了过去间接接触的状况。在电子商务条件下,企业组织单元间的传统边界被打破,生产组织形式将重新整合,开始建立一种直接服务顾客的工作组。这种工作组与市场间接接轨,以市场最终效果衡量自己生产流程的组织状况,以市场最终效果衡量各组织单元间协作的好坏。这种生产组织中的管理者、技术人员以及其他组织成员比较容易打破相互之间原有的壁垒,广泛进行信息交流,共享信息资源,减少内部摩擦,提高工作效率。

2. 电子商务使得企业的组织结构从"金字塔"形向"扁平形"转变

在电子商务条件下,企业组织信息传递的方式由单向的"一对多式"向双向的"多对多式"转换。"一对多式"以单向为主的信息传递方式形成了"金字塔"式的组织结构,这种组织结构是类似于金字塔样式的垂直结构。在这种结构中,从价值生产到价值确认过程中,或者说从生产的最初环节到生产的最终环节的过程中,都插入了许多中间环节。这种组织结构实际上是把企业员工当做奶油蛋糕一样切块分割、分层,既造成了部门的分割和层叠,又容

易形成官僚主义。这种组织在信息时代迅速变化的市场面前充分暴露出周转不灵的弊病。参与电子商务的企业为适应双向的"多对多式"的信息传递方式,其垂直的阶层结构将演变为水平的结构形式,这是21世纪企业的组织结构。这种结构突出表现为两个特点:第一,电子商务构造了企业的内部网、数据库,所有部门和其他各方都可以通过网络直接快捷地交流,管理人员间相互沟通的机会大大增加,组织结构逐渐倾向于分布化和网络化结构;第二,电子商务使得中间管理人员获得更多的直接信息,提高了他们在企业决策中的作用,从而实现"扁平化"的组织结构。

3. 电子商务使得企业由集权制向分权制转变

企业组织变革的另一个显著特征是由集权制向分权制的转变。传统的企业采用高度集中的单一决策中心,这种结构存在许多缺点,诸如官僚主义、低效率、组织结构僵化等,脱离市场的产品生产和经营就是这种决策方式的产物。电子商务的推行,迫使企业将过去高度集中的决策中心组织逐步改变为适当分散的多中心决策组织。企业的宏观规划、市场预测等经营活动一般通过跨职能、跨部门的多功能的组织单元来制定。这种由多个组织单元共同参与、共同承担责任,并有共同利益驱动的决策过程使员工的参与感和决策能力得以提高,从而提高了整个企业的决策水平。

当然,以上这个不完全是由电子商务带来的变革,电子商务更重要的作用还在于促进了企业决策的信息化程度的提高,并由此形成决策数据的集中和决策过程的敏捷性。

4. 电子商务促使虚拟企业的产生

由于电子商务的推行,企业的经营活动打破了时间和空间的限制,将会出现一种完全新型的企业组织形式——虚拟企业。这种企业打破了企业之间、产业之间、地区之间的界限,把现有资源优化组合成为一种没有围墙、超越时空约束、利用电子手段联系、统一指挥的经营实体。虚拟企业可以是一个企业的某几种要素的重新组合,也可以是一个企业的某一种要素或几种要素与其他企业系统中某一种要素或几种要素的重新组合。虚拟企业一改我们习惯了的刚性组织结构,通过柔性化的网络将具有能力的资源联系起来,组成跨职能的团队,使资源的配置真正实现最优化。由于建立虚拟企业更多地依靠人员的知识和才干,而不是他们的职能,所以,虚拟企业的管理也由原来的"控制"转向"支持",由"监视"转向"激励",由"命令"转向"指导"。

(二)电子商务改变企业资源管理的内涵

众所周知,企业经营与管理的核心是资源。在传统工业时代,企业中主要的资源是人、财、物。在当今的信息时代,越来越多的企业面对激烈的全球化市场竞争,已经意识到在企业的经营管理活动中,不仅存在着人操纵下的物质流和资金流,更存在着信息流,而且信息已成为独立于人、物质资料和资金资源之外的另一种重要的资源。它遍布于整个企业内部各个组织机构和职能之中,发挥着越来越重要的作用。信息是创造财富的重要资源,已成为企业经营管理人员的共识。

企业管理中对各类资源都有相应的管理体系和管理手段,对人有人力资源管理,对物有生产管理,对资金有财务管理。信息作为一种资源,也相应地应该有信息资源管理,而信息技术则是对信息资源进行管理的重要手段。创造性地开发和利用信息技术对企业的信息资源进行有效的管理,是企业新经济增长点的源泉。例如,美国民航业竞争十分激烈,为了提

第一章 电子商务管理概述

高服务质量、扩大市场份额，American Airline 和 United Airline 分别开发了网络化的计算机订票系统，使订票服务点遍布全国各地，控制了全美计算机订票业务的75％的市场份额，使其成为民航客运业的龙头。当然，网络订票（飞机票、火车票、甚至汽车票）在今日之中国已经完全实现。

（三）电子商务改变企业竞争方式

现代信息技术与管理相结合的本质是实现高效率、自动化的流程管理，以信息的流动代替物质和能量的流动，即通过技术的实现，帮助人们实现业务流程的优化，降低内耗，提高经营效益。电子商务正是这样一种现代计算机网络技术与管理相结合的先进营销方式。

具体来讲，电子商务将使企业的竞争方式在五个方面发生了变化：

(1)电子商务改变了企业之间的合同形式。准确、及时的信息交流使企业合同的稳定性增加，从而进一步加强了企业之间的合同管理。

(2)电子商务不仅给消费者和企业提供了更多的选择消费与开拓销售市场的机会，而且也提供了更加密切的信息交流场所，从而提高了企业把握市场和消费者了解市场的能力。

(3)电子商务促进了企业开发新产品和提供新型服务的能力。电子商务使企业可以迅速了解到消费者的偏好、需求和购物习惯，同时可以将消费者的需求及时反馈到决策层，从而促进了企业针对消费者而进行的研究和开发活动。

(4)电子商务扩大了企业的竞争领域，使企业从常规的广告竞争、促销手段、产品设计与包装等领域的竞争扩大到无形的虚拟竞争空间。

(5)电子商务消除了企业竞争的无形壁垒，这主要表现在一定程度上降低了新企业和中小企业进入竞争市场的初始成本。

（四）电子商务改变企业竞争基础

信息对经济变迁的传导不单纯表现在经济理论、经济的结构性变迁上，信息化改变着世界，推动社会进步与经济变迁，最基本和最重要的传导机制的改变体现在企业经营方式和管理方式上。信息革命并非只涉及高科技企业，它是各类型企业共同面临的挑战，产业与信息技术相结合才能保证企业不断创新的持续生命力，从而导致经济变迁的最终完成。企业的信息化改造不止意味着添加一些昂贵的机器设备，或是把手工报表用机器打印出来，它涉及企业经营管理的各个层次。信息经济学理论认为，在信息经济条件下，影响企业生产函数的基本要素不仅仅是资本、技术和劳动力，还有信息。信息不灵将严重影响企业经营的稳定性和长期性，因此信息时代的企业管理最重要的环节是信息管理。信息管理的目标是力图将最恰当的知识在最恰当的时候传递给最恰当的个人，以便使他们作出最好的决策。信息管理是一个全新的课题，超越了传统的管理范畴。对于一个企业来说，信息管理是指对新技术和商务信息的捕获，然后将这些技术与信息分布到能够帮助企业实现最大产出的地方的过程。在这种管理模式下，生产组织不再以传统的动力、物资为基础，而是以高速网络所支持的数据流作为运行的基础。现代化的信息管理系统可以使企业在短期内生产出大量而又个性化的产品，以适应迅速变化的世界性市场。信息化管理是信息经济条件下世界上所有企业面临的共同问题。

（五）电子商务改变企业竞争形象

电子商务为厂商提供了一种可以全面展示其产品与服务的品种和数量的虚拟空间，制作良好的网络广告能够起到提高企业知名度和商业信誉的作用。在线购物的经验表明，如果网上公司可以为顾客提供品种齐全的商品、灵活的折扣条件、可靠的安全性和友好的界面，那么，在线购物者将会像传统商场的购物者一样，对企业的信誉产生好感，并且经常购买该企业的产品，而不一定会强求购买名牌产品。

近些年来，不少著名跨国公司都将主要精力放在通过新兴媒体提高企业形象，宣传企业品牌上。随着电子商务活动范围的扩大，电子商务的广告效应将不断增强。

第三节 电子商务管理及其内容

一、实现电子商务管理的前提条件

（一）加强电子商务立法工作

传统的商务形式是一种非常成熟的商务活动形式，它拥有一套非常完整的并经过各国政府认可的法律体系。但电子商务的立法工作还显得略有滞后。

加强电子商务的立法工作是一项十分紧迫的工作。因为要让电子商务这一商务形式充分发挥其作用和潜能，首先就要通过立法确定其法律地位。开放性是网络的最基本特性，正因为如此才要大力加强立法工作。从全球的角度来看，当今世界各国的经济、科学技术水平发展很不平衡，作为以网络平台、电子技术为依托的电子商务必然在各国的发展水平也不一样。所以，要通过立法来保护发展中国家的合法权益，尽可能避免带来新的不平等。从一个国家的角度来看，如果任意开展电子商务，而国家没有控制，国家的基本利益诸如税收、财政等就得不到保障，国家就有可能失去对经济命脉的控制，这对一个国家来讲是十分危险的。一些具体操作中的纠纷也难以判断责任和解决，这会使市场秩序混乱，普通消费者的利益也无法保障。所以说，建立电子商务的法律、法规是保障电子商务顺利实施的前提。

（二）保证电子商务的安全性

网络的无界限性正是其自身优势所在，任何人都可轻松介入也是电子商务可行的原因之一。但另一方面，这样的特性也带来安全上的威胁。网络上传递的信息，若没有加以特殊保护，任何人都可拦截、查阅、修改。所以网络的安全性也是电子商务中的一个重要内容，是电子商务顺利实施的重要保障。

网络犯罪，比起传统的犯罪更加隐蔽和难以控制。在 2000 年初，美国的多家互联网公司 Yahoo、ebay、Amazon 等相继遭到黑客攻击，导致这些网站出现不同程度的瘫痪。黑客在攻击网络公司的同时，通过软件程序检测公司授权的消费者账号、密码及捕获用户的个人信息来从事诈骗活动。用户可能遭受虚假订单、付款后不能收到商品、机密性丧失、拒绝服务等威胁。商家则面临着中央系统安全被破坏、用户资料和企业自身资料被泄露给竞争者、被他人假冒而损害公司名誉、客户提交订单后不付款、虚假订单挤占公司系统资源等威胁。这就大大降低和动摇了客户投身于电子商务的信心。

第一章 电子商务管理概述

面对黑客的攻击,有关专家承认还没有有效的办法。黑客和反黑客之间的较量集中于"魔高一尺,道高一丈"的技术较量上。电子商务的安全性的确是一个棘手的问题,要想全面解决安全性问题,至少应解决安全组织、基础设置、安全技术、安全管理等相关问题。保护网络安全就是最终要实现物理设备的安全、软件及职员的安全,防止非授权的访问、偶发或蓄意的常规手段的干扰或破坏。

网络安全有十种基本的要求,即有效性要求、可用性要求、保密性要求、认证性要求、完整性要求、可访问性要求、防御性要求、不可否认性要求、合法性要求、审查性要求。这十种安全性要求是进行电子商务的基础,其中保密性要求、完整性要求和不可否认性要求最为重要。

二、电子商务管理的主要内容

(一)电子商务企业内部管理

电子商务企业内部管理即是企业内部的电子化、数字化和信息化,它是广义电子商务的一个重要组成部分。主要包括企业内部网络的建设和企业内部事务电子化管理两大部分:

1. 企业内部网建设

企业内部网络是为企业内部服务的。它是根据企业内部的需求而设置的,它的规模和功能是根据企业经营和发展的需求确定的。它对于企业自身的综合能力、竞争能力的增强具有重要意义。

企业内部网络可以更好地为办公自动化提供一个实现的平台,即在不同的硬件平台、不同的操作系统和不同的用户界面之间能进行通信和数据交换。企业利用即时的关键性数据的变化,调整自己的产品;同时,利用企业内部网络实现对内、对外强大的通信功能,加强沟通,降低管理成本,更好地服务于客户。

企业内部网络能多方位地满足企业的需求,更为重要的是它十分容易操作和实施。企业内部网络是一个十分便宜且有效的客户机/服务器解决方案,其基本组成——环球网服务器和浏览器都可以很快地配置和安装,信息出版、HTML开发工具训练一般人员几个小时就可以基本掌握。总之,企业内部网络在提高企业运作效率、节省时间和开销、允许获得及时的信息、改进通信环境、改善协同工作的机制、可以共享经验、开发企业员工的创造力和革新精神等方面具有突出优势,是"大电子商务"概念下提高企业效率和业绩的有益尝试。

2. 企业内部事务电子化管理

企业内部事务管理中有相应的资源管理支持流程,包括了战略管理、人力资源管理、资金流管理、行政事务管理、物流管理和信息流管理等。信息作为一种资源,并未得到人们的充分重视,但用信息技术对信息资源进行管理将会是企业新的增长点。企业内部事务的电子化、信息化必将整合并提高对其他资源的管理。

在生产方面,电子信息技术已部分地或全部地取代了传统的以人工方式进行的活动和业务。如在以往的组织结构中,中层管理者起着上情下达、下情上呈的重要作用。而今,网络承担了这一角色。工资核算电脑化、会计电算化、报表生成自动化等,随着自动化程度的提高,电子信息技术对企业的作用将会进入一个新的层次,即生产、经营、管理过程的合理化以及效率、能力、水平的提高。

运用电子商务可以实现分工化管理。电子商务使得各个部门的联系更为紧密,总公司与各地分公司间可以通过 E-mail 或者电视会议进行联系,在不同地域空间的分支机构和个体员工可以随时聚在一起谈论、研究问题,这就不必像过去那样,把所有业务都交由总公司或某个部门处理,而是可以根据业务的内容委托给相应的机构或部门分别处理以提高效率,这就是所谓的"分工化"。

(二) 电子商务流程管理

1. 电子商务交易前管理

交易前管理主要是指企业通过市场调研后确立目标市场,利用电子技术和网络环境来发布相关商品、服务的信息。供应商可以建立相关的网站和网页,介绍自己的产品目录,并把网络连接到一些著名的搜索引擎网站上,供需求方查阅,使其获得最好的传播效果。同时,供应商可以把自己的信息以网络广告的形式刊登在网络集体及相关网站上。

菲利浦·科特勒在他的著作《营销管理——分析、计划和控制》中曾指出:"决定在某一市场——不管是消费者市场,工业市场,转售商市场,还是政府市场——开展业务的任何组织,都会意识到在通常情况下,它不可能为这一市场的全体顾客服务。顾客人数众多,分布广泛,而他们的购买要求又截然不同,总会有一些竞争者将在为该市场的特定顾客细分市场服务中处于优越地位。因而公司应该分辨出它能有效为之服务的最具吸引力的细分市场,扬长避短,而不是四面出击。"在网络环境中,由于网络和信息技术自身特点——开放性和全球性,任何人都可能是潜在的消费者。所以企业要根据自身实力,在市场调查的基础上做好市场细分。

根据企业事先做的市场调查和针对的目标市场中的受众,为了更好地和外界沟通,企业要建立自己的站点,让别人访问自己的站点,扩大知名度,并进行电子商务交易。企业在建立站点时必须明确:哪些潜在人群会光顾自己的站点,他们的浏览习惯是什么,他们有什么特殊偏好等。然后根据这些条件来制定一个基调,创建自己的站点,最终目的就是要留住目标受众的"眼球"。

2. 电子商务交易中管理

电子商务的交易中的具体过程包括:在交易过程中利用电子技术和网络进行的买卖双方之间的有关交易的洽谈、询价、磋商交易条件等业务细节,发送订购单,确认之后付款,出具发货凭证等一系列单证和票据交换,以及有形商品的最终送达管理等。

在这一过程中,涉及有关网络安全性和一对一专用频道设置等技术性问题,以及资金支付的可行性、安全保密性等。同时涉及相关的法律问题,如供货方和订货方的合法性,订购单相应单证的不可更改性,双方无欺诈和恶作剧行为。必须通过 CA 认证中心进行联机认证和数据交换技术及管理等。

3. 电子商务交易后管理

电子商务交易后管理主要包括售后服务、信息反馈和战略调整。其中售后服务和信息反馈这两点常常被新经济下的网络企业所忽视。其实这两点是非常重要的,它们是企业长期发展动力的来源和有力保障。

售后服务好的网络商家,最终会赢得消费者,锁住眼球。网络是企业的一个新的销售渠道,企业是不能完全脱离实体、背离传统的。对开展电子商务的企业来说,一个很困难、很关键的问题,就是如何在商家和客户之间建立长期的客户关系、信任关系与合作发展的问题。服务的好坏决定着消费者对品牌的印象和忠诚度,所以品牌和服务将是未来决定企业生存的重要因素。

售后服务、信息反馈和由此衍生的战略调整关系到一个企业的可持续发展问题。在电子商务环境下,随着信息技术、电子技术的发展,企业可以充分利用这些现代化技术来收集信息、统计数据、分析可行性方案,最终制订下一步的战略计划。这样收集来的信息会更加准确,分析得更为全面,为企业决策提供更为精确的依据,所以各个企业要充分重视这一环节。

三、企业电子商务管理的新趋势

电子商务环境下的企业管理与传统的企业管理相比,在管理重心、管理手段、管理方式以及管理目标方面都存在着显著区别。

(一)传统管理与网络管理紧密结合

以资源管理为中心的传统企业管理模式确实存在着许多精华,值得网络经济下的企业管理者学习和借鉴。但是,在电子商务的新环境下,传统的管理模式是不可能一成不变地保留下来的。本着生产关系一定要与生产力相适应的原则,网络生产力也要有相适应的网络生产关系:网络管理。

这里的网络管理是一种广义的网络管理,即网络化的管理。因而,它至少应包含以下几层意思:

(1)网络化管理首先是人才的管理,企业的运作需要各式各样人才,尤其是网络方面的人才。

(2)对企业支撑网络的管理,网络的正常运行是保证企业生存的关键。

(3)企业外部网络的交流管理以及企业网络在互联网中的定位。

(4)网络的安全防范管理,保证企业的网络免遭攻击,数据免遭窃取。

对于一个网络经济环境下的企业,网络管理的目标应该是:构建一个企业内部所有员工共享的信息平台;建设一个极具吸引力的企业网站;确保企业网络安全、畅通;从网络的角度来监测和评价企业的各项管理活动。

(二)企业经营管理要素内涵的动态化

电子商务下的企业管理是一个不断学习和创新的动态过程。学习和创新是电子商务的核心。首先是观念的创新。网络使距离消亡到零,传统的生产上的连续性被打破,传统的组织结构将很难适应电子商务。不能更新观念,无异于将企业隔离在电子商务之外。其次是企业运行模式的创新,包括制度、组织结构等。企业的组织应成为有序的非平衡结构,内部流程应适应外部瞬息万变的市场,企业要能及时对市场作出反应。企业管理要运用动态的思维于变化中实现管理。再次是新技术的创新。利用各种新技术,特别是网络技术整合全球信息、科技资源为我所用,以创新技术来创造新需求,进而创造新市场。最后,企业员工都要成为创新的主体。人是保证创新的决定性因素。企业员工整体素质的提高预示着企业自身创新能力的质的突破。

(三)企业管理模式的弹性化

网络的诞生使企业组织分子化。劳动者就是企业的最小单位,可以按工作需要机动地组合。在分子化的组织中,企业员工通过网络合作、信息增值来增加企业产品的价值。企业管理也要有足够的弹性来适应这种变化。弹性管理主要体现在时间和空间上。传统的企业管理习惯于让员工在固定的时间到固定的地点去工作。而在电子商务环境下,这些都将成为过去。一方面,网络无所不至的触角已伸向社会的各个角落,而网络所至之处,就是企业市场延伸的地方,就是企业的活动范围。因而管理的对象已经极度分散化了;另一方面,网络经济强调时间上的即时性,如果用一般的时间概念去束缚它,反而会抑制其发展。所以,实施弹性化的管理模式实际上是为企业员工创造一种宽松的工作环境,以便更好地发挥人的积极性和创造性。

(四)"能本管理"是企业发展动力的新机制

电子商务环境下,企业要发展仍然离不开人、财、物等这些最基本的资源。为了确保企业发展的动力,企业要建立相应的动力机制,主要包括资金、信息和技术以及人才等方面。传统企业向网络型企业迈进是一个高风险、高收益的过程。这种跃变是需要一定的资金作保障的。当前,风险投资已成为高科技企业的启动资金,企业要充分利用好风险投资机制以撞击网络经济的大门。在信息和技术方面,企业要设立网络总监,负责信息的整理和技术创新。网络总监将成为网络经济下企业的一个重要职位。他主要负责管理企业内部的信息流和内外信息流的交换。他应确保信息在需要时能及时获得,信息在企业内部可以实时共享,不断推动企业信息的增值。至于企业之本,人的管理则是重中之重。在网络经济时代,企业的成败同样取决于人的管理。怎样求才、知才、用才、育才是每个成功的管理者必备的素质。以人为本已成为目前企业人力资源管理的要诀,而以人为本又强调人的能力的管理——"能本管理"将成为网络经济条件下企业人力资源管理的重心。

第四节 电子商务智能管理

一、电子商务智能管理的概念

智能管理(intelligent management,简称 IM)是人工智能与管理科学、知识工程与系统工程、计算技术与通信技术、软件工程与信息工程等多学科、多技术相互结合、相互渗透而产生的一门新技术、新学科。它研究如何提高计算机管理系统的智能水平,以及智能管理系统的设计理论、方法与实现技术。

智能管理的适用范围较广,可以有生物智能管理、机器工业智能管理、图书文档智能管理、自然环境侦测智能管理等不同领域,智能管理是人类发展变革方向。而在企业中实现智能管理是建立在个人智能结构与组织(企业)智能结构基础上实施的管理,既体现了以人为本,也体现了以物为支撑基础。

企业在智能化的追溯、智能化的监控和智能化的作业前提下必然要求智能的管理,传统的管理方法和管理结构将不适应电子商务行业的发展。智能管理要求的出现,将推动电子

第一章 电子商务管理概述

商务企业管理结构更加趋向扁平化、管理范围更加广泛、信息化管理手段更加多样、管理人员知识水平和能力更加专业、响应能力更加敏捷。电子商务智能管理是一种使参与电子商务的不同主体经营管理模式实现智能化的高效运营的模式,具体说来,是指通过合理利用电子商务企业在进行相关活动时所产生的数据进行存储,然后利用数据挖掘技术对企业和客户的相关数据进行分析,为企业和客户提供分析报告,如企业信用评价、企业服务评价、客户价值评价、营销效果评价、市场需求趋势、客户满意度评价等,为企业提供真正有商业价值的决策信息,为客户提供与自身需求相符的消费信息。

二、电子商务智能管理发展的特征

(一)电子商务应用呈现较高普及化、生态化

电子商务应用普及化发展。越来越多的传统企业开展了电子商务的应用,电子商务应用的群体越来越大;B2C 的发展趋势是商品数量庞大的超级市场;C2C 的发展趋势是基于买卖交易的超级社区。

电子商务应用生态化发展。一个产业逐渐步入成熟的重要标志是其朝着生态化发展,现今的电子商务服务产业就正在大步流星地经历这一过程。事实上,通过电子商务十多年的发展和变革,电子商务服务产业环境和产业内部结构,已经大致形成了接近于全过程和多层次的商业生态环境。企业开展的电子商务平台内部、平台和客户之间以及客户群体内部,都已经形成了大规模的协作现象,同时与客户相关的一些自我服务体系也逐渐走向产业化、生态化。

(二)企业电子商务应用呈现产业链与供应链全流程化

在电子商务企业的产业供应链的发展过程中,首先,应在整个行业中构建一个环环相扣的供应链,这样才能令多个企业在同一个整体的管理下完成协作经营和协调的运行。将这些多个企业零散、异同的计划归入一个完整的供应链计划中,实现战略资源和信息共享,从而大大地降低了处于该产业链的电子商务企业在大市场环境中的总体优势,同时也能够让这些企业实现以最小化的个别成本和交易成本来获得最大化资本优势。例如,在电子商务环境中,处在同一供应链计划中的上、下游企业可以最大限度地减少库存产品,同时让所有上游企业的产品能够精确、及时地到达下游的企业,这样既能够控制物流速度变化又可以加快供应链中产品上线的速度,减少了同一供应链中各个企业的库存产品数量和生产成本,更重要的是通过链化的产业结构获得终端消费市场的需求信息资源,使整个供应链能够跟随市场需求信息紧跟市场的变化的节奏。市场的竞争终将会演变成这种供应链之间的激烈竞争。

(三)电子商务平台与搜索引擎平台呈现融合化

多数企业为了提高其核心竞争力,在互联网全球化的背景下爆发了以互联网为基础、以行业为依托、以产业链为核心的企业兼并收购、合作共赢和重组的浪潮。一是相同类别的互联网企业间的收购兼并。由于这些互联网公司的产品内容相似,业务内容相似,通过兼并、收购可以减少这一行业的竞争对手并减少企业所消耗的资源,从根本上提高企业竞争力。二是不同类的互联网企业之间的互补性收购兼并。一些在庞大客户规模、品牌资源等方面

上有显著优势的电子商务企业通过互补性的收购,兼并该企业在其产业链中的上、下游企业,弥补了自身的短板,形成了一体化的经营,以此来提高竞争力。三是建立战略联盟。电子商务技术的进步将上、下游的利益相关者紧密地联系在了一起,通过第三方平台企业创造出新的价值链,形成更加高效能的战略联盟,平台企业、上游企业、下游企业将一同谋求更大的利益。

（四）由云技术主导的技术革新

大数据时代下,企业、客户、消费者每天都在产生海量的数据,例如产品的生产加工信息、物流信息、客户的对不同产品的不同需求信息、消费者的咨询信息、订单信息等。随着移动互联时代的到来,移动用户群体数量会越发庞大,没有具体时间、地点、环境的限制,因此系统需要实时地处理更加庞大、复杂、多变的用户信息。云技术可以解决同时处理海量数据的问题,如果不采用云技术,企业必须拥有充足的计算能力、数据存储能力来应付每天产生的海量数据,这对于小企业是做不到的,因此云计算为小微型企业开展电子商务业务提供了便利,云技术的覆盖范围广、人工成本低廉、高度自动化、灵活的应对性等特点可以让企业更加专注于产品的研发和生产,更加高效地处理和管理数据,不仅提高了企业的运营效率,还节省了软、硬件成本。同时,云技术的应用还有助于提高电子商务的安全性。通过在"云"中的网状分布的客户端节点对网络中软件行为的实时监测,及时获取互联网中的恶意程序、木马病毒的信息,自动对其加以分析,将分析结果、恶意程序和木马病毒的解决方案推送到各个客户端,避免了企业和客户不必要的损失。

（五）客户需求的逐渐转变

在线下,以往人们在购买商品时只能在商家现有的产品类别中挑选,商家销售的产品也往往大同小异,并不能满足许多客户的个性化的要求,这极大地削弱了客户的购买意愿。现在,人们更希望购买的商品样式能满足自我需求或者和自己的个性联系在一起。传统的客户需求正在逐渐转变为具有个体差异化、个性定制化的需求。企业更需要针对不同客户的不同要求生产出能让客户满意的产品。

在线上,由于客户无法亲自查看商品的实际外观、体验商品性能,只能通过商家的图片和文字描述来了解商品信息。由于信息的不对称,经常有客户抱怨商家,认为企业欺骗了他们,从而产生了质疑和不信任,这说明企业在客户体验方面做得并不够好,部分企业甚至为了节约营销费用而放弃客户体验这一环节。体验是客户企业交互的过程,客户通过体验能够决定是否购买该企业的产品,企业通过对客户的体验反馈不断改进产品性能,提高产品质量,以此来增加客户对企业的忠诚度和信任度。

三、电子商务智能管理的主要模块

（一）客户关系的智能管理

客户关系对电子商务的重要性是不言而喻的,优质良好的客户关系甚至决定了一个企业的长远发展趋势。而企业在进行电子商务活动中,通过电子商务网站和客户建立联系就成为一种新型的与客户交流沟通模式。由于电子商务网站的重要性随着互联网技术的发展和在线购物规模的不断增加,新型的客户关系模式就是现在企业所不可忽视的,企业应该对

第一章 电子商务管理概述

这种模式建立一个长远宏观的认识和把握。

这种客户关系模式是以客户为中心而建立的，企业在对其进行管理时应该利用客户智能管理系统来提高此方面的管理工作。此系统作用表现在以下几方面，智能管理系统可以促使企业更好地了解客户产品方面的需求，为客户提供更好的产品和服务。此外还可以挖掘出用户的潜在需求，进一步扩大企业业务范围和利润来源。同时客户也会因此增加对企业产品的购买意愿和产品满意度。从整体层面来看，应用客户关系管理系统的作用还体现在据此可以将客户、企业、产品与市场这些要素紧密的整合起来使各方面成为一个紧密联系的有机整体，以此来实现多赢的效果。另外还可以促使企业不断提高其管理水平，更好地适应市场趋势的变化，并在激烈的市场竞争中处于有利地位。

这一系列措施均需要建立在以客户为中心的理念基础上，优化客户关系管理系统、智能的客户数据库的研发和应用。对数据库的智能管理技术是所有其他技术的基础。电子商务客户关系智能管理的开展需要建立在了解客户需求的基础上，它涉及许多方面的内容：

(1) 客户数据分析。这项工作的内容主要是分析客户的现实背景，针对不同背景的客户所对应的不同需求特质和购买行为，以此为基础，将客户所产生的无规律的数据轨迹加以分析，提炼出客户价值、对影响客户对企业产品的忠诚度的因素和顾客个体、群体差异化对企业利润的影响等问题。

(2) 企业对客户的承诺。当客户购买任何产品和服务时，客户首先会站在自己主观的角度考虑企业产品的功能、价格、质量以及社会环境和心理方面等因素，这就会增加客户购买产品时的不确定性。企业需要通过对客户作出某种承诺来达到让客户购买产品时的不确定因素降到最低的目的。企业作出承诺的宗旨是让客户满意，明确企业将会提供什么样产品和服务，使客户在购买产品后不会后悔，达到最好的购买效果，让其没有顾虑。

(3) 企业与客户交流。在社会网络中离不开人与人的交流，以客户为重心的客户关系管理要更加重视这一点。企业与客户开展有效的信息交流能够让企业与客户建立良好的关系，更好地了解彼此双方的情况，以此来建立深层次的互信合作关系，促使企业利用这样的交流来最大限度地了解客户。

(4) 留住客户。企业若想和客户建立长期稳定的关系就必须取得客户的信任，增强企业客户信任感，需要企业根据不同类型的客户采取不同的方式，留住客户是客户关系智能管理的最终目的，在进行差异化的区别基础上，需要分析客户关系情况与质量，对客户数据分析、获得结果、采取措施，这样才能够让客户一直忠诚于企业。

(5) 客户反馈。客户的反馈建立在以上四方面内容的基础上，如何检验客户管理智能管理实施的效果，关键就在于收集并分析客户的反馈信息。客户所反馈的信息能够直观地表现出企业目标实现的程度，帮助企业及时发现问题、解决问题，尽量避免客户的流失问题。

可以说客户关系管理智能化通过上文提到的加强客情联系、提高客户满意度等几种方式使得客户信任感增强，进而减少了不适应交易的成本，即减少了确保安全交易的成本亦减少了解决争议的成本。同时通过客户关系智能管理建立客户智能档案（即对客户交往年限、客情关系级别、客户历次成交点以及客户决策者的公关实例等信息和细节进行智能归类及智能分级）能够节约大量的信息成本、签约成本、履约成本；由于数据的支持也避免了许多重复性和不必要的公关，进而在组织内部的管理中也节约了大量的人力，避免了许多内部人员

之间所产生的误差及摩擦,进而节约了企业内部组织成本。

(二)电子商务档案的智能管理

电子商务档案是指在买方和卖方在线上进行交易过程中产生的所有原始数据。例如电子合同、交易记录、E-mail、买卖双方评价等大量的数据资料。这些数据资料较传统的纸质资料更加庞杂,运用智能化系统对其进行管理是一种时代发展和现实需要的必然要求。

从广义上来说,电子商务档案是企业在进行电子商务活动过程中由利益相关方直接形成的最具保存价值的原始记录。电子商务时代的到来让电子商务数据量瞬间爆炸,传统的纸质资料、移动硬盘资料、光盘资料、网络硬盘资料如果不能及时地对其开展收集管理和其他各种处理,这样对其有效利用就无法真正实现,也就无法发挥其在提供信息和管理方面的作用,其价值也就无法体现出来,而造成资源浪费,因此对档案进行智能管理具有重要的意义。

电子商务档案的各种数据信息来源中,电子邮件、电子合同、交易记录、客户评价主要产生于营销环节中的种种痕迹。传统的管理方式很难达到对这些记录的系统化分类和归档,同时检索也比较繁琐,不但耗费的时间成本很高并且商务档案的完整性、有效性、真实性以及安全性依赖档案管理人员的职业素养和工作经验。相比而言电子商务档案的智能管理仅仅是依赖系统,它可以最大限度地节省这一职能性质工作对人力资源的依赖,依据交易成本理论,它减少企业内部组织的成本,并且很大程度地减少了产生风险的概率,进而间接地减少了解决争议成本。

(三)电子商务订单的智能管理

随着电子商务行业的快速发展,电子商务企业的订单也与日俱增,电子商务订单的处理也急需智能管理。传统的电子商务订单包含产品的交易基本信息,其他与之相关的附加信息并没有被记录或存储起来,这样这些信息就无法实现深度价值的开发利用。相对于这些传统的产品交易信息,电子商务订单的交易信息更为丰富具体,在记录传统产品服务信息方面还增加了与产品配送过程有关的信息,如产品在发送路途中的地点信息可以被实时显示出来。为这些信息对客户来说又是很重要的也比较关心。因此就需要对这些订单信息进行智能化管理。通过智能管理系统对电子订单进行统计分析和数据挖掘可以实现这几方面的功能。首先是可以对客户的兴趣习惯和购物喜好等信息有了具体详细的了解。以此在订购产品时更具有针对性,并且根据这些信息对库存产品进行对比分析,以便决定是增加某种产品还是对其尽快促销处理。此外市场发展趋势和供需变化也可以通过这些信息反映出来,企业可以据此进行调整其营销策略或者开发新产品。

其次订单智能管理系统可以根据产品订单信息,和实际的物流货运和线路信息进行综合分析计算,以便对物流配送线路进行优化选择出时间较短距离较近的线路,以便在为客户尽快运输产品的同时,降低企业的物流成本。现在已经有一些专门的模型公式可以对这些物流配送信息进行优化计算并选择出最佳配送。并以此来调节客户与企业之间的配送关系,选择时间、空间、资源成本最少的高效配送服务,完成电子商务订单智能管理的过程。

订单管理可以说是企业的营销工作中最重要的一个环节,当客户的意向达到了成交点时即是成交的完成也是客户服务的开始。电子商务订单的智能管理可以通过把一次电子商

第一章 电子商务管理概述

务订单的数据与以往的电子商务订单数据库中的信息匹配类比,我们可以很容易地关联出客户好评的客服方式,这样至少会很大程度上减少我们的履约成本。并且电子商务订单的智能管理在这一环节展示出无可比拟的低差错率,进而可以大大地降低客户服务过程中的履约成本并且很轻松地间接降低不适应交易的两种成本。

用资源依赖理论解释就是这个环节是刚刚获取(或即将获取)有形资源中的财务资源。同时这个环节也能显示出我们是否使客户满意以及它与同行业的对手相比是否有竞争性,这一环节我们是在攫取品牌资源、信息资源、可控市场资源等无形资源。

(四)电子商务决策系统的智能管理

电子商务决策智能化与企业的发展段和规模有较为紧密的关系。随着企业的规模不断扩大其日常经营管理中会产生大量的数据信息,这样对这些信息如何管理并分析统计,以便对其充分利用发挥出其价值对企业而言就是比较重要的事情了。在此情形下需要建立一套智能管理需系统来对电子商务决策系统进行高效管理。对不同层次的企业管理者而言,商务智能技术所起到的作用也有相应的差异。其表现在以下几方面,智能化管理系统可以有利于企业研究人员方便获取搜集相关信息,并将这些信息进行加工整理并提供给企业高层管理者,以便为后者在进行一些决策时提供参考。这些信息主要包括市场需要和行业整体利润水平还有产品供需状况及竞争者的商务数据信息等,当然研究者也应该对其分类整理选择出最有利用价值的信息。

对企业中层管理者而言,其可以利用商务智能管理系统来对信息进行研究分析,并制订一些自身职能范围内的计划或者将之交给高层管理者。企业高层领导可以据此作出重大决策来为企业的长远发展奠定基础,而一些决策时出现的失误和不合理也会因此有效减少。商务智能系统的另一个重要用途就是它可以和企业的其他智能化信息管理系统相互兼容,对信息进行高效整合,以此将企业的经营活动中各要素紧密联系起来,为企业的长远发展提供信息管理方面的基础。

从电子商务管理角度来讲,商务决策是否正确、高效和客观主要取决于决策人的素质、决策速度以及决策的依据。电子商务决策系统的智能管理能实现信息的收集、过滤及筛选。其次这个过程具有较高的系统化,使得决策速度提高了许多;并且与传统意义的电子商务决策相比的各个环节更多的是依赖数据,而比较少的依赖人力从而保证了许多信息的客观性。电子商务决策系统的智能管理通过更高层次商务决策的正确、高效和客观大大地降低了企业内部组织成本。

电子商务决策系统的智能管理在减少决策系统对人的依赖程度的同时也节省了更多的人力资源,使得人力资源能更多倾注于产品、营销的工作中。而这也进一步优化了企业财务管理中对生产成本、营销费用与管理费用的比例配置,进而优化了财务资源。

(五)电子商务交易的智能管理

电子商务交易智能管理是企业对其交易信息进行管理的一种高效智能管理模式,其主要是通过一些信息处理软件和模型对交易过程中产生的信息进行智能分析统计以便企业通过对交易信息管理而为其整体发展提供一定支持。这些数据信息包括交易总量、交易时间频率和产品类型特点,以及一些退货处理及虚假交易信息等。这方面目前最为常用的技术手段就是数据挖掘技术,这种信息处理技术可以从大量看似无关或者无规律的信息中找出一些有用信息,以便企业对交易信息更好地利用并制订相应的决策计划。具体来说可以通过智能管理系统分析用户的消费习惯和其在购物方面的喜好和一些时间频率等相关信息,将这些信息通过数据挖掘等技术处理后,分析出一些具有较强购买力且对本企业产品具有一定忠诚度的客户。然后在此基础上企业就可以专门地针对这些客户进行定向营销以此在为客户提供更好服务的同时,增加用户黏度,为企业带来实际的好处。另外通过分析一些退货产品或者不满意产品信息,并找出其中的缺陷和一些不足之处,制定出相应的应对措施,以便尽量满足客户需要,增强企业产品的市场竞争力。此外通过智能管理系统还可以帮助企业找出交易系统中的一些安全问题,并及时建立安全防范体系,为电子商务的进行提供安全的交易环境。

电子商务的交易智能管理在这方面的应用已经较为普遍。通过数据挖掘技术在交易的检索阶段挖掘客户的意向和需求并且把相关的商品和服务推送给客户。这样就提高了客户成交的概率;提高客户的交易额;缩短客户由信息检索、产生意向到成交这一过程中花费的时间,进而减少改变购买意愿的概率,最终间接地在电子商务运营过程中减少了签约成本。

本章小结

电子商务是指在全球各地广泛的商业贸易活动中,通过现代信息技术,特别是信息化网络所进行并完成的各种商务活动、交易活动、金融活动和相关的综合服务活动。电子商务的概念有狭义和广义之分。狭义的电子商务主要指利用因特网进行的商务活动,而广义的电子商务指所有利用电子工具从事的商务活动。

电子商务的竞争优势主要体现在:降低采购成本、优化库存结构、缩短产品周期、降低营销成本、增加销售机会、为客户提供更有效的服务。

企业是经济活动中最小同时也是最大的组织,电子商务在企业经营和管理方式上的作用不可忽视。其影响主要体现在改变企业内部结构、改变企业资源管理的内涵、改变企业竞争方式、改变企业竞争基础、改变企业竞争形象五个方面。

加强立法工作和保证电子交易的安全形成电子商务管理的两个前提条件。电子商务管理主要包括企业内部管理和交易流程管理。

电子商务智能管理是指通过合理利用电子商务企业在进行相关活动时所产生的数据进行存储,然后利用数据挖掘技术对企业和客户的相关数据进行分析,为企业和客户提供分析报告,如企业信用评价、企业服务评价、客户价值评价、营销效果评价、市场需求趋势、客户满意度评价等,为企业提供真正有商业价值的决策信息,为客户提供与自身需求相符的消费信息。

电子商务智能管理系统主要包括:客户关系的智能管理,电子商务档案的智能管理,电子商务订单的智能管理,电子商务决策系统的智能管理,电子商务交易的智能管理。

思考题

1. 什么是电子商务?它为企业带来了哪些竞争优势?
2. 简述电子商务对传统企业管理的影响。

第一章 电子商务管理概述

3.电子商务管理主要包括哪些内容?
4.简述企业电子商务管理的新趋势。
5.什么是电子商务智能管理,它有哪些特征?
6.电子商务智能管理主要包括哪些模块?

案例分析

京东商城

一、京东商城的基本情况

京东商城是中国最大的综合网络零售商,是中国电子商务领域最受消费者欢迎和最具有影响力的电子商务网站之一,在线销售家电、数码通讯、电脑、家居百货、服装服饰、母婴、图书、食品、在线旅游等12大类数万个品牌百万种优质商品。京东商城在2016年全年交易总额(GMV)达到6582亿元人民币,同比增长47%,在中国B2C市场占据24.7%的份额。

京东商城已经建立华北、华东、华南、西南、华中、东北六大物流中心,同时在全国超过360座城市建立核心城市配送站。京东商城以"产品、价格、服务"为核心,致力于为消费者提供质优的商品、优惠的价格,同时领先行业推出"211限时达""售后100分""全国上门取件""先行赔付"等多项专业服务。京东商城通过不断优化的服务引领网络零售市场,率先为中国电子商务行业树立了诚信经营的标杆,并凭借全供应链的优势继续扩大在中国电子商务市场的领先优势。

二、京东商城的商业模式

1.业务模式

(1)主要商品。

京东商城在线销售商品包括:家用电器、汽车用品;手机数码、电脑、软件、办公;家居、厨具、家装;服饰鞋帽;个护化妆;钟表首饰、礼品箱包;运动健康;母婴、玩具、乐器;食品饮料、保健品十大类逾10万种。其中家用电器、手机数码、电脑商品及日用百货四大类超过3.6万种商品。

(2)主要服务。

京东商城提供了灵活多样的商品展示空间,消费者查询、购物都将不受时间和地域的限制。依托多年打造的庞大物流体系,消费者充分享受了"足不出户,坐享其成"的便捷。目前,分布在华北、华东、华南、西南的四大物流中心覆盖了全国各大城市。2009年3月,京东商城成立了自有快递公司,物流配送速度、服务质量得以全面提升。京东商城在为消费者提供正品行货、机打发票、售后服务的同时,还推出了"价格保护""延保服务"等举措,最大限度地解决消费者的后顾之忧,保护了消费者的利益。京东商城用自身的诚信理念为中国电子商务企业树立了诚信经营的榜样。

2.赢利模式

(1)直接销售收入。

赚取采购价和销售价之间的差价在线销售的产品品类超过3万种,产品价格比线下零售店便宜10%~20%;库存周转率为12天,与供货商现货现结,费用率比国美、苏宁低7%,毛利率维持在5%左右,向产业链上的供货商、终端客户提供更多价值。实现的京东的"低

应力大规模"的商业模式。

(2)虚拟店铺出租费。

主要包括店铺租金、产品登录费、交易手续费。

(3)资金沉淀收入。

利用收到顾客货款和支付供应商的时间差产生的资金沉淀进行再投资从而获得赢利。京东商城上第三方支付平台有财付通、快钱和支付宝。

(4)广告费。

目前,网络广告逐步被人们接受,对于一些大型的媒体网站而言,网络广告已经成为其重要的经营收入来源之一。

3.目标客户

(1)从需求上分析京东的主要客户是计算机、通信、消费类电子产品的主流消费人群。

(2)从年龄上分析京东主要顾客为20~35岁之间的人群。

(3)从职业上分析京东的主要顾客是公司白领、公务人员、在校大学生和其他网络爱好者。而在其中每年走出校门的600万大学生群体则又是京东的一个重点市场。尽管35岁以上的消费群体有更强的购买力,但是高素质的大学生们却是"潜力股"。京东网上商城做了6年,目前拥有超过800万的注册用户。而在每年的大学毕业生群体中就拥有600万的潜在顾客群,京东的目标不是跟国美、苏宁争抢客户,而是把大学毕业生培养成京东的用户。

4.核心能力

(1)产品价格更低廉。京东的产品价格低,通常比别人要便宜10%,有些产品的价格会便宜到30%。彩电比苏宁和国美通常要便宜10%~20%,一些高端的国外品牌彩电会便宜到1万元。

(2)物流服务更快捷。京东在华北、华东、华南、西南建立了的四大物流中心覆盖了全国各大城市。2009年3月,京东商城成立了自有快递公司,物流配送速度、服务质量得以全面提升。2009年至今,京东商城陆续在天津、苏州、杭州、南京、深圳、宁波、无锡、济南、武汉、厦门等40余座重点城市建立了城市配送站,为用户提供物流配送、货到付款、移动POS刷卡、上门取换件等服务。此外,北京、上海、广州、成都四地物流中心也已扩容超过12万平方米。2010年4月初,京东商城在北京等城市率先推出"211限时达"配送服务,在全国实现"售后100分"服务承诺。

(3)在线服务更周全。京东商城在为消费者提供正品行货、机打发票、售后服务的同时,还推出了"价格保护""延保服务"等举措,最大限度地解决消费者的后顾之忧,保护了消费者的利益。京东商城用自身的诚信理念为中国电子商务企业树立了诚信经营的榜样。

(4)售后服务更全面。除了传统的售后服务外京东拥有自己的特色服务:商品拍卖、家电以旧换新、京东礼品卡、积分兑换、上门服务、延保服务、DIY装机等,满足了客户的不同需求。

三、京东商城的管理模式

1.组织结构的管理

电子商务的管理模式是从组织上提供的为保证系统正常运行和发生意外时能保护系统,恢复系统的法律、标准、规章、制度、机构、人员和信息系统等结构体系,它能对系统的运

第一章 电子商务管理概述

行进行跟踪监测、反馈控制、预测和决策。从组织形态上看京东商城所有纯电子商务企业,没有实体店相依托,京东CEO刘强东强调"京东永远不会开实体店"。

2. 供应链管理

在京东,厂商不需要缴纳进场费、装修费、促销费、过节费。免去各种费用之后,京东销售利润率比通过传统渠道销售的要高很多。此外,国美给厂商的返款周期为3个月,京东只需要20天。库存管理:全球连锁业霸主沃尔玛,在全球拥有自己的卫星系统,把库存周转率控制在30天左右。国美、苏宁做到47~60天,亚马逊是7~10天。京东的库存周转率为12天,与供货商现货现结。

3. 配送管理

京东在华北、华东、华南、西南建立了的四大物流中心覆盖了全国各大城市。在天津、苏州、杭州、南京、深圳、宁波、无锡、济南、武汉、厦门等40余座重点城市建立了城市配送站。"211限时达"服务承诺:当日上午11:00前提交现货订单(以订单进入出库状态时,当日送达;夜里11:00前提交的现货订单(以订单进入出库状态时间点开间点开始计算),第二天上午送达(14:00前)。目前开通地区:北京、上海、广州、成都、苏州、昆山、无锡、嘉兴、绍兴、杭州、天津、深圳(上午10:00前下单)、佛山等13个城市中由京东自营配送的区域。

4. 客户关系管理

(1)京东承诺在运输"保价费"上永久免费,在配送环节上承担保险费用,运输过程的风险一律由京东承担,客户收到货物如果有损坏、遗失等情形,只要当场提出声明,京东立即发送全新商品先行予以更换。体现的京东"以人为本"的服务理念,使顾客购买商品时更加放心。

(2)"211限时达"服务使顾客在较短的时间内收到货物。

(3)"售后100分"极速服务。"自京东售后服务部收到返修品并确认属于质量故障开始计时,在100分钟内处理完您的一切售后问题!"解除了顾客的后顾之忧。

资料来源:陈德人,张少中,高功步,徐林海.电子商务案例分析(第2版)[M].北京:高等教育出版社,2013:86-92.

除此之外,笔者还通过相关网络信息更新了一些内容,并作了适当的删减和修改。

第二章 电子商务面临的问题

 内容提要

本章讲述电子商务在发展过程中面临的各种各样的问题,包括法律、经济、质量、技术、安全等五个方面;简要介绍世界各国及国际组织的电子商务立法概况,旨在从中归纳出若干经验启示,以完善我国的电子商务立法。

第一节 法律问题

一、法律体系面临的挑战

在人类的行为规范体系中,法律是最系统、最具强制力的行为规范。对于传统的商务模式,各国早就建立了一套完备的法律制度进行规制和调控。这些规范主要包括在民法、商法、税法、产品质量法、消费者保护法、知识产权法、金融法等基本法与单行法中。可以肯定地说,网络外的商业活动,从交易谈判开始到合同订立、合同履行、税收、质保,从广告制作发布到知识产权保护,从纠纷管辖到证据规制都建立起了一整套的有效法律规则。但全新的电子商务模式出现并广泛应用后,由于其具有高技术性、全球性和无纸性等特征,造成许多传统法律制度中的规则不适合于调整电子商务活动中的商事主体的行为,如硬行套用调整,将会产生不公平的后果或阻碍电子商务的发展。电子商务对传统法律制度造成的冲击或提出的挑战集中表现在以下几方面。

(一) 电子商务对合同法的挑战

由于电子商务是在虚拟的网络空间进行(当然,交易后的送货例外),交易的信息是以数据电文的形式在线传递的,电子商务交易可以看做是无纸贸易。那么,电子要约和承诺的构成、生效条件是什么?电子合同的形式应归属于口头、书面或其他什么形式?合同成立、生效的时间和地点与传统合同一样吗?合同无效或被撤销的原因与传统合同完全相同吗?无纸电子合同争议发生后,没有原件的打印,合同是否具有证明力?电子合同的种类有哪些等。这一系列问题都是传统合同法难以回答和解决的,容易引发种种新的法律问题,如电子合同、电子签名、电子商务认证、电子数据证据、网上交易与支付、电子商务管辖权及在线争议解决,等等。而规范这些数字交易的法律体制尚不成熟,这就使得某些合同、签名和承诺的合法性难以保证,这就给企业带来了新的风险。

(二) 电子商务对知识产权法的挑战

互联网是大容量信息存储和传递的平台,即这些电子化的信息有些是原创的,有些是从

第二章　电子商务面临的问题

网外媒体上下载的,有些是从其他网站上下载的。在网络产生发展的初期,人们可以把其他作者的著作上传于网站并传播。但网络普及后,网络信息的创作者就要求使用人必须经过其同意并向其支付报酬后才能使用。为此,使用信息作品的网站或用户如不经同意、不付报酬,就构成著作侵权。如经同意和支付报酬后使用,网站大容量信息的支付费用将使网站不堪重负而难以发展,而且每件作品的使用均得经作者同意也难以操作。如何在保护作者权益和维持网站信息的丰富多样性之间寻求平衡,是著作权法的新任务。同时,传统商标法中的商标种类、商标特征、商标侵权标准在网络上也遇到了新问题。网络上的商标有一种是数据电文形式的动画图像,商标法是否自动将其纳入调整范围?网络商标具有全球性,而一般网下商标具有地域性和多重性。假冒商标、未经许可使用商标是传统法中的商标侵权行为,但网络商标的侵权是否可直接适用这一标准等。另外,上网交易的主体都有自己的域名,域名究竟属交易主体的名称权内容,还是商标权的内容,或者是一个新的权利客体?域名具有全球的唯一性,应当予以法律保护,但域名的相似性如何判定?域名与商标、企业名称之间的冲突如何协调等都有待于制定新的法律规范予以解决。

因此,电子商务时代知识产权风险主要表现为,电子商务时代信息的新特性与知识产权具有的特征的强烈冲突。比如,知识产权最突出的特征之一就是它的"专有性",而网络上应受到知识产权保护的信息则是公开的、公用的,也很难受到权利人的控制。"地域性"是知识产权的又一特征,而网络传输的特点则是"无国界性"。正因如此,电子商务活动涉及的知识产权风险就应引起企业的重视。一般来讲作为电子商务活动涉及的知识产权问题包括:域名、网页上各种各样的文章、图像、多媒体、数据库、软件及菜单设计等元素都会牵涉到专利权、商标权、版权、著作权等知识产权问题,造成多种权利互相重叠和冲突。

（三）电子商务对银行法的挑战

电子商务活动的支付手段较早实现了专门计算机网络的电子化支付,如信用卡支付、远程网上结算及电子资金划拨等。网上电子支付行为越来越普及后,传统银行法中的货币发行、支付风险、支付责任等规定就很难直接套用于电子支付行为。在电子支付的过程中,电子货币的发行人是哪些机构?电子支付的安全性由谁保障?支付中出现资金冒领等损失由谁承担等都应制定新的法律法规予以调整。

（四）电子商务对证据法的挑战

在传统的诉讼法中,证据的种类、证据的形式、证据的证明力等都与纸质介质的证据有一定的关系。而电子商务中广泛形成的数据电文形式的记录资料是否属于法定证据的一种?它是否有原件?如没有原件,诉讼中的举证方法应如何确定?如数据电文资料能作为证据,那么它是独立的证据种类,还是归属于传统证据的某一种形式?数据电子证据的排他性、防伪造性问题如何解决等问题的出现,是现有的证据法难以回答的。

（五）电子商务对消费者权益保护法的挑战

法律强调对消费者权益的保护是为了维护交易双方的实体平等。为此,消费者权益保护法赋予了消费者一系列的法律权利。但在电子商务环境下,消费者的角色发生了转变,消费行为更信用化、理性化、个性化,同时在虚拟的网络市场中,消费者更关注自身权益能否得到法律的切实保护。现有消费者保护法,无法为网上消费者对产品和服务的知情权、退货

权、隐私权等提供充分的保护。所以,应当考虑电子商务消费者的消费特点,制定新的电子商务消费者权益保护规则。

此外,电子商务时代,消费者的隐私受到前所未有的威胁。由于网络可以连接到世界各地乃至每一个家庭,各种信息将呈开放或者无序状态,并且直接涉及并威胁到每个家庭和个人的信息(隐私)。如何有效制止利用传输信息的信息网络,公开或者侵犯他人的隐私等,将是电子商务面临的重要法律问题之一。

(六)电子商务对税法的挑战

现有的税收征管措施和税种确立主要建立在商务主体开展的传统商务模式之上。交易双方的交易信息及账册都存储在纸介质之上,营业主体都有固定的营业地点及经营范围,这样十分方便税务部门核查、监控及催收。但在电子商务交易实施过程中,网上流动营销十分普遍,营业主体不一定有固定的营业地点及经营范围,同时,网上交易的信息及账册记录信息以数据电文记载,存储于磁盘介质之中,使这些信息的固定性、可信性、不可删改性大打折扣。这就为税务部门获取电子商务的真实交易资料及对纳税对象的核查、监控、催收造成了极大不便。采用传统的税管手段已难产生应有的法律效果。另一方面,电子商务中生产、流通、分配、消费等环节的界线已在一定程度上难以区分,这就对网上交易征税时税种的确定带来了困难,是征生产环节税、流通环节税,还是消费环节税,确实很难确定。为适应网络电子商务交易的特点,有必要制定电子商务税收法律制度。

电子商务的普及,不仅对上述各方面提出了法律挑战,而且对管辖权制度、国际贸易中的进出口制度、民事财产权等也提出许多值得研究的法律问题。

二、法律和伦理道德的界定

道德与法律有相同的地方,也有不同的地方。相同的地方是,它们都是社会上层建筑,都是在人们社会生活中起很大作用的一种社会意识形态,都是调整人们相互关系的行为规范,为人们的行为提供标准和方向。不同点是,法律由国家制定或认可,它体现统治阶级的意志,是由国家强制力保证实施的行为规则,它以法律、法令、法规等一定的文字形式出现。而道德是指人们的品行、生活及其行为的准则规范,是评定人的行为的善与恶、正义与非正义、公正与偏私、光荣与可耻、诚实与虚伪等观念、准则和规范的总和,具有一定的习惯力量。它是社会意识的一种形式,这种意识内容的观点、思想和观念,就带着规范的性质。只要在社会上确定了一种道德观点,认为某一种行为是不道德的,就意味着这种行为是道德所不允许的,从而就成了道德规范。你如果有了这种不道德的行为,就要受到舆论的谴责。法律则不同,仅仅有社会法律意识中一定的观点与意识还不够。它必须由国家政权机关经过一定程序来制定或认可,才成为法律规范。如果有违反法律的行为,就要受到国家法律的制裁。

网络社会是一个高度自主性的社会。人作为一个主体,由原来的存在于现实社会之中,越来越趋向于存在于现实社会和网络社会之间。在现实社会中,人的行为被限制在一种比较狭窄的局部的伦理道德规范体系之中,而在以比特为基础的网络社会中,其行为的自由度大为提高,人可自由地表达自己的思想,说自己想说的话,做自己想做的事。这是由于在网络社会中主体身份的隐蔽性远远大于在现实社会中的隐蔽性。然而,正是由于在网络社会中,人的自主性过高,自由度过大,隐藏性过强,再加上网络分布范围的存在方式是全球性的。因此,原来用于调节局部的小范围的道德规范在网络社会中便失去了灵性。再者,伦理道德约束就其和法律相比较而言,它是一种软约束机制。在现实社会中,伦理道德作为调节人与人之间关系的行为规范,人的行为就潜在具有较大的失范可能性空间。而在网络社会中,这种失范的可能性空间则是更大。在现实社会中,行为主体由于担心其作恶的行为会留下蛛丝马迹而受到谴责,其行为就比较符合道德规范,表现出一种所谓的"慎独"精神。而网络社会为网民的非理性的行为提供了施展空间,"网络社会赋予个人强大的权力,能够赢得全世界的听众,能够获得关于任何东西的信息。与此同时,也能够在全体范围内散布谣言,发掘朋友或路人秘密,并寻找诈骗、虐待儿童或其他骚扰活动的牺牲品。"①

比较突出的网络道德行为失范问题有:第一,网络犯罪。网络上时常会非法潜入一些"黑客"或者恶作剧的精灵,进行破坏。如木马病毒横扫全球,使国家、单位和个人都蒙受了巨大损失。第二,传播色情信息。与健康的社会文化相比,淫秽、色情、暴力等不良文化在网络中的传播速度更快,面也更广。虽然世界各国对垃圾信息的传播都有一定程度的限制,但要将这些东西如同犯罪行为一样从网络上杜绝掉,还需要全人类漫长而艰苦的努力。第三,网络文化侵略。特别是网络应用发展得相当普及的西方国家凭借网络优势,倾销自己的意识和文化,这就加剧了国家之间、地区之间道德和文化的冲突。

上述只是网络道德问题其中的一些表现。这也就说明,我们现有的用以消除道德失范现象和维护道德秩序的管理、监督、约束、制裁等种种道德法律手段,在网络社会中已发生了严重问题,亟须随着电子商务的发展而不断完善。

三、电子商务立法现状

电子商务是电子技术与商务活动的结合,是商务活动的电子化、信息化和网络化。计算机网络的商务应用,彻底改变了传统的商务活动模式,产生了电子商务的全新商务形态。电子商务的内容相当丰富,包括电子合同、电子税收、网络知识产权、域名、电子商务安全、电子商务行政管理、电子产品消费、电子产品质量认证,等等。电子商务中人们实施的各种活动具有共同的基础和特点,应当遵守共同的规则。但现有的法律体系难以直接对电子商务进行调整规范,因此必须制定专门的电子商务法,创建并完善专门的电子商务法学科,以对人们在电子商务中发生的种种社会关系进行规范和对新出现的各种问题进行研究。下面将简单介绍国内外电子商务立法的现状。

(一)国际组织立法情况

目前,有多个国际或区域性组织都在对电子商务的发展及其所需的法律环境进行研究、立法。经济合作与发展组织(OECD)主要以电子商务对经济和社会的影响方面研究相关的政策法律问题。世界知识产权组织(WIPO)则致力于研究在电子商务环境下如何实现对商标、专利、著作权的保护,主要包括与知识产权相关的域名问题及与著作权有关的管辖权问题等。欧洲联盟则从加强国际协作的角度,呼吁在国际范围内建立一个适合电子商务发展的政策法律框架,并于1998年3月发表了《欧盟电子签字法律框架指南》,确立了"技术中

---

① 刘国建."网络社会"的特性及其哲学思考[J].学术研究,2002(2):51.

立"原则(数字签字与其他技术手段一样,同为身份认证技术的一种,享有同等的证明力);亚太经合组织(APEC)也已意识到电子商务对全球经济发展的巨大影响,并着手促进成员国的电子商务发展,并于1998年11月的部长级会议上签署了"APEC电子商务行动蓝皮书",敦促各国建立电子商务框架和加强此领域内的立法。

在这些国际性或区域性组织的立法工作中,联合国贸易法委员会所作的努力和贡献最为突出。1996年联合国贸易法委员会制定通过了《电子商业示范法》,对数据电文的概念、数据电子在法律上的有效性和地位、电子合同的效力、电子合同成立和生效的时间地点等重要问题作了规定。它虽没有对电子商务涉及的所有法律问题作出系统全面的规定,但为电子商务构建了一个必需的法律框架,其对电子商务的发展具有里程碑的意义。以示范法作基础,2000年联合国贸易法委员会制定了《电子签名统一规则》,其所要解决的问题主要有三个方面的内容:一是强调要无差别地对待签名技术;二是设定了一些判断电子签名是否可靠的条件;三是具体规范了电子认证中服务提供者和签名者的一些行为。通过这几个方面的进一步规定,在"功能等同"原则的基础上,又从对使用电子签名进行规范的角度作了一定的完善。《电子签名统一规则》总结了示范法出台后5年来实践检验的结果,应该得到今后各国电子商务立法的借鉴。该规则的制定将对电子商务的安全性产生巨大影响。

另外,世界贸易组织(WTO)对于贸易领域的电子商务已提出了工作计划,特别是针对服务贸易提出了重点解决的几个问题,如电子商务定义、司法管辖权、电子商务分类、协议签署等。对于其他如关税、个人隐私、安全保证、国民待遇、公共道德等问题也提出了讨论和分析。WTO有关电子商务的立法范围包括:跨境交易的税收和关税问题、电子支付、网上交易、知识产权保护、个人隐私、安全保密、电信基础设施、技术标准、普遍服务、劳动力问题、政策引导。

(二)各国立法情况

1. 美国

世界各国,主要是经济发达国家,纷纷针对电子商务的发展加强了国内立法,美国无疑走在这些国家的前列。早在1991年9月1日,美国参议院就公布了《高性能计算机法规网络案》,用于敷设全美的信息网络,数年之后正是这条信息高速公路为美国的电子商务发展奠定了关键基础。

1995年,美国犹他州颁布了世界上第一部全面规范电子交易行为的法律《犹他州数字签名法》。1998年8月,美国伊利诺伊州通过了世界上第一部关于电子商务安全专门立法《电子商务安全法》。这些立法成果使美国在电子商务法律建设方面处于世界领先地位。

1997年7月1日克林顿总统发表了著名的《全球电子商务纲要》,提出了发展电子商务要遵循的五项原则,即以私营企业为主导;避免对电子商务作不适当的限制;支持和实施一个可预测的、最小化的、持续的及简单的商务法律环境;充分认识到互联网的独特性质;通过互联网进行的电子商务应在全球化的基础上得到发展。同时,该纲要还粗略分析了电子商务涉及的九大议题,分别是:财政事项中的关税、税收及电子支付议题;法律事项中的制定电子商务统一法典、知识和产权的保护、保护隐私权和网络安全性等议题;市场准入事项中的电信建制和信息科技、网络内容和广告、技术标准等议题。1998年美国参众两院分别通过了互联网负税法条,规定三年内禁止征收新的互联网访问和服务税。1999年美国政府公布

第二章 电子商务面临的问题

了互联网上保护个人隐私的政策。2000年2月1日,美国总统克林顿指示商务部在全国范围内征求意见,以修订目前美国法律中有关阻碍电子商务发展的条款。2000年2月13日,美国国会众议院以356票赞成,66票反对,通过了一项具有较大争议性的法案《电子签名法》,允许数字签名在合同中取代手写签名的地位。数字签名法案将允许人们完全通过互联网来开设银行账户、购买汽车,或者从事其他合法的商务交易。另外,该法案还允许企业在获得消费者同意的前提下,以电子方式向消费者发送保证书、通知和其他需要的文件。这使得电子签名与书面签名具有同等法律效力,从而为电子交易顺利进行扫清了障碍。

2. 欧盟

1998年,欧盟首次提出了《关于电子商务的欧洲建议》,此后又于1998年发表《欧盟电子签名法律框架指南》和《欧盟隐私保护指令》。1999年12月,欧盟通过《统一数字签名规则》,明确规定了在某一成员国签订的电子商务合同,其效力在其他任何一个成员国都应被承认等重要问题。2000年3月,在里斯本举行的欧盟首脑特别会议上,欧盟又通过了2000年电子贸易的法律框架,并于年底正式通过了统一的《电子商务法》。

3. 加拿大

加拿大政府非常重视电子商务的推广与应用,专门成立了电子商务委员会,负责电子商务试点工作的开展、法律框架筹备制定,协调政府与研究机构、用户之间的关系等事务。其国内电信网络建设的速度发展相当快,计算机普及率已经相当高,"信息高速公路"的建设与美国不相上下。加政府制定的关于电子交易的政策和法律包括:

(1)密码使用政策。1998年10月,联邦政府颁布电子商务加密政策,在维护法律和国家安全的前提下,确保网上交易的安全性。允许国内使用任何密码软件,不采取强制解密措施。

(2)保护消费者利益指导纲要。由工商部门负责起草,目的在于保护消费者在网上进行商务交易活动所享有的权益。

(3)保护隐私权法案。由联邦工业部提出编号为C—54立法的提案,旨在保护消费者在网的个人信息。

(4)电子签名法律纲要。正式认可数字化签名和电子文件的合法性。

1999年3月,加拿大通过《统一电子商务法》,该部法律共分四部分,第一部分对基本功能对等规则进行了规定,明确说明这些规则适用于人们以明示或默示的方式同意使用电子文件的任何交易。第二部分为"合同",对电子商务合同的成立以及效力、电子文件收讫的承认以及发送和接收电子文件的时间和地点等问题做出规定。第三部分规定政府可以根据当时的规则,选择使用电子文件。第四部分对货物的运输做出特别规定,允许在许多需要特别文件形式的领域中使用电子文件。

4. 亚太地区

新加坡在电子商务立法方面走在亚洲国家前列。早在20世纪90年代初,新加坡政府就着手制定一整套详细的法律和技术框架。1998年,新加坡颁布了《1998电子交易法令》。这是一部内容比较全面和完善的专门立法,它采纳了绝大部分联合国国际贸易法委员会《示范法》的绝大部分条文,但它远较《示范法》更为复杂和完备,还规定了许多后者并未涉及的内容。法案包括12个部分:前言、电子记录与签名概述、网络服务供应者的义务、电子合同、

安全电子记录与签字、电子签字的效力、与电子签字有关的一般责任、证明机构的管理、政府对电子记录与签字的应用等。新加坡的电子交易法包括确认交易中所有买卖双方的身份,提供能够在网上签署的电子商务合同,核实电子商务文件的发出和收到时间并确认其完整性,收集纯粹电子记录的出处,允许通过网络提供公共领域的服务。

马来西亚早在90年代中期,就提出了建设"信息走廊"的计划。1997年,马来西亚颁布《电子签名法》,可以说是亚洲最早的电子商务法。此外,马来西亚政府还是东盟电子商务的积极倡导者,提出了有关东盟电子商务框架的构想。

韩国工商能源部于1998年5月26日提出电子商务立法的指导原则,它涉及数字化贸易环境中的关税、税收、知识产权保护、隐私权保护等内容。1999年,该部颁布"电子商务基本法"和一项使数字签名合法化的法案,提出经认证的数字签名的所有数字式商务文档均与日常使用的硬拷贝具有相同的法律效力。

5. 中国

我国的电子商务法体系则处于初建阶段,存在以下问题:专门法律、法规和规章较少,至今只有电子签名法是专门解决电子商务中相关问题的法律。法律效力等级较低,主要是部门规章和政府规章,甚至起主要作用的是各地工商行政管理部门的规范性文件。

(1)法律方面。1999年10月1日,我国颁布实施的新《合同法》第11条规定:"书面形式是指合同书、信件和数据电文(包括电报、电传、传真、电子数据交换和电子邮件)等可以有形地表现所载内容的形式。"将传统的书面合同形式扩大到数据电文形式。2004年8月28日,十届全国人大常委会第十一次会议表决通过《电子签名法》,并于2005年4月1日起施行。这是首次赋予可靠的电子签名与手写签名或盖章具有同等的法律效力,并明确了电子认证服务的市场准入制度。

(2)行政法规方面。1994年国务院发布《计算机信息系统安全保护条例》。1996年国务院发布《计算机信息网络国际联网管理暂行规定》。1997年12月16日公安部发布《计算机信息网络国际联网安全保护管理办法》。国务院信息办1998年发布《计算机信息网络国际联网管理暂行规定实施办法》。从1999年开始,相关的立法呼声开始出现,2000年人大会上一号提案使电子商务立法成为更多人关注的焦点,在其后的三年多的时间里,相关的一些法律、法规、部门规章和地方法规陆续出台。在这一过程中,出台了包括《电信管理条例》《互联网信息服务管理办法》《商用密码管理条例》《互联网站从事新闻登载业务管理暂行办法》《全国人大关于维护互联网安全的决定》等在内的多部法律法规。2000年9月国务院发布《电信条例》《互联网服务管理办法》。

(3)地方性法规方面。2002年12月6日,广东省人大常委会通过我国首部有关电子商务方面的地方性法规《广东省电子交易条例》。该条例共有七章34条,主要内容有三个方面:确立电子签名的法律地位、规范认证机构的管理和规范电子交易服务提供商的管理。该条例已于2003年2月1日起开始实施。

(4)部门规章方面。中国证监会于2000年4月颁布了《网上证券委托暂行管理办法》;国家工商行政总局于2000年9月颁布了《经营性网站备案登记管理暂行办法》及其实施细则、《网站名称注册管理暂行办法》及其实施细则,自2010年7月1日起施行《网络商品交易及有关服务行为管理暂行办法》。2010年6月21日,中国人民银行在网站上正式公布了

第二章　电子商务面临的问题

《非金融机构支付服务管理办法》全文,办法规定未经中国人民银行批准,任何非金融机构和个人不得从事或变相从事支付业务。该方法已经 2010 年 5 月 19 日第 7 次行长办公会议通过,自 2010 年 9 月 1 日起施行。以上这些都是电子商务法体系中不可或缺的部分。

第二节　经济问题

电子商务的虚拟性、直接性等特点对传统经济以及传统生活方式产生了巨大的冲击,对现行税收、支付、信用等经济生活中诸多方面提出了挑战。

一、税收问题

现行税法主要是针对有形产品制定的,并以属地原则为基础进行管辖,通过常设机构、居住场所等概念把纳税义务同纳税人的活动联系起来。而电子商务作为高科技发展下的网上贸易,它所具有的无国界性、数字化等特点,使现行征税方式远远落后于交易方式快速演进的步伐。目前,由电子商务引发的税收问题,如避税等,日益增多并已开始引起各国政府、国际经济组织的高度重视。

(一)电子商务对现行税收体制要素带来的影响

1. 难以认定纳税主体

传统税制规定,无论是从事生产、作业、销售还是提供劳务、服务的单位和个人,都要办理税务登记。税务登记是税务机关对纳税人实施管理、了解掌握税源情况的基本手段。它对于税务机关和纳税人双方来说,既是征税关系产生的前提和基础,又是法律关系成立的依据和证明。然而在电子商务环境下很难做到这一点。任何公司或企业只要在技术上执行互联网协议就可连入互联网,缴纳一定的注册费就可获得自己专用的域名,在网上从事一定的商贸活动和信息交流。任何人只要拥有一台电脑、一个调制解调器和一根电话线,通过互联网接入厂商提供的服务就可以参与电子商务交易,进行商贸活动。而纳税主体呈现出多样化、模糊化和边缘化,所以很难确认从事交易活动的公司、企业和个人。另外,对在国外设立、租用服务器的厂商是否视同国际税法规定而成为本国纳税人也仍有异议。现行各国税收制度对纳税主体的确认主要有以下三种标准。其一,登记注册地标准。只要一个公司或企业在本国注册登记,即成为本国纳税主体,政府有权要求该主体就来源于世界范围内的收入纳税。其二,实际管理控制中心所在地标准。按照这一标准,公司或企业实际管理和控制中心设在哪一国,便认为是哪一国的纳税主体。对公司或企业的实际管理和控制中心的识别标准,主要可从以下几个方面进行判断:董事会开会的地点、公布发放红利的地点、股东大会召开的地点等。其三,总机构所在地标准。根据这一标准,公司或企业的总机构设在哪一国,就为哪一国的纳税主体。我国目前采取的是第三种标准。世界其他国家采取的标准与我国不尽相同,这就给国际税收造成了一定的混乱,而电子商务更使得这一问题复杂化。

2. 纳税地点的确认失去基础

传统的税收是以常设机构,即一个公司或企业进行全部或部分经营活动的固定经营场所,包括管理场所、分支机构、办事处、工厂车间等,以此来确定经营所得来源地。由此纳税地点也就十分明确。但是,因为电子商务是完全建立在一个虚拟的市场上,公司或企业的贸

易活动不像传统贸易那样需要固定经营场所、代理商等有形机构来进行,大多数产品或劳务的提供并不需要公司或企业实际真正出现。而且电子商务的网址、E-mail 地址等与产品或劳务的提供者并不存在必然的联系,仅仅从这些信息中是无法判断其机构所在地的,从而确认纳税地点十分困难。

3. 课税对象性质难以确定

电子商务改变了产品的固有存在形式,使课税对象的性质变得模糊不清。一方面税务机关在对某一课税对象征税时,会因为不知是何种税种而无从着手征收;另一方面,电子商务中许多产品或劳务都是以数字化的形式,通过电子传递来实现转化的。这就使得税务部门难以确定此商品的性质和数量,传统的计税依据在这里就失去了基础。例如,某地一家新华书店在一个月内卖出近百本畅销书,税务机关就可以根据该书的销售额对该书店征税。但如果把该书店搬到网上,读者通过上网下载有关书籍的内容,那么既可以将其视为有形的商品销售征收增值税,也可以将其视为无形的特许权使用转让而征收所得税。但是这里存在着一个问题,就是这个网上书店该月销售了多少本书或多少字节电子信息却无法加以确定,从而在实际操作中会导致税务管理的不可行。

4. 纳税环节不易认定和控制

现行税法对纳税环节的规定是基于有形商品的流通过程和经营业务的活动,主要适用于对流转额征税。而电子商务中,由于交易对象不易认定和控制,因而对纳税环节的规定也就难以确定。其影响表现为:由于经营者和消费者直接进行网络交易,超越了时空界限,其结果可能产生某些税基的丧失或转移,相应课税点消失,税款流失。

5. 纳税期限不易确定

从我国现行税法看,纳税期限可以按年征收、按季征收、按次征收等划分为多种类型。电子商务环境下纳税义务发生时间极难确认,因而现行税法对纳税期限的规定便有可能成为一纸空文。

6. 电子商务不可避免地带来了税收转移

从国际角度看,目前各国在税制上差异很大,即使在同一个国家其不同地区间也存在一些差异。在电子商务中,由于电子商务是一种数字化交易,它打破了世界区域划分、地域之隔的局面,使一个高税率地的消费者只需交纳微薄的上网费用,就可以从一个低税率地购买到比其所在地价格便宜得多的商品。比如在我国,现行的税收体制与财政收入原则相配合,实行划分税种,分级征收管理,即税收收入归属谁的财政收入,征收管理就由谁负责。如国税由国家税务局负责征收,地税由地方税务局负责征收。虽然在我国征收哪些税(税种),税率是多少,完全由国家税务总局统一确定,但由于税收任务仍实行自上而下的分配方式,加之各地财政优惠政策不同,使得在电子商务形式下同样存在税收转移的问题。

7. 税收负担明显不公平

各国现行税制普遍倡导税收中性原则,即要求对网上电子商务与传统贸易取得的相似的经营收入征收一样的税,不能因贸易方式不同而有所不同。但在电子商务方式下,各国相应的电子商务法律框架尚在构筑,而传统的征管手段又相对落后,使得互联网经营公司或企业与传统贸易公司或企业之间存在税负上的不公平情况。这种税负上的不公平大致可分为两类:其一是由于现行税制是以有形的、可见的交易为基础制定的,从而导致的税负不公平。

第二章 电子商务面临的问题

从事电子商务的公司或企业在网上可以轻易避免纳税义务,导致该公司或企业的税负明显低于传统贸易的公司或企业的税负,诱导传统贸易公司或企业纷纷进入网络空间,以求"免税"。其二是一些地区不甘心大量的税收收入从自己手中白白流失,可能会采取新的举措导致新的税负上的不公平。现阶段税负不公平的局面已经出现。

8. 税收管辖难以实现

这主要是由于世界各国所采取的确定税收管辖权的标准不同引起的。所谓税收管辖权,是指一国政府对一定的人或对象征税的权力,从而明确税款征收机构的职责范围和分工,使其既不相互重叠,又无空档,做到各司其职,各负其责。目前,世界各国确定税收管辖权的标准主要有居民税收管辖权和收入来源地管辖权。世界上大多数国家在实行居民税收管辖权的同时大多兼实行收入来源地税收管辖权,对居民来自全球的收入课税,对非居民来自本国的收入课税。当存在国际双重或多重课税问题时,居住国政府通常根据国际税收协定,以税收抵免或免税的方法来消除重复课税问题。所以,如何确定收入和财产的来源和地点就成为税收管辖权的核心问题。在传统交易方式中,一个国家内部跨地区税收问题主要由各国政府自行规定,跨国间贸易则依据签订的双边税收协定。现行的税收处理上,所得的收入类型不同,所适用的收入来源的判定规则就不同,一般以产生收入的经济活动所在地为标准。如从产品销售中取得的收入,其来源地就是该产品产销提供的地点;劳务的收入来源地就是提供劳务的地点。电子商务的出现和发展打破了世界画地为牢、传统的地域之隔局面,加大了跨地区、跨国界交易的发生,使国际税收管辖权问题遇到了挑战。电子商务因其无国界性、直接性、瞬时性和不记名性,从而使交易发生的场所、劳务及商品的提供和使用地难以被准确地加以判断,最终导致实际的收入来源国面对来源于该国境内的所得却无从征税的局面。

9. 常设机构难以认定

"常设机构"在国际税法中是一个非常重要的概念,是划分居民税收管辖权和所得来源地税收管辖权的基础,也是协调两种税收管辖权冲突、避免重复征税的基本制度。在现有国际税收制度下,对营业利润征税一般以是否设置"常设机构"为标准。《联合国范本》和《经济合作与发展组织范本》中对常设机构的规定是指一个企业(在国外)进行全部或部分营业活动的固定场所。如一国非居民在该国内利用代理人从事活动,而该代理人(不论是否具有独立地位)有权代表该非居民经常签订合同、接受订单的话,就可以认定该非居民在该国有常设机构,该国就可以其经营活动所得认定其来源于本国按来源地税收管辖权征税。

然而现代的通讯技术可以使人们之间的合作不需要在哪个国家设立固定的场所就能进行。在网络贸易中,国内商人通过国际互联网购买外国商品和劳务,外国销售商并不必在该国"登场",其在来源国的"出场"可能仅限于保存其主页的某个服务器的硬盘一定空间或能够从事交易的软件上。按传统观念,常设机构的设立通常涉及人和物两方面的存在,因而按照传统的常设机构标准,并不能认定外国销售商在本国有常设机构。那么对非居民通过设在来源国服务器上的网址来进行贸易活动能认为该非居民拥有常设机构吗?如果该网址不用来推销、宣传产品和劳务,它是否能被认定为非常设机构而得到免税待遇呢?另外,如果顾客从销售商的网址中输入数据和信息,这会引起常设机构的认定吗?按照现行国际税收协定的解释,这似乎应该被认定为常设机构,但是,如果通过设立销售机构来销售与通过网

址销售,从税收角度看,其结果是一样的,那么税收中性原则又该如何体现呢?因为税收中性要求不同销售方式引起的税收结果是不一致的,这才不会扭曲各种销售方式间的关系。

(二)电子商务引发的相关税收问题

电子商务除对现行税收体制带来很大影响之外,其中的相关税收问题表现得也越来越复杂,利益主体间的矛盾、冲突也更加尖锐。从目前来看,电子商务引发的相关税收问题主要包括以下几个方面。

1. 电子商务是否应该征收新税

电子商务涵盖了许多的交易方式、交易范围与交易产品,并且其中的一些交易方式是以往传统交易方式所没有的,如电子金融、网上直销、网上拍卖等。对待这种新生事物尤其是其中新的交易方式,是否应该加征新的税种,就成为需要人们探讨和实践的一个新的问题。世界各国在这一问题上存在观点上的分歧。早在1998年联合国就曾提出关于征收"比特税"的提案,即按网络传输的字节数征税,但这一提案遭到了东道主美国的强烈反对。美国认为,对电子商务征税会挫伤从事电子商务活动的公司、企业和个人的积极性,从而遏制电子商务的飞速发展。而且美国在其《互联网免税法案》及相关的国际协议中,一直在倡导不对互联网或电子商务征收新的税种,当然也有其作为电子商务的推动者及最大受益者的特殊考虑。但如果对电子商务征收新税种的话,由于电子商务交易与实体交易不同,很可能会产生双重征税或发生对电子商务的不公平性待遇的问题,这势必会影响电子商务的发展。

2. 电子商务是否应该免征关税

由于世界范围内经济发展的不平衡,很多发展中国家的经济仍然需要一定程度的关税保护,这一点已经被世界贸易组织所认可。而因特网全球性的特点,使得网络贸易缺乏传统有形货物贸易的清晰、确定的交易地理界线。当货物或服务是以电子形式交付时,也就是通过因特网在网上交付时,就使得传统的税收法律很难予以解释了,这无疑对国际贸易关税一体化提出新的课题。对于因特网上交付的产品和服务是否应征关税,各国之间争论激烈,分歧很大。

1998年在世界贸易组织(WTO)成员国部长会议和经济合作及发展组织(OECD)部长会议上,也都曾倡导不对电子商务征收关税。这种不对电子商务征收关税的倡导有以下三个基础:第一,通过免征关税这一优惠措施达到极大地推进电子商务推广与应用的目的;第二,现实操作中,如不免征关税,实际上税务机关也很难对电子商务的数字产品实行有力的监控;第三,电子商务数字产品中,计算机软件及信息服务占很大一部分,而对于这一部分产品,根据WTO组织协议中的《信息技术协议》即ITA协议,许多发达国家已经实现了对其的零关税。而在我国,是否对电子商务征收关税及如何征收,还需要许多理论及实践中的探讨。

3. 电子商务的可追溯性问题

电子商务的可追溯性即电子商务交易过程的可追溯性。它是指在确定了电子商务交易的纳税主体后,是否有足够的依据收到应收的税款,纳税证据是否全面完整、是否充足、是否可查。这方面问题突出表现在数字产品的电子商务过程中。目前,我国电子商务还处于初级阶段,电子商务交易数额还较少,公司或企业、部门之间的电子商务交易活动主要是洽谈业务、签订合同、订单报价、商务事宜处理,基本上还没有完全进入电子支付阶段。所以,在

第二章 电子商务面临的问题

目前的电子商务阶段,商务交易过程虽然电子化,但配送货物或交付手段仍然采用传统的商务方式,交易过程中涉及的相关证据基本上还是可查、可追溯的。但随着电子商务的不断发展、扩大和普及,电子商务交易环节的具体情况势必会更加有赖于交易者的如实申报,所以电子商务交易过程的可追溯性问题会表现得更加突出。

4. 数字产品电子商务税收的实现问题

在电子商务中,由于数字产品的电子商务不仅具有商流、信息流和物流的虚拟性的特点,其产品形态还表现为特殊性。这一特点使其在纳税人身份的判定、交易过程的可追溯性及税务稽查有效实现的难度都将大大增加,这就为税务机关工作带来了很大的困难。比如一家数字产品电子商务的经营公司在取得了盈利后,如果不如实地履行各项纳税申报,则国家税务机关基本上拿不出什么有效的方法与途径去追查其商品交易、资金结算的各项细节,更无法使其照章纳税。目前这一问题已引起世界各国的普遍关注。

5. 税收电子申报中的相关问题

税收电子申报包括电子申报与电子缴税。电子申报是指纳税人利用各自的报税工具,通过电话网、因特网等通讯网络系统,直接将申报资料发送给税务机关,纳税主体不必亲临税务机关即可完成纳税申报工作,该环节实现了纳税主体与税务机关间的电子信息交流,实现了申报(信息流)无纸化。电子缴税是指纳税主体、税务机关、金融机构(如银行)、国库间通过计算机网络进行税款结算、划拨的过程,该环节完成了纳税主体、税务机关、金融机构(如银行)和国库间电子信息及资金的交换,实现了税款(资金流)收付的无纸化。

电子报税方式同传统缴税方式相比,不仅提高了税收申报的效率和质量,同时也降低了税收成本。对纳税主体来说,申请报税不受纳税期限、纳税环节和纳税空间的限制,既省时、省事,又方便、快捷,同时也节省了大量的申报费用;对税务机关来说,不仅减少了数据录入所需的庞大的人力、物力,节约了成本,还大幅度提高了输入、审核数据的正确率;另外由于采用现代化的计算机网络技术,实现了纳税申报到税款结算过程全部程序的电子化快速传递,加快了票据的传递速度,缩短了税款在途滞留的环节和时间,确保了国家税收及时入库。另外,税收电子报税不仅涉及税务系统与其他部门(包括纳税主体、税务局、国库、金融机构、银行等)间的信息共享,还涉及与这些部门在数据格式、传输频率、数据传输控制、安全机制等方面进行协调,建立部门间的数据交换机制,同时还涉及税收电子申报数据的法律效力等问题。

二、支付问题

网上支付,就是在交易过程中的资金转移环节。在此模式下,消费者无需出口就能完成交易,通过运用计算机网络及支付工具完成资金流转,完成包括款项支付、资金调拨的电子转账及信息通知等众多业务,并具有实时支付效力的支付方式。网上支付是电子商务交易过程中极其关键的环节,只有实现了网上支付,才能进行实质意义上的电子商务交易。网上支付的发展,疏通了电子商务交易过程的资金流,打通了电子商务发展的支付瓶颈。但是否采用网上支付考虑最多的因素就是支付安全。造成网上支付发展的安全风险主要有三个方面;一是银行网站本身的安全性。二是交易信息在商家与银行之间传递的安全性。三是交易信息在消费者与银行之间传递的安全性。由于电子商务的"无纸化",对参加交易的各方

提出了更高的信用要求。而在中国基于法制基础上的"契约社会"尚未形成，信用的概念在不少人的眼中甚是淡薄，目前国内所进行的电子商务交易中信用卡、借记卡、储蓄卡、邮局汇款和货到付款等多种支付方式混合使用，有的甚至是使用网上查询、网下交易的方法。多数电子商务交易选择货到付款的方式，来解决支付中的不信任问题。这违背了电子商务进行快捷、方便、安全的交易，使资金使用和货物流向趋于合理为最终目的的初衷，同时也制约电子商务的运作与发展。综合来看，以下原因是导致网上支付可信度低的最直接原因。

(一)金融基础设施建设总体水平较低，发展速度滞后于电子商务

中国银行业电子化装备初具规模，但是网上银行的现有状况与电子商务发展的要求还存在较大差距。跨城市、跨区域、跨国家的网络信息基础建设仍不完善，致使网上支付速度慢。另一方面，目前全球关于电子商务的标准体系有多种，中国目前还没有完整的标准，大都是国际上较为流行的 SSL 和 SET 两种网上支付协议，存在很多弊端。各地商业银行的金融电子系统在建设过程中也没有统一的标准，结果造成目前银行间互联的难题，使网上支付安全难以实现。

(二)网上银行业务规模小，发展缺少内在的动力

市场经济的基本规律是需求拉动生产，但是在目前电子商务的整个市场中，由于观念、安全、设施和服务等多方面的原因，企业和消费者对于电子支付的需求并不旺盛，尤其电子商务 90% 以上的 B2B 业务仍是采用传统的方式进行支付。需求的不足使得多数银行对开发相应的网上银行服务的产品保持观望的态度，没有增加投入加强支付业务的愿望，使得网上银行的发展停留在一个低速增长的阶段。

(三)网上银行认证系统仍不完善、不统一

目前大部分网上银行系统采用中国金融认证中心颁发的数字证书，但这些证书各自为政，交叉混乱，认证作用只是保证一对一的网上交易安全可信，而不能保证多家统一联网交易的便利。为了能够在不同的交付平台上完成交易，网上银行的用户则不得不同时去申请并安装多个安全证书。这不仅给用户带来很大的不方便，同时由于认证网站的良莠不齐，多个安全证书的安装可能会对用户的个体信息带来安全隐患。

三、信用问题

信用问题是人类社会长期存在的一个问题，涉及社会生活的方方面面。良好的信用状况是社会稳定和经济发展的重要保障。而信任关系的缺失，信用状况的恶化则会导致交易成本上升，社会秩序趋于复杂化、混乱化。由于电子商务交易的虚拟平台使交易双方无法直接见面，这种空间上的分离使得虚假身份很难识别，网络欺诈、欺骗行为很容易滋生，所以在电子商务中信用问题也就更加凸显。由信用问题引致的信用风险，一是指对方不履行金融义务而使企业发生损失；二是指企业不能及时地、准确地、按质按量地完成订单，而失信于客户，当消费者网上购买物品发现物非所值或迟迟收不到订货，将会使对方交易者甚至网站的信誉预期大大降低，从而导致企业市场占有率下降。对企业而言，信誉损失往往比金钱损失更加惨重。同时，由于电子商务涉及多个交易主体，电子商务信用风险也可以转化为参与各方的风险，如果交易前能确定出交易者的信用，风险也就自然降低了。

第二章 电子商务面临的问题

而我国现在社会信用体系不健全,缺乏一个全国统一、分工明确的认证体系。目前中国的市场还很不成熟,社会信用体系很不健全。市场上假冒伪劣商品屡禁不止,坑蒙拐骗时有发生,交易行为缺乏必要的自律和严格的社会监督。

电子商务信用缺失首先表现在商品质量参差不齐,假冒伪劣产品、瑕疵品泛滥,知名电商平台频频陷入"假货门",如有媒体曝光称,网上购物化妆品假货多,甚至如当当网、亚马逊此类知名网商也在售卖假化妆品,天猫、京东曾经遭遇假酒投诉,当当网也被指卖假索尼相机。其次,消费者在电子商务平台上交易时,知情权不能得到有效保障。这主要表现在商家提供的商品相关信息少且欠缺真实性,未如实告知、刻意隐瞒甚至虚假描述商品信息的情况十分普遍。再次,交易完成的商品评价体系标准混乱、漏洞百出,不仅未能很好起到帮助买家了解商品、体验服务的作用,还出现了"职业好评师"等不可思议的情况。最后,电子商务的物流环节也是民众口诛笔伐的对象。如物流方工作人员对待流通的商品保护意识低下、不能很好尽到注意义务等,都反映出电子商务物流存在的诸多问题。而"夺命快递""毒包裹"更是又一次敲响了警钟,正是因为物流人员的失信行为导致商品在运输过程中染上毒物而使买家致死。

对于跨境电子商务市场而言,跨境交易的地区差异使得虚拟性和不确定性更加突出,信用问题在跨境电子商务模式中更加突出。跨境电子商务面临着更多的空间问题、售后问题、物流问题,这使得消费者对跨境电商的信用程度要求更高。很多进行跨境电子商务交易的消费者都曾遇到过一些信用问题,例如漂洋过海的货物存在质量问题或受到诈骗。在这种跨境电子商务交易过程中,很多消费者遇到不公平的待遇时往往会因为时间、地点的问题选择忍耐。另一方面,跨境电子商务涉及多个国家和许多相关的服务,如跨境物流、海关商检、支付结算等,国家间对这些环境的监管力度和监管政策的不同也加剧了监管的困难度。而这无疑给更多的不法商家提供了更多不诚信的理由和机会。

制约我国建立电子商务信用体系的因素主要体现在以下几点。

(一)社会普遍缺乏现代市场经济条件下的信用意识和信用道德规范

社会普遍缺乏现代市场经济条件下的信用意识和信用道德规范,加上国家信用管理体系不完善,相关的法律法规和失信惩罚机制不健全,从而导致社会上信用缺失行为盛行。所以,在我国电子商务交易中不可避免地存在着欺诈行为。

(二)企业内部普遍缺乏基本的信用管理制度

信用管理是企业财务会计部门连接各业务部门的桥梁,也是企业筛选客户并与诚信客户保持长期联系的纽带。我国由于普遍缺乏这一重要管理环节,因而导致电子商务中失信行为常常发生。

(三)信用中介服务的市场化程度低

目前,我国仍是非征信国家,社会信用中介服务行业发展滞后,还没有建立起一套完整而科学的信用调查和评价体系。这导致企业的信用状况得不到科学、合理的评估,市场不能发挥对信用状况的奖惩作用,企业也缺乏加强信用管理的动力。

(四)缺乏对企业和个人信用数据的正常获取和检索途径

我国在征信数据的开放与使用等方面没有明确的法律规定。政府部门和一些专业机构

掌握的可以公开的企业资讯与个人信息没有开放，这增加了征信过程中获取企业和个人信息的难度。在这种情况下，无法对电子商务企业与消费者的信用做出公正、客观、真实的评估。

(五) 国家信用管理体系不健全，缺乏有效的失信惩罚机制

目前，我国信用管理体系不健全，主要表现在以下两方面：一是缺乏严格的失信惩罚机制。尚未达到刑事犯罪程度的失信行为得不到相应的惩罚，不讲信用的企业法人和个人不能受到社会的谴责。二是政府对信用市场的监督管理薄弱，对从事企业信息服务的中介机构（包括会计、审计、法律服务和征信中介、资信评估等）缺乏监管，造成虚假信息盛行，社会反映强烈[①]。

第三节 质量问题

全球化的电子商务市场极大地影响了20世纪的商务活动，而21世纪是该市场进一步达到繁荣昌盛的时代。在这种背景下，现代企业如何利用网络上的机遇，集聚有限的资源投入到关键要素上，以构筑新的竞争优势，成为当今理论界和企业界关注的焦点。许多研究已经证明，非价格方面的竞争优势正成为企业吸引和留住消费者的重要因素。比如电子商务企业的服务质量、物流配送能力以及信息的完善程度等。但是，在电子商务现实运行中，上述方面都存在着或多或少的问题。

一、服务问题

随着使用互联网人数的几何性增长，互联网和全球电子商务显得越发重要，越来越多的企业通过互联网向顾客传递信息。其中电子服务(e-Service：Electronic Service)的作用日益突出，因为电子服务具有传统服务所不具备的独特优势，如方便快捷、节省时间、扩大顾客的选择范围、降低服务成本、提供更为个性化的服务、增进顾客与企业的关系等。然而，据调查高达28%的网上交易以失败告终，大约50%的网上购物者对其购物经历表示不满意。电子服务的质量(e-SQ：Electronic Service Quality)成为制约顾客重复购买的主要瓶颈，而引起这一瓶颈的主要因素表现在以下四个差距上。

(一) 信息差距

信息差距主要反映了顾客对电子服务的需求与管理者对这种需求的准确感知存在一定的差距。比如管理者可能会认为复杂多维的宣传图片可能会吸引顾客，而实际上这些图片使得顾客登录网站的速度变慢，从而大大降低了交易的有效性。一般而言，顾客会认为交易的有效性比图片更加重要。

(二) 设计差距

网站是企业提供电子服务的平台，顾客通过这一平台与企业积极互动。然而即使企业拥有完全准确的信息（即不存在信息差距），这种信息也往往无法完全体现在网站的设计和

---

① 肖勇，陈富扬.电子商务的信用体系与信用管理[J].科技管理研究，2006(4).

第二章 电子商务面临的问题

功能上,这就导致了另一种差距——设计差距。目前国内企业网站设计存在的问题主要有:网站缺乏新颖性,整个网站由一些毫无创意的文字加图片组成;有的页面设计得很漂亮,但与网站内容毫无关系;有些网站只有泛泛的几个 Web 页面,信息量远远达不到顾客的要求;网站设计缺少层次性,顾客为获取信息费时费力等。

(三)沟通差距

沟通差距是由于缺少沟通所造成的,其主要表现在两个方面:一方面设计人员缺乏对网络营销的认识。在网站功能方面,表现为设计得比较简单,尚处于初级的信息发布阶段;在网站内容的设计方面,表现为顾客所需产品(服务)信息的不完整,产品(服务)介绍不够详细,销售和推广信息比较贫乏,难以产生对在线销售的必要支持;在顾客关系和顾客服务方面,常规的在线服务手段应用都比较欠缺,顾客关系建设也比较薄弱。另一方面由于营销人员对网站的特征、基础设施能力和局限性缺乏正确的认识,易造成向顾客单方面作出不准确或夸大的承诺,这使顾客对企业的信誉产生怀疑,例如营销人员在网站上向顾客保证在一定时间内交付产品,然而网站的运作功能却无法实现,两者的不统一大大影响了顾客所感知的电子服务质量。

(四)实现差距

实现差距出现在顾客层面上,反映了顾客期望与顾客经历之间存在的总差距。例如网上订购系统表明某种产品有库存,随后却又通知顾客没货,或者即使没有作出额外承诺,但由于网站在设计和运作时未能完全结合顾客的愿望而产生的缺陷导致顾客无法顺利完成网上交易时,都会表现为实现差距[①]。

二、物流问题

电子商务中信息流、商流、资金流和物流中的前三流均可通过计算机和网络通信设备实现。但作为"四流"中最为特殊的物流,只有电子出版物、信息咨询等少数商品和服务可以通过网络传输方式进行,而对于多数商品和服务,则需借助一系列机械化、自动化工具传输。也就是说,尽管网上可以解决商品流通的大部分问题,但是却无法解决商品的实际流通和配送。以互联网为平台的网络经济可以改造和优化物流,但是不可能根本解决物流问题。

而电子商务的迅猛发展,会加剧物流瓶颈问题。先进的电子商务和落后的物流形成了非常鲜明的对比。这一问题表面上看是物流服务问题,究其原因是物流本身发展的滞后,是物流平台不能满足发展的要求。与电子商务的发展相比,即便是发达国家的物流,其发展速度也难以和电子商务的发展速度并驾齐驱。在我国,物流更是处于经济领域的落后部分,由于缺乏专业的管理及运作经验,我国物流市场一直没有形成闭环式的网络链,只是邮政在某个层面上充当着这个角色,但是远远不能满足电子商务所要求的配送流程。还有一些小型配送公司,他们实力小,运作不规范,多是各自为政又受到区域性的极大限制,很难提供完整的服务请求。

我国现行物流体系对电子商务发展的制约因素有以下几点。

---

① 桑辉.电子商务环境中的服务质量控制[J].情报杂志,2005(4).

（1）理论研究及应用还不够系统和深入，物流技术还较落后。当今物流管理得到迅速发展，出现了供应链管理、物流系统工程、物流网络规划、全自动分拣系统等新理论、新概念、新技术。但我国对这些理论接触时间不长，也缺乏实际应用经验，难以将其吸收转化为适合我国物流业发展国情的理论体系，主要表现在物流业划分不明确、物流行业管理职责不清晰。物流体系效率低下，资源浪费严重，影响了物流产业的健康发展，同时也影响了国民经济的进程。

（2）物流企业的经营管理与服务水平低。与国际知名的物流企业相比，我国物流公司起步晚，规模也较小，难以形成规模效应。国内从事电子商务的物流企业，在行业内没有形成品牌效应，企业的物流网络也没有建设完全。而国外知名物流企业在大幅度降低公司的运行成本，以及为电子商务企业和用户提供综合性的物流服务方面，建立了牢固的基础和服务能力，这是国内物流企业目前无法企及的。

（3）信息化程度不高，标准化建设滞后。虽然我国一部分物流企业采用了包括通信网络、条码、RFID、GPS、物流自动化系统、物流管理软件等先进的信息技术改进企业管理，但是行业内超过半数企业仍采用传统的手工操作方式对物流信息进行管理，不能有效提升企业的运营效率。

物流装备标准、器具标准和基础设施标准不统一。一是各类运输装备标准不兼容；二是物流器具标准不配套；三是物流基础设施不规范。物流标准化建设的严重滞后，造成了资源浪费和效率低下。虽然我国已经建立了一些行业物流标准，如《物流术语》《商品条码》《储运单元条码》《数码仓库应用系统规范》等，但这些标准仍不完善。此外在物流标准化管理分属于不同的政府部门管辖的情况下，部门之间的协调问题更增加了制定统一准则的难度。

（4）电子商务物流的专业化程度低。电子商务网站数量的增加，以及随之而来的在线交易额的稳步上升，显示了电子商务对物流配送的需求也相应越来越大。为了满足日益扩大的物流需求，当今的电子商务物流主要有自营、外包或者两者相结合的方式。但值得注意的是，虽然第三方物流企业数量稳步增加，但我国3PL的市场份额却还很低，多数企业仍倾向于自营物流配送环节。外包的优势在于第三方物流企业利用专业的技术和管理方式，在保持高质量服务与灵活性的配送服务的同时，控制和降低物流的成本。自营物流配送无疑会在一定程度上降低供应链效率，影响企业市场反应能力。

电子商务物流的核心问题是实体物品的配送。我国作为一个发展中国家，物流业起步较晚，电子化、专业化、现代化程度低。物流企业对电子商务物流的重要性认识远远不够。在引进电子商务时，并不具备能够支持电子商务活动的专业化电子商务物流配送技术。从B2C网上购物的情况来看，网上购物未得到广泛的认同，少量电子商务企业存在严重的商业信誉问题，迟送、送错或不送现象在配送环节时有发生。

（5）物流人才数量严重匮乏，物流从业人员专业水平较低。物流企业不仅缺乏了解电子商务物流实务的专门人才，同时也缺乏了解互联网技术和电子商务的复合型人才。据相关统计显示，目前物流从业人员当中拥有大学学历或中级职称以上的仅占21%，高中及中专职校学历则占了50%。中国物流业发展必须依靠一大批具有丰富专业知识的专业物流管理人员以及运作人员。近些年来，我国大专以上物流人才的年需求量稳定在30万至40万人，物流人才成为全国12种紧缺人才之一，随着物流市场的高速成长，专家预测未来10年内人才缺口仍会持续扩大。

三、信息不对称问题

市场的一个基本功能是产生并传递经济信息,市场运作的效率主要取决于交易方所获得的经济信息的数量及可靠程度。从购买者角度来看,影响其购买决策的经济信息主要涉及所购买商品的质量信息。无论是电子商务市场还是传统市场中都存在着商品质量信息表示与传递及其对买方行为的差异影响问题。但由于电子商务市场中存在着信息与实物相分离、商品与售卖网站相分离以及交易者的物理空间相分离的现象,这些客观现象阻碍了买方形成有效的感知质量,加重了信息不对称的程度。

电子商务市场商品质量信息不对称的原因有以下几点。

(一) 电子商务市场实意质量信息传递效率

电子商务市场销售的商品主要有两大类:实物商品和数字商品。对于这两类商品电子商务都采用数字形式传递商品信息。象征质量信息极为适合这种传递方式。因为诸如商品品名、商标、价格等易于数字化的商品信息的传递效率在电子商务方式下都会大幅度提高。然而,对于电子商务市场中实物产品与数字产品的实意质量信息而言,则不适宜于数字形式传递。因为实意质量信息与商品本身是密切联系的,只有通过观看、触摸、使用或检测才能够获取。因而这种信息的获取要求买方能够接触商品本身,或者买方能够获得值得信任的经验信息或检测信息。电子商务的数字化传递方式当然无法传递实物产品的实意质量信息,同时由于数字产品可复制性的特点,对经验性数字产品而言也无法传递其实意质量信息[1][2]。所以,当买方从一个在线网址观察商品时,尽管该网址有着强大的信息传递与检索功能,买方却没有接受商品实意质量信息的快速方便的途径,电子商务传递实意质量信息的效率较低。

因此,从实意质量信息的传递角度来看,电子商务市场相对于传统市场的信息效率并没有提高,信息不对称的状况依然存在。而且由于商品品名、价格、象征质量信息的市场透明度较高,买方可以在少量的观察中获得大量的相关信息,易于形成对价格与质量分布的认识。买方基于这种分布的知识,在缺少实意质量信息的购买决策过程中,更易于形成逆向选择,从而影响电子商务的市场效率。

(二) 卖方信誉与质量信息发布

Tore[3]与Paul[4]的模型指出,如果卖方已经在全球范围内建立起一定的信誉,电子商务市场强大的信息传递功能将有助于企业的营销活动。例如Covisint(克莱斯勒和福特建立的汽车行业的网站)可以让该行业所有的供应商和经销商在这里进行电子商务,它凭借的就

---

[1] Choi S Y, Stahl O, Whinston B. 电子商务经济学[M]. 张大力,等,译. 北京:电子工业出版社,2000:1-144.

[2] 李琪,张仙锋. 网上交易中的"柠檬"问题[J]. 财经科学,2001(5):75-79.

[3] Tore N. Consumer lock-in with asymmetric information. International Journal of Industrial Organization,2000,18(4):641-666.

[4] Paul B,Chung Y. An empirical investigation of trading on asymmetric information and heterogeneous prior beliefs. Journal of Empirical Finance,2000,7(5):417-454.

是克莱斯勒和福特在全球建立的企业信誉。但对于尚未建立起全球信誉的卖方来说,虽然电子商务市场突破传统市场地理范围的限制使企业扩大了可能进行交易的范围,但对于大部分的买方群体来说他们则是陌生的新进入者,缺乏公认的商标与企业信誉。在这一状况下,由于电子商务市场传递产品质量信息时存在着以上所述的局限性,卖方在电子商务市场发布商品信息只能是象征质量信息。由于电子商务环境中卖方的进入门槛较低[①],例如不需要设置实际的店面等。这使得具有欺诈动机的卖方易于改变身份或者可能同时具有多重身份,这样,基于长期交易的信誉约束对交易方欺诈行为的制约作用就较弱[②]。由此可见,具有欺诈动机的卖方在电子商务市场进行欺诈的机会成本较低,而且由于知道买方无法通过电子商务获取实意质量信息,因而具有欺诈动机的卖方在电子商务市场比在传统市场中进行欺诈的动机更强。如果这种情况出现在电子商务市场的信息发布过程中,就可能造成卖方发布的象征质量信息与商品客观质量相背离,即象征质量信息与客观质量不符或卖方故意隐瞒商品缺陷的现象。卖方作为信息源发布的信息失真进一步造成了买卖双方的信息不对称。

此外,电子商务的买方也知道卖方知道自己难以获取实意质量信息以及卖方可能存在着欺诈的动机,因而理性的买方在信息不对称且无法形成完整的感知质量时,不会产生购买的积极性,从而降低了电子商务的交易效率。

(三) 买方的有限理性

电子商务为交易者提供了强大的信息搜寻功能,买方可以在极短的时间内获得成千上万甚至更多的象征质量信息。赫伯特·西蒙[③]认为活动者的信息处理能力是有限的,现实中不存在全智全能的完全理性。因而有限理性的买方在电子商务市场进行购买决策的过程中,不可能将所有的信息即决策备选方案都检查比较一遍。事实上,电子商务象征质量信息的超载与实意质量信息的匮乏致使买方无力对商品质量的市场结构作出完全准确的判断,这就更加增强了买方感知质量的不确定性。

从以上分析可以看出,电子商务质量信息不对称存在三个主要原因:一是电子商务无法传递实意质量信息;二是卖方提供的质量信息有背离客观质量的可能;三是信息超载使有限理性的买方无法作出确定性的判断。其中,根本原因是电子商务市场实意质量信息的传递问题。所以,电子商务虽然极大地增加了交易者可以获取的信息量,但质量信息不对称的状况依然存在。

第四节 技术问题

由于 Internet 的诞生并不是因为商业目的,而是为了能方便地共享计算机资源。因此,

---

① Brynjolfsson E, Smith M. Frictionless commerce? A comparison of internet and conventional retailers. Management Science,2000,46(4):563-585.

② Ba S. Establishing online trust through a community responsibility system. Decision Support Systems,2001,31(3):323-336.

③ 赫伯特·西蒙. 现代决策理论的基石[M]. 杨砾,徐立,译. 北京:北京经济学院出版社,1989:45-62.

第二章　电子商务面临的问题

在 Internet 进入商业应用之前并没有太多的技术上的问题。现在要在 Internet 上进行安全要求甚高的电子商务活动也就显得勉为其难了。依据 Warroon Research 的调查,1997 年世界排名前 1000 名的公司几乎都曾被黑客闯入。据美国金融时报曾作过的统计,平均每 20 秒钟就有一个网络遭到入侵。信息的安全、资金的安全、商务系统的安全直接影响着进行电子商务交易的个人、企业乃至国家的经济利益。如何应用完善的技术建立一个安全、便捷的电子商务应用环境已经成为影响到电子商务健康发展的关键性课题。因此,人们要在现在的基础上不断完善加密、电子签名、身份认证和防火墙等技术,以保障所传递的信息的安全性(包括信息的保密性、完整性和不可否认性)和网络的安全性(包括网络的防攻击能力、防病毒能力、登录者身份识别能力等)。

一、进入口令和防火墙

进入口令是用来保证只有有权进入系统的人才能进入并使用该系统。一般来讲,计算机系统会赋予每一个有权使用者一个保密的进入口令。如果使用者键入的用户名和密码不一致,系统就会拒绝该使用者进入。

防火墙原是汽车上的一种装置,用来隔离引擎和乘客,在引擎爆炸时可以保护乘客安全。而在计算机技术中,防火墙技术是一种用来加强网络之间访问控制,防止外部网络用户以非法手段通过外部网络进入内部网络访问内部网络资源、保护内部网络操作环境的特殊网络互联设备。电子商务中的防火墙主要是为了防止黑客利用不安全的服务对传输数据和信息进行攻击,阻止未授权的用户对信息资源的非法访问,甚至是对网络实施检查,决定网络之间的通信权限,监视网络的进行状态。防火墙技术主要有:包过滤型、代理服务型、复合型等三种。

二、反病毒技术

计算机病毒的防范是网络安全性建设中重要的一环。网络反病毒技术包括预防病毒、检测病毒和杀除病毒三种技术。

预防病毒技术是通过自身常驻系统内存,优先获得系统的控制权,监视和判断系统中是否有病毒存在,进而阻止计算机病毒进入计算机系统和对系统进行破坏。这类技术有加密可执行程序、引导区保护、系统监控与读写控制。

检测病毒控制是通过计算机病毒的特征来进行判断的技术,如自身校验、关键字、文件长度的变化等。

杀除病毒技术是通过对计算机病毒的分析,开发出具有删除病毒程序并恢复原文件的软件。

三、数据加密

加密广泛用于互联网信息传输和信息存储。加密的主要目的是防止信息的非授权泄露。加密技术是电子商务最基本的安全措施。在目前技术条件下,加密技术通常分为对称加密和非对称加密两类。

(1)对称密钥加密:对称加密采用相同的加密算法,并只交换共享的专用密钥(加密和解

密都使用相同的密钥)。如果进行通信的交易各方能够确保专用密钥在密钥交换阶段不发生泄露,可以通过对称加密方法对信息进行加密,并随加密信息发送消息摘要,以保证保密性和完整性。在对称密钥加密中,密钥安全交换是关系到对称加密有效性的重要环节。目前常用的对称加密算法有 DES、PCR、IDEA、3DES 等等。

(2)非对称密钥加密:不同于对称加密,非对称加密的密钥被分解为公开密钥和私有密钥。公开密钥和私有密钥构成一个密钥对,密钥对生成后,公开密钥以非保密方式对外公开,私有密钥则保存在密钥发布者手里。任何得到公开密钥的用户都可以使用该密钥加密信息发送给该公开密钥的发布者,而发布者得到加密信息后,使用与公开密钥相应对的私有密钥进行解密。目前,常用的非对称加密算法有 RSA 算法。

四、数字签名

数字签名是用来保证文档的真实性、有效性的一种措施,如同出示手写签名一样。实现方式是把散列函数和公开密钥算法结合起来,发送方从报文文本中生成一个散列值,并用自己的私有密钥对这个散列值进行加密,形成发送方的数字签名,然后,将这个数字签名作为报文的附件和报文一起发送给报文的接收方;报文的接收方首先从接收到的原始报文中计算出散列值,接着再用发送方的公开密钥来对报文附加的数字签名进行解密;如果这两个散列值相同,那么接收方就能确认该数字签名是发送方的。数字签名机制提供了一种鉴别方法,普遍用于银行、电子贸易等,以解决伪造、抵赖、冒充、篡改等问题。

五、数字证书

数字证书用电子手段来标识一个用户的身份。电子商务涉及加解密问题,必然要用到密钥。由于参与交易的主体很多,密钥也相应有很多。从密钥管理工作来说,怎样将用户的密钥安全地分发到用户端?系统可以处理多少密钥?这些问题自然会引起人们的注意。

密钥的管理对策是采用数字证书。数字证书与传送密钥和签名密钥对的产生相对应。对每一个公钥做一张数字证书,私钥用最安全的方式交给用户或由用户自己生产密钥对。数字证书的内容包括用户的公钥、用户姓名、发证机构的数字签名及用户的其他信息。公钥的拥有者是身份的象征。对方可以据此验证身份。对于密钥的丢失情况,则采用恢复密钥、密切托管等方法。另外对于证书的有效期在政策上加以规定,已过期的证书应重新签发。对于私钥丢失或非法使用应及时废止。

六、数字时间戳

数字时间戳相当于邮戳。在交易文件中,文件签署的时间是十分重要的信息。这与书面合同中文件签署日期和盖章的时间同样十分重要。在电子商务中,同样需要对交易文件的日期和时间信息采取安全措施,数字时间戳或称数字时间标志(DTS)的提出为电子文件的发表时间提供了安全保护和证明。

七、电子商务认证与认证中心(CA)

电子商务认证技术主要基于 PKI 系统,它可以给受保护人一个公共密钥和一个私有密

第二章 电子商务面临的问题

钥。用户可以用私钥在加密的文件上做数字签名,文件的接受者可以到认证中心(CA)查核其签署的真伪性并对文件解密。

在电子商务系统中数字证书的发放需要有一个具有权威性和公正性的第三方认证机构来承担。认证中心正是这样的一个受信任的第三方。专门检验交易双方的身份。验证的方法是接受个人、商家、银行等涉及交易的实体申请数字证书,核实情况,批准或拒绝申请,颁发数字证书。

第五节 安全问题

据在亚太地区进行的一项调查显示,所调查的国家当中半数以上用户都谈到,对安全问题的担忧是他们不在网上购物的主要原因。亚太地区平均约有1/3的互联网用户认为在商店购物更放心。安全问题已经成为制约电子商务进一步发展的瓶颈,引起了人们的普遍关注。越来越多的人力、资金被投入到对电子商务安全问题的研究上。根据交易主体的不同,电子商务安全问题可分为消费者安全问题和电子商务企业安全问题。其中,由于消费者常常处于弱势地位,因此本节更加关注于对消费者在电子商务活动中各种合法权益的保护。

一、消费者安全

消费者权益是指消费者依法享有的权利及该权利受到保护时而给消费者带来的应得利益。它包括两个方面,即消费者权利和消费者利益,其核心是消费者权利。我国《消费者权益保护法》为消费者规定了安全保障权、知悉真情权、自主选择权、公平交易权、依法求偿权、结社权、求教获知权、受尊重权、监督批评权等项权利,并同时规定了经营者、国家和社会负有保障消费者权益得以实现的义务。

电子商务的销售和消费方式极大地改变了人们传统的消费观念,并对现行的《消费者权益保护法》及相关立法产生巨大冲击。信息时代的到来,网络经济的兴起,加大了消费者权益保护的难度,突出的问题是网络交易的安全性问题。具体包括消费者的知情权和隐私权保护、索赔权的法律保护、公平交易权的法律保护、安全权的法律保护以及电子商务中损害责任界定及赔偿问题等。

(一)消费者隐私权和知情权的法律保护

隐私权是自然人享有的对其个人的、与公共利益无关的个人信息、私人活动和私有领域进行支配的一种人格权。随着电子商务的迅猛发展,消费者出于网络交易的需要,必须在网络上向各类经营者提供包括自己个人资料在内的隐私。而且消费者在网上的"行踪",如个人所到访的网站、消费习惯、阅读习惯甚至信用记录等也常常在不知不觉中被记录下来。而这些个人资料又可能被收集者转售给其他商业组织。所以,在这种情形之下,消费者对参与电子商务是否会暴露自己个人隐私十分关注。

知情权又称为知的权利、知悉权、了解权。其基本含义是公民有权知道他应该知道的事情,国家应最大限度地确认和保障公民知悉、获取信息的权利,尤其是政务信息的权利。电子商务与传统的消费方式相比,最基本的特点是它的虚拟性。传统的购物方式包括一系列相配套的环节,如看货、了解情况、试用、讨价还价、进行交易、送货等,这些环节在电子商务

中,除送货外,其他的都变成了虚拟化的方式,消费者与供应者并不见面,通过网上的宣传了解商品信息,通过网络远距离订货,通过电子银行结算,由配送机构送货上门等。在这种情况下,电子商务就使得原有的存在于商家与消费者之间的"信息不对称"问题变得更加突出,就自然产生了如何保证消费者能充分获得看不到的商家与摸不到的商品的真实可靠的相关信息的问题。

(二)消费者索赔权的法律保护

消费者与网络经营者缔结电子交易合同后,会因一方违约、不可抗力等因素导致不能履行,或因产品、服务质量存在安全性的缺陷而导致消费者人身或财产受损。根据我国《消费者权益保护法》第23条规定:"经营者提供商品或者服务,按照国家规定或者与消费者的约定,承担包修、包换、包退或者其他责任的,应当按照国家规定或者约定履行,不得故意拖延或者无理拒绝。"然而,在电子商务环境下,《消费者权益保护法》及相关法律法规所规定的消费者退换货的权利却遇到许多新问题。对于这些新问题似乎很难简单地使用原来的法律法规来解决。其中,数字化商品的退换货问题就非常典型。数字化商品的电子商务,包括音乐及影视、软件、电子书籍等,一般都通过线上传递的方式交易,并且消费者在购买这些数字化商品前,大多有浏览其内容或使用试用版本的机会。如果根据传统的消费者保护原则,消费者在通过线上传递的方式购买了数字化商品之后,又提出退货的要求,则很可能产生对商家不公平的情形。因为商家无法判断消费者在退换商品之前,是否已经保留了复制件,而消费者保留复制件的可能性又非常大。所以,传统的《消费者权益保护法》中关于退换的规定,在数字化商品的电子商务中,还需要重新审视与斟酌。此外,如果是因为网上的商品信息不够充分,致使消费者在收到货物后发现与所宣传的商品不完全符合或存在没有揭示过的新特点,能否视为欺诈或假冒伪劣等而适用双倍返还价款的处罚?如果由于商品本身的特性导致一些特征无法通过网络认识,消费者购买或使用后才发现,双方又无退换货的约定和法律依据,那么消费者提出退货的要求,是否会被视为违约?

(三)消费者公平交易权的法律保护

《消费者权益保护法》第10条规定:"消费者享有公平交易的权利。消费者在购买商品或者接受服务时,有权获得质量保障、价格合理、计量正确等公平交易条件,有权拒绝经营者的强制交易行为。"在网上进行交易时,网络消费者仅能根据网上的商品信息自行判断性价比是否适当。这种看似主动的购物方式容易导致消费者受虚假信息蒙蔽而发生不公平交易,因此更要强调网上广告的真实性和商品价格的合理性。

另外,网上购物很重要的一环就是要通过网络与商家签订相关的合同,这些合同一般采用格式合同的方式以节约消费者的时间。消费者在电子商务中经常遇到的是"点击合同",即消费者通过网络双击"同意"或者"接受"而订立的电子商务格式合同,其内容一般是商家事先已经准备好的固定的条款。一方面,由于其合同条款已经固定,没有另一方的意思表示,所以在具体执行中难免会对合同的效力和约束力等产生异议;另一方面,由于其条款完全由商家制定,难免会存在一些有违公平合理、等价有偿原则的条款,比如类似无论商品有何瑕疵,消费者只能请求免费修理,而不能退货或要求赔偿的条款等。这样自然就会产生消费者认为这些合同有违我国民法的基本原则而请求认定无效的异议。

第二章 电子商务面临的问题

网上合同的效力问题主要涉及以下两方面：①消费者通过网络以双击"同意"键订立的合同是否具备承诺的条件而可以使合同对双方产生约束力；②由于消费者一般情况下不可能也不会仔细阅读网络购物合同中复杂而繁琐的条款，一旦这些合同存在违反诸如诚信、公平等民法基本原则，如何判定这种合同的效力？这些问题直接关系到进行网络购物的消费者的利益。

（四）消费者安全权的法律保护

在传统商务模式中，对消费者安全权的定义是经营者必须保证所提供的商品或服务不存在危及人身及财产安全的缺陷，对可能危及人身、财产安全的商品和服务应当向消费者作出真实的说明和明确警示，并标明正确使用产品或接受服务的方法及防止危害产生的方法。在电子商务模式中，消费者安全权有着更广泛的内涵。除上述要求外，还要求网络经营者提供一个安全的交易虚拟环境和交易过程，包括对经营者身份的辨别机制、电子支付安全机制、消费者个人数据的保密及电子交易签名的有效性确认等。

此外，还有电子商务中消费者的付款能否作为预付款处理的问题。在一般的电子交易中，要经过十几个步骤才能完成一个完全的电子交易。在这些过程中，往往是消费者支付款项在先，商家将货物送到消费者手中在后。而由于我国的电子商务存在安全性不高、支付体系不完善、送货系统效率不高等诸多问题，货物经过很长的时间才送到，甚至送不到。在这样的情况下，消费者的付款能否作为预付款处理自然就成了问题。因为我国《消费者权益保护法》第47条明确规定："经营者以预收款方式提供商品或者服务的，应当按约定提供。未按照约定提供的，应当按照消费者的要求履行约定或者退回预付款；并应当承担预付款的利息、消费者必须支付的合理费用。"

（五）电子商务中损害责任界定及赔偿问题

计算机功能虽然强大，但会因为硬件、软件故障或人工操作失误等一系列问题出现故障，因此，在我国电子商务发展的初期，交易安全性与准确性方面发生问题在所难免。不管原因是来自黑客还是系统失误，也不管我们怎样谴责黑客或是抱怨软件的病毒不断，责任终究要有人来承担，那么应是商家承担风险呢，还是顾客自认倒霉？这种纠纷的复杂性是现行法律，如《合同法》等都难以完善解决的。

二、电子商务企业安全

电子商务企业可能面临如下几个方面的安全问题。

（一）信息泄漏的危险

在商务活动中，参与的各方进行交易如果不采取保密措施，那么其他人就可能非法看到他们的交易信息。如信用卡的账号和密码被人截获，它就可能被盗用；如供应商在一笔大宗买卖中的报价和数量被竞争对手获悉，他就有可能丧失商机。因此，在信息传递过程中，如果市场行为主体不能及时得到完备的信息，就无法对信息进行正确的分析和判断，无法作出符合理性的决策。

（二）信息被篡改的危险

如果两家公司商谈一笔商品的买卖，并签订了一份购买合同，确定以每件多少美元的价格成交。但成交后,卖方发现全球该商品在大幅涨价,如其能将合同中规定的数量减少一两个数量级,只需几个零位或数字的修改,就迫使买方重签或另签续买合同,则可使卖方大幅受益,而买方公司则因此蒙受损失。

(三) 蓄意否认事实的危险

由于商务合同一旦签订就不能否认,否则必然会损害一方的利益。比如买方公司在货到后就立即付了款,但卖方公司却否认收到款项,或卖方公司已发货,而买方公司却矢口否认接到过货物,由此而产生的纠纷都会使一方蒙受损失。

(四) 假冒的危险

当两个公司进行商品交易时,若某第三方插进来假冒其中任何一方并从中冒领货物或冒领资金都会使当事双方蒙受巨大损失。这就牵涉电子商务中的交易主体的身份识别问题。

(五) 企业内部网的危险

据统计,对网络系统的攻击有85%是来自企业内部的黑客。这些黑客,可能是企业从前的雇员,也可能是在职员工。传统企业内部网的风险主要有两种:金融诈骗、盗取文件或数据。金融诈骗是指更改企业计算机内财务方面的记录,以骗得企业的钱财或为减免税等。这种风险的作案手段很多,有采用黑客程序的,更多的则是贿赂有关操作人员。盗取文件或数据是一种很常见的黑客方式。由于企业内部网将各个雇员的计算机同企业各种重要的数据库、服务器等连接起来,所以雇员进行越权访问和复制机密数据或文件的机会就会大大增加。

由于上述诸危险的存在,所以电子商务交易中提出了相应的安全控制要求。电子商务市场是建立在各交易主体的信赖和认可的基础上的,因而对各交易主体的权益保护在电子商务发展中具有重要地位。在线交易是非面对面交易、非即时清算的交易,它属于访问交易、通信交易、远距离交易,这些特殊性决定了必须存在一些特殊规则,使在线交易各主体能得到同样的保护。同时,电子商务的特点也使在线交易消费者处于劣势,这样法律上就必须有特殊的规定,以保护消费者的利益,同时也维护交易的公平秩序。

本章小结

电子商务是以现代信息技术和服务为支撑的商务活动,也是以互联网技术作为推动、跨越时空界限的商业领域的一场深刻革命。电子商务的发展导致产业结构的调整,传统生产、管理和营销方式的改变,以及人们消费方式的更新,从而引发一系列法律问题、经济问题和技术问题。妥善解决这些问题不但需要硬件,如完善信息化基础设施,提升各种网络技术。同样,政策、法律等的协调和制定,建立和完善CA认证体系、确立完善的征信机制等软件也是必不可少的条件。

思考题

1. 电子商务涉及的法律问题有哪些?
2. 简述电子商务立法现状。

第二章 电子商务面临的问题

3. 电子商务对现行税收体制产生了什么样的影响?
4. 简述保障电子商务安全涉及的技术。
5. 消费者在电子商务交易中可能会面临什么风险?

案例分析

第三方平台卖家奢侈品售假案

2014年7月28日,国内电商平台第三方卖家奢侈品售假事件被曝光,把一大批知名电商平台推向了舆论谴责的风口。此次风波的主角"祥鹏恒业",其实是一家小型贸易公司。祥鹏恒业几乎向所有的知名电商平台供应的奢侈品均为假货。除聚美、京东外,还有1号店、亚马逊中国、唯品会、美团、拉手网等部未能幸免。当然,除祥鹏恒业之外,还有不少其他的第三方贸易公司为电商平台供货。这些第三方贸易公司通过伪造商品授权书、海关关单,将仿冒的奢侈品供应给平台,从而流通至消费者手中。

事件发生后,涉事电商平台纷纷发布声明,并表示会承担相关售后问题。

京东回应称,已对售假的"百纳时尚"店铺进行关店处理和调查,今后还将对售假店铺进行重罚,并向购买该店铺产品的消费者提供无条件退货服务。京东在声明中表示,将进一步对平台卖家进行严格梳理,对入驻商家进行更为严格的资质审核。此外,如果发现第三方平台有商家涉假苗头,还将联合工商部门,对假货进行查抄。

聚美优品发布声明称,已关闭"祥鹏恒业"的店铺,并将所有商品从第三方平台紧急下架停止发售。在声明中还表示绝不姑息第三方平台上损害消费者利益的商户。不排除根据最终调查情况,对"祥鹏恒业"采取相关法律措施,并保证将保持百分之百的透明,后续信息均将持续及时向公众公布。

据中国电子商务研究中心数据监测显示,2011年年底中国奢侈品网购市场规模达107亿元,增长率为67.2%,2013年奢侈品电商交易规模达208.2亿元,同比增长34.8%。数据显示,近年来奢侈品网购进入人们的生活,随着消费观念的转变和消费能力的提升以及国人对国际品牌的追捧,奢侈品在国内有着可观的市场空间。从电商渠道购买奢侈品已成为年轻一代消费者的首选。价格因素是电商渠道的最重要优势。为消除消费者对电商平台所售奢侈品是否为正品的疑虑,电商平台纷纷作出正品承诺。虽然京东、聚美优品等第三方平台承诺为本次造假事件受害的消费者提供无条件退货政策。作为电商平台,此次事件中其是否也应承担相应法律责任?

根据《网络交易管理办法》等有关法律法规的规定,电商平台是否与假货供应商承担连带责任的一个认定标准是电商平台是否故意,是否知情,是否默许。按照规定,电商平台是网络交易的平台提供者,若明知或者应知销售者或者服务者利用其平台侵害消费者合法权益,未采取必要措施的,依法与该销售者或者服务者承担连带责任。但是法律规定的"必要措施",是一个模糊的概念,不够具体。这也给各电商平台有了可以插针的缝。从各电商平台的官网等处都可看到,其对入驻商户设立了自己的标准、要求、条件以及审查等限制。但是不少限制的设立目的已然不是为了维护消费者权益,而是证明自己已经尽到审查和监管的责任的证据,变成免除责任的护身符。

聚美、京东既有自营业务,也有他营业务。此次曝光的售假一事属于后者,聚美、京东属

于新消法中所规定的网络交易平台提供者。按照新消法,三种情况下,网络交易平台提供者需要承担法律责任:第一,不能提供销售者或者服务者的真实名称、地址和有效联系方式的;第二,作出更有利于消费者的承诺的;第三,明知或者应知销售者或者服务者利用其平台侵害消费者合法权益,未采取必要措施的,依法与该销售者或者服务者承担连带责任。

就此次事件而言,聚美、京东是否承担责任主要涉及后面两种情形,比如自身对于假货作出某种赔偿承诺的话,应当兑现承诺。除此之外,需要证明自己对于入驻商家的售假行为不明知或者不应知,否则需要承担连带责任。

资料来源:联商网. 第三方平台卖家售假,电商平台需承担连带责任[EB/OL]. (2014 - 7 - 28)[2017 - 07 - 31]http://www.linkshop.com.cn/web/archies/2014/296664.shtml.

第二篇

基础篇

第三章 电子商务的技术基础

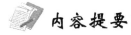 内容提要

电子商务的实现与发展离不开相关技术的支撑。本章主要介绍其中最基础与最重要的技术,包括网络基础、Web 技术、Web 数据库技术与电子商务安全技术等。

第一节 网络基础

计算机网络是实现电子商务的基础设施,商务活动中的信息传递是通过计算机网络来完成的。因此,计算机网络是电子商务最基础的技术。

一、计算机网络基础知识

(一)计算机网络及其功能

计算机网络是指将地理位置不同,具有独立功能的多台计算机及其外部设备,通过通信设备和线路连接起来,并以功能完善的网络软件(网络协议、网络操作系统等)实现网络资源共享和信息交换的系统。

这个定义包含了计算机网络的四个要素:提供联网的若干台独立的计算机、通信设备和线路、网络协议以及网络操作系统。从逻辑结构上看,计算机网络可以分为通信子网和资源子网两大部分。通信子网负责实现计算机之间的通信,它常常是专用的网络通信线路,或者是公共通信网络。资源子网则由用户的主机等硬件资源和用户提供的各种程序库、数据库等软件和信息资源组成。

计算机网络有许多功能,下面简单地介绍一下它的主要功能。

1. 数据通信

数据通信即数据传送,是计算机网络的最基本功能之一,它实现计算机与终端、计算机与计算机之间的数据传输,也是实现其他功能的基础,如文件传输、电子邮件、IP 电话、视频会议、交互式娱乐等。

2. 资源共享

资源共享指的是网上用户能够部分或全部地使用计算机网络中的硬件资源、软件资源、数据资源和信道资源,使网络中的资源互通有无、分工协作,从而大大提高各种硬件、软件、数据资源和信道的利用率。资源共享是计算机网络的主要目的。资源共享意味着节约开销,是计算机网络最有吸引力的功能。

3. 计算机系统可靠性和可用性的提高

计算机系统可靠性的提高主要表现在计算机网络中每台计算机都可以依赖计算机网络相互为后备机,一旦某台计算机出现故障,其他的计算机可以马上承担起原先由该故障机所担负的任务,避免了系统的瘫痪,使得计算机的可靠性大大提高。

计算机可用性的提高是指当计算机网络中某一台计算机负载过重时,计算机网络能够进行智能判断,并将新的任务转交给计算机网络中较空闲的计算机去完成。这样就能均衡每一台计算机的负载,提高了每一台计算机的可用性。

4. 分布式处理

在计算机网络中,每个用户可根据情况合理选择计算机网内的资源,以就近的原则快速地处理。对于复杂的任务划分成许多小任务,由网络内不同的计算机分别协作并完成,从而达到均衡网络资源,实现分布处理的目的。此外,利用网络技术能将多台计算机连成具有高性能的计算机系统,以并行的方式共同来处理一个复杂的问题,这就是当今称之为"协同式计算机"的一种网络计算模式。

(二)计算机网络的分类

计算机网络根据不同的分类标准有不同的分类方法,这里介绍三种常见的分类方法:按照网络所覆盖的范围将计算机网络分为局域网、城域网和广域网;按照用途将计算机网络分为公用网和专用网;按传输介质将计算机网络分为有线网和无线网。

局域网(LAN)是一种在小范围内实现的计算机网络,如一个实验室、一个建筑物内、一个校园内或一个工厂内部。其覆盖范围小,传输速率高,结构简单,布线容易。广域网(WAN)的作用范围为几十至几千公里,可以分布在一个省内、一个国家或几个国家。广域网信道传输速率较低,结构比较复杂。城域网(MAN)常介于广域网和局域网之间,局限在一个城市内的计算机网络,提供全市的信息服务。

公用网都是由国家的电信部门建造和控制管理的;专用网是某个单位或部门为本系统的特定业务需要而建造的,不对单位或部门以外的人员开放。

有线网是指采用有线传输介质(如双绞线、同轴电缆、光纤等)来连接的计算机网络。无线网是指采用无线传输介质(如微波、红外线等)来实现的计算机网络。如目前流行的无线网有通过公众移动通信网实现的无线网络(如 4G、3G 或 GPRS)和无线局域网(WiFi)两种形式。

(三)计算机网络系统的组成

计算机网络系统是由网络硬件和网络软件组成。

1. 网络硬件

常见的网络硬件包括计算机、网络接口适配器、通信介质以及各种网络连接设备等。网络中的计算机又分为服务器和工作站(客户机)两类。

(1)服务器。服务器是指为网络的其他计算机服务的功能强大的计算机。常用的网络服务器有文件服务器、通信服务器、计算服务器和打印服务器等。一般来讲,一个计算机网络系统至少要有一台服务器,也可有多台。通常,服务器比一般计算机拥有更强的处理能力、更多内存和硬盘空间。

(2)工作站(客户机)。工作站是指通过网络接口适配器连接到网络上的计算机。工作站向各种服务器发出服务请求,在服务器响应请求后,接收服务器提供的服务。

(3)网络接口适配器。网络接口适配器又称为网络接口卡,简称网卡,是计算机与通信介质的接口,是构成网络的基本部件。其主要功能是实现网络数据格式与计算机数据格式的转换、网络数据的接收与发送等。按传输介质网络接口适配器分为:光纤网卡、同轴电缆网卡、双绞线网卡。按接口方式网络接口适配器分为:PCI、USB 网卡。

(4)通信介质。通信介质是计算机之间传输数据信号的重要媒介,为网络提供了数据信号传输的物理通道。通信介质可分为有线和无线传输介质。有线通信介质有双绞线、同轴电缆、光纤等。无线通信介质有红外线、微波、卫星通信、无线电波等。

(5)网络连接设备。网络连接设备是把网络中的通信线路连接起来的各种设备的总称,包括集线器、交换机和路由器等。

集线器(Hub)是用来实现再生信号并对信号进行放大、传播的一种设备。

交换机(Switch)是指在网络中用于完成与它相连线路之间的计算机(或设备)的数据交换的设备。交换机的每个端口都有一条独占的带宽,可以为接入交换机的任意两个端口计算机(或设备)提供独享的数据通路,最常见的是以太网交换机。集线器和交换机是局域网组网的主要连接设备。

路由器(Router)是连接不同网络(如局域网与广域网之间)或网段的网络连接设备,它具有路由选择功能和对不同网络之间的数据信息进行转换的功能。路由器会根据信道(或网络地址)的情况自动选择和设定路由,以最佳路径,按前后顺序将数据从一个网络传输到另一个网络。

2. 网络软件

为了协调网络系统资源,需要通过软件工具对网络资源进行全面的管理、调度和分配,并采取一系列的安全保密措施,防止用户不合理的对数据和信息的访问造成数据和信息的破坏与丢失。因此,网络软件是实现网络功能不可缺少的软件环境。

通常网络软件包括网络操作系统、网络协议软件、网络管理软件及网络应用软件。

(1)网络操作系统。网络操作系统是用以实现系统资源共享,对网络资源进行全面的管理,进行合理的调度和分配的系统程序,是最主要的网络软件。如 Windows 200X Server、Unix、Linux 等。

(2)网络协议(软件)。网络协议(软件)是一系列规则和约定的规范性描述,它控制了网络中的设备之间如何进行信息交换。通过协议程序实现网络协议功能,如 TCP/IP。

(3)网络管理及网络应用软件。网络管理软件是用来对网络资源进行管理和对网络进行维护的软件。网络应用软件是为网络用户提供服务并为网络用户解决实际问题的软件。

二、网络体系结构

(一)网络体系结构的基本概念

在计算机网络中,要实现不同媒介连接起来的异构计算机的互联,显然并不是一件容易的事情。因为相互通信的计算机必须高度协调工作,而这种协调是相当复杂的。"分层"可将复杂的问题划分为若干个较小的、单一的问题,在不同层上予以解决。分层的基本思想就

是将庞大而复杂的问题转换为若干个较小的子问题进行分析和研究。分层的优点是各层之间是独立的,灵活性好,结构上可分割开,易于实现和维护,能促进标准化工作。但分层数量应该适中,若层数太少,就会使每一层的协议太复杂,层数太多又会在描述和综合各层功能的系统工程任务时遇到较多的困难。

(1)网络体系结构是为了完成计算机间的通信合作,把互连起来的每个计算机划分成功能定义明确的层次,并规定出对等层之间的通信协议、相邻层之间的接口及服务。网络体系结构就是采用分层方法来解决异质性问题,从功能的角度描述计算机网络的结构,可以说是计算机网络的各层及其协议的集合。

(2)协议(Protocol)是计算机网络中通信双方为进行数据交换而建立的约定、规则或标准。协议是计算机网络工作的基础。如两个人要相互交流必须使用共同的语言一样。协议主要由语法、语义和时序三部分组成。语法是以二进制形式表示的命令和相应的结构。语义是由发出的命令请求、完成的动作和回送的响应组成的集合。时序规定事件执行的顺序,即确定通信过程中通信状态的变化。

(3)对等层是指在网络体系结构中,通信双方实现同样功能的层,即两个不同系统的同名层次。

(4)接口就是相邻两层之间交互的界面,定义相邻两层之间的操作及下层对上层的服务。

(5)服务是指某一层及其以下各层的一种能力,通过接口提供给其相邻上层,即服务是由下层通过层间接口向上层提供的。

(二)OSI 参考模型

国际标准化组织(ISO)在 1984 年颁布了开放系统互连参考模型(Open System Interconnection Reference Model,OSI/RM),简称 OSI 参考模型。在 OSI 中的"开放"是指只要遵循 OSI 标准,一个系统就可以与位于世界上任何地方、同样遵循同一标准的其他任何系统进行通信。

OSI 参考模型分为七层,每层各自完成一定的功能,各层次由低到高分别为:

(1)物理层是 OSI 参考模型的最底层,向下直接与物理传输介质相连接。负责发送和接收比特流,而不管其具体含义。

(2)数据链路层把从物理层来的原始数据打包成帧(帧是放置数据的、逻辑的、结构化的包),在物理线路上提供可靠的数据传输,并采用差错控制与流量控制方法,使有差错的物理线路变成对网络层呈现为一条无差错的数据线路。

(3)网络层通过路由选择算法,在两结点间寻找最优的路径。为数据在结点之间传输创建逻辑链路。

(4)传输层向用户提供可靠端到端(End-to-End)服务,处理数据包错误、数据包次序,以及其他一些关键传输问题。传输层向高层屏蔽了下层数据通信的细节,因此,它是计算机通信体系结构中关键的一层。

(5)会话层负责维护两个结点之间的传输链接,以便确保点到点传输不中断,以及管理数据交换等功能。

(6)表示层用于处理在两个通信系统中交换信息的表示方式。表示层也提供数据压缩

第三章 电子商务的技术基础

与恢复功能以减少传输量。另外,它还实现加密和解密。

(7)应用层为用户的应用程序提供网络通信服务。如电子邮件和文件传输等。

OSI 划分七层结构的基本原则:网络中各结点都具有相同的层次;不同结点的对等层具有相同的功能;同一结点内相邻层之间通过接口通信;每层可以使用下层提供的服务,并向其上层提供服务;不同结点的对等层通过协议来实现对等层之间的通信。

(三)TCP/IP 参考模型

1974 年由 Vinton Cerf 和 Robert Kahn 两位定义了最早的 TCP/IP 参考模型,80 年代 Leiner、Clark 等人对 TCP/IP 参考模型作了进一步的研究。TCP/IP 参考模型将网络体系结构分成四个层次,分别是网络接口层、互联网层、传输层和应用层,如表 3-1 所示。

表 3-1 TCP/IP 参考模型

应用层	应用程序通过该层使用 Internet	TCP/IP 协议
传输层	负责端点到端点的通信	
互联网层	负责相邻结点之间的数据传送	
网络接口层	负责接收和发送物理帧。未具体定义,由物理网络提供相应功能	

TCP/IP 成为 Internet 上所有不同类型计算机互联的标准协议,也是事实上的标准。TCP/IP 协议其实是 100 多个协议的集合,而最主要的两个协议是传输控制协议(TCP)和网际协议(IP)。

三、Internet 基础

(一)Internet 的含义及其发展

1. Internet 的含义

Internet(因特网,或称国际互联网)是通过 TCP/IP 协议将全世界不同国家、不同地区和部门的不同结构的计算机及其网络,通过网络互联设备连接组成的世界上最大、覆盖面最广的计算机网络,因此也称为网络的网络。

由于 Internet 的发展十分迅速,很难确定它的范围,加上它的发展基本上是在自由化的网络空间中,所以当前对 Internet 下一个准确的定义是比较困难的。

2. Internet 的产生与发展

Internet 的前身可以追溯到 1969 年,美国国防部的高级研究计划署(Advanced Research Projects Agency,ARPA)提出要研制一种生存性很强的网络,即 ARPANET。当时国际上冷战形势严峻,ARPANET 的指导思想是要研制一个能经得起故障考验(战争破坏)还能维持正常工作的计算机网络。ARPANET 所采用的一系列技术,为计算机网络的发展奠定了基础。从 ARPANET 到 Internet,其基础结构大体上经历了三个阶段的演进。

第一阶段(1969—1983)是研究试验阶段。

第二阶段(1983—1994)是 Internet 在教育科研领域广泛使用的实用阶段。1991 年,Web 技术及其服务在 Internet 确立,Internet 被国际企业界普遍接受。

第三阶段(1994—现在)是商业化发展阶段。

Web 技术的出现,使得全球计算机网络有了突飞猛进的大发展,应用广泛,无所不至。由于 Internet 的商业化与业务量增多,导致网络整体性能降低。1996 年 10 月,美国一些大学申请建立 Internet2,其目的是满足高等教育与科研的需要,开发下一代互联网高级网络应用项目。它并不是要取代现有的互联网,也不是为普通用户新建另一个网络。Internet2 可以用于多媒体虚拟图书馆、远程医疗、远程教学、视频会议、视频点播、天气预报等领域。

(二)TCP/IP 协议

Internet 正是依靠 TCP/IP 协议实现网络互联,可以说,没有 TCP/IP 协议,就没有如今高速发展的 Internet。TCP/IP 协议一共出现了 6 个版本,目前使用的是版本 4,一般被称为 IP v4。IP v6 是下一代的 IP 协议。

1. 互联网层协议

(1)IP(Internet Protocol)网际协议是互联网层最重要的协议,主要是负责在主机间寻址并为数据包设定路由,定义了 Internet 上数据通信的基本单位——数据包,也称为数据报(datagram),提供关于数据应如何传输以及传输到何处的信息。

路由是基于互联网层的选择传送数据包路径的过程,路由器则是完成路由功能的智能设备。路由器的主要工作是对每一个接收到的数据包,取出它的目标 IP 地址,然后根据目标 IP 地址中的网络地址查找路由表,确定下一步的传输路径,并从相应的路由器端口将数据包转发出去,确保了数据有效的传送到目的站点。

IP 协议是一种不可靠的、无连接的协议,即意味着它不保证数据的可靠传输。为了减少数据包的丢失,这时就要依靠网络控制报文协议(ICMP)。

(2)网络控制报文协议 ICMP(Internet Control Message Protocol)具有提供控制和传递消息的功能,可以向数据通讯中的源主机报告差错,或提供有关意外情况的信息。一般来说,ICMP 报文提供针对网络层的错误诊断、拥塞控制、路径控制和查询服务四大功能。

(3)地址解析协议 ARP(Address Resolution Protocol)为已知的 IP 地址确定相应的介质访问控制(Media Access Control,MAC)地址,即网卡的物理地址。网卡的物理地址由生产厂家固化在网卡芯片中,一般是全球唯一的。在 Internet 环境下,每个主机都分配了一个唯一的 IP 地址,这个地址是网络设备在网络层上的逻辑地址,为了让报文在物理网络上传送,必须知道彼此的物理地址。ARP 协议提供将 IP 地址转换为相应物理网络地址服务,这样通过该物理地址就可以识别物理网络中的主机。

(4)反向地址解析协议 RARP(Reverse Address Resolution Protocol)根据 MAC 地址确定相应的 IP 地址,RARP 协议广泛用于获取无盘工作站的 IP 地址。

IP、ICMP、ARP 和 RARP 协议中仅 IP 具有全网的寻址能力,而 ICMP、ARP 和 RARP 均无全网的寻址能力,ICMP 需要在不同网络之间传递,因此必须用 IP 封装,ARP 和 RARP 只在一个网络的内部进行通信,不需要在网络之间寻址,所以无需用 IP 封装。

2. 传输层协议

(1)传输控制协议 TCP(Transmission Control Protocol)是一个可靠的面向连接的传输层协议,即在进行数据传输之前需要先建立连接,而且目的主机收到数据报后要发回确认信息。与 UDP 协议相比,TCP 协议提供了较多的功能,但是相对的报文格式和运行机制也较为复杂。

第三章　电子商务的技术基础

(2)用户数据报协议 UDP(User Datagram Protocol)是一个不可靠的、无连接的传输层协议,即在进行数据传输之前不需要建立连接,而目的主机收到数据报后也不需要发回确认。这种协议提供了一种高效的传输服务,其可靠性问题通常交给应用程序来解决。

3.应用层协议

应用层主要包括 HTTP、TELNET、DNS、FTP、SMTP 等协议。

(1)超文本传输协议 HTTP(HyperText Transfer Protocol)是建立在 TCP/IP 之上的 Web 客户(即浏览器)与 Web 服务器之间进行交互所使用的应用层协议,是 Web 的核心。HTTP 协议采用请求/响应模型,即浏览器通常通过 HTTP 向 Web 服务器发送一个 HTTP 请求,Web 服务器接收到 HTTP 请求之后,执行客户所请求的服务,生成一个 HTTP 应答返回给客户。

(2)Telnet 远程终端访问协议用于传送具有 Telnet 控制信息的数据。它提供了与终端设备或终端进程交互的标准方法,支持终端到终端的连接及进程到进程分布式计算的通信。

(3)DNS(Domain Name Server)是一个域名服务的协议,提供域名到 IP 地址的转换,允许对域名资源进行分散管理。DNS 最初设计的目的是使邮件发送方知道邮件接收主机及邮件发送主机的 IP 地址,后来发展成为服务于其他许多目标的协议。

(4)简单邮件传送协议 SMTP(Simple Mail Transfer Protocol)是一个简单的基于文件的协议,用于可靠、有效地传输电子邮件。SMTP 作为应用层的服务,并不关心它下面采用的是何种传输服务,它可能通过网络在 TCP 连接上传送邮件,或者简单地在同一机器的进程之间通过进程通信的通道来传送邮件。

(5)文件传输协议 FTP(File Transfer Protocol)是网际提供的用于访问远程机器的一个协议,它使用户可以在本地机与远程机之间进行有关文件的操作。FTP 工作时建立两条 TCP 连接,一条用于传送文件,另一条用于传送控制。

(三)IP 地址与域名

1.IP 地址

IP 地址(Internet Protocol Address)是一种在 Internet 上的给主机编址的方式,也称为网际协议地址。所谓主机就是指连接到 Internet 的任何一台计算机。IP 地址由 32 位二进制数组成,为了便于记忆,通常以小圆点隔开的四段十进制数的形式表示,如 202.117.1.13 和 202.117.112.10 等。

IP 地址是用来唯一标识 Internet 上主机的逻辑地址。每台联网主机都依靠 IP 地址来标识自己,并且依靠 IP 地址来互相区分、相互联系,以实现主机之间的通信。IP 地址由网络号(Network ID)和主机号(Host ID)两部分构成。网络号标识主机所在的网络,主机号标识在该网络上的主机本身。通常先按 IP 地址的网络号把网络找到,然后按主机号把主机找到。

2.域名

域名(Domain Name,DN)还没有统一严密的定义。国际互联网名称和地址分配组织(ICANN)是域名的管理机构,对于域名的定义应该是最权威的,在其网站上目前还没有发现关于"domain name"这一定义,而是关于"Domain Name System"(域名系统 DNS)的定义。关于域名的描述还有很多,尽管各个机构、网站、杂志、书籍等对于域名的描述并不一致

或不够严密,但综合分析可以得出以下结论:

(1)域名是 Internet 上识别和定位计算机的层次结构式的字符标识,是为了方便用户访问 Internet 而设置的一套转换系统。域名是与 IP 地址建立对应关系的一种途径,是 Internet 中用于解决地址对应问题的一种方法。

(2)域名具有标识性,Internet 上可以通过域名来识别和区分网络上的计算机。域名是公司、组织、机构或个人等网站在 Internet 上的"商标"。域名同时还具有唯一性和排他性,同一个域名只能被注册一次,因此,互联网上的域名也成为一种稀缺资源。

(3)域名是以分层结构来定义的,并规定了通用的顶级域名,如".com"为商业机构,".edu"为教育机构,".gov"为政府机构,".cn"为中国,".uk"为英国等。顶级域名的划分采用了两种划分模式:组织模式与地理模式。美国的顶级域名是以组织模式划分,而其他国家,它们的顶级域名是以地理模式划分。域名的排列原则是低层的子域名在前面,而它们所属的高层域名在后面,各层次之间用小圆点隔开:…. 三级域名. 二级域名. 顶级域名。如 www.xjtu.edu.cn、www.google.com 分别表示西安交通大学、google 提供的 Web 服务的主机。域名不是每台上网的计算机都必需的,只有作为服务器的计算机才需要。通过域名服务器(Domain Name Server,DNS)将域名自动转换为 IP。域名与 IP 一般有一一对应关系,但也有两个域名对一个 IP 或域名不变而 IP 改变的情形。

第二节 电子商务网站涉及的技术

电子商务是在 Internet 开放的网络环境下,实现整个商务过程的电子化、数字化和网络化。电子商务所涉及的技术较多,其中关键之一就是构建电子商务网站,它是企业在网上与客户进行各项商务活动的交互界面,是开展电子商务的重要基础,也是企业开展电子商务活动的平台。本节将围绕电子商务网站所涉及的 Web 技术、支付技术和安全技术进行综合介绍。

一、Web 技术

(一)Web 技术概述

1. 什么是 Web

Web 是"world wide web"的缩写,简称为 WWW 和 W3,译为"万维网",又称全球信息网、环球网等。Web 是建立在客户机/服务器(Client/Server,C/S)模式之上,以超文本标记语言(Hyper Text Markup Language,HTML)与超文本传输协议(Hyper Text Transfer Protocol,HTTP)为基础,提供面向 Internet 的服务,具有交互性、动态性和多平台等特性以及一致的图形用户界面的全球信息服务系统。

Web 的核心技术是 HTML、HTTP 和超链接(hyperlink),其思想就是用尽量简单的方式来传输和显示分布在 Internet 上的极其丰富复杂的信息资源。

2. C/S 与 B/S 模式

客户机/服务器(Client/Server,C/S)模式是目前普遍采用的一种技术,也是 Internet 所采用的最重要的技术之一。客户机是指获得服务一方的计算机或应用程序,服务器就是提供服务一方的计算机。通常,客户机向服务器发出服务请求;服务器则处理客户机的请求并

第三章　电子商务的技术基础

返回结果。C/S 模式通过将任务合理分配到客户机和服务器，充分利用两端硬件环境的优势，降低了系统的通讯开销。

浏览器/服务器(Browser/Server,B/S)模式是随 Internet 技术而兴起的，是对 C/S 结构的一种变化或者改进的模式。在这种模式下，用户界面是通过浏览器来实现的，主要事务逻辑在服务器端(Server)实现，极少部分事务逻辑在客户端浏览器实现。浏览器(IE、FireFox、Opera 等)实质上就是客户端应用程序。这样就大大简化了客户端应用的复杂性，减轻了系统维护与升级的成本和工作量，降低了用户的总体成本。服务器是 Web 服务器(或称 HTTP 服务器)，它提供 HTTP 服务。当用户访问某个网站时，浏览器向 Web 服务器发出请求，要求传送该网站的网页，Web 服务器将信息组织成超文本，然后发送到浏览器，浏览器接收后将其显示在计算机的屏幕上。

3. URL

URL(Uniform Resource Locator)译为统一资源定位符(或全球资源定位器)。URL 是为识别 Internet 网上资源位置而设置的一种编址方式。URL 定义信息资源(如文件、服务器的地址和目录等)在 Internet 上的位置，只要给出信息资源的 URL 地址，就能在 Internet 对资源定位，系统就可以对资源进行访问与操作。

URL 的一般语法格式为：protocol://host[:port/path/file]

其中：protocol(协议)指 URL 的访问方式，可以是 http、ftp、telnet、gopher、News 等属于 TCP/IP 的具体协议；[ ]内为可选项；host(主机)是存放资源的主机或服务器在 Internet 中的域名或 IP 地址；port(端口)是建立相应协议连接的端口号，用数字来表示。一般来说，各个协议都有指定的默认端口。如 http、ftp 和 telnet 的默认端口号分别是 80、21 和 23，通常可以省略；path(路径)提供了如何对特定资源进行访问的详细信息，其语法依赖于所使用的协议；file(文档)是具体的资源文件。

4. 超文本与超链接

超文本(Hypertext)就是一种按信息之间关系非线性地存贮、组织、管理和浏览信息的计算机技术，也是 Web 最基本的概念。超文本不仅可以包含文字而且还可以包含图形、图像、动画、声音和视频。超文本的组织方式与人们的思维方式和工作方式比较接近。

超链接(hyperlink)是指从网页指向一个目标的链接关系，其目标可以是另一个网页或相同网页上的不同位置，还可以是一个图像、音视频剪辑、电子邮件地址或其他文件。这些目标通常被称为对象，因此可以说超链接是对象之间的链接。这些对象不受空间位置的限制，可以与 Internet 上的任一主机上的文档建立链接关系。

(二) Web 的工作原理

1. Web 技术结构

Web 是一种具有 B/S 结构的分布式的超文本信息系统。Web 能够将位于 Internet 上不同网站点的信息资源以超文本的方式组织起来，从而为分布在全球范围的 Internet 用户提供信息服务。Web 技术结构如图 3-1 所示。

(1)Web 浏览器是用于解释并显示从 Web 服务器端取得网页，并让用户与此网页互动的一种软件。常见的 Web 浏览器包括微软的 Internet Explorer、Mozilla 的 Firefox、Opera 和 Safari。Web 浏览器是最经常使用到的客户端程序。Web 浏览器应用技术还推出了插件的

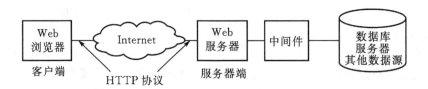

图 3-1 Web 的技术结构

开发方式,其中包括音视频插件(如 QuickTime 插件、Realplayer 插件)、ActiveX 控件、Flash 动画等。这为客户端的信息表现以及 Web 开发者表现自我、展示个性提供了最佳途径。

(2) Web 服务器是一台在 Internet 上具有域名的计算机,其主要功能是提供网上信息浏览服务。通常,一个 Web 服务器还提供其他服务,如 E-mail 和 FTP 服务等。当 Web 浏览器(客户端)连到服务器上并请求文件时,Web 服务器将处理该请求并将文件发送到该浏览器上,附带的信息会告诉浏览器如何查看该文件(即文件类型)。Web 服务器使用 HTTP 协议与 Web 浏览器进行信息交流。目前 HTTP 协议有 1.0 和 1.1 两个版本,最常用的 HTTP 是 HTTP/1.1,这个协议在 RFC2616 中被完整定义。

(3) 中间件(MiddleWare)起桥梁的作用,用它搭建起 Web 服务器与数据库服务器及其他数据源的桥梁。客户端提交的交互信息由服务器端中间件执行,把结果转成 HTML 的格式返回给客户端,由浏览器来显示。在 Web 服务器端,常用的中间件有 CGI、API、ASP 和 JSP 等技术。除了在 Web 服务器端采用中间件技术外,还可以通过 Web 浏览器把程序下载到客户端运行,在客户端直接对数据库进行操纵。

2. Web 通信原理

Web 通信的基本原理是:由 Web 浏览器向 Web 服务器发出 HTTP 请求,Web 服务器接到请求后,进行相应的处理,并将处理结果以 HTML 文档形式返回给浏览器,客户浏览器对其进行解释后显示给用户。Web 服务器要与数据库服务器进行交互,必须通过中间件才能实现。

Web 服务器同 Web 浏览器之间的通信是通过 HTTP 协议进行的。HTTP 协议是由一套从浏览器发往服务器的请求和一套从服务器发往浏览器的响应组成的。HTTP 的常用请求方法有:Get(请求读取一个 Web 页面)、Head(请求读取一个 Web 页面的头标)、Put(请求存储一个 Web 页面)、Post(附加到命名资源中)、Delete(删除 Web 页面)、Link(连接两个已有资源)、Unlink(取消两个资源之间的已有连接)。Web 服务器上都有一个服务进程不断监听 TCP 的 80 端口(HTTP 协议的默认端口号),等待客户端浏览器发来的建立连接请求。连接建立后,客户发送一个请求,服务器返回一个响应,然后就释放连接。因此,它们之间的基本通信过程一般可分为四个步骤:连接、请求、响应、关闭连接。这四个过程可以通过 Web 浏览器的状态栏观察到。

Web 服务器的处理过程包括了一个完整的逻辑阶段:接受连接→产生静态或动态内容并把它们传回浏览器→关闭连接→接受下一个连接,如此进行下去。

在 Web 服务器端,随着动态信息内容的不断增多,信息量爆炸式增长,人们需要通过 Web 发布信息、检索以及网上购物等与 Web 页面的动态交互活动。首次能使 Web 服务器动态生成 HTML 网页的技术是 CGI(Common Gateway Interface)。CGI 技术允许服务端的应用程序根据客户端的请求,动态生成 HTML 页面,这使客户端和服务端的动态信息交换成为了可能。随后出现了 ASP、ASP.NET、PHP、JSP 等技术,使开发者可以用更加简便、快捷的方式实现动态 Web 功能。

Web 技术指的是开发互联网应用的技术总称,一般包括 Web 客户端技术和 Web 服务端技术。

(三)Web 客户端技术

Web 客户端的主要任务是展示信息内容。Web 客户端设计技术主要包括:HTML 语言、脚本语言、CSS 和插件技术。

1. HTML 语言

HTML(Hypertext Markup Language)超文本标记语言是一种用于创建网页的标准标记语言。HTML 不仅能够处理文本,而且能处理网页中的图像、声音、视频等元素,故称为超文本。由于 HTML 是通过一套标记标签(markup tag,简称标记)来指明网页中各种元素如何显示的,所以被称为超文本标记语言。HTML 能独立于各种操作系统平台,运行在 Web 客户端浏览器上,并由浏览器来解析。

2. 脚本语言

脚本(Script)是一种用纯文本按一定的格式编写的计算机命令程序,实现原本用键盘等设备进行的交互式操作的自动化。

脚本语言(Script languages)就是指用来书写脚本的计算机编程语言。在 Web 环境中,脚本语言按照执行方式和位置的不同分为客户端脚本和服务器端脚本。客户端脚本指在客户端计算机上被 Web 浏览器的脚本引擎解释执行。在不同的客户端浏览器中,所使用的脚本语言不同,主要的客户端脚本语言有 JavaScript 和 VBScript。而 JavaScript 则受到所有 Web 浏览器的支持,VBScript 只有 IE 支持。并且 JavaScript 与 W3C(World Wide Web Consortium,万维网联盟)推荐的标准脚本语言 ECMAScript 兼容。因此 JavaScript 成为广泛使用的客户端脚本语言,是一种基于对象(Object)和事件驱动(Event Driven)安全的、解释执行的脚本语言。JavaScript 可以直接嵌入 HTML 页面,创建客户端动态 HTML 页面,提高页面交互性,增强了开发客户端的应用的能力。

3. CSS

CSS(Cascading Style Sheets)层叠样式表是 W3C 为了解决 HTML 的结构化问题和实现 Web 中的总体外观控制,于 1996 年底推荐的一种显示文档规范。CSS 就是一系列样式规则,其宗旨是将网页的结构和样式分离,HTML 定义网页的结构,CSS 控制网页所需要的样式,实现网页的结构和样式分离,从而使网页设计人员能够对网页的布局施加更多和更精确的控制,使代码简洁,即可实现精美、复杂页面,又可使内容清晰可读。

4. 插件技术

为了在 HTML 页面中实现音频、视频等更为复杂的多媒体应用,1996 年的 Netscape2.0 成功地引入了对 QuickTime 插件的支持,插件这种开发方式也迅速风靡了浏览器的世界。插件是一种遵循一定规范的应用程序接口编写出来的程序,这一技术大大丰富了浏览器的多媒体信息展示功能。浏览器插件可以根据不同的客户端浏览器的应用由程序员遵循一定

规范进行开发。例如,在 Web 浏览器中,安装 Flash 插件后,浏览器能够直接调用该插件来显示 Flash 动画文件。常见的插件有 RealPlayer、MMS、ActiveX 插件、GOOGLE、百度等。

(四)Web 服务端技术

与 Web 客户端技术从静态向动态的演进过程类似,Web 服务端的开发技术也是由静态向动态逐渐发展、完善起来的。Web 服务器技术主要包括服务器、CGI、PHP、ASP、ASP.NET、Servlet 和 JSP。

1. 服务器技术

服务器技术主要指有关 Web 服务器构建的基本技术,包括服务器策略与结构设计、服务器软硬件的选择及其他有关服务器构建的问题。

2. CGI

CGI(Common Gateway Interface)通用网关接口是运行在 Web 服务器上的可执行程序,也是第一种允许服务器端的应用程序根据客户端的具体请求,动态生成 HTML 页面的技术,实现了客户端和服务器端的动态信息交换。CGI 程序早期的使用 C、C++等任何通用的编译型程序设计语言。客户端每一个请求对应一个进程,当同时有很多请求时,程序挤占系统资源,造成效率低下。

3. PHP

PHP(Hypertext Preprocessor)超文本预处理器是一种跨平台的 Web 服务器端动态网页开发技术。与早期的 CGI 程序不同,PHP 嵌入 HTML 语言中,相对于其他语言,编辑简单,实用性强,程序开发快,运行快。PHP 免费且开源,支持几乎所有流行的数据库以及操作系统,随着 PHP 的发展其功能越来越强大。

4. ASP 与 ASP.NET

ASP(Active Server Pages)活动服务器页面的主要功能是为生成动态的交互式的 Web 服务器应用程序提供一种方法和技术。1996 年,Microsoft 借鉴 PHP 的思想,在其 Web 服务器 IIS(Internet Information Services) 3.0 中引入了 ASP 技术。ASP 使用 VBScript 和 Javascript 脚本语言用于 Web 服务器端的开发。ASP 提供了丰富的组件和对象,可用第三方控件来完成复杂的功能,成为 Windows 系统下常用的 Web 服务端动态网页开发技术。

ASP.NET 是 ASP 技术的重大升级和更新,是微软.NET 构架的重要组成部分。ASP.NET 是一种建立在通用语言运行库(Common Language Runtime,CRL)上的编程框架,开发者可以使用任何.NET 兼容的语言(Visual Basic.NET,C♯,J♯)来编写 ASP.NET 应用程序,以便在服务器上生成功能强大的 Web 应用程序。

ASP.NET 与 ASP 不同,其一是将程序在服务器端首次运行时进行编译,其执行相对于 ASP 一条条的解释执行效率大幅提高,克服 ASP 解释执行脚本的不足。其二是能更快速、容易地建立灵活、安全和稳定的 Web 应用程序。ASP.NET 成为 Windows 系统下主流的 Web 服务端动态网页开发技术。

5. Servlet 与 JSP

Servlet 是由 Sun 公司制定的服务器端组件规范。Servlet 是用 Java 语言编写的服务器端程序,是基于 Java 技术的 Web 组件,主要用于处理 Http 请求,并将处理的结果传递给浏览器生成动态 Web 页面。由于 Servlet 开发的繁琐,生成、维护和修改 HTML 困难,为此,在 SERVLET 之后推出 JSP。

JSP(JavaServer Pages)是一种基于 Java 语言的 Web 服务器端动态网页开发技术。JSP 是对 servlet 功能的扩展,最终会被转换成标准的 Servlet。JSP 技术具有可移植性好,不受平台限制,支持多线程,性能高,安全性和可伸缩性好,以及多样化与强大的工具支持,成为目前流行的 Web 服务端动态网页开发技术。

二、Web 数据库技术

Web 具有易用性、实用性、良好的开放性和趋于统一的标准等特点,利用 Web 技术让更多的用户通过网络能够简便地访问数据库中的信息和应用,实现数据与资源共享,已成为数据库技术发展的必然趋势。随着 Web 技术的蓬勃发展,人们对信息的需求发生了变化,需要通过 Web 进行信息发布、查询数据,在其上开展电子商务,大量的信息需要进行有效的组织管理,而数据库技术就是计算机组织管理数据的最有效、最成功的技术。将 Web 技术与数据库技术结合起来,不仅把它们的所有优点集中在一起,而且充分利用了大量已有的数据库信息资源,可以使用户在 Web 浏览器上方便地检索和浏览数据库的内容。这两种技术的互补性决定了相互融合是其发展的必然趋势。

(一)Web 数据库

Web 数据库就是将 Web 与数据库相结合,通过浏览器访问数据库并可实现动态的信息服务系统。也就是说,Web 数据库是以后台数据库为基础的,加上 Web 访问数据库技术以及相应的程序,通过 Web 浏览器完成数据存储、查询等操作的数据库系统。通过 Web 技术访问数据库和传统的访问方式相比,其优点是:

(1)Web 浏览器访问数据库,无需开发专门的客户端程序,界面统一、成本低。

(2)容易扩展系统功能,开发维护简单。在基于 Web 的数据库中,应用程序存储在服务器,开发维护人员只需在服务器上做相关的更新维护工作,用户即可通过浏览器感受到界面变化和功能扩展,而无需进行客户端的更新。

(3)平台无关性。Web 是构建在一系列的公开的标准上的,其中包括 TCP/IP 协议、HTTP 协议和 HTML 语言。只要遵循这些标准,用户使用现成 Web 浏览器,就可以浏览不同 Web 服务器上的 HTML 文档,而不必关心所使用的平台。

Web 数据库技术与现有数据库结合的技术关键是用 Web 浏览器界面来访问和管理数据。这样就使得 Web 数据库可以实现方便廉价的资源共享。Web 数据库通常采用三层或多层体系结构,客户端采用 Web 浏览器,通过 Web 服务器及中间件访问数据库。

(二)Web 数据库访问

Web 数据库应用的一个重要方面就是对数据的访问。传统的数据库的访问方式一般通过专门开发的客户端程序,开发实现较难且开发的程序往往不能跨平台运行。另外,传统的数据库的访问方式因用户需求改变而对客户端程序进行更新、维护的难度也较大。目前,Web 数据库访问技术主要有以下三种类型:

一是客户端方案。该方案一般采用把应用程序下载到客户端运行,在客户端直接访问数据库服务器,例如:Java Applet、DHTML 等。

二是服务器端方案。该方案是在 Web 服务器端提供中间件来连接 Web 服务器和数据库服务器。中间件负责管理 Web 服务器和数据库服务器之间的通信并提供应用程序服务。它能够直接调用外部程序或脚本代码来访问数据库,因此可以提供与数据库相关的动态 HTML 页面,或执行用户查询,并将查询结果转化成 HTML 页面,通过 Web 服务器返回给 Web 浏览器。常用的中间件技术有 CGI、ISAPI(NSAPI)、ASP/ASP.NET、PHP、JSP 等。当前,Web 数据库访问技术大多数采用服务器端方案。

三是上述两种方案的组合。该方案是在服务器端提供中间件,同时将应用程序的一部分下载到客户端并在客户端通过 Web 服务器及中间件访问数据库。

目前,比较流行的 Web 数据库系统非常多,基本上涵盖了所有的关系型数据库产品,如 SQL Server、Oracle、Informix、Sybase、DB2、MySQL 等。用户可以根据自己开发的系统需求,根据各个数据库产品的特点来选择适用的产品。

三、电子支付技术

电子支付和结算是实现电子商务的基础,因此以下围绕电子支付技术这一主题,讲述电子支付的基本知识,对电子现金、信用卡、电子支票、智能卡和电子钱包这些电子支付工具进行简要介绍,最后阐明电子支付系统的基本功能。

(一)电子支付

电子支付(E-Payment)是指电子交易的当事人(通常涉及消费者、商家和金融机构三方)通过网络以电子数据形式进行的货币支付或资金流动。它本身是以金融电子化网络为基础,以商用电子化机具和各类交易卡为媒介,以计算机技术和通信技术为手段,以电子数据形式存储在银行的计算机系统中,利用安全和密码技术实现方便、快捷、安全的计算机网上资金流通和支付。

相对于传统支付行为,电子支付可以简单分为预支付、即时支付和后支付三种类型。

(1)预支付(Pre-Paid),就是指先付款,然后才能购买到产品或服务。即"先交钱,后交货"。一般的在线商店(如 B2C)喜欢这种支付方式,通过瞬间完成的在线银行转账操作,资金能够以最快的速度进入卖方的口袋。

(2)后支付(Past-Paid),允许用户购买一件商品之后再支付。由于我国信用体制不健全,现阶段 B2C 为了促成交易行为的发生,一般都会委托物流公司进行送货上门式的配送,允许购买者拿到所购商品后再支付费用,即常说的"货到付款"。

(3)即时支付(Inst-Paid),是指在交易发生的同时,钱也被从银行账户中转入卖方账户。即时支付系统实现起来是最复杂的,因为该系统为了立即支付,必须直接访问银行的内部数据库。即时支付系统需要执行比其他系统更严格的安全措施,因而它是最强大的系统。基于因特网的即时支付系统是"在线支付"的基本模式。

随着计算机技术的发展,电子支付的方式越来越多。按支付方式还可以分为银行卡、电子支票和电子货币三大类。

(二)电子货币

1. 什么是电子货币

电子货币是以电子数据形式存储,并通过计算机网络以电子信息传递形式实现流通和

第三章 电子商务的技术基础

支付功能的货币。

电子货币的载体有磁卡、集成电路卡(IC 卡)和光卡等。磁卡是以磁条为记录信息介质的卡。IC(Integrated Circuit)卡是通过塑料片上嵌入的集成电路记录、储存电子货币的卡。光卡是近几年才有的一种新型的存储介质,在欧美等发达国家和地区已经开始使用。

目前世界各国推行和研制的电子货币五花八门,但其基本形态大致上是类似的,即电子货币的使用者以一定的现金或存款从发行处兑换并获得代表相同金额的数据,并以可读写的电子信息方式储存起来,当使用者需要清偿债务时,可以通过某些电子化媒介或方法将该电子数据直接转移给支付对象。

2. 电子货币的主要特征与分类

电子货币和传统货币相比,具有如下主要特征:

(1)存在的形态不同。电子货币不再以实物、贵金属和纸币等可视、可触的传统货币形式出现,而是以电子数据形式储存,故又得名虚拟货币。电子货币的存在形式随处理的媒体而不断变化。

(2)电子货币具有依附性。这是指电子货币对科技进步和经济发展的依附关系。从技术上看,电子货币的发行、流通、回收等都采用现代的电子化手段,依附于相关的设备正常运行。另外,新技术和新设备可产生电子货币新的业务形式。

(3)电子货币的安全性。为防止伪造、复制、非法使用,电子货币采用了信息加密、数字签名、数字时间戳、防火墙等安全防范措施。

(4)结算方式不同。从结算方式上看,无论电子货币在流通过程中经过一次或多次换手,通过计算机处理和存储,可以在很短时间内借助 Internet 进行远距离传递,其最后持有者都可向电子货币发行者或其前手提出对等资金的兑换要求。

根据不同的标准,电子货币可以划分为不同的类型。按电子货币的形态划分,可以分为电子现金型、电子银行卡型和存款电子划拨型三类。按电子货币的流通形态划分,电子货币可分为开环型电子货币、闭环型电子货币两类。

(三)电子现金

电子现金(E-Cash)是一种以电子形式存在的现金货币,又称为数字现金。它把现金数值转换成为一系列的加密序列数,通过这些序列数来表示现实中各种金额的币值。电子现金使用时与纸质现金完全类似,多用于小额支付,是一种储值型的支付工具。

电子现金作为以电子形式存在的现金货币,同样具有传统货币的价值度量、流通手段、储蓄手段和支付手段四种基本功能。电子现金除具备普通现金的特性外,还具备普通现金所没有的在线与离线可用性、可分性和不可伪造性等特点。

电子现金按载体来分,其主要包括如下两类:一类是币值存储在 IC 卡片上,另一类就是以数据文件的形式存储在计算机的硬盘上。电子现金在网络环境中使用时也被称为网络现金。

(四)信用卡

目前,网上信用卡支付按安全交易协议及安全策略来分,主要有第三方代理人的支付模式、基于 SSL 协议的简单加密支付模式、SET 和 3D-Secure 支付模式。

1. 第三方代理人的支付模式

客户和商家双方通过都信任的第三方代理人(中介)来完成支付,这样可以改善信用卡信息处理的安全性,使商家看不到客户信用卡信息,也避免信用卡信息被商家透漏或在网上多次公开传输而导致信用卡信息被窃取。

该模式的关键在于第三方,交易双方都高度信任它,风险主要由它来承担,保密等功能也由它来实现。此模式交易成本低,适用于电子现金、信用卡等交易的情形。如 First Virtual Corp 提供的支付系统,它是 Internet 上使用最早的信用卡支付系统之一。

2. 基于 SSL 协议的简单加密支付模式

SSL(Secure Sockets Layer,安全套接层)协议最初是由 Netscape 公司设计开发的,它对信用卡和个人信息提供较强的保护。SSL 协议主要提供三方面的服务:一是客户和服务器的认证,使得它们能够确信数据将被发送到正确的客户机和服务器上;二是加密数据以隐藏的方式被传送;三是维护数据的完整性,确保数据在传输过程中不被改变。SSL 协议也是国际上最早应用于电子商务的一种网络安全协议,至今仍然有许多网上商店在使用。

使用这种模式支付时,客户只需在银行开立一个普通信用卡账户,客户的信用卡号码在传输时使用 SSL 技术进行加密。这种加密的信息只有业务提供商或第三方付费处理系统能够识别。由于这种方式需要一系列的加密、授权、认证及相关信息传送,交易成本比较高,所以小额交易是不适用的。

在这种支付模式中,交易过程的每一步都需要交易方以数字签名来确认身份,客户和商家都必须使用支持此种业务的软件。数字签名是客户、商家在注册系统时产生的,不能修改。该模式的特点:使用加密技术对银行卡等关键信息进行加密;可能要启用身份认证系统,采用防伪造的数字签名,需要业务服务器和服务软件的支持。SSL 协议主要用于提高应用程序之间的数据安全系数,运行的基点是商家对客户信息保密的承诺。

3. SET 支付模式

安全电子交易协议(Secure Electronic Transaction,SET)最初是由 VISA 与 MasterCard 信用卡组织及其 GTE、IBM、Microsoft、Netscape、SAIC、Terisa 和 VeriSign 等一些跨国公司共同开发的安全交易规范,主要用于保障 Internet 上信用卡交易的安全性。SET 协议以 DES 与 RSA 的互用,确保信息的私密性,以密钥的交换认证管理,配合数字签字确认交易双方的身份,进一步提供不可否认的功能。SET 协议的出现满足了网上交易的私密性、完整性、认证性、发送不可否认性以及确认交易的不可抵赖性等安全需求。特别是克服了 SSL 协议客户的信用卡信息暴露给商家等缺点。

在这种支付模式中,SET 协议提供对交易参与者的认证,确保交易数据的安全性、完整性和交易的不可抵赖性,特别是确保不会将持卡人的账户信息泄露给商家,保证了 SET 协议的安全性。SET 协议兼容当前的信用卡网络,比较适合 B2C 的交易模式。

SET 协议由于其成本高,互操作性差,实现过程复杂,目前只局限于信用卡支付方式,对其他方式的支付没有给出很好的解决方案,且不支持目前最具有前途和影响的 B2B 电子商务交易,所以该协议将逐步被新的协议替代。

4. 3D-Secure 支付模式

3D-Secure 目前以 VbV(Verified by Visa)为品牌进行推广。该协议基于 3D 模型与

第三章 电子商务的技术基础

SSL 安全机制,放弃了严格的 SET 流程,最初也称为 3D-SSL,但很快形成了 3D-Secure 体系。3D 模型是将信用卡交易中各参与方划分为三个责任域,分别为:发卡域(持卡人与发卡机构)、收单域(商家与收单机构)、协作域(卡组织,负责交易中各方的通讯)。

在发卡域,发卡机构有责任提供认证机制对持卡人进行验证。3D-Secure 的最低标准要求消费者通过用户 ID/密码进行验证,以确认该用户是信用卡号码的持有者。发卡机构还可采取芯片卡、数字证书等更高安全度的机制实现验证。发卡机构需要提供注册系统并安装访问控制服务器(Access Control Server,ACS),ACS 负责与商家以及 Visa 网络的通讯。

在收单域,收单机构需要提供支付网关系统,商家需要安装商家服务器插件(Merchant Server Plug-in,MPI),MPI 负责与 Visa 网络以及消费者的发卡行进行通讯,并集成至自身购物系统中。

3D-Secure 中,Visa 更多地参与交易,包括:提供目录服务,以检验卡号的有效性;向各服务器发行 SSL 证书并提供许可;提供认证历史服务,记录每笔交易的认证结果。

在该模式中,3D-Secure 交易对持卡人的要求降至最低,只需要浏览器即可进行,不需要申请个人证书与安装客户端软件,简单灵活是其最大优势。与 SET 相比,持卡人并不验证商家的身份,商家需要保存持卡人的交易信息(包括卡号码、有效期等)。交易中包含了大量的消息传递,平均多占用消费者 10~15 秒的支付处理时间。

总体上,3D-Secure 在 SSL 的基础上加入发卡机构对持卡人的验证步骤,从而提供了一种简易的安全支付方案,有效地降低盗用与扣款的发生,其潜在弱点在于不法商家与黑客仍有可能窃取持卡人的用户 ID 与密码。

(五)电子支票

电子支票(Electronic Check 或 e-cheque)是用电子方式实现纸质支票功能的新型电子支付工具。电子支票的使用与传统支票有许多相似之处,电子支票的用户可以在网络上生成一个电子支票,其中包括付款者的姓名、账户号码、付款金融机构的名称、接收支票者的姓名及支票的总金额等。电子支票采用电子方式呈现,使用时电子支票需要经过数字签名,使用数字证书来验证付款者、付款银行和银行账号,同时还需要收款人以电子签名背书。经过签名和背书的电子支票,就可通过电子票据交易所,在金融机构间进行电子交易及清偿行为。

电子支票是一种借鉴纸张支票转移支付的优点,利用电子传递将钱款从一个账户转移到另一个账户的电子付款形式。加密的电子支票使它们比电子现金更易于流通,买卖双方的银行只要用公开密钥认证确认支票即可,数字签名也可以被自动验证。使用这种方式可以减少传输和票据的清分等事务处理的费用,加快处理速度,节省时间。电子支票适于各种市场,既适合个人付款,也适合企业之间的大额付款。电子支票还可以很容易地与 EDI 应用结合,推动 EDI 基础上的电子订货和支付。

(六)智能卡

智能卡(Smart Card)是一种将具有微处理器及大容量存储器的集成电路芯片嵌装于塑料基片上而制成的卡片,也称集成电路卡(IC 卡)。

由于智能卡内带有微处理器和存储器,因而能储存并处理数据,可进行复杂的加密运算和密钥密码管理。卡上有个人识别码(PIN)保护,所以安全性和可靠性高。智能卡应用范围广泛,可一卡多用。

智能卡的主要优点是相对安全、简单、可靠,既可在线使用,也可离线操作,同时这些优点也导致了低事务费用。智能卡的用途广泛,已经超出了通常的金融业务和商业业务,扩大到各行各业、各个领域和日常生活之中。

IC卡的缺点是制造复杂,成本也比磁卡高。但随着微电子技术的进步和产量的增加,这一缺点将逐渐被克服。

(七)电子钱包

电子钱包(Electronic Purse)是电子商务活动中客户购物常用的一种支付工具,是在小额购物或购买小商品时常用的电子形式的"钱包"。

电子钱包有多种形式,基本上可分为两类:一类是以智能卡为电子钱包的电子现金支付系统,应用于多种用途,具有信息存储、电子钱包、安全密码锁等功能,最典型的代表是Mondex卡;另一类是电子钱包软件,它能够存储货币值和重要信息,可以把各种电子货币、电子金融卡上的信息和数据以及电子信用卡输入到电子钱包内,随时能够进行在线支付。如IBM公司的"IBM Wallet"和微软公司的"Microsoft Wallet"。

电子钱包的功能和实际钱包一样,可存放信用卡、电子现金、所有者的身份证、所有者地址以及在电子商务网站的收款台上所需的其他信息。电子钱包的主要特点是可以在线使用,不必携带任何现金、货币、各种卡,只要记住自己电子钱包的保密方式和密码就可以了。

使用电子钱包具有安全、方便和快捷的优点。其缺点是存储电子钱包软件的硬盘损坏会给客户造成一定损失或麻烦。智能卡的电子钱包,无论是消费者还是商店,都需要安装特殊的硬件设备。另外,一旦在网上购物或由人送货,匿名这一优点就可能不存在了。

(八)电子支付系统的基本功能

电子支付不是一个简单、孤立的行为,它的完成取决于电子支付系统的建立。因此,电子支付系统从构成上应该包括几个部分,主要有电子交易的各方当事人(通常涉及买方、卖方和金融机构等)、金融电子化网络、商用电子化机具和各类交易卡等。为了使一个电子支付系统获得成功,需要遵守的要求是:可接受性、匿名性、可兑换性、灵活性、安全性、使用性、可靠性、可伸缩性、高效率、集成度(为支持现有的软件,应创建能与软件集成的接口)等。安全可靠、高效便捷是电子支付的共同追求,电子支付系统的建立也应该向着这个方面进行不懈努力。电子支付系统的基本功能如下:

(1)交易双方身份的认定。这一点是支付行为发生的前提条件。如果没有办法确切保证交易双方身份的有效性、合法性,交易行为本身便相当危险。一个电子支付系统通常使用数字签名、数字证书等方式实现对各方身份的认证。

(2)业务安全性保障。一个合格的电子支付系统必须要使用有效的加密技术对业务过程进行加密处理,以防止未被授权的第三方获取业务相关信息。

(3)业务完整性保障。仅仅保证未被授权的第三方获取业务相关信息还远远不够,一个合格的电子支付系统必须确保业务过程的完整性。这就可能需要使用很多技术手段。

第三章 电子商务的技术基础

(4)不可否认性的保障。不可否认性就是交易行为发生后对自己已做出行为的不可抵赖。很显然,支付是商务活动中最容易发生纠纷的环节。一个合格的电子支付系统必须保证交易双方对业务的不可否认性。

(5)多边支付问题的合理解决。由于电子支付通常涉及客户、商家和银行等多方,一个合格的电子支付系统必须通过多重签名等技术来实现多边支付问题,以保证多方的协同、有序工作。

四、网上购物流程

网上购物是电子商务应用很重要的一个方面,也是电子商务应用最普遍,发展最快、最成功的领域之一。本章前面的内容围绕电子商务的技术,介绍了计算机网络基础知识、Web技术、Web数据库技术和支付技术的基本内容。现在将介绍网上购物操作流程。

网上零售指的是个人通过 Internet 购买商品或享受服务。在线零售业发展到目前已有十多个年头了,对于不同的电子商务网站,因网站规模、网站类型和销售产品等不同,网上购物的流程也会有所不同,下面给出的是个人用户网上购物基本流程,如图3-2所示。

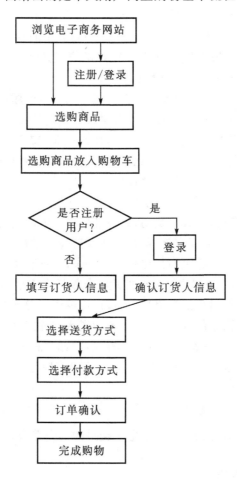

图3-2 网上购物流程图

购买者通过浏览器浏览电子商务网站上商品目录,或通过注册/登录后(更安全的是用数字证书进行登录),即可在网上寻找自己感兴趣的商品;经过比较,选择满意的商品或服务,放入"购物车";购买者填写有关订货人信息,如姓名、地址等个人信息;选择送货方式;选择可选的支付方式支付货款,如信用卡、电子支票、网上银行、邮局汇款、货到付款等;通过Internet 和其他信息技术,商家确认购买者所支付的货款是否到账或者订单是否已经被确认;商家在确认购买者付款或者确认订单后,准备发货、送货上门,完成整个网上购物过程。

第三节 电子商务安全技术

电子商务的发展前景十分诱人,但随之而来的是其安全问题也变得越来越突出。据权威机构调查表明,目前国内企业发展电子商务的最大顾虑是网上交易的安全问题。电子商务的安全问题是开展电子商务中最中心的问题,是当前制约电子商务广泛应用的重要瓶颈。

一、电子商务的安全问题及其安全需求

(一)电子商务的安全问题

随着电子商务在全球范围内的迅猛发展,电子商务中的网络安全问题日渐突出。网络安全是指保护网络系统中的软件、硬件及信息资源,使之免受偶然或恶意的破坏、篡改和泄露,保证网络系统的正常运行、网络服务不中断。

以计算机网络为基础的电子商务通常会有以下的安全问题:

(1)信息泄漏,数据被非法截获、读取或者修改。在电子商务中表现为商业机密的泄漏,主要包括交易双方进行交易的内容被第三方窃取或截获;交易一方提供给另一方使用的文件被第三方非法使用。电子的交易信息在网络传输的过程中,可能被他人非法修改、删除或重改,这样就使信息失去了真实性和完整性。

(2)身份识别问题。如果不进行身份识别,将会出现冒名顶替和否认行为,即第三方就有可能假冒交易一方的身份,以破坏交易、破坏被假冒一方的信誉或盗取被假冒一方的交易成果等,进行身份识别后,交易双方就可防止"相互猜疑"的情况。

(3)计算机病毒问题。计算机病毒出现十多年来,各种新型病毒及其变种迅速增加,Internet 的出现又为病毒的传播提供了最好的途径。新病毒直接利用网络作为自己的传播途径,还有众多病毒借助于网络传播得更快,动辄造成数十亿美元的经济损失。

(4)黑客问题。随着网络的普及与发展,各种黑客软件工具的传播,黑客已经大众化了,并非过去那样非计算机高手莫属。如曾大闹雅虎网站的"黑手党男孩"就没有受过什么专门训练,只是向网友下载了几个攻击软件并学会了如何使用,就在 Internet 上制造一场大事件。

(二)电子商务的安全需求

电子商务安全需求包括两方面:一是电子交易的安全需求;二是计算机网络系统的安全需求。

1. 电子交易的安全需求

电子商务安全问题的核心和关键是电子交易的安全性。由于 Internet 本身的开放性以

第三章 电子商务的技术基础

及目前网络技术发展的局限性,使网上交易面临着种种安全性威胁,也由此提出了相应的安全控制要求。

(1)身份的可认证性。在网络环境中,由于交易双方都处于网络的虚拟世界,不像传统交易中,双方往往是面对面进行交易的,很容易确认对方的身份。因此,在双方进行交易前,首先要能确认对方的身份,要求交易双方的身份不能被假冒或伪装。这些就需要数字签名、加密、认证等技术措施来解决。

(2)信息的保密性。信息保密性是针对网络面临的被动攻击一类的威胁而提出的安全需求。被动攻击,就是不修改任何交易信息,但通过截获、窃取、观察、监听、分析数据流和数据流形式获得有价值的情报。要对敏感重要的商业信息进行加密,即使别人截获或窃取了数据,也无法识别信息的真实内容,这样就可以使商业机密信息难以被泄露。

(3)信息的完整性。信息的完整性是指网络信息的真实可信性,即网络中的信息不会被偶然或者蓄意地进行删除、修改、伪造、插入等破坏,保证授权用户得到的信息是真实的。信息的完整性主要是针对网络所采用的主动攻击一类的威胁。而主动攻击就是篡改交易信息,破坏信息的完整性和有效性,以达到非法的目的。

(4)不可抵赖性(也称为不可否认性)。它是指通信的双方在通信过程中,对于自己所发送或接收的消息不可抵赖。在电子交易通信过程的各个环节中都必须是不可否认的,即交易一旦达成,发送方不能否认他已发送的信息,接收方也不能否认他所收到的信息。

(5)不可伪造性。电子交易文件也要能做到不可修改和不能伪造。一旦发生应该能通过相关技术及时辨别。

2. 计算机网络系统的安全需求

威胁计算机网络安全的因素很多,有些因素可能是有意的,有些因素可能是无意的;有些因素可能是人为的,有些因素可能是非人为的。归结起来,一般计算机网络系统普遍面临的安全问题有以下几种:

(1)物理实体的安全。如设备的功能失常,电源故障,搭线窃听,以及由于电磁泄漏引起的信息失密。计算机和其他一些网络设备大多数都是电子设备,当它工作时会产生电磁泄漏。

(2)自然灾害的威胁。各种自然灾害如风暴、泥石流、建筑物破坏、火灾、水灾、空气污染等对计算机网络系统安全都构成强大的威胁。

(3)计算机网络系统的脆弱性或存在的漏洞。包括计算机操作系统、通信系统和通信协议、数据库系统等的脆弱性或存在的安全漏洞,如 Windows 系统和一些 UNIX 系统软件,以及 Internet Explore 和 Netscape Communicator 等大型应用软件,都不断被用户发现有这样或那样的安全漏洞。还有一些软件"后门",这些"后门"都是软件公司的设计和编程人员为了工作方便而设置的,一般不为外人所知,但一旦"后门"被恶意打开,其造成的后果将不堪设想。

(4)黑客的恶意攻击。黑客现在一般泛指计算机信息系统的非法入侵者。黑客的攻击手段和方法多种多样,一般可以粗略地分为以下两种:一种是主动攻击,它以各种方式有选择地破坏信息的有效性和完整性;另一类是被动攻击,它是在不影响网络正常工作的情况下,进行截获、窃取、破译以获得重要机密信息。如 2003 年初,全世界传媒都在关注美国著名网站被袭事件。在这次事件中,包括雅虎、亚马逊书店、eBay、ZDNet、有线电视新闻网CNN在内的美国主要网站接连遭到黑客的攻击。据估算,这次事件造成的损失达到12亿美元以上。

(5)计算机病毒的攻击。计算机病毒是指编制或者在计算机程序中插入的破坏计算机功能或者破坏数据,影响计算机使用并且能够自我复制的一组计算机指令或者程序代码。计算机病毒会攻击系统数据区,即攻击计算机硬盘的主引寻扇区、Boot扇区、FAT表、文件目录等,干扰系统运行,造成计算机速度下降,窃取用户账户密码和个人隐私等。目前计算机病毒发展趋势主要以窃取用户的机密信息,从而获得经济利益为目的。

如何建立一个安全的计算机网络系统,保证整个商务过程中信息的安全性,使基于Internet的电子交易方式与传统交易方式一样安全可靠,已经成为在电子商务应用中的一个重要需求。

针对前面介绍的电子商务的安全问题以及由此提出的安全需求,其解决办法主要表现在技术上,并在采用和实施这些技术的经济可行性上。目前,国内外学术界和相关厂商已经给出了不少的解决方案,并且基本上满足了人们在Internet上开展安全的电子商务活动的愿望。在许许多多的解决方案中,涉及的安全技术主要有加密技术、认证技术、CA安全认证体系、安全电子交易协议、反病毒技术、黑客防范及其他相关的网络安全技术。下面分别简要加以介绍。

二、加密技术

加密技术是电子商务采取的主要安全技术手段。采用加密技术可以满足信息保密性的安全需求,避免敏感信息泄露的发生。通常信息加密的途径是通过密码技术实现的。密码技术是保护信息的保密性、完整性、可用性的有力手段,它可以在一种潜在不安全的环境中保证通信及存储数据的安全,密码技术还可以有效地用于报文认证、数字签名等,以防止种种电子欺骗。

(一)密码基础知识

密码是通信双方按约定的法则进行信息特殊变换的一种重要保密手段。依照这些法则,可以将语言、文字、图像等隐蔽成一种特殊符号。密码的出现可以追溯到远古时代,如恺撒(Caesar)密码。

加密就是利用一个加密函数(算法)和一个专门的加密密钥,对信息进行编码,使之成为一种不可理解的密文形式的过程。如图3-3是加密系统的一般模型。

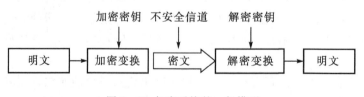

图3-3 加密系统的一般模型

(1)明文:未加密的报文、消息,就是原来信息。

第三章 电子商务的技术基础

(2)密文:经过加密后得到的信息。由加密算法、加密密钥及设备来实现。
(3)解密:将密文还原为明文的过程。由解密算法、解密密钥及设备来实现。
(4)密钥:加密和解密时所使用的一种专门信息(工具)。
(5)密码算法:加密和解密变换的规则(数学函数),有加密算法和解密算法。
(6)加密系统:加密和解密的信息处理系统。

在计算机网络中,采用密码技术将信息隐蔽起来,再将隐蔽后的信息传输出去,使信息在传输过程中即使被窃取或截获,窃取者也不能了解信息的内容,从而保证信息传输的安全。

(二)密码体制

根据不同的标准,密码体制的分类方法很多,其中常用的主要有对称密码体制(或称单钥密码体制)、非对称密码体制(或称公开密钥密码体制、双钥加密体制)等。

1.对称密码体制

加密密钥与解密密钥是相同的。密钥必须通过安全可靠的途径传递,对它的管理已成为影响系统安全的关键性因素,但密钥管理的现状还难以满足系统的开放性要求。

在对称密码体制中,对称密钥的加密技术比较容易处理,但尚存在几个问题:
(1)贸易双方如何安全交换密钥的问题。
(2)若有多个贸易关系,密钥数目急剧增加,对密钥的管理与分发工作将变成一件危险和繁琐的过程。
(3)无法识别贸易的发起方和最终方。
(4)目前对称密码已经可以破解。

2.非对称密码体制

非对称密码体制把信息的加密密钥和解密密钥分离,两个密钥之间不能相互推算。其中加密密钥可以对外公开,由发送方用来加密要发送的原始数据;解密密钥则由接收方秘密保存,作为解密时的私用密钥。

非对称密码体制最大的优点就是不需要对密钥通信进行保密,所需传输的只有公开密钥。这种密钥体制还可以用于数字签名。公开密钥体制的缺陷在于其加密和解密的运算时间比较长,这在一定程度上限制了它的应用范围。

(三)加密算法

加密算法是信息安全技术的基础,通过不同的加密算法可以解决信息加密、数字签名、身份认证等问题。主要涉及的加密算法包括:对称加密算法、非对称加密算法、散列函数等。

1.对称加密算法

对称加密算法,也称为传统密码算法。其加密密钥与解密密钥相同,用某个密钥加密就必须用同一个密钥解密,因此也称之为秘密密钥算法或单钥算法。加密过程就是在密钥的控制下将明文加工为密文的过程,解密过程就是将密文加工为明文的过程。

对称加密算法分为两类,一类称为序列密码算法,另一类称为分组密码算法。序列密码算法的加密过程就是把报文、语音、图像等原始信息转换为明文数据序列,再将其与密钥序列进行"异或"运算,生成密文序列发送给接收者。分组密码算法的加密过程是将明文序列

以固定长度进行分组,每组明文用相同的密钥和算法进行变换,得到一组密文。分组密码是以块为单位,在密钥的控制下进行一系列线性和非线性变换而得到密文的。

对称加密算法很多,使用最广泛的是 DES(Data Encryption Standard 数据加密标准)。DES 是美国经长时间征集和筛选后,于 1977 年由美国国家标准局颁布的一种加密算法。它主要用于民用敏感信息的加密,后来被国际标准化组织接受作为国际标准。

对称加密算法的主要优点是运算速度快,硬件容易实现。其缺点是密钥的分发与管理比较困难,特别是当通信的人数增加时,密钥数目急剧膨胀。

2. 非对称加密算法

非对称加密算法也称公开密钥算法。该算法具有以下特点:算法存在两个密钥,一个公开为公开密钥(简称公钥),另一个保密为私有密钥(简称私钥),一个密钥用来加密的话,就要用另一个密钥来解密,也就是说用公钥加密的信息就要用私钥解密,用私钥加密的数据就要用公钥解密。

典型的算法有:RSA 算法、椭圆函数加密算法等。RSA 算法是 1978 年由三名美国 MIT 科学家 Rivest、Shamir 和 Adleman 提出的一种著名的公开密钥密码算法(以这三位科学家姓氏的第一个字母命名)。RSA 算法建立在数论中大数分解和素数检验的理论基础上,既可用于加密,即发送方使用接收方的公开密钥加密,则只有接收方才能使用其私有密钥解密阅读信息,这样就防止了窃听,又可用于数字签名,即发送方使用自己的私钥加密,接收方用发送方的公钥解密,这样又防止了伪造。RSA 算法是一种国际标准,也是目前应用最广泛的公钥加密算法,特别适用于通过 Internet 传送的数据。

三、认证技术

认证技术是电子商务安全的主要实现技术。采用认证技术可以直接满足身份认证、信息完整性、不可否认和不可修改等多项网上交易的安全需求,较好地避免了网上交易面临的假冒、篡改、抵赖、伪造等种种威胁。

认证技术主要涉及身份认证和报文认证两个方面的内容。身份认证用于鉴别用户身份,报文认证用于保证通信双方的不可抵赖性和信息的完整性。例如,在很多情况下用户并不要求购物信息保密,而只需要确认网上商店不是假冒的(这就需要身份认证),确保自己与网上商店交换的信息未被第三方修改或伪造,并且网上商家不能赖账(这就需要报文认证);商家也是如此。

目前,电子商务中广泛使用的认证方法和手段主要有数字签名、数字证书、CA 安全认证体系。下面简要加以说明。

(一)数字签名

在网络通信中,希望有效防止通信双方的欺骗和抵赖行为,数字签名技术为此提供了一种解决方案。数字签名是公开密钥体系加密技术发展的一个重要成果。

数字签名技术以加密技术为基础,其核心是采用加密技术的加密算法、解密算法来实现对报文的数字签名。数字签名是对现实生活中笔迹签名的功能模拟,它能够实现以下功能:

(1)收方能够证实发送方的真实身份。

(2)数字签名具有不可否认性。

(3)收方或非法者不能伪造、篡改报文。

我国已经公布了电子签名法,因此,数字签名与现实生活中笔迹签名应具有同样的法律效力,能被第三方证实用以解决争端。

目前已有大量的数字签名算法,如 RSA 数字签名算法、Schnorr 数字签名算法、美国数字签名标准算法(DSS/DSA)、椭圆曲线数字签名算法,以及另外一些不可否认的签名算法、群数字签名算法、盲数字签名算法、具有报文恢复的数字签名算法等。

(二)数字证书

数字证书又称为数字凭证,即用电子手段来证实一个用户的身份和对网络资源的访问权限。数字证书是一种数字标识,它提供的是 Internet 上的身份证明。目前数字证书格式一般采用 X.509 国际标准,标准的 X.509 数字证书包含以下一些内容:证书的版本信息、证书的序列号、证书所使用的签名算法、证书的发行机构名称、证书的有效期、证书所有人的名称、证书所有人的公开密钥、证书发行者对证书的签名。

数字证书通常有以下三种类型:

(1)个人证书。它仅为某一个用户提供凭证,以帮助个人在网上进行安全交易操作。个人数字凭证通常是安装在客户端的浏览器内的,并通过安全的电子邮件来进行操作。

(2)企业(服务器)证书。它通常为网上的某个 Web 服务器提供凭证。有凭证的 Web 服务器会自动将其与客户端的 Web 浏览器通讯的信息加密。

(3)软件(开发者)证书。它通常为软件提供凭证,证明软件的合法性。

数字证书拥有者可以通过浏览器使用证书与 Web 服务器建立 SSL 会话,使浏览器与服务器之间相互验证身份;另外用户也可以使用数字证书发送加密和签名的电子邮件。

(三)CA 安全认证中心

为了全面解决在 Internet 上开展电子商务的安全问题,建立一套完善的电子商务安全认证体系是非常必要的。电子商务安全认证体系是一套融合了各种先进的加密技术和认证技术的安全体系,它主要定义和建立自身认证和授权规则,然后分发、交换这些规则,并在网络之间解释和管理这些规则。

电子商务安全认证体系的核心机构就是 CA(Certification Authority)认证中心。认证中心作为受信任的第三方,需要承担网上安全电子交易的认证服务,主要负责产生、分配并管理用户的数字证书。它对电子商务活动中的数据加密、数字签名、防抵赖、数据完整性以及身份鉴别所需的密钥和认证实施统一的集中化管理,支持电子商务的参与者在网络环境下建立和维护平等的信任关系,保证网上在线交易的安全。建立 CA 的目的是加强数字证书和密钥的管理工作,增强网上交易各方的相互责任,提高网上交易的安全,控制交易的风险,从而推动电子商务的发展。

CA 认证中心作为一个权威、公正、可信的第三方机构,它可以是政府部门,也可以是行业的主管部门,或交易双方共同信任的其他组织。国际上的 CA 机构是由竞争产生的,如 Verisign、GTE 等。目前,在全球出于领导地位的认证中心是美国的 VeriSign 公司,创建于 1995 年 4 月,总部在美国加州的 Mountain View。我国也有一些省市建立了认证中心,如上海市电子商务安全证书管理中心、湖北省电子商务安全证书管理中心、陕西省数字证书认

证中心等。

四、安全电子交易协议

目前,电子商务安全交易支付协议主要有 SSL 协议和 SET 协议。它们被广泛应用于 Internet 上从事商务活动。

(一)SSL 协议

SSL(Secure Sockets Layer,安全套接层)协议

是 Netscape 公司 1995 年推出的一种安全通信协议。SSL 提供了两台计算机之间的安全连接,对整个会话进行了加密,从而保证了安全传输。SSL 协议建立在可靠的 TCP 传输控制协议之上,并且与上层协议无关,各种应用层协议(如 HTTP、FTP、TELNET 等)能通过 SSL 协议进行透明传输。

SSL 采用公钥、私钥系统。在建立连接的过程中采用公钥,会话的时候采用私钥,以完成身份的交互鉴定、会话消息保密和传送的消息完整等功能。

SSL 协议具有以下安全功能:

(1)认证用户和服务器,以便确信数据能发往正确的客户机和服务器。

(2)对被发送的数据实施加密处理,以便保证数据的保密性。

(3)对传送的数据进行完整性检验,以便保证数据在传送过程中没有被改变。

SSL 协议现已被广泛应用于 Internet 上的身份认证和 Web 服务器与用户端浏览器之间的数据安全通讯。它解决了客户对服务器的身份确认、服务器对客户的身份确认和建立起服务器和客户之间安全的数据通道的问题。目前,几乎所有操作平台上的 Web 浏览器(IE、Netscape)以及流行的 Web 服务器(IIS、Netscape Enterprise Server 等)都支持 SSL 协议。因此,使用该协议成本较低。

由于受美国政府出口管理条例的限制,美国只允许 40 位比特以下的算法出口。大多数 Web 浏览器和服务器的国际版本只支持 40 位以下的弱加密算法。目前已有攻破此协议的例子:1995 年 8 月,一个法国学生用上百台工作站和两台小型机攻破了 Netscape 对外出口版本;另外美国加州两个大学生找到了一个"陷门",只用了一台工作站几分钟就攻破了 Netscape 对外出口版本。因此,应用 SSL 协议存在这样一个不容忽视的安全问题。

(二)SET 协议

SET(Secure Electronic Transaction)协议是 Visa 和 MasterCard 于 1997 年 5 月推出的安全电子交易规范协议。这个规范自推出之后,就得到了 IBM、HP、Microsoft、Netscape、VeriFone、GTE、Terisa 和 VeriSign 等很多大公司的支持,已成为事实上的工业标准,目前已获得 IETF 标准的认可。

SET 是为解决用户、商店和银行之间通过信用卡支付的交易而设计的。它最大的好处是:能够进行认证但交易双方都看不到对方的资料(如信用卡卡号等身份资料),保证了购物信息和支付信息的私密性、安全性、完整性和不可否认性。

SET 协议的工作流程类似于实际购物流程,一切操作都是通过 Internet 完成的,其流程如图 3-4 所示。

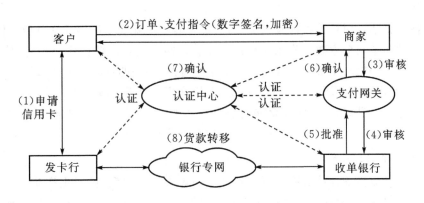

图3-4 SET工作流程

在处理过程中通信协议、请求信息的格式、数据类型的定义等,SET都有明确的规定。在操作的每一步,客户、商家、支付网关都通过CA来验证通信主体的身份,以确保通信的对方不是冒名顶替,维护网络上的电子商务参与者的真实性。

支付网关是公用网(Internet)和银行专用系统(网络)之间的接口,通过它完成来往数据在SET协议和现存银行卡交易系统协议(如ISO8583协议)之间的转换。支付信息必须通过支付网关才能进入银行支付系统,进而完成支付的授权和获取。

前面已经提到,SET协议由于其成本高,互操作性差,实现过程复杂,目前只局限于银行信用卡支付方式,对其他方式的支付没有给出很好的解决方案,且不支持B2B电子商务交易。

五、反病毒与黑客防范技术

(一)反病毒技术

计算机病毒是一种具有自我复制能力的计算机程序。它不仅能够破坏计算机系统,而且还能够传播、感染到其他的系统。它能影响计算机软件、硬件的正常运行,破坏数据的正确与完整。目前,计算机病毒是计算机信息系统中一个很大的安全问题。特别是在Internet环境下,计算机病毒传播速度非常之快,威胁性和破坏力更是不可估量的,并随着计算机技术以及病毒技术的不断发展,其对用户的危害性也越来越大。因此,计算机病毒的防范是网络安全性建设中重要的一环。

反病毒技术主要包括预防病毒、检测病毒和杀毒等三种技术。

1. 预防病毒技术

该技术是通过将预防病毒的程序本身常驻系统内存,并优先获得系统的控制权,监视和判断系统中是否有病毒存在,进而阻止计算机病毒进入计算机系统和对系统进行破坏。这类技术有加密可执行程序、引导区保护、系统监控与读写控制等。

2. 检测病毒技术

检测病毒技术是通过对计算机病毒的特征来进行判断的技术,如自身校验、关键字、文件长度的变化等。

3. 杀毒技术

杀毒技术是通过对计算机病毒的分析,开发出具有删除病毒程序并恢复原文件的软件。

对病毒的防范目前主要是利用反病毒产品。这些产品大多数将病毒预防、检测和杀毒技术融为一体。但随着 Internet 及其应用的不断普及,网络的不断增大,病毒种类呈多样化发展,其破坏性也在不断增强。在这种情况下,反病毒产品除具备上述功能外,用户还应该对反病毒产品及时升级,对系统安全漏洞及时打补丁,注意病毒流行动向,及时发现正在流行的病毒,并采取相应措施。否则,所有的防护都会功亏一篑。

(二)黑客防范技术

黑客攻击已成当前计算机网络所面临的又一重大安全因素,同时黑客防范技术也成了网络安全的主要内容,并受到了各国政府和网络业界的高度重视。黑客通常会使用黑客程序(软件)实施攻击,而且随着网上黑客软件的传播,黑客攻击的数量呈急剧增长趋势,这是由于新的攻击者不需要太多的技术,只要会用有关黑客软件即可。

为了有效地防范黑客,首先需要掌握黑客入侵使用的一些技术。这些技术主要包括缓冲区溢出攻击、特洛伊木马、端口扫描、IP 欺骗、网络监听、口令攻击、拒绝服务(Dos)攻击、寻找系统漏洞、电子邮件攻击等。在了解黑客技术的基础上,目前人们已提出了许多相应有效的反黑客技术,主要包括网络安全评估技术、防火墙技术、入侵检测技术等。下面就对上述几种反黑客技术简要加以介绍。

1. 安全评估技术

安全评估技术源于黑客在入侵网络系统时采用的工具——扫描器。扫描器是自动检测远程或本地主机安全性漏洞的程序包。在 Internet 安全领域,扫描器可以说是黑客的基本武器,通过使用扫描器可以发现远程服务器的端口分配、提供的服务以及它们的软件版本。这就能间接或直观地了解到远程主机所存在的安全问题。扫描器通过连接远程主机上不同端口的服务,并记录目标给予的回答,搜集很多关于目标主机的各种有用的信息。一般来说,扫描器应该有三项功能:一是发现一个主机或网络的能力;二是一旦发现一台主机,有发现什么服务正运行在这台主机上的能力;三是通过测试这些服务,发现漏洞的能力。

扫描器可以帮助系统管理员查找系统漏洞,加强系统安全性。同时,也可以被黑客们用来作为攻击系统的入手点。目前存在的扫描器产品主要可分为基于主机的和基于网络的两种,前者主要关注软件所在主机上面的风险漏洞,主要扫描操作系统相关的安全漏洞,如 password 文件、目录和文件权限、共享文件系统、敏感服务、软件、系统漏洞等,并给出相应的解决办法。而后者则是通过网络远程探测其他网络设备的安全风险漏洞,主要扫描设定网络内的服务器、路由器、网桥、交换机、访问服务器、防火墙等设备的安全漏洞,并可设定模拟攻击,以测试系统的防御能力。

扫描器采用模拟攻击的形式对目标可能存在的已知安全漏洞进行逐项检查。目标可以是工作站、服务器、交换机、数据库应用等各种对象。然后根据扫描结果向系统管理员提供周密可靠的安全性分析报告,为提高网络安全整体水平产生重要依据。

2. 防火墙

当一个网络连接到 Internet 之后,防止非法用户入侵的措施主要是靠防火墙来完成的。

防火墙(Firewall)是在可信和不可信网络间设置的保护装置,用于保护内部资源免遭非

第三章　电子商务的技术基础

法入侵。如图3-5所示。

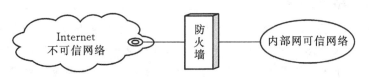

图3-5　防火墙示意图

其中,不可信网络指外部网络或公用网络,即防火墙之外的网络,一般为Internet,默认为风险区域。可信网络指内部网络或私有网络,即防火墙之内的网络,一般为局域网,默认为安全区域。

防火墙能有效地控制内部网络与外部网络之间的访问及数据传输,从而达到保护内部网络的信息不受外部非授权用户的访问和过滤不良信息的目的。按照防火墙对内外来往数据的处理方法,大致可以将防火墙分为包过滤型、代理服务器型两大类。

防火墙是加强网络安全的一种有效手段,它具有强化安全策略、安全检查站以及记录Internet上的活动,检查、筛选、过滤和屏蔽信息流中的有害服务,防止对计算机系统进行蓄意破坏等优势。但防火墙作为一种网络安全技术也有以下三方面的局限:

(1)防火墙不能防范恶意的内部用户。如防火墙无法禁止变节者或内部间谍将敏感数据拷贝到软盘上。如果入侵者已经在防火墙内部,防火墙也是无能为力的。内部用户可以不经过防火墙窃取数据、破坏硬件和软件。

(2)防火墙也不能防范不通过防火墙的连接。防火墙能够有效地防范通过它传输的信息,却不能防范不通过它传输的信息。例如,如果站点允许对防火墙后面的内部系统进行拨号访问,那么防火墙绝对没有办法阻止入侵者进行拨号入侵。

(3)防火墙不能防止传送已感染病毒的软件或文件,不能期望防火墙去对每一个文件进行扫描,查出潜在的病毒。

3. 入侵检测技术

入侵检测技术是主动保护自己免受攻击的一种网络安全技术。作为防火墙的合理补充,入侵检测技术能够帮助系统对付网络攻击,扩展了系统管理员的安全管理能力(包括安全审计、监视、攻击识别和响应),提高了信息安全基础结构的完整性。它从计算机网络系统中的若干关键点收集信息,并分析这些信息。入侵检测被认为是防火墙之后的第二道安全闸门,在不影响网络性能的情况下能对网络进行监测。它可以防止或减少上述的网络威胁。

入侵检测系统(Intrusion Detection System,IDS)可以被定义为对计算机和网络资源的恶意使用行为进行识别和相应处理的系统。其包括识别来自系统外部的入侵行为和来自内部用户的非授权行为,并采取相应的防护手段。

对一个成功的入侵检测系统而言,它不但可使系统管理员时刻了解网络系统(包括程序、文件和硬件设备等)的任何变更,还能为网络安全策略的制定提供指南。更为重要的一点是,它应该管理、配置简单,从而使非专业人员也能非常容易地对网络实施安全保护。入侵检测的规模还应根据网络威胁、系统构造和安全需求的改变而改变。入侵检测系统在发现入侵后,会及时作出响应,包括切断网络连接、记录事件和报警等。

本章小结

本章首先介绍了计算机网络有关内容,其中包括网络基础知识、网络体系结构和Internet有关内容。其次介绍了Web技术、Web数据库和电子支付。电子支付和结算是实现电子商务的基础,电子支付技术主要讲述电子支付的基本知识,简要地介绍了电子支付工具,包括电子现金、信用卡、电子支票、智能卡和电子钱包。最后,介绍了电子商务安全技术,从面临的各种安全问题出发,讨论了电子商务活动的安全需求。在此基础上,概要地介绍了目前用于电子商务活动的一些基本安全保密技术,包括加密技术、认证技术、电子商务安全交易支付协议、反病毒与黑客防范技术。

思考题

1. Internet与Web技术的关系如何?它们主要的技术分别是什么?
2. 在目前状况下,为什么使用XHTML替代HTML进行网页设计?
3. Web数据库一般采用几层体系结构?
4. 简述信用卡支付模式。
5. 电子商务主要面临哪些方面的安全问题?有何安全需求?
6. 试比较SET协议和SSL协议。
7. 目前有哪些病毒及黑客防范技术?

案例分析

中金在线选用AWS云服务平台

福建中金在线网络股份有限公司(以下简称"中金在线",www.cnfol.com)是国内领先的投资者服务平台和权威网络财经媒体。自2003年成立以来,中金在线始终秉承"用户的需求就是我们努力的方向,与投资者一起创造财富"的经营理念,时刻关注投资者的需求,全力打造资讯、互动、数据三位一体的全方位财经服务平台,为投资者提供优质的投资增值服务。

1. 挑战

过去,中金在线一直依托于传统的数据中心构建服务平台,随着业务的快速增长,网站的访问量也急剧增长,特别是在最近两年,移动端的访问量呈爆发式增长,平均每天新增用户数超过百万,这给中金在线带来了前所未有的巨大挑战。

首先遇到的挑战是网络的互联互通问题。传统的数据中心对网络运营商的支持不够稳定,一些通过规模较小的运营商网络接入的用户时常会遇到无法访问网站的情况,对中金在线的付费订阅用户来说,这种情况是无法接受的。

其次是灾难备份问题,如果某台服务器发生故障,就需要维修或者采购新机器,然后重新部署;由于整个流程花费的时间较长,系统运行会受到严重影响。

第三是安全问题,传统数据中心的网络带宽有限,一次小规模的网络攻击就可能耗尽租用的全部带宽,导致系统宕机。此外,时常出现的硬件和网络故障也令中金在线的运维团队疲于应对。

第三章　电子商务的技术基础

在访问量快速增长后,业务平台曾经在一个月内多次出现网络连接或基础硬件故障,客户和业务部门都怨声载道,业务平台迫切需要将业务系统迁移到一个稳定、可靠的IT基础架构平台,给用户提供一个舒心的体验。

2.云服务平台的选择

中金在线之所以选择云服务平台,就是要把专业的事交给专业的人去做,中金在线自己则专注于业务本身。中金在线选择云服务平台最关注三个方面:一是稳定性和可靠性高,二是速度要足够快,三是最关键的,要求售后服务要好、要及时。随后,中金在线对主流的云服务商提供的产品进行了仔细的分析和比较,最终AWS以可靠性、网络能力及技术支持服务等方面的优势和领先地位胜出,成为中金在线首选的云服务平台提供商。

(1)高可靠性:AWS云服务采用多种方式确保应用系统的可靠性和稳定性。作为最基础的云服务,Amazon EC2提供了大小可调的计算容量,用户可以根据自己的实际需求,完全控制所需的计算资源。配合AWS的Auto Scaling功能,用户可以按照事先设定的条件自动扩展Amazon EC2容量,确保所使用的Amazon EC2数量在需求峰值期间实现无缝增长以保持性能,同时也可以在需求平淡期间自动减少Amazon EC2数量以降低成本。此外,Elastic Load Balancing可以在多个Amazon EC2实例之间自动分配应用程序的访问流量,也可以检测出系统中不健康的实例并自动更改路由,将应用的访问流量导向健康的实例。通过不同功能云服务之间的组合,AWS云平台可以确保应用系统的高可靠性和稳定性。

中金在线的移动端产品和信息订阅服务系统迁移到AWS云平台上已经半年多了,无论是淡时还是用户访问的峰值期间,系统运行都非常稳定,不仅提升了用户体验,同时也大幅度减轻了运维团队的工作量。

(2)优异的网络性能:无论是采用传统数据中心方式,还是尝试其他云服务商的产品,网络带宽限制一直是中金在线难以应对的挑战。

随着越来越多的用户从PC端转到移动端,用户的访问习惯和行为也发生了显著的改变,这主要体现在两个方面:其一是要求系统的响应速度达到毫秒级;其二是随时随地访问,这导致出现访问峰值的频度大幅度增加,特别是在股市大涨或大跌的时候,访问量会急剧增加。这就带来了峰值期间的高带宽需求与成本节省之间的矛盾。与传统的IDC和其他云服务商不同,AWS为客户提供了巨大的网络带宽,并且采用了清晰合理的计费模式,用户只需要按照实际使用的带宽付费。这种带宽模式使得中金在线可以为其应用系统配备极高的带宽,确保峰值期间系统的访问速度不受影响,而在淡时也无需为额外的带宽支付费用,从而大幅度地节省成本。

(3)高效及时的服务:用户选择云服务,意味着把自己的IT基础设施完全托付于云服务商,云服务商是否能提供高效及时的技术服务,就成为用户进行选择时的一个重要因素。

AWS根据用户的不同需求,推出了不同层次的AWS Support服务,这是一对一的快速响应渠道,技术支持工程师和有经验的客户服务专业人员全天候提供服务,帮助用户充分利用AWS提供的产品和功能。当客户遇到问题时,可以通过邮件、电话等多种方式,寻求及时的支持服务。所有AWS Support套餐均提供不限次数的支持服务,服务费用为按月支付,无需签订长期合同,用户可以根据自己的需求灵活选择服务类别,从最基础的基本服务到最高级别的Business Support。

例如,有一次是在系统出现问题时,使用 AWS 的 Business Support,在后台提交了一个服务请求,邮件刚发出去,电话铃声就响起来了,电话里传来一个声音:"您好,我是 AWS!"简短的沟通后,问题圆满地解决了,AWS 的支持服务既有速度又有质量!这是中金在线研发中心人员的切身体会。

3. 成效

目前,中金在线的移动端应用和付费的信息订阅服务(简称"中金圈子")已经完全迁移到 AWS 云服务平台上,所采用的 AWS 云服务包括 Amazon EC2、Auto Scaling、Elastic Load Balacing、Amazon S3、Amazon ElastiCache、Amazon RDS 等。系统的迁移非常平稳,从确定方案到系统上线,仅用了 10 天时间。

与早期基于传统数据中心的系统相比,依托 AWS 云平台的新系统在稳定性、可靠性和响应速度等方面都有了极大的提升,同时大幅度降低了固定资产投资(CAPEX)和运营成本(OPEX)。

在传统数据中心模式下,用一台服务器的寿命大约为 5 年来计算,购入一台与 Amazon EC2 c3.4xlarge 机型(16 vCPU,30 GB 内存)配置对应的物理服务器,加上网络和托管费用,核算出 5 年的总费用;如果按这个需求迁移到 AWS 云平台后,中金在线在总费用上可以节省 20%。

使用 AWS 云服务平台也大幅度降低了中金在线的运营成本。过去,中金在线的运维团队工作任务繁重,需要做很多简单、重复的工作,比如服务器的上下架、系统重装、硬件检修等。采用 AWS 云服务平台之后,运维人员可以把主要精力放在研究和部署更好的技术架构和方案上,提升了工作效率,减少了人力投入,运维人员的人力成本节省了 1/3。从业务的角度看,使用 AWS 云服务平台带来的最大好处是用户投诉少了、运维压力小了、新系统的开发、部署效率高了。

目前,中金在线正在计划将更多的应用系统迁移到 AWS 云服务平台上,同时依托 AWS 云服务平台的丰富功能,开发更多的新服务。

资料来源:AWS 案例研究:中金在线[EB/OL] https://aws.amazon.com/cn/solutions/case-studies/cnfol/

第四章 电子商务模式与运作流程

内容提要

本章主要介绍电子商务模式的概念及其分类;电子商务模式的分析和设计方法;电子商务的商业模式、技术模式、管理模式、经营模式和资本模式系统的分析方法;B2C 和 B2B 电子商务通用运作流程及 B2B 电子商务交易流程标准。

第一节 电子商务模式及其分类

一、商务模式与电子商务模式

互联网在中国高速发展近 20 年,至今,离开互联网支持的商业活动已经变得不可思议。各种传统的商业活动与互联网结合后,产生了很多具有示范效应的成功案例的同时,也不乏偏离主业,日渐没落,更有昙花一现的情况。这些问题一直引导从业者和研究人员关注、反思和总结:①个人和企业如何利用因特网获得财富?采用怎样的电子商务模式和策略才能不断取得成功? ②电子商务有哪些基本的模式,这些模式是根据什么体系来分类的? ③如何在基本的电子商务模式基础上创新,创造适合企业自己特殊情况的新型商务模式?

基于这些原因,商务模式值得人们去探索。什么是商务模式,不同时期,不同的专家、学者和企业有不同的看法。下面我们给出几种常用的观点供大家参考。

(1)欧洲学者 Paul Timmers 认为,商务模式是一种关于企业产品流(服务流)、资金流、信息流及其价值创造过程的运作机制,它包括三个要素:①商务参与者的状态及其作用。②企业在商务运作中获得的利益和收入来源。③企业在商务模式中创造和体现的价值。

(2)北卡州立大学杰出教授 Michael Rappa 认为,商务模式就其最基本的意义而言,是指做生意的方法,是一个公司赖以生存的模式——一种能够为企业带来收益的模式。商务模式规定了公司在价值链中的位置,并指导其如何赚钱。

(3)麻省理工学院信息系统研究中心主任 Peter Weill 认为,商务模式是对一个公司的消费者、顾客、结盟公司与供应商之间关系角色的叙述,这种叙述能够辨认主要产品、信息和金钱的流向,以及参与者能获得的主要利益。

(4)美国学者 Allan Afuah 和 Christopher L·Tucci 博士认为,商务模式具体体现了公司现在如何获利,以及在未来长时间内的计划。它可以归结概括为一个系统,这个系统包括价值、规模、收入来源、定价、关联活动、整合运作、各种能力、持久性等部分以及各部分之间的连接环节和系统的"动力机制"。

虽然以上观点有所不同,但都揭示了商务模式的一个本质,即企业获取利润的方式。另外,以上观点都不同程度地指出了商务模式和价值链之间的联系。那么,什么是电子商务模式呢?

所谓电子商务模式,是指在网络环境中基于一定技术基础的商务运作方式和盈利模式。或者说,电子商务模式是通过电子市场反映产品流、服务流、信息流及其价值创造过程的运作机制。实际上,电子商务模式也是一个系统,它包括了上面所说到的各个部分,而且在电子商务模式中更为突出的一点是它利用了互联网的特性来获利。

二、电子商务模式分类

研究和分析电子商务模式的分类体系,有助于挖掘新的电子商务模式,为电子商务模式创新提供途径,也有助于制定企业特定的电子商务采用策略和实施步骤。目前,对电子商务模式认识最广泛的仍然是企业—企业(B2B)、企业—消费者(B2C)、消费者—消费者(C2C)、企业—政府(B2G)和消费者—政府(C2G)这样的分类,以及线下—线上(O2O)、工厂—消费者(F2C)等。还有组合电子商务模式,如 B2C2B、B2B2C 等。显然,这样的分类主要是从参与者的性质方面考虑的,对于企业进行商务模式创新提供借鉴是远远不够的。因此,更细致的分类框架是必要的。基于因特网的电子商务模式还在日新月异、不断创新。从不同角度提出的电子商务模式分类框架可以为商务模式创新提供一个出发点、一个方向或思路(具体的模式创新思路将在第十三章中探讨)。

电子商务模式是网络企业生存和发展的核心,在对商务模式和电子商务模式的概念进行综述的基础上,下面介绍国内外关于电子商务模式的八种分类方法。

(1)基于价值链的分类。Paul Timmers 提出的分类体系是基于价值链的整合,同时也考虑到了商务模式创新程度的高低和功能整合能力的多寡。按照这种体系电子商务模式可以分为电子商店、电子采购、电子商城、电子拍卖、虚拟社区、协作平台、第三方市场、价值链整合商、价值链服务供应商、信息中介、信用服务和其他服务等十一类。

(2)混合分类。Michael Rappa 将电子商务模式分为经纪商、广告商、信息中介商、销售商、制造商、合作附属商务模式、社区服务提供商、内容订阅服务提供商、效用服务提供商等九大类。其中经纪商又可以分为买/卖配送、市场交易、商业贸易社区、购买者集合、经销商、虚拟商城、后中介商、拍卖经纪人、反向拍卖经纪商、分类广告、搜索代理等 11 种;广告商又可以分为个性化门户网站、专门化门户网站、注意力/刺激性营销、免费模式、廉价商店等 5 种。

(3)基于原模式的分类。Peter Weill 认为,电子商务的模式从本质上来说都是属于原模式的一种或者是这些原模式的组合。而他所认为的原模式有以下八种:内容提供者、直接与顾客交易、全面服务提供者、中间商、共享基础设施、价值网整合商、虚拟社区、企业/政府一体化。

(4)基于新旧模式差异的分类。Paul Bambury 从新的商务模式与旧商务模式的差异角度出发,将电子商务模式分为两大类:移植模式和禀赋模式。移植模式是指那些在真实世界当中存在的,并被移植到网络环境中的商务模式。禀赋模式则是在网络环境中特有的、与生俱来的商务模式。

(5)基于控制方的分类。麦肯锡管理咨询公司认为存在三种新兴的电子商务模式,即卖方控制模式、买方控制模式和第三方控制模式。这种分类在一定程度上反映了卖方、买方以及第三方中介在市场交易过程中的相对主导地位,体现了各方对交易的控制程度。

(6)基于 Internet 商务功用的分类。Crystal Dreisbach 和 Staff Writer 按照 Internet 的商务功用,将电子商务模式划分为三类:基于产品销售的商务模式、基于服务销售的商务模式和基于信息交付的商务模式。

(7)基于 B2B 和 B2C 的分类。中国社科院财贸所课题组基于 B2B 和 B2C 模式进行了进一步的分类。按照为消费者提供的服务内容不同将 B2C 模式分为电子经纪、电子直销、电子零售、远程教育、网上预定、网上发行、网上金融等 7 类。将 B2B 模式分为名录模式、B2B 和 B2C 兼营模式、政府采购和公司采购、供应链模式、中介服务模式、拍卖模式、交换模式等 7 类。其中中介服务模式又可以细分为信息中介模式、CA 中介服务、网络服务模式、银行中介服务等 4 种。

(8)基于资源利用方式的分类。主要分为三类,利用自己的资源、利用积累的资源、利用访客的资源。其中利用自己的资源是指企业在传统营销模式的基础上,通过互联网销售产品和服务;利用积累资源是指在互联网上积累某种资源,尤其是数字化的资源,如音频、视频等,向客户提供数字化服务;利用访客资源是指在互联网上建立某种平台,吸引买家和卖家资源,达到为访客提供商业活动的目的。

第二节 电子商务模式分析

一、电子商务模式分析与设计模型

在进行电子商务模式分析时,首先选取研究对象,将研究对象作为案例,然后遵循一定的程序,按照如下的模型(如图 4-1 所示)进行系统分析,给出科学的结论和建议。

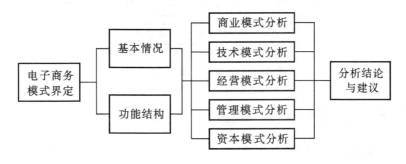

图 4-1 电子商务模式分析模型

1. 电子商务模式界定

分析一个电子商务案例首先要判断其电子商务模式,把握这种电子商务模式的特征和分类,进而理解其对电子商务各利益主体的优势,为进行案例分析奠定基础。

2. 案例基本情况

对案例基本情况的详细了解和汇总是进行电子商务案例分析的基础工作,需要通过现有文献、网络调查、实地考察、实际体验、上市公告、网站浏览、在线讨论列表、公司宣传材料等途径尽可能详细地收集所分析案例的产品、服务、定价、客户、投资、竞争对手等基本情况,并进行汇总整理。

3. 案例功能结构

电子商务案例分析要对案例进行由表及里的系统分析,这就需要对电子商务案例的功能结构进行科学定位,如果可能,可以绘制电子商务功能结构图,以界定电子商务模式中所包含的各个主体(包括相关的电子商务公司、客户、供应商和合作伙伴),把握主要的信息流、资金流和物流特点,明确该电子商务模式对各主体的功能及每个参与方所能获得的利益。

4. 电子商务模式具体分析

在对电子商务案例进行功能结构定位的基础上,对案例的商业模式、技术模式、经营模式、管理模式、资本模式分别进行系统地分析,以掌握电子商务模式的内涵,为进行电子商务项目策划积累经验。

5. 结论与建议

对案例的电子商务模式进行总结,并提出改进商务模式效果的建议,为进行电子商务项目设计提供借鉴。

同样,进行电子商务模式设计时,我们也可以采用类似的模型(如图 4-2 所示)方法进行设计。

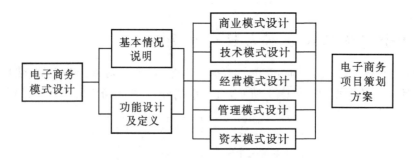

图 4-2 电子商务模式设计模型

二、电子商务的模式及其分析

(一)电子商务的商业模式

电子商务的商业模式是电子商务项目运行的秩序,是指电子商务项目所提供的产品、服务、信息流、收入来源以及各利益主体在电子商务项目运作过程中的关系和作用的组织方式与体系结构。它具体体现了电子商务项目现在如何获利以及在未来长时间内的发展方向规划。

商业模式在现在的市场竞争中已经变得越来越重要。依靠引入和创造新的商业模式来保持持续的变革和创新能力对于企业在快速变化的商业环境中存活并发展是极其重要的。

第四章 电子商务模式与运作流程

可以用九个元素描述一个商业模式：

(1)价值主张(value proposition)：即公司通过其产品和服务能向消费者提供的价值。价值主张确认公司对消费者的实用意义。

(2)消费者目标群体(target customer segments)：即公司所瞄准的消费者群体。这些群体具有某些共性，从而使公司能够针对这些共性创造价值。定义消费者群体的过程也被称为市场划分(market segmentation)。

(3)分销渠道(distribution channels)：即公司用来接触消费者的各种途径。这里阐述了公司如何开拓市场。它涉及公司的市场和分销策略。

(4)客户关系(customer relationships)：即公司同其消费者群体之间所建立的联系。我们所说的客户关系管理(customer relationship management)即与此相关。

(5)价值配置(value configurations)：即资源和活动的配置。

(6)核心能力(core capabilities)：即公司执行其商业模式所需的能力和资格。

(7)合作伙伴网络(partner network)：即公司同其他公司之间为有效提供价值并实现其商业化而形成合作关系网络。这也描述了公司的商业联盟(business alliances)范围。

(8)成本结构(cost structure)：即所使用的工具和方法的货币描述。

(9)收入模型(revenue model)：即公司通过各种收入流(revenue flow)来创造财富的途径。

(二)电子商务的技术模式

在所有的电子商务项目中，都需要合理规划其技术模式。电子商务的技术模式是电子商务系统正常运行和发生意外时能保护系统以及恢复系统的硬件、软件和人员配置系统的重要支撑。电子商务的技术体系主要由以下五个系统组成：

1. 通信系统

通信系统是用来连接公司内不同部门以及供应商、客户、结盟者、政府、第三方服务商等商务活动主体的系统。在通信系统中，计算机通信网络的构建是关键，计算机通信网络是计算机技术和通信技术相结合而形成的一种新通信方式，它将分布在不同地理位置具有独立功能的多台计算机通过有形或无形的介质连接，在网络协议的控制下实现资源共享。其中采用 TCP/IP 通信息协议的 Internet、Intranet、Extranet 构成了以国际互联网为基础的公司内部以及公司之间的通信网络。在具体构建通信网络时可以选择无线公网、虚拟专网、自建专网、有线电视网等网络通信技术，以及覆盖越来越广泛的 WIFI、GPS 技术。

2. 计算机硬件系统

计算机硬件系统是电子商务的重要基础设施，是电子商务技术系统的支撑体系和各种应用软件的重要载体；包括服务器和客户机两个方面的硬件系统。其中服务器是存储文件和其他内容的硬件组合，客户机是使用服务器共享的文件、打印机和其他资源所需的硬件组合。

3. 计算机软件系统

计算机软件系统包括系统软件和应用软件等。

4. 客户支持系统

利用手机 APP 实现客户支持的专用系统。

5. 其他专用系统

其他专用系统是指在电子商务应用中所使用的商品扫描系统、支付刷卡系统、企业资源计划(ERP)、客户关系管理(CRM)、供应链管理(SCM)等专用系统。

从电子商务的应用层次上来划分电子商务的技术体系,相应的模式中包括以计算机网络、电信网络、有线电视网络为主的电子商务网络平台技术;以基本的安全技术以及 CA(认证中心)为主的电子商务安全技术;以电子货币、信用卡、智能卡为主的电子商务支付技术;以网上购物、网上银行、电子订货、电子市场等为主的电子商务应用系统技术。

(三)电子商务的经营模式

电子商务的经营模式是公司面向供应链,以市场的观点对整个商务活动进行规划、设计和实施的整体结构。

企业电子商务系统的经营模式如图 4-3 所示。建立在 Extranet 基础上的供应链管理(SCM,supply chain management)和客户关系管理(CRM,customer relationship management)是企业电子商务的具体运用。以 Internet 为支撑体系的企业资源计划(ERP,enterprise resource planning)是企业电子商务的基础和具体运用。SCM、CRM、ERP 三者得以使企业所有的商务活动协调完成,为企业开展 B2B 或 B2C 电子商务奠定了基础;而通过建立在 Intranet 基础上的业务流程重组(BPR,business process reengineering),连续不断地对企业原有的业务流程进行根本性的思考和管理创新,它是应用 SCM、CRM 和 ERP 的基础组织保证。

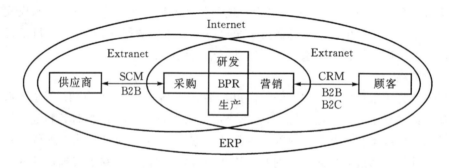

图 4-3 电子商务经营模式的结构模型

(四)电子商务的管理模式

电子商务的管理模式是从组织上提供的为保证系统正常运行和发生意外时能保护系统、恢复系统的法律、标准、规章、制度、机构、人员和信息系统等结构体系,它能对系统的运行进行跟踪监测、反馈控制、预测和决策。

基于电子商务的企业管理模式的核心内涵是利用电子平台进行供应链和顾客服务的管理;利用电子工具实现企业内外信息交换和处理的需要;利用信息管理工具不断提升企业的收入和降低经营成本;利用电子货币管理企业财务,这就是通常意义上的基于电子商务的企业管理。与传统企业的管理模式相比,在信息技术的有力支持下,现代企业内部的管理模式呈现的将是一种新型的理念。

第四章 电子商务模式与运作流程

1. 以市场和服务为取向强调企业流程重组的管理思想

网络经济下企业的重心将由单纯的产品和生产转向市场和服务并重。立足于这一经营目标,企业强调从业务流程着手,提出了精简流程以及提高组织机构灵活性的企业流程重组(BPR)思想。网络经济引发了信息革命,而信息革命使得市场竞争日益加剧,几乎所有行业的市场都已经成为买方市场。在这种环境下,企业生存发展的关键是利用互联网技术,以最高的效率最大限度地满足市场的需求。利用先进的信息技术,建立一个收集、分析和利用各种方式获得的客户信息的系统,准确了解、正确分析企业客户的需求,为企业客户及时提供个性化的服务,从而在最大范围内抓住客户。BPR 就是面对变幻莫测的市场环境而提出的,利用互联网络的广泛性和信息技术的速效性来实现的。它从根本上重新分析企业生产、经济管理的职能与过程,简化和省略重复性、非增值性过程。由于信息技术大大减少了对信息的获取、解析及作出反应所受的时间与空间的限制,许多原先需要多次人工处理的繁杂业务在计算机的实时处理下实现了简单化和效率化。同时,在网络营销中,企业可借助信息技术获取各个客户的不同需要,从而为客户提供不同的产品和服务。企业在根据获得的外部环境变化信息及时调整自己的发展战略的同时,内部也在采用灵活多变的管理策略。这种流程精简、组织机构具有高度灵活性的 BPR 使企业成功地实现了以市场为目标的定位,极大地节省了开支,优化了资源配置,加强了企业的应变能力,使企业的生产、经营管理能力和水平得到一个全面的提高。

2. 扁平化的易于重构的柔性组织结构

网络经济下,企业将从上下级之间实行命令和控制转向以知识型专家为主的信息型组织。企业的组织结构则由"金字塔"型趋向于易于重构的扁平柔性结构。信息的平等享有,使全世界企业的竞争趋向于合理化,也促使企业内部管理越来越优化。企业结构的"扁平化"是企业从全球竞争势态出发并以最新技术为后盾而实现的一种低成本、高效率、重人性而又能实现"非批量"的规模经济优势的新体制。由于互联网技术广泛应用,企业改变了传统企业的业务流程,减少了中间环节,增加了决策层和企业基础部门的充分沟通,使得生产者和消费者直接沟通成为了可能。企业的组织结构是由一些最基本的功能单元按产品生产的需要临时组合起来,能随时根据产品品种、规格、产量的变化而变化。在组织中,原来起上传下达重要作用的中层组织逐渐消失,高层决策者可以与基层执行者直接联系,直接面对市场与顾客。基层执行者可以实现与高层决策者的直接沟通并具有一定的决策自主权。因而企业中的每个个体,可以和周围的个体实现自组织、自协调、自融合,本身具有了自我协调的功能。这样的企业就可以以其独有的本身的柔性实现对环境变化的敏捷性,以极快的速度推出市场所需要的新产品,这是任何一家传统企业所无法实现的。同时,由于以电子流代替实物流,克服了资源在空间和时间上的局限性,保持了分散资源和知识的优势和灵活性,实现了企业对资源的最佳配置。

3. 业务过程日益集成化的运作模式

与传统企业的运作过程相比,企业的有形作业将逐步被无形的数字化作业模式所取代,业务过程将实现从生产领域到流通领域一步到位的集成。电子商务的最大优势就是利用 Internet 技术改变传统企业纷繁复杂的业务流程,提高时间和空间的效率。借助于 Internet,电子商务将各个企业的信息化孤岛连接在一起,建立起一种跨企业(甚至是虚拟企业)

的协作,从而把过去分离的业务过程集成起来,覆盖了从供应商到客户的全部过程。其包括原材料供应商、外协加工、销售分销与运输、批发商、零售商、仓储和客户服务等,使生产领域与流通领域之间建立起一步到位的全业务过程。由于网上购物和在线销售的出现以及网上交易的实现,商店、银行虚拟化,商务事务处理信息化,整个市场剩下的就只有负责实物物流处理工作的物流公司。此时,一部分商品的流通不再遵循传统商品的购进、储存、运销的业务流程运转,而将由物流公司代表所有生产企业及供应商对用户进行实物供应。网络经济时代的企业对未来物流业提出了更严格的要求。以信息化、柔性化、智能化的现代物流业为依托,强调企业之间协作的企业形式将成为未来企业生存发展的模式。

4. 强调知识性管理的人力资源管理

网络经济下,企业组织由生产经营型向信息型转变的过程中,组织发展的战略资源也相应由生产资料等物质资料转向了知识、技术和能力等人力资源。具有技术创新能力的人力资源是企业最宝贵的财富。与此同时,扁平化、网络化管理替代传统的层级结构管理的趋势也打破了原有管理者武断、独裁的领导地位,员工不再是工具和成本,而是合作者和资本,共赢的模式成为主流,管理者为中心变成了以员工为中心。在信息技术作为这一时代企业构筑新的竞争优势的有力武器的条件下,如何充分利用员工的聪明才智,创造性地开发和利用信息技术对企业的信息资源进行有效的管理,已成为企业新经济增长点的源泉,因此企业人力资源管理推崇的是知识性管理。此时的企业旨在建立一种激励员工充分发挥自我实现、自我学习、自我提高的企业文化。企业的管理与领导强调从员工的尊重需要与自我实现需要出发,在考虑员工的共同意愿的基础上,注重为员工创造价值取向的机会和动力,使每个员工都能发挥出主动性与创造性,都有取得卓越成就和为企业作出贡献的机会。这种自我实现的内在情感又驱使着员工有不断学习不断提高的意愿。由于个人被尊重,知识转化为资本,效率得到了提高,企业则更富有竞争力。

5. 以信息为指导的全球网络供应链管理

电子商务的出现赋予了供应链管理更具有时代特征的新内容。在开放的 Internet 环境下,企业内以商品为指导的传统内部供应链管理延伸和发展为以信息为指导的面向全行业的,多个企业协作经营,环环相扣的动态联盟的全球网络供应链管理。网络经济下的供应链管理的运作过程应当是这样的:首先捕捉全球的需求信息,明确客户需求的内容,及时作出确定的交货承诺;然后,在整条供应链上综观供货、需求和库存信息,加速计划周期,自动执行计划,同时使供货商和客户可以得到计划信息;最后,从原材料供应商处以最低价格采购高质量的原材料和服务,然后用最有效的流程制造出符合客户需求的产品。这种以信息为纽带,贯穿于企业之间的供应链管理可将全行业中的商品需求、商品流通和商品生产有机地联系在一起,不仅能实现库存数量、存货地点、订货计划、配送运输几个方面的最佳选择,优化企业经营者的利益,而且能够在准确的时间、准确的地点,以恰当的价格和便捷的方式将商品送达到消费者手中,最大地体现消费者主权。与此同时,网络供应链改变了传统供应链的运行方向,把本来由制造商和供应商所掌握的推动力直接转交给最终消费者。在传统供应链中,供应商是将货物沿着供应链向最终用户的方向"推动"。这样的系统需要在仓库里储存货物,这无疑将产生资金的占压及增加保管等费用的支出。而电子供应链主张的是及时生产顾客所需的产品,而不需在仓储上耗费巨资,实现真正意义上的"零库存"。由此可见,借助于电子商务技术的供应链管理,在全球范围内产、供、销、备等环节建立起了多极化的产销联通体系,降低了流通成本,真正将"时滞"变为"实时",提高了时间效率。

(五)电子商务的资本模式

电子商务的资本模式是指从电子商务资本的进入、运作到退出的整个结构。公司电子商务的资本模式主要有风险投资型的资本模式和传统投资型的资本模式两种。

1. 风险投资型资本模式

风险投资是由职业金融家的风险投资公司、跨国公司或投资银行所设立的风险投资基金投入到新兴的、迅速发展的、有巨大竞争潜力的企业中的一种权益资本。在这种投资方式下,投资人为融资人提供长期股权投资和增值服务,培育企业快速成长,数年后再通过上市、兼并或其他股权转让方式撤出投资,取得高额投资回报。

2. 传统投资型电子商务资本模式

传统投资型电子商务资本模式是指传统企业通过各种形式进入电子商务领域,将资本引入电子商务公司或互联网服务公司。

3. 股权融资型电子商务资本模式

企业上市后,采用股权融资的方式,向企业提供较为充足的发展资金。

一般来讲,自筹资金发生在企业初创期,一般由企业发起者自主投资,奠定电子商务企业基础;在快速上升阶段,需要风险投资的介入,支撑企业的高速发展,风险投资助力电子商务企业成长;在稳定发展阶段,可以采上市股权融资方式,加速企业成熟。

第三节 电子商务运作流程

电子商务运作流程可以从消费者或从销售商两个方面考虑。从消费者来看,贸易活动指出了一个采购者在购买一个产品或服务时所发生的一系列的活动。从销售商来说,贸易模式定义了订货管理的循环,指出了系统内为了完成消费者的订单所采取的一切措施。

一、电子商务运作过程中的"四流"

电子商务的应用是信息流、商流、资金流和物流的整合。其中,信息流最为重要,它对整个流程起着监控作用,而物流、资金流则是实现电子商务的保证,商流代表着货物所有权的转移,标志着交易的达成。四流的基本功能如图4-4所描述。

图4-4中,信息流是信息通过计算机和网络通信设备的转移过程;商品在购、销之间进行交易和所有权转移的过程称为商流;资金流即资金的转移过程;物流就是物质实体(商品或服务)的流动过程,其中的数字产品可以通过网络配送。

二、电子商务交易的基本运作流程

(一)通用运作流程阶段划分

1. 交易前的准备

这一阶段主要是指买卖双方和参加交易各方在签约前的准备活动,包括以下两方面。

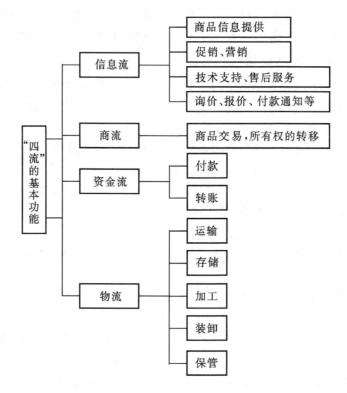

图 4-4 "四流"的基本功能

(1)买方根据自己要买的商品,准备购货款,制订购货计划,进行货源市场调查和市场分析,反复进行市场查询,了解各个卖方国家的贸易政策,反复修改购货计划和进货计划,确定和审批购货计划。再按计划确定购买商品的种类、数量、规格、价格、购货地点和交易方式等,尤其要利用 Internet 和各种电子商务网络寻找自己满意的商品和商家。

(2)卖方利用 Internet 和各种电子商务网络发布商品广告,寻求贸易伙伴和贸易机会,扩大贸易范围和商品所占市场的份额。其他参加交易各方有中介方、银行金融机构、信用卡公司、海关系统、商检系统、保险公司、税务系统、运输公司,也都为进行电子商务交易作好准备。在电子商务系统中,信息的交流通常都是通过双方的网址和主页来完成的。这种信息的沟通方式无论从效率上,还是从时间上都是传统方法无法比拟的。

2. 交易磋商

在商品的供需双方都了解到了有关商品的供需信息后,具体商品交易磋商过程就开始了。在传统的工业化社会中,贸易磋商过程往往都是贸易单证的传递过程。这些单证均反映了商品交易双方的价格意向、营销策略、管理要求及详细的商品供需信息。在传统的技术条件下,传真和邮寄是重要贸易文件传递的主要途径。而在网络化环境下就不同了,整个商贸磋商的过程可以在网络和系统的支持下完成。原来商贸磋商中的单证交换过程,在电子商务中演变为记录、文件或报文的网络信息传递过程。各种各样的电子商务系统和专用数据交换协议自动地保证了网络信息传递的准确性和安全可靠性。

电子商务的特点是可以签订电子商务贸易合同,交易双方可以利用现代电子通信设备

第四章 电子商务模式与运作流程

和通信方法,经过认真谈判和磋商后,将双方在交易中的权利、所承担的义务、对所购买商品的种类、数量、价格、交货地点、交货期、交易方式和运输方式、违约和索赔等合同条款,全部以电子交易合同的形式做出全面详细的规定。合同双方可以利用电子数据交换(EDI)进行签约,可通过数字签名等方式签名。这样就进入到了下一阶段的运作流程。

3. 签订合同与办理手续

传统的技术环境中,贸易磋商过程都是通过口头协议来完成的。磋商过程完成后,为了以法律文件的形式确定磋商结果以监督双方的执行,双方必须要以书面形式签订商贸合同。在网络化环境下的电子商贸系统中书面合同就失去了它传统的功效。因为,网络协议和应用系统自身已经保证了所有贸易磋商日志文件的准确性和安全可靠性。故双方都可以通过磋商日志或文件来约束商贸行为和执行磋商结果。同时,第三方在授权的情况下可以通过它们来仲裁执行过程中所产生的纠纷。

买卖双方签订合同后到合同开始履行之前还需办理各种手续,也是双方贸易前的交易准备过程。交易主要涉及的有关各方,以及可能要涉及的中介方、银行金融机构、信用卡公司、海关系统、商检系统、保险公司、税务系统、运输公司等,买卖双方要利用 EDI 与有关各方进行各种电子票据和电子单证的交换,直到办理完可以将所购商品从卖方按合同规定开始向买方发货的一切手续为止。

4. 合同的履行和支付过程

这一阶段是从买卖双方办完所有各种手续之后开始。卖方要备货、组织货源,同时进行报关、保险、取证等。买方将所购商品交付给运输公司包装、起运、发货,买卖双方可以通过电子商务服务器跟踪发出的货物,银行和金融机构也按照合同,处理双方收付款、进行结算、出具相应的银行单据等,直到买方收到自己所购商品,完成整个交易过程。

电子支付的类型按电子支付指令发起方式分为:①第三方转账支付,此类模式基本上为,用户和卖家在同一个支付平台上,买家通过平台在各个银行的接口,将购买货物的货款转账到平台的账户上,平台系统在收到银行到款通知后,将信息发送给卖家,卖家在收到平台发送的确认信息后,按照买家的地址发货,买家确认货物后发送信息到平台,平台将买家的货款再转入卖家的账户;②通过网上银行直接转账,用户可以通过自己所拥有的借记卡、信用卡的银行,申请网上支付,从而可以直接使用网络银行。

(二)B2C 电子商务运作流程

B2C 电子商务运作主要由企业发起,向客户提供相关的电子商务功能。其功能一般包括:客户管理子系统、商品管理子系统、订单管理子系统、付款管理子系统以及统计子系统等。

各子系统运作流程如下:

(1)后台管理流程(如图 4-5 所示)。

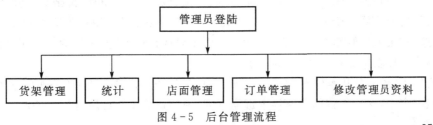

图 4-5 后台管理流程

(2)客户购物流程(如图4-6所示)。

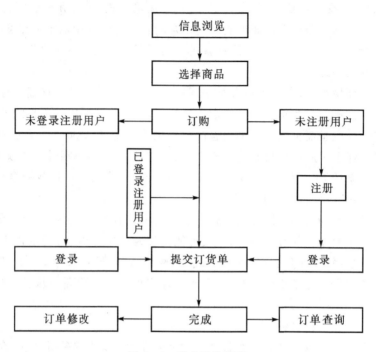

图4-6 客户购物流程

(3)客户管理流程。会员客户需要顾客申请加入,加入后客户不必在下订单时进行必要资料的填写。操作流程如图4-7所示。

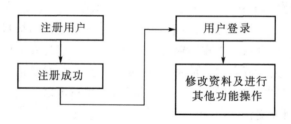

图4-7 客户管理流程

(4)商品子系统(前台)。商品管理系统包括了商品的搜索和购物车,还有商品的分类。

①商品搜索:为了方便客户,客户可以根据各种条件进行商品检索,条件包括名称、用途、价格范围等。由用户输入具体组合查询条件或者只是一个模糊条件,系统检索数据库把符合条件的记录检索出来,内容包括商品名称、单位、包装、商品图片、价格等,同时每种搜索出来的商品后面都跟一个链接,即"装入购物车"或"直接订货",用户如需要再看其他的商品,则可选择"装入购物车",如果想直接购买,则可以选择点击"直接订货",从而直接进入付款管理模块。该功能流程如图4-8所示。

②购物车:用户使用购物车的功能与现实中在超市购物一样,即用户满意一件商品就把它放到购物车中,这样他在网上商场中逛完一圈,他便选购了自己所有需要的商品。该网站

第四章　电子商务模式与运作流程

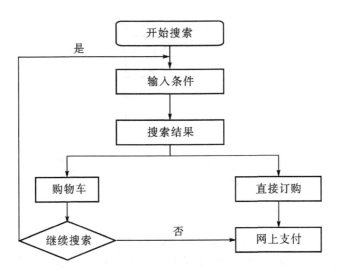

图 4-8　商品搜索流程

提供的购物车功能与此一样,用户可以在网上商店中把自己看到的觉得合适的商品都放到购物车中,看完后,用户还可以检验购物车中的商品,看到商品的所有信息,用户此时还可以再作取舍,完全满意后进行支付。该功能流程如图 4-9 所示。

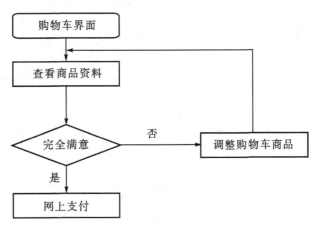

图 4-9　购物车功能流程

③商品分类:用户可以通过该模块整体了解该网站的商品种类,如果用户想了解不同厂商的同种商品,使用该模块可以迅速地得到比较,该模块类似于目录树,用户可以一层一层地深入,直到最后一层,商品的所有信息都会展现出来。最后用户可以选择加进购物车或直接支付。功能流程如图 4-10 所示。

(5)订单管理子系统(前台)。用户在网上支付后,系统会生成一个流水号和一个密码,每一笔交易会产生一个流水号和一个密码(未注册用户需牢记)。用户凭借此流水号和密码在订单查询界面查询该笔订单目前的状态(如正在受理、已发货、已收货等),注册用户也可以根据用户名称查询该用户所有的订单状态。

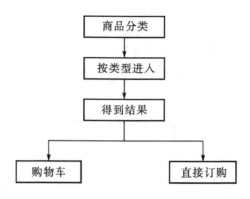

图 4-10 商品分类流程

(6)商品管理(后台)。商品管理是管理商品流动以及商品在商店的存储。商品的流动处理过程严格的遵照实际的流程,并且提供友好的操作界面,让商家管理人员无需担心费力管理数量庞大的商品流动和存储。管理系统功能需要商品的增、删、改等管理功能,能够实现价格的变动及商品种类、促销与否的更改。流程图如图 4-11 所示。

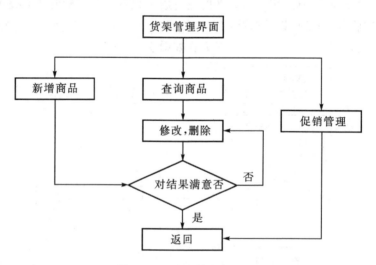

图 4-11 商品管理流程图

(7)订单管理(后台)。订单管理就是管理顾客的订购信息。它对用户的订购行为作记录并根据需要在服务器上状态保存。订单管理在用户完成订购行为时反馈给用户进行进一步确认。后台管理界面需要进行审核订单,确认并通知发货,记录收货功能。该功能流程如图 4-12 所示。

(8)付款管理。付款管理主要是管理公司的付费方式,包括通过银行卡来完成的电子支付,或者是按照已有确定的购买协议通过常规付费办法来完成。

(9)统计子模块。每个公司的电子商务的成功开展,离不开统计数据的分析,统计子模块主要提供了对商品、订单、顾客情况等作统计的多方面统计数据,同时可以按照要求输出。

所有的管理工具准备都是基于 Web 的。在客户机上面管理员只需要一个浏览器就能

第四章　电子商务模式与运作流程

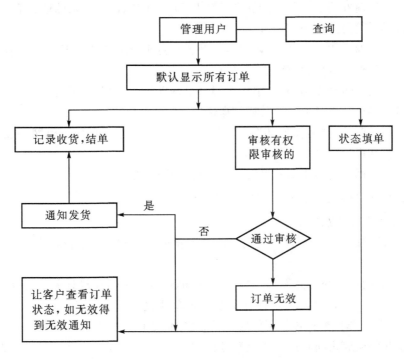

图 4-12　订单管理流程

完全实现标准的管理工作。管理工具包括信息的更新、新建、删除、查询等,还有管理员权限的设置等。

(三) B2B 电子商务交易流程

(1) B2B 交易通常由商业客户、销售商、运输商、供货商、支付网关和银行共同参与完成交易活动。其中:

① 商业客户:B2B 的一方,即为电子交易的购买商家。

② 销售商:B2B 的另一方,即为电子交易的销售商家。

③ 运输商:运送货物的商家,即物流配送必不可少的一环。

④ 供货商:生产产品的企业。

⑤ 支付网关(payment gateway):连接银行内部专用网络与 Internet 的一组服务器,其主要作用是完成两者之间的通信、协议转换和进行数据加密、解密,以保护银行内部的安全。

⑥ 银行:即网上银行。

(2) B2B 的大致交易流程为以下八个步骤:

第一步,商业客户向销售商订货。首先要发出"用户订单",该订单应包括产品名称、数量等一系列有关产品问题。

第二步,销售商收到"用户订单"后,根据"用户订单"的要求向供货商查询该产品情况,发出"订单查询"。

第三步,供货商在收到并审核完"订单查询"后,给销售商返回"订单查询"的回答。基本上是有无货物等情况。

第四步,销售商在确认供货商能够满足商业客户"用户订单"要求的情况下,向运输商发出有关货物运输情况的"运输查询"。

第五步,运输商在收到"运输查询"后,给销售商返回运输查询的回答。如:有无能力完成运输,及有关运输的日期、线路、方式等要求。

第六步,在确认运输无问题后,销售商即刻给商业客户的"用户订单"一个满意的回答,同时要给供货商发出"发货通知",并通知运输商运输。

第七步,运输商接到"运输通知"后开始发货。接着商业客户向支付网关发出"付款通知"。支付网关和银行结算票据等。

第八步,支付网关向销售商发出交易成功的"转账通知"。

(四)B2B电子商务交易流程标准简介

1. 电子商务数据交换标准

实现真正的B2B商务,不仅涉及企业间的数据交换,更要涉及企业间业务流程的相互操作。

以一个简单的订单交易为例,其中包括了定单内容的传递和对订单的处理。前者属于数据交换,后者属于流程交易。当买方企业把定单用基于XML(Extensible Markup Language扩展标记语言)的格式传给了供应商,那么它们之间就完成了订单的数据交换。接下来,买方企业和供应商之间对订单的应答过程构成了订单的流程交易。对于买方企业系统来说,它对订单事件的处理流程可能是这样的:如果订单被承诺,它将采取某种措施;如果订单被拒绝,它将采取另外的措施。买方企业系统里,订单被承诺的形式,可以定义为供应商的确认回复,或者是供应商一定时间段内的不回复(这时系统表示默认)。如果供应商对订单的处理流程跟买方企业的一样,那么流程对话完成,交易实现。然而,事实上,大部分企业间的流程规定是不一样的。如果供应商的系统中约定一段时间内的不回复表示拒绝,显然,这笔交易肯定不能做成功。在这种情况下,买方企业与供应商之间为了实现交易,就必须彼此沟通,通过利益均衡,定出一个折中的可行的标准接口流程。

在互联网时代,企业所面对的客户和供应商已经不再仅仅局限于本地有限的几个,而是散布在世界各地的数目可观的一批。如果说原来企业间交易可以通过专门开发的接口,那么面对数量众多的异构商务平台,在实时性要求相当苛刻的现在,专用接口已经不能胜任,建立一个基于XML数据交换标准的、描述企业间商务流程交易的标准框架体系已经成为必需。

从当前市场应用情况来看,交换标准基本上分为两层:底层的数据交换标准和高层的面向流程的标准。

XML是至今为止用来作数据交换比较有效的语言之一。在数据交换层上,只要应用基于XML的标准数据格式,基本上就可以实现无障碍通讯。

2. 电子商务流程交易标准

相对于数据交换的标准来说,流程交易标准的制定就困难许多。一涉及流程就联系到企业管理和企业文化等具有惯性的东西,因此只能在同类行业中,通过利益驱动来加以规范。

目前,注重流程的标准大致分为两类,一类来源于由多家企业自发组成的非营利性行业

第四章 电子商务模式与运作流程

标准化组织,如 RosettaNet、CommerceNet 等;另一类来源于电子商务及解决方案供应商,如 CommerceOne、Ariba 等。

由非营利组织提供的标准,是成员企业行业特性的提升,代表成员企业的公共利益。RosettaNet 标准目前主要覆盖信息技术、电子元件和半导体制造行业,因此,也就与涉及教育、培训的 CommerceNet 没有冲突。

供应商提供的标准与标准化组织提供的标准在行业上有一定的交叉。但是,由于标准不是凭空而是依赖于大量的实际业务产生的,因此,这两类标准在对相同业务的描述上不会有太大的相左。同时,由于标准都具有开放性,所以相互的切入也是可能的。当然,这两类标准肯定存在竞争,至于谁占优势,就要由市场来定夺了。

RosettaNet 电子商务流程标准,是一个面向业务的一组协议,通过为电子商务制定全球性语言,企业可以克服在 Internet 上经营业务的障碍,其目的是定义和实现企业间电子商务业务流程的标准。RosettaNet 定义多达 100 个电子商务业务流程处理过程,并对其进行标准化。RosettaNet 受到所有或大多数 IT 行业的主要公司的支持。

RosettaNet 主要由四部分组成:

商业过程建模(business process modeling):总结一般的商业过程并对过程进行定义。

商业过程分析(business process analysis):分析过程并定义一个该过程拟达到的目标。

PIP 开发(partner interface processes development):旨在通过为各贸易合作伙伴指定业务文档的结构和格式、活动、操作及角色来封装业务流程。

字典(dictionaries):提供一个公共词汇表,指导电子商务之用,避免在贸易合作伙伴之中造成了许多混淆。由两个数据字典组成,一个技术特性的字典和一个商业特性的字典。

RosettaNet 拥有 40 多个成员,包括微软、Netscape、3Com、美国东芝、康柏、CompUSA、Hewlett-Packard、IBM、Intel 等。

本章小结

本章主要讨论了电子商务模式及其分类、电子商务模式分析和电子商务运作流程等内容。通过讨论我们得知,采用系统的电子商务模式的分析方法,可以有效地分析电子商务案例,在总结的基础上,进行电子商务模式设计,从而为设计电子商务项目奠定基础;电子商务运作流程需要标准化,在数据交换层面,主要采用 XML 标准,在业务流程方面,可以采用 RosettaNet 标准。

思考题

1. 分析 ALIBABA、美团、百度、京东、万方数据的电子商务模式。
2. 电子商务的管理模式对传统企业管理模式变革提出了哪些要求?
3. 苏宁基于 RosettaNet 标准,建立订单、发货、入库和销售汇总的数据处理流程。这意味着中国家电和消费电子类产品的供应链管理已经从上游厂商的制造环节,延伸到零售渠道环节。CommerceOne 是第三方收费流程标准和系统,你认为 CommerceOne 和 RosettaNet 标准的应用前景如何?

 案例分析

戴尔公司与国美电器的合作

2007年9月24日,PC业与流通业发生了一件具有标志性意义的事件。戴尔公司宣布结盟国内最大消费电子零售商国美电器作为其中国唯一零售合作伙伴,今后将通过国美庞大的流通网络销售最新的PC等消费电子产品。国美由此成为中国涵盖PC品牌线最全的连锁商,这意味着中国最大PC零供平台已经诞生,以国美为代表的大型消费电子连锁将成为PC销售主形态,中国PC产业现有流通竞争格局将被彻底改写。

国美三大亮点吸住戴尔

为什么戴尔在中国唯独选择了国美作为其零售合作伙伴?这主要是戴尔看中了国美以下三点:全国最大的流通网络、最先进的信息化建设以及领先快捷的信息服务平台。

随着中国消费电子市场由卖方进入买方,整个消费电子制造业亟须吞吐力极强的大流通来消化巨量库存以提高产品及资金的周转速度,而消费者也需要一个能提供多样化产品的体验和选购平台。国美正是在这一产业环境下迅速裂变为中国最大家电连锁企业的。短短几年,国美在全国各地撒下一张千家门店的巨大流通网。目前这张网所涵盖的产品越来越多,日益家电化的PC也迫切需要借助全国性的零售网络走进消费者的家庭。目前国美的电脑业务每年都以100%的速度递增,日渐成为当前最具影响力的PC流通渠道。戴尔与国美合作之后,将借助国美上千家网络覆盖全国,这是令其他流通商望尘莫及的。

戴尔通过"虚拟整合"理念和ERP系统打造了世界最领先的信息平台,戴尔选择合作伙伴有一个标准,那就是对方的信息化平台必须能和自身信息链高效对接,这也是戴尔唯一选择国美作为中国零售合作伙伴的一个重要原因。目前国美已经建立起高效的超导信息链,国美信息系统运营部门从4个增加到8个,新国美集团49个一级分部,181个二级分部,1000多家门店全部统一使用一套ERP系统实现总部集中管理,B2B平台、Web商务平台以及Rosettanet商务平台的建设大大增强了国美信息化水平。2007年上半年,国美推动海尔、索尼、松下等350家大中型核心供应商与自己的ERP系统实现无缝对接,成为国内信息化建设最领先的零售商,这种健全、高效的信息化系统为与戴尔实现对接奠定了基础。

除了后台信息化建设,国美还采用建造大型呼叫服务中心和产业服务升级的方式来多维捕获终端消费需求。国美电器耗资1000万在北京建成拥有500个席位的全国家电零售业最大的呼叫中心,它将为全国220多个城市的消费者构建起最先进消费需求导航系统。除此之外,国美还将产业长期遵守的"三包服务"升级为"诚久保障",不断满足消费者的真实需求。国美的整合式无缝服务就像一个敏感度极高的雷达,准确地收集终端需求信息,并将终端信息传递给戴尔等制造商,让制造商的整个供应链条获得了准确的运营导向,这也正是其他零售企业所做不到的。

PC流通业将大"变天"

戴尔与国美的战略合作不是一次简单的厂商联姻,对中国PC市场而言,它具有很强的先导意义,这一PC零供平台如同一个震源,它将从多个角度对整个产业链产生深度影响。两者的联姻将会开创戴尔、国美、消费者与产业"四赢"的格局。

对戴尔而言,国美庞大的流通能力无疑为自身打开了通往中国市场的最大一扇窗,同时

第四章　电子商务模式与运作流程

通过国美的信息窗口，将更加快捷、准确地获取终端信息，保证每一款产品都是"按需定制"的即存订单，这样戴尔的运营将真正实现本土化。而对国美而言，戴尔的结盟使其成为涵盖PC品牌线最全的消费电子流通商，并且还将有效提升国美渠道的产品竞争力。戴尔独特的数字生活体验以及个性化的产品将为国美带来更多的消费者，更加巩固了国美的中国家电连锁"头等舱"的产业位置。并且，随着全球PC厂商的资源倾斜，国美将快速成为中国PC最大零售渠道。

"物美价廉、服务领先"一直是国美的核心竞争优势，同样，戴尔也是以"个性定制化"的服务和"同样配置价格更低"的优势而深入人心，此次两者的结合将有效发挥规模效应和协同效应，给消费者带来更加丰富的产品体验和意想不到的优惠价格。所以，这一最大PC零供平台可能引发"鲶鱼效应"，牵引整个PC产业链向消费导向转移，立足消费需求研发体验性强的高品质产品，开创消费者的品质生活。

"国美＋戴尔"给产业带来的最大意义是竞争模式的转变，长久以来，中国PC产业在供不应求的美梦中形成了以价格和规模主导的由制造端到消费端单向传递的商业模式，而"国美＋戴尔"的出现从根本上变革了这种竞争模式，它构建了以消费需求为导向的由消费到流通再到制造，继而再将制造信息经过流通端口回流到消费者的闭环式新商业模式，这种再造型的供需链条对中国PC产业的变革是一种新的启蒙。

资料来源：李建伟. 国美、戴尔搭建中国最大PC零供平台[EB/OL]. http://news.ea3w.com/2007/0926/110872.shtml.

第五章
电子商务战略管理

 内容提要

本章第一节对战略管理进行简要概述;第二节介绍企业电子商务战略管理,包括:电子商务技术战略、虚拟市场开拓战略、网络营销战略、电子商务物流战略、电子商务安全战略、电子商务人才战略;第三节介绍战略管理的协调,包括企业电子商务战略分别与核心能力、与组织结构和其他企业项目、与企业文化的价值取向、与相关因素的协调。

第一节 战略管理概述

一、企业战略的基本概念

"战略"一词来自希腊语"Strategos",含义是"将军",词义是指通过有效利用资源来规避敌人造成的破坏。现代意义上的战略是指决定全局的策略,是在明确原则的前提下进行的系统性思考,以确定方向和目标,同时注重多个行动的连贯和协调,以达到全面解决问题的目标。策略是指根据形势发展而制定的行动方针和方法,是在原则指导下的具体手段,考虑本身可行性与时间要求,以明确解决具体的问题。由此可见,战略与策略主要是目的与手段的关系。一般而言,先有战略,后有策略,策略必须服从和服务于战略。例如,企业为达到某一个战略目标,在人力资源、产品销售等方面采取的措施和办法,一般就称为人力资源策略、销售策略等。

"战略"一词与企业的管理经营联系在一起,并且得到广泛应用的时间并不长。企业战略这一词语是从 1965 年美国经济学家安索夫(H. I. Ansoff)著的《企业战略论》一书问世后才开始被广泛地应用在经济学领域。但是目前国内外的专家学者对什么是企业战略还持有不同的见解。安索夫认为企业战略主要是关心企业外部胜于企业内部,特别是关系到企业生产的产品构成和销售市场、增长向量、竞争优势、协同作用,决定企业干什么事业,以及是否要干。我国的战略管理专家刘冀生将企业战略定义为:企业战略是企业根据其外部环境及企业内部资源和能力状况,为求得企业生存和长期稳定的发展,为不断地获得新的竞争优势,对企业发展目标、达成目标的途径和手段的总体谋划。美国当代最具知名度的管理大师彼得·德鲁克认为,企业战略应回答两个问题:我们的企业是什么?它应该是什么?可见,企业战略是在充分认识企业内外部条件的基础上,为谋求企业的健康稳定发展而进行的企业长远发展目标规划。企业战略关系到企业未来的发展方向、发展道路和发展行动。

企业战略是一种以变革为实质的概念,当今的企业所处的环境在激烈地变化,企业面临

第五章 电子商务战略管理

着严峻的挑战,企业要想在这样的环境中生存和发展,就必须不断革新,寻求发展未来事业的机会,选择通向未来的经营途径。

企业战略具有以下的特点:

1. 全局性

企业战略立足于未来,以企业全局为对象,依据企业总体发展的需要而制定,它规定企业的总体行动,追求企业的总体效果。通过对国际、国内的政治、经济、文化及行业等经营环境的深入分析,结合自身资源,站在系统管理的高度,对企业的长远发展进行全面规划。企业战略要符合全球的、本国的、行业的以及本企业的发展趋势,因而在制定企业战略时就必须具有全局性的观念。战略管理必须保证能够实现组织系统的最优。为了战略目标的实现,企业必须从组织结构、制度建设、组织文化等各方面保证企业内部能够围绕战略目标进行有效和高效的协调运作。

2. 复杂性

企业战略的复杂性表现在企业战略的制定和实施两个方面。战略的制定是企业高层领导人价值观的反映,它是一种高智慧、复杂脑力劳动和集团决策的结果。战略决策的对象非常复杂,难以把握其结构,且无先例可循,可见这种战略决策是非程序性决策,制定过程非常复杂,而且由于新战略的贯彻实施会牵扯到企业的产品结构、组织结构、人事安排等方面的调整,关系到企业内部每个人的切身权益,因此新战略的贯彻执行往往存在相当大的阻力,任务非常艰巨。

3. 长远性

"今天的努力是为明天的收获""人无远虑、必有近忧"。企业战略既是企业谋取长远发展要求的反映,又是对未来较长时期(5年以上)内如何生存和发展的通盘筹划。另一方面,围绕远景目标,企业战略必须经历一个持续、长远的奋斗过程,除根据市场变化进行必要的调整外,制定的战略通常不能朝令夕改,要具有长效的稳定性。凡是为了适应环境的变化而确定的长期基本不变的行动目标以及实现目标的行动方案都是战略;而那种针对当前形势灵活适应短期变化、解决局部问题的方法则是战术。

4. 竞争性

竞争是市场经济不可回避的现实,也正是因为有了竞争才确立了"战略"在经营管理中的主导地位。企业战略是关于企业在激烈的竞争中如何与竞争对手抗衡的行动方案,同时也是针对来自各方面的冲击、压力、威胁和困难,迎接这些挑战的行动方案。面对竞争和挑战,企业战略需要进行内外部的环境分析,认识自身的竞争优势,通过制定企业战略以获取优势地位、战胜对手、保证企业自身的生存和发展。

5. 系统性

战略是事关组织全局的决策活动,它以整个组织的生存和发展为关注的重点。战略关注于组织的整体运行,围绕远景目标设立阶段目标及各阶段目标实现的经营策略,从而构成一个环环相扣的战略目标体系。战略管理的一个重要任务就是协调组织内各子系统间的运行以求系统功能的最优,从安索夫系统地提出协同的思想开始,系统协调就一直是战略管理理论的一条主线。根据组织关系,企业战略分为公司战略、业务战略和职能策略三个层次。这三个层次构成一个系统性的整体,这三个层次之间必须保持高度的统一和协调,即各职能部门的策略是为了保证实现业务单元战略服务的,而各业务单元战略则是为了保证实现公司战略服务的。战略的三个层次必须同步化和协调化,否则,公司战略就难以实现,这充分体现了企业战略的系统性。

企业战略全局性、复杂性、长远性、竞争性和系统性的特征决定了企业战略是企业对具有长远性、全局性、竞争性、复杂性的经营方案的系统谋划。

二、战略管理的内涵及层次

(一)战略管理的内涵

战略管理(strategic management)是制定、实施和评价使组织能够达到其目标的,跨功能决策的艺术与科学。它为组织创造一种独特有利的定位,使企业能成功地与同行竞争,满足客户需求,并获得卓越的公司业绩。

企业战略管理是企业高层管理人员为了企业长期的生存、继续和发展,在充分分析企业内外部环境的基础上,对企业战略进行分析与制定、评价与选择以及实施与控制,使企业能够达到其战略目标的动态管理过程。战略管理是由环境分析、战略制定、战略实施、战略控制等四个不同阶段组成的动态过程,这一过程是不断重复、不断更新的。当前,企业所处的环境越来越复杂多变,企业面临的竞争也越来越激烈,战略管理作为企业高层管理人员的活动内容,越来越显示出它在企业管理中的重要性。

企业战略管理有五个要点:

(1)企业战略管理是企业战略的分析与制定、选择与评价、实施与控制,三者形成一个完整的、相互联系的管理过程(见图5-1)。企业战略管理过程通常是开始于企业领导的战略分析与制定、顺次是战略的评价与选择,以及战略的实施与控制,从而达成战略目标。但在特殊情况下,这样的串联次序会发生变化,使得战略尚未制定出来,但有些战略意见就已经开始实施了,因此,这三个要点就会彼此互联。这样一个战略管理过程,就是所谓的战略周期,有始有终。在企业的成长过程中,这样的战略周期总是首尾相接,上一个战略周期结束之后,新的战略周期会不间断地立即投入运行。企业总是在战略管理的过程中不断前进。

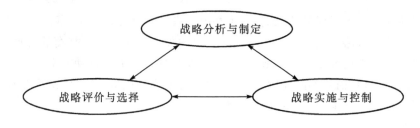

图 5-1 企业战略管理图

(2)企业战略管理是企业发展全过程的管理,是对企业整体的全方位管理,其目的是提高企业整体优化的水平,如何使企业战略管理各个部分有机结合以产生集成效应是战略管理的主要目的。集成效应是对各战略要素的优化汇集和配置,这是一个整体优化的全局性过程,而不只是实现企业的个别目标。

第五章 电子商务战略管理

（3）企业战略管理关注企业长期、高速、稳定的发展，这是一个不断循环往复、螺旋式上升的过程，推动企业的战略管理水平不断提高。企业战略管理工作的中心环节是寻求企业资源能力和外部环境的动态平衡，有效、持续地发展企业与环境的投入产出交换，不仅能减少或避免由于资源能力与环境变化之间的失衡所造成的损失，而且可以主动地对环境所产生的中远期根本性变化作出积极反应，促进企业的长期、稳定、健康发展。

（4）企业战略管理不但是企业领导的战略管理，而且也是广大职工积极投入和参与的战略管理。企业战略制定过程中的战略构思、分析和决策，主要是企业领导和高层管理者的责任，但是如果离开了广大职工的理解、支持和投入，企业战略将难以贯彻和执行。

（5）企业战略管理取得成功的关键在于创新。企业在未来时期所处的环境、市场状况、竞争对手、客户以及企业自身，都不会是当前状况的重复或简单的延伸，企业需要不断应对变化，而创造价值是企业追求的最高目标，价值创新能力的形成与提高是企业战略管理的核心，因此，企业需要不断创新。

（二）战略管理的层次

在业务多元化的企业中，企业战略分为公司战略、业务战略和职能策略这三个截然不同的层次。

企业战略的概念是由安索夫提出的，其研究对象是一个由一些相对独立的业务或事业单位组合而成的企业整体。企业战略是企业的整体战略总纲，是企业最高管理层指导和控制企业一切行为的最高行动纲领。企业战略主要关注两个问题：首先，公司经营什么业务；其次，公司总部应如何管理多个业务单元以创造企业的价值。

公司战略是企业总体的指导性战略，是在对企业内外环境进行深入调查研究的基础上，对市场需求、竞争状况、资源供应、企业实力、国家政策、社会需求等主要因素进行综合分析后，所确定的统率和指导企业全局和长远发展的谋划和方略。公司战略决定企业的经营方针、投资规模、经营方向和远景目标等战略要素，是战略的核心。

业务战略也称之为"业务单元战略"，起源于安德鲁斯的论述。它关注企业经营的各项业务如何才能获得竞争优势。业务战略是企业独立核算经营单位或相对独立的经营单位，遵照决策层的战略指导思想，通过竞争环境分析，侧重市场与产品，对自身生存和发展轨迹进行的长远谋划，业务战略实际上是公司战略的子战略。

职能策略是遵照企业决策层的战略指导思想，结合事业单位战略，侧重分工协作，对本部门的长远目标、资源调配等战略支持保障体系进行的总体性谋划。其重点是提高企业资源的利用效率，使企业资源的利用效率最大化。职能策略具有短期性、局部性的特点，一般可分为营销策略、人事策略、财务策略、生产策略、研究与开发策略、公关策略等等。职能策略是公司战略与竞争战略在企业各职能领域的体现，是连接战略与企业职能活动的桥梁。

公司战略、业务战略与职能策略一起构成了企业的战略层次体系。企业的总部制定公司战略，各个业务单元制定竞争战略，职能部门制定职能策略。在一个企业内部，企业战略的各个层次之间是相互联系，相互配合的。企业每一层次的战略都构成下一层次的战略环境，同时，低一级的战略又为上一级战略目标的实现提供保障和支持。所以，一个企业要想实现其总体战略目标，必须把三个层次的战略结合起来。从一定意义上来说，企业的成功是企业中每一个战略层次的成功。

从以上的分析看出，企业的战略管理也呈现出三个不同的层次，即与战略层次相对应的公司战略管理、业务战略管理和职能策略管理。

三、战略管理与战略规划

20世纪60年代到70年代初期，战略规划（strategic planning）思想占据着战略的核心地位。安德鲁斯和克里斯滕森使用单向法形成了战略规划的基本理论体系，其基本步骤包括资料的收集与分析、战略制定、评估、选择与实施。这种方法的实质体现在战略是如何匹配企业能力与其竞争环境的商机。

传统战略规划的致命弱点在于它是一个单向静态的过程。环境不断变化，规划同样也要不断修改调整，否则将难以适应新环境，因此战略规划应是一个循环动态而非单向静态的过程。20世纪80年代后期至90年代，人们越来越认识到战略的制定不是一个简单的机械设计过程，不同的组织有不同的战略，战略规划与实际结果间存在差距，战略需要根据外界条件的变化不断地修改调整。安索夫于1972年首次引进了"战略管理"概念。由于理论与实践出现巨大反差，战略规划开始向战略管理演变。战略管理把战略规划与战略问题合二为一，战略管理不仅包括技术、经济信息变量，也关注心理与政治力量，融入了组织社会学，同时还注意到了内容（content）、背景（context）与过程（process）的相互作用。钱德勒（R. H. Quintella）定义战略管理是"决定企业基本的长期目标与任务，制定行动方案，配置必要的资源以实现这些目标"。安索夫更倾向于把战略管理看成一个过程，是一个根据实施情况不断调整目标与方案的动态过程。战略管理自诞生之日起就被定义为企业为应付环境的不连续与无秩序而创新的原则。战略管理强调的是一个动态过程，企业要时刻审视环境与企业内部的变化并对变化作出敏捷的反应。战略管理的目标是使企业长期、有效地适应环境。战略规划与战略管理的区别如表5-1所示。

表5-1 战略规划与战略管理的区分[①]

	战略规划	战略管理
战略	计划性远景，目标明确	适应性远景，目标不断调整
战略形成的过程	单向的，开环的	循环反馈的，闭环的
战略形成的状态	静态的	动态的
环境	稳定的，确定的，可预测的	变化的，不确定的，不可预测的
变化	偶然的，连续的，有序的，量变的	突发的，不连续的，无序的，质变的
组织的特点	组织相对简单，同质性高，规模适中	组织相对复杂，异质性高，规模较大
制定的部门	一个专门的部门	所有组织部门参与
侧重的环节	强调战略的制定	强调战略的制定、实施与控制等整个环节
战略形成的性质	分析的	管理的

---

① 徐海涛．从战略规划走向战略管理——院校研究的作用[J]．高等教育研究．2010,31(12):61-67.

第五章 电子商务战略管理

续表 5-1

	战略规划	战略管理
决策模式	理性的	有限理性的
战略形成的研究方式	以定性为主	定性与定量相结合
管理模式	基于经验的	基于科学的

从战略规划走向战略管理,最根本的驱动力来源于组织环境的变化、不确定性以及组织面临竞争的加剧。当前,战略规划多用于商界,而战略管理则多用于学术界。在有些场合,战略管理一词是指战略的制定、实施和评价,而战略规划则仅指战略制定。

企业战略层次体系是指战略目标、规划、措施之间按照一定的关系组成的有机体。该体系包括:战略目标、方针的政策层(总体行为规范——实现战略目标)、战略规划层(为完成任务而制订的实施战略的计划——对目标的具体化)、战略措施层(实现战略规划的具体办法)、通讯及他们之间的相互关系。

第二节 企业电子商务战略管理

电子商务是以信息技术为基础的商务活动,它包括生产、流通、分配、交换和消费等环节中连接生产和消费的所有活动的电子信息化处理。电子商务是网络经济时代兴起的一种新的商务活动形式,代表着商务运作发展的主流方向,它使传统的商务活动内容发生了根本性的改变。电子商务对企业的冲击并不只是某一个部门的转变。各种类型的企业,包括批发商、零售商、基础设施供应商、解决方案供应商和服务供应商以及营销公司都必须在市场压力下作出电子商务战略决策。

企业电子商务战略的制定,要考虑企业电子商务的外部环境,更重要的是要考虑企业电子商务的内部条件。外因只有通过内因才能发挥作用,企业电子商务战略的制定最终取决于企业内部的基本条件,比如说管理者的态度、企业的核心业务、企业规模、行业竞争状况、财务状况以及企业所拥有的信息人才等,这些基本条件决定着企业电子商务战略的分析与制定、选择与评价、实施与控制。为了从不同方面来阐述企业电子商务战略管理,我们首先对企业电子商务战略框架的内容进行明确,见图 5-2。

一、电子商务技术战略

电子商务技术不仅包括管理知识等商务技术,而且包括网络技术、网站建设技术、EDI 技术、通信技术、数据库技术、XML 技术、多媒体技术以及其他相关信息技术。电子商务技术战略在现代企业管理中有以下三种运用模式。

(一)企业内部运用电子商务技术

企业内部管理的质量和效率直接影响到企业的效率和产品/服务的质量。企业的电子商务应用是由内而外的过程,即先有企业内部信息电子化,才有企业对外的信息交流电子化。可以说企业内部业务电子化是企业完整的电子商务应用的前提。

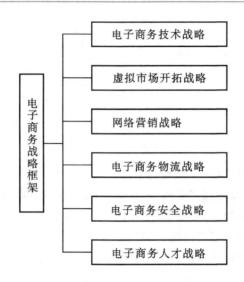

图 5-2 企业电子商务战略框架

企业内部业务电子化对计算机管理系统有较高的要求。企业的计算机管理系统主要由管理信息系统(MIS)或企业资源计划(ERP)系统来实现,这两者是企业内部实现电子商务的关键。在具备了内部业务电子化后,企业内部的电子商务系统主要利用网络技术建立起来的企业内联网(Intranet)来实现企业内部员工之间的信息交换。

(二)企业对企业的电子商务技术运用

基于互联网技术、数据挖掘技术、云计算技术等电子商务的迅速发展,给企业带来了新的经营模式,企业需要通过电子商务来提高对外服务质量、增加市场占有率、拓展新业务渠道等等。对此,一些中间产品生产企业应用该模式进行原材料、零部件的采购和中间产品的销售。

B2B 电子商务的应用呈现为传统公司与网络公司合作以扩大电子商务的交易量,如时下流行的"阿里巴巴"(www.alibaba.com),另如一些企业销售过程中"准运证"的签发是通过企业与经销商通过内联网(Intranet)在网上达成协议后实施。也有一些大型垄断企业,比如通用汽车公司(www.gm.com)利用其对众多供应商的控制力,要求供应商配合其实施电子商务应用模式,同时通过自己的网站,向其贸易伙伴提供电子商务服务,从而形成以通用汽车公司为中心的闭环模式。

(三)企业对客户的电子商务技术运用

互联网的出现给向最终用户提供产品和服务的企业带来了崭新的商机。通过互联网,企业可以与任何地方的客户发生交易。企业不但通过网站进行宣传,而且可以制定针对特定用户群的综合网络营销战略,以创造最大的可计量影响效果。

一般而言,B2C 电子商务应用服务的网站包括以下几个主要功能:

(1)信息服务,以满足电子商务强大的信息需求。
(2)社区服务,做好该服务可以有效吸引客户。
(3)会员管理,吸纳会员并对其进行管理和提供个性化服务。

(4)网上磋商,当买方定价或卖方定价策略确定后,通过网上交易信息的沟通以期达成约定的交易。

(5)客户订单执行和管理,订单的执行涉及货物的交付和货款的结算,因此有些网站实行网上洽谈、网下交易的模式。

(6)网上支付,有条件的网站都实行网上结算货款的方式,以提高交易的效率和实现更完整的电子商务服务。

二、虚拟市场开拓战略

电子商务之所以得到企业的重视,是因为它能够借助于网络的支撑力来有效创造和提高企业的竞争优势,从而开拓虚拟市场,这一点在中国和西方发达国家已经得到印证。企业需要制定网络环境下的虚拟市场开拓战略,这是因为:

首先,电子商务以现代化的电子技术和信息手段为基础,由于网络无时间和地域的限制,企业通过门户网站进行网上销售活动,提供在线服务,直接与客户(或重要的销售商、供应商)建立联系,把市场延伸到世界各地,并在商业活动中超越一些不必要的中间环节,从而开拓虚拟市场。

其次,通过互联网,企业还可以及时地获得更多的关于实际客户和潜在客户的需求偏好、需求分布等各类市场信息,主导客户消费理念,借助现代信息处理技术进行处理和分析,挖掘新的市场机会。

企业在制定虚拟市场开拓战略时,必须要仔细分析一些关键的内容。比如,企业可以采取哪些新的方式来开展商务活动;是否需要采用新的服务方式开展企业的商务活动;是否需要向用户提供个性化服务,如果需要,如何实现。对这些问题的分析是企业制定虚拟市场开拓战略的基础。

三、网络营销战略

营销是企业管理中的一个重要职能,是企业对外服务的窗口。电子商务作为互联网上的商务活动,自然也离不开营销。随着网络信息快速传播,市场营销的效率和效能进一步提高,营销本身及其环境发生了根本的变革,以互联网为核心支撑的网络营销正在发展成为现代市场营销的主流。网络营销是企业以现代营销理论为基础,利用互联网(包括企业内部网和外部网)技术和功能,最大限度地满足客户需求,以达到开拓市场、增加盈利的目标的经营过程。网络营销的实质是利用互联网对产品的售前、售中、售后各环节进行跟踪服务,它自始至终贯穿于企业经营的全过程,包括市场调查、客户分析、产品开发、销售策略、反馈信息等方面。网络营销的核心思想是"营造网上经营环境"。

网络营销具有网络品牌、网址推广、信息发布、销售促进、销售渠道、客户服务、客户关系、网上调研以及网络消费者购买行为分析九大职能。网络营销战略的制定和各种网络营销手段的实施是以发挥这九大职能为目的。在策略制定上,网络营销具有独特的策略,比如市场细分、目标市场定位、品牌、定价、渠道和服务等策略。

1. 网络营销市场细分策略

网络营销市场细分策略是指为实现网络营销的目标,根据网上消费者对产品不同的欲

望与需求,不同的购买行为与购买习惯,把网络上的市场分割成不同的或相同的小市场群。网络营销市场细分的依据是对网上客户对象的分析,主要是根据客户的生活方式、个人性格、需求动机、购买行为、需求数量等因素来进行划分。这些因素相互联系又交叉作用,企业应综合研究,从而选择和确定对企业最有利的市场。

2. 网络营销目标市场定位策略

网络营销目标市场定位策略是相对于市场上竞争对手的产品所处的位置,经过多方面的比较,结合本企业自身条件,为自己的产品创造一定的特色,塑造并树立一定的市场形象,以求目标客户通过网络平台在心目中形成对自己产品的特殊偏爱。其实质在于取得目标市场的竞争优势,确定产品在客户心目中的适当位置并留下值得购买的印象,以便吸引更多的客户。定位需要企业的市场研究、定位策划、产品开发以及其他有关部门的密切配合,不仅要把握消费者的心理,而且还要研究竞争者的优势和劣势。在具体的实践中,网络营销的目标定位要区分初次定位与重新定位、对峙性定位与回避性定位等策略。

3. 网络营销的品牌策略

网络营销相比传统营销而言,在产品的质量、包装、直观感受方面都不易被客户感知,这决定了网络营销的品牌侧重点和传统营销的品牌侧重点有所不同。网络营销的品牌策略涉及网络品牌的开发、经营、管理和保护。互联网具有交互性、便利性、全球性、多媒体性等特点,这对于企业提高知名度、树立企业的品牌形象、更好地服务客户都提供了极大的便利。每一个企业都应根据其产品或服务的特点,积极和受众进行沟通和互动,利用互联网来创建自己的网络品牌。同时,还要利用法律手段对企业的网络品牌进行保护。

4. 网络营销的定价策略

互联网使单个消费者可以同时得到某种产品的多个甚至全部厂家的价格以作出购买决策,这决定了网上销售的价格弹性较大。企业在制定网上销售的价格时,应充分检查所有环节的价格构成,以作出合理的定价策略。在实际业务中,可以采取差别定价策略、高价策略、竞价策略或低价策略等定价策略,以实现企业的经营目标。

5. 网络营销的渠道策略

营销渠道是指与提供产品或服务以供使用和消费这一过程有关的一整套相互依存的机构,它涉及信息沟通、资金转移和实物转移等。合理的网络营销渠道策略能使企业正确分析和研究不同分销渠道的特点。合理地选择网络分销渠道,不仅有利于企业的产品顺利地完成从生产领域到消费领域的转移,促进产品的销售,而且有利于企业获得整体网络营销上的成功。企业可以采用网络直销、网络间接销售或者是将这二者结合起来的双渠道营销来拓展市场。

6. 网络营销的服务策略

电子商务条件下的客户需要是一种互动性的,能够体现个性化的服务,网络客户服务的最大优势是能够与客户建立起持久的"一对一"服务关系,通过信息提供、信息反馈来实现与客户的互动。客户关系管理(CRM)能够实现对客户的定制化服务,有效地挖掘和管理来自客户的信息,使得对客户的服务提升到一个新的层次。

四、电子商务物流战略

随着电子商务的进一步推广与应用,物流的重要性对电子商务活动的影响日益显著。

第五章　电子商务战略管理

因此，加强物流管理的现代化建设，使其适应电子商务的要求，将直接推动和保证电子商务活动的稳健发展。

企业物流包括生产物流、供应物流、销售物流、回收物流和废弃物流。物流管理是对物流活动进行计划、组织、指挥、协调、控制和监督，使各项物流活动实现最佳的协调与配合，以降低物流成本，提高物流效率和经济效益。电子商务的发展给物流提出了更高的要求，在客观上促进了物流的发展。电子商务所代表的新信息技术，直接作用于物流活动，提高了物流运作水平，而物流的发展也为电子商务的发展创造了条件。

（一）电子商务物流的特点

1. 信息化

在电子商务时代，物流信息化是电子商务的必然要求。物流信息化表现为物流信息搜集的代码化、物流信息处理的电子化、物流信息传递的标准化和实时化、物流信息存储的数字化以及物流信息自身的商品化等，物流的信息化是物流领域革新的前提。

2. 自动化

物流自动化是指在一定的时间和空间里，将输送工具、工业机器人、仓储设施及通信联系等高性能设备，利用计算机网络控制系统相互制约，构成有机的具有特定功能的整体系统。系统由无人引导小车、高速堆垛机、工业机器人、输送机械系统、计算机仿真联调中心监控系统组成。物流自动化的基础是物流信息化，其核心是机电一体化，外在表现是无人化，自动化的效果就是省力化。另外，物流自动化还可以扩大物流作业能力，提高劳动生产率，减少物流作业的差错。

3. 网络化

网络化有两层含义：一是物流配送系统的计算机通信网络，包括物流配送中心与供应商或制造商的联系要通过计算机网络通信，另外与下游的客户之间的联系也要通过计算机网络通信；二是电子商务物流组织的网络化，即通过企业局域网、外联网及互联网实现全球运筹式的产销模式，安装全球客户的订单组织分散式的生产，调动全球的网络资源为企业所利用，再通过全球物流网络将产品发送出去。

4. 智能化和柔性化

智能化是物流自动化、信息化的一种高层次应用，物流作业过程中大量的运筹和决策，如运输搬运路径的选择、库存水平的确定、物流配送中心经营管理的决策支持、自动分拣机的运行等问题都需要借助大量的知识才能解决。物流智能化是未来提高物流现代化水平而发展的一个新趋势。

5. 柔性化

柔性化是为实现以"顾客为中心"理念而在生产领域提出的，柔性化物流是适应生产、流通与消费的需求而发展起来的一种新型物流模式。它要求配送中心根据消费需求的"多品种、小批量、多批次、短周期"的特点来灵活组织和实施物流作业。在电子商务活动中，企业往往需要根据客户需求的变化来灵活调节生产工艺，没有配套的柔性化的电子商务物流系统是不可能达到目的的。

6. 虚拟化

随着全球定位系统的应用，社会大物流系统的动态调度、动态储存和动态运输将逐渐代

替企业的静态固定仓库。物流系统的优化目的是减少库存直到零库存,这种动态仓储运输体系借助于全球卫星定位系统,充分体现了未来宏观物流系统的发展趋势。随着虚拟企业、虚拟制造技术的不断深入,虚拟物流系统已经成为企业内部虚拟制造系统一个重要的组成部分。

(二)电子商务物流战略的内容

在电子商务时代,企业要能够提供完整的物流服务,完成运输配送、仓储保管、分装包装、流通加工等活动。信息化、全球化、多功能化和一流的服务水平已经成为电子商务下物流企业追求的目标。企业的电子商务物流战略主要包括以下两个方面的内容:

1. 物流增值服务战略

电子商务物流要求一体化配送,不仅提供仓储和运输服务,还必须开展配货、配送和各种高附加值的流通加工服务项目,而且可以按照客户、企业需要提供其他服务。供应链是物流系统的充分延伸,是产品与信息从原材料到最终消费者之间的增值服务。

2. 物流信息化战略

在电子商务时代,要提供最佳服务,物流系统必须有良好的信息处理和传输系统。这是对应于全球经济一体化的趋势而采取的新战略。由于商品与生产要素在全球范围内以空前的速度自由流动。EDI(电子数据交换)技术与互联网的应用,使物流效率的提高更多地取决于信息管理技术,计算机的普及提供了更多的需求和库存信息,提高了信息管理科学化的水平,使产品流动更加容易和迅速。物流信息化,包括商品代码和数据库的建立,运输网络合理化、销售网络系统化和物流中心管理电子化等,这些都是物流信息化战略要实施的内容。

五、电子商务安全战略

电子商务交易的快速、高效,对经济的发展、人民生活质量的提高带来了极大的便利。但是目前阻碍电子商务广泛应用的首要问题就是安全问题。由于电子商务涉及很多方面的因素,包括网络服务提供商、个人消费者、企业、政府、银行等不同的方面,电子商务处在非常复杂的关系下,因而比传统商务活动更需要安全保障。据调查数据显示,人们不愿意在网上购物或进行支付的主要原因之一就是担心自己的资金安全。安全问题已经成为制约电子商务进一步发展的瓶颈。从整体上看,电子商务的安全问题包括计算机网络安全和电子交易安全两大部分。

计算机网络安全是指利用网络管理控制和技术措施,保证在一个网络环境里,信息数据的机密性、完整性及可使用性受到保护。当前网络安全技术远远落后于网络应用技术的发展水平。而借助网络实现的商务交易对安全性的考虑就更多了,包括保证数据的保密性、完整性和不可否认性。互联网的诞生并不是为商业目的,而是为了能方便地共享计算机资源。互联网的协议及源代码的开放与共享对于要借助它进行的电子商务活动造成了潜在的危害。

(一)电子商务的安全要素

电子商务是一种在特殊方式下进行的商务活动,这种商务活动的"三流"——信息流、资

第五章　电子商务战略管理

金流和物流,前两个都是可以用数字方式来代替的,而物流中的一部分也可以用数字方式代替。这种特殊性使得电子商务安全比普通商务安全更具特殊性。这些特殊性形成了电子商务的安全要素。

1. 有效性、真实性

有效性、真实性要求是指能对信息、实体的有效性、真实性进行鉴别。电子商务以电子形式取代了纸张,保证电子形式贸易信息的有效性是开展电子商务的前提。电子商务作为贸易的一种形式,其信息的有效性将直接关系到个人、企业或国家的经济利益和声誉。因此,要对网络故障、操作错误、应用程序错误、硬件故障、系统软件错误及计算机病毒所产生的潜在威胁加以控制和预防,以保证贸易数据在确定的时刻、确定的地点是有效的。

2. 机密性与隐私权

电子商务作为贸易的一种手段,其信息直接代表着个人、企业或国家的商业机密或隐私。传统的纸面贸易都是通过邮寄封装的信件或通过可靠的通信渠道发送商业报文来达到保守机密的目的。电子商务是建立在一个较为开放的网络环境上的(尤其互联网是更为开放的网络),维护商业机密和保护隐私权是电子商务全面推广应用的重要保障。因此,要预防非法的信息存取和信息在传输过程中被非法窃取。

3. 完整性

电子商务简化了贸易过程,减少了人为干预,同时也带来维护贸易各方商业信息的完整性和统一性的问题。由于数据输入时的意外差错或欺诈行为,就可能导致贸易各方信息的差异。此外,数据传输过程中信息的丢失、信息重复或信息传送的次序差异也会导致贸易各方信息的不同。例如,在一个网上机票订购系统中,如果在多处同时有人订票,而系统如果没有封锁机制,则有可能几位客户订了同一张机票。贸易各方信息的完整性将影响到贸易各方的交易和经营策略,保持贸易各方信息的完整性是电子商务应用的基础。因此,要预防对信息的随意生成、修改和删除,同时要防止数据传送过程中信息的丢失和重复并保证信息传送次序的统一。

4. 可靠性、不可否认性

电子商务可能直接关系到贸易双方的商业交易,如何确定要进行交易的贸易方正是进行交易所期望的贸易方?这一问题是保证电子商务顺利进行的关键。在传统的纸面贸易中,贸易双方通过在交易合同、契约或贸易单据等书面文件上的手写签名或印章来鉴别贸易伙伴,确定合同、契约、单据的可靠性并预防抵赖行为的发生。这也就是人们常说的"白纸黑字"。在无纸化的电子商务方式下,通过手写签名和印章进行贸易方的鉴别已是不可能的。因此,要在交易信息的传输过程中为参与交易的个人、企业或国家提供可靠的标识。

(二)电子商务的安全对策

要保障电子商务的交易过程得到全面、完善的保护,就必须从整体性、计划性和规范性三个方面制定电子商务安全策略,保证安全措施和技术手段的有效性和可行性。企业可以从技术对策和法制保障这两个不同的方面来制定电子商务的安全对策。

1. 技术对策

保障电子商务安全主要有以下的技术对策:

(1)加密:使截获者无法了解和使用所截获的数据和信息,保护数据的秘密性。

(2)信息隐藏:将重要信息隐藏起来,增加非法窃取信息的难度。

(3)数字签名:类似现实生活中的签名盖章,以保证信息的完整性和真实性为目的,鉴别交易中的抵赖、伪造以及篡改文件等不良行为。

(4)防火墙:使侵犯者难以越过网络边界作案。

(5)入侵检测:及时发现入侵者。

(6)访问控制:访问控制是实施授权的一种方法,它既是通信的安全问题,又是计算机的安全问题。授权决策控制着哪些用户,在何种条件下,为了什么目的,可以访问哪些目标,这些决策以某一访问控制策略的形式反映出来。访问请求通过某个访问控制机制而得到过滤。

(7)认证:为客户身份、加密密钥等提供数字证书。

(8)物理隔离:将含有重要信息源的企业计算机网络与公共网络隔离。

(9)计算机病毒预防和清除。

(10)安全协议:对信息的交换、传输、处理、存储、认证和加密过程的一组约定的规则。

2. 法制保障

电子商务的发展需要企业建立严格的安全工作制度,更需要电子商务法规来规范和调整贸易参与各方的法律关系,以达到电子商务中交易的统一性及法律上的确定性。电子商务法律框架包括有以下方面的内容:

(1)网络服务和网络管制立法。网站不仅是电子商务的基础设施,而且也是电子商务的重要组成部分。因此,有关网站的建立、维护、信息服务的权利和责任等都需要新法律来调整。

(2)电子商务主体法规和市场管制立法。电子商务企业经营活动开展的条件、在线管制等都应该由相关的法律来予以规定。

(3)电子商务交易法。电子商务最突出的特征是交易信息无纸化、电子化和网络化,交易过程建立在无形证据的基础上。因此,必须要制定和完善有关电子合同方面的法律,以对电子商务的交易进行规范。

(4)电子商务金融法规。电子支付是电子商务中最核心、最关键的部分。网上支付需要通过信用卡支付和虚拟银行的电子资金划拨来完成时,就涉及网络交易各方。因此需要相关的金融法规来明确电子支付中相关各方的法律关系。

(5)消费者权益保护法。网上交易是在虚拟的环境下完成的,比传统交易更具有信息不对称性,如何使消费者相信网络交易的真实性和可靠性?这必须借助消费者权益保护法来实现。

(6)信息规则立法。这是对网上交易信息的要求,具体包括信息的开放、对答及信息过滤、个人信息的隐私保护、对信息的公平合理使用等。

(7)电子商务中知识产权的保护。在网络环境下,著作权、商标权都更容易遭到侵犯,因此,需要对其进行保护。

六、电子商务人才战略

电子商务是一个蓬勃发展的新兴专业领域,行业发展对人才的需求更多元化,互联网+

第五章 电子商务战略管理

的概念对电子商务的应用领域有了新的拓展,企业对电子商务人才的需求也越来越大,人才是开展电子商务的核心。企业的电子商务系统规划需要有以下几类人才:

(1)企业领导:负责电子商务系统的控制决策、财务支持等工作,需要了解企业的核心业务以及商务过程。

(2)企业营销人员:负责企业的商务模式、服务内容、企业流程再造、系统评估和运行决策。这类人才需要掌握市场、客户、产品、商务流程、增值点、业务延伸等相关的知识和信息。

(3)技术人员:包括项目管理经理、计算机网络专家、Web应用专家等,分别负责不同的工作。比如项目管理经理要进行规划决策和项目管理;计算机网络专家需要具备组网、数据通信及通信设备的相关知识,以完成网络基础设施规划、组网和数据交换工作;而Web应用专家则参与客户服务、应用平台的搭建等工作,需要掌握网站建设、信息发布、数据库和Web应用开发等方面的知识。

(4)咨询人员:这类人才包含的范围比较广,有商务顾问、技术顾问、法律顾问、金融投资顾问、物流专家,还有一般的文档管理人员等。这些人分别负责电子商务系统中的不同模块,比如系统设计建议、系统集成、法律咨询等不同方面的工作。

根据2016年以来智联招聘、中华英才网、前程无忧三大招聘网站上的电子商务人才招聘信息和电子商务企业的实地调研,将企业所需的电子商务人才综合划分为"技术类"和"商务类"两大类,针对岗位进行梳理,将"技术类"划分出9小类岗位,"商务类"划分出6小类岗位,结合岗位任职要求梳理对应岗位需要的知识范围和能力要求,同时分析了对应的电子商务专业核心课程。如表5-2所示。

表5-2 电子商务专业岗位及知识需求

类别	描述岗位	知识范围和能力要求
技术类岗位	Java工程师	Java、编程语言、J2EE开发、软件系统的功能模块设计、J2EE技术应用解决方案
	Linux C/C++工程师	Linux平台、Linux网络编程、组件服务器程序开发、C/C++程序设计及调试、数据结构、常用算法、Oracle/SQLServer/Mysql等数据库、防火墙与网络安全、IDS
	数据分析师/ 数据库工程师/ 数据挖掘工程师	统计学、数据挖掘、Excel/SAS/SPSS/R/Access、数据库、SQL查询、SQL server/My SQL数据提取语言
	大数据开发工程师/大数据产品经理	Java、机器学习、Spss/Qlik/Tableau等统计工具、SQL、脚本语言Python/Shell/Perl、C/C++、Mongodb、Postgresql等非结构化数据库、Hadoop/Spark、Pig/Hive/Mahout、Spark Streaming、Spark SQL
	平面设计/ 电子商务美工	Photoshop、Html/Css、Cordraw、Dreamweaver、Flash、网页设计/平面设计、广告设计、美术设计

续表 5-2

类别	描述岗位	知识范围和能力要求
技术类岗位	系统分析师/电子商务系统开发	B/S体系结构软件产品开发、项目代码编写、数据库、操作系统、主流开发语言及工具、系统需求分析
	iOS/Android研发工程师	Obj-c/Java语言、iOS/Android系统、Xcode、面向对象设计原则、数据结构及算法基础、OC语言、Unix/Linux操作系统原理、软件知识结构、HTML5、JavaScript、CSS
	测试工程师/运维工程师	Linux系统、Python/Shell/Perl等脚本语言、主流数据库、软件测试理论、SQL语言、C++/C语言、TCP/IP网络通信原理、Java、Python、Ruby等开发语言
	交互设计师/UI设计师	Photoshop/Dreamweaver/Illustrator/Flash/Fireworks/Cordraw等设计软件、iOS/Android系统、平面设计、网站建设流程、网页设计制作流程
商务类岗位	SEM营销推广/SEO专员	SEO、各搜索引擎的后台操作、关键字/竞价排名/推广联盟/论坛推广、数据分析能力
	微信运营专员	微信公众账号运营、微信推广、微信运营策略及活动策划、APP指标、用户行为数据及相应统计方法、市场分析、营销策划、推广能力、移动营销基本方法
	DSP（需求方平台）营销推广	DSP及信息流广告推广、产品APP及PC站推广、计算广告基本原理、多种网络媒体的广告投放及定位形式、数字营销广告投放、数据分析能力、账户管理和优化、数据报告反馈
	网络推广	线上推广数据分析、网络推广方法和工具、线上活动策划、搜索引擎排名技术、网络营销手段和策略
	电子商务顾问	互联网营销策划、改善销售渠道
	互联网产品设计师	互联网产品工作流程、产品策划、交互文案、产品需求文档（PRD）、Axure/Visio/MindManager/等产品策划工具、用户交互体验及设计相关知识、网站构建流程

当前，高级管理信息人才短缺制约着电子商务的发展，它要求管理信息人员能够运用现代管理思想把信息技术与企业的营运组织有机地整合起来，并对电子商务支持系统进行应用协调，其中包括 ERP（企业资源计划）、SCM（供应链管理）、CRM（客户关系管理）等若干子系统，对企业价值链进行全面的优化，从而提高企业的总体管理水平、营运效益和服务质量。这涉及企业采购、生产、营销、服务等各个工作流程，加大这些方面的人才培养已成为发展电子商务的先决因素。根据调查显示，80%的企业急需引进高级管理信息人才，来促进企业的电子商务规划、管理与建设，只有真正解决了人才制约的先决条件，电子商务才可能真正实现与传统产业的融合与升级。

第三节 战略管理的协调

企业在实施电子商务战略时,需要根据企业所处的不同市场环境与市场地位,选择电子商务的最佳切入点,以达到企业原有战略和电子商务战略的协调。大部分企业在制定电子商务实施策略时都能考虑到战略的协调性,利用现有商务战略模式中的主导地位,主动开展能够直接为企业增加盈利的电子商务活动。如中国石化集团、联华超市公司等集团企业,充分利用其大批量物资采购的谈判优势,在买方市场中建立起自己独立的采购平台,拉动供应商上网,利用网络平台达到采购信息透明化、降低采购成本、及时快速采购的目的。

多年以来,有许多企业为在市场上找到适合自身的最佳切入点和最佳商业机遇,创造了许多行之有效的战略协调方法。2001年奇安借鉴波士顿咨询集团的"现金牛、新星、问题项目和瘦狗"矩阵建立了一套适用于网络环境的电子商务战略方法。这种方法不是基于行业成长性和市场地位,而是基于企业协调性和项目存续性,其中存续性通过四条标准来衡量:潜在的市场价值、达到正现金流的时间、人员需求和资金需求。对于B2B采购网站、B2C网上商店等电子商务项目,可以针对上述四条标准在1~100之间打分,然后计算各标准的平均得分而得到。衡量协调性则通过与核心能力的协调、与其他企业项目的协调、与组织结构的协调、与企业文化的价值取向的协调以及技术实施的方便程度五个方面来实现。

电子商务战略的实施在企业中有四个不同的阶段,分别是酝酿阶段、交易阶段、整合阶段和转型阶段,见表5-3。

表5-3 电子商务的四个阶段与企业业务联系

	第一阶段 (酝酿阶段)	第二阶段 (交易阶段)	第三阶段 (整合阶段)	第四阶段 (转型阶段)
电子商务战略	起草电子商务战略	电子商务战略已成为企业战略的一部分	电子商务战略在企业战略中占有重要地位	电子商务战略导致企业战略的转变
企业战略	电子商务战略与企业战略还没有发生联系	企业战略开始重视电子商务战略	企业战略开始酝酿对商务流程的调整	企业战略根据电子商务战略进行调整
涉及范围	涉及少数几个职能部门	涉及多个职能部门,特别是重要的供销部门	涉及内部多个职能部门和外部少数企业	涉及相互联系的供应商、顾客和合作伙伴,有的企业形成跨企业联盟
收益状况	负收益	不明确,大部分没有盈利	交易成本降低,部分企业电子商务开始盈利	电子商务自身实现全面盈利

续表 5-3

	第一阶段 （酝酿阶段）	第二阶段 （交易阶段）	第三阶段 （整合阶段）	第四阶段 （转型阶段）
技术状况	开始使用网络收集信息	网站已经建立，能够进行双向沟通	形成完善的电子商务技术体系	能够跟踪电子商务新技术、不断更新技术设备
信息地位	主要用于企业战略	企业开始依赖网络信息	网络信息成为商务交易不可缺少的信息来源	企业战略依赖网络信息

从表中可以看到，在电子商务战略的不同实施阶段，电子商务战略与企业战略的相互影响程度是不同的，协调方式也有所不同。具体而言，电子商务战略的协调性表现在以下五个方面。

一、企业电子商务战略与核心能力的协调

企业核心能力是提供企业在特定经营中的竞争能力和竞争优势基础的多方面技能、互补性资产和运行机制的有机融合，体现在这种组织中的核心内涵是企业所专有的知识体系，正是企业的专有知识使核心能力表现得独一无二、与众不同和难以模仿。电子商务是运用知识和信息的商务活动，它意味着要把知识和信息作为企业的财富和核心，通过网络技术掌握与了解市场信息、客户信息，组织采购生产；通过信息与知识在企业组织内部的沟通、学习、传递，有效解决信息不对称，有利于减少管理中的交易费用；最后通过信息的扩散，将产品与服务通过网络销售，以较低成本获取最大的市场份额。由此可见，电子商务使信息、知识成为企业的核心资源，而这些核心资源成为企业核心能力的技术基础。

在企业电子商务战略框架中涉及市场、销售、人才、物流等各个方面，其实质还是知识与信息。各项电子商务战略是对企业核心能力的强有力支撑，短期看，在企业的电子商务战略酝酿阶段和交易阶段要有大量的投入，而基本没有盈利，但是从长远看，制定电子商务战略是值得的。在整合阶段和转型阶段，企业战略已经和电子商务战略逐渐融合，甚至电子商务战略会使企业从中盈利，同时也对企业战略产生重大的影响，这两者之间需要高度的协调。

二、企业电商战略与组织结构和其他企业项目的协调

企业组织结构是研究企业组织这一系统的构成形式，即目标、协同、人员、职位、职责、相互关系、信息等组织七要素的有效排列组合方式。对于组织结构与企业战略的关系，美国学者钱德勒经过研究认为企业组织结构要服从于战略，组织结构是为战略服务的。

电子商务战略是企业战略的重要组成部分，电子商务战略在制定与实施过程中，必然对企业原有商业模式、市场组织与结构和企业供应链体系等进行变革和再设计，对企业的信息管理系统、管理流程等进行改造和升级，需要对企业原有资源系统和新资源进行战略性再配置，因此企业组织结构对应的与之变革和再造势在必行。

第五章 电子商务战略管理

企业所实施的电子商务战略可以看做是一个项目,而企业有可能同时在运营多个项目。每一个电子商务战略的实施都需要对其功能、人员、预算、进度和质量目标等五个方面作出规划,而这五个方面的构成因素可能会和企业的其他项目有所重叠,企业的高层管理人员需要进行统一的调度来保证电子商务战略和其他企业项目的协调。

三、企业电子商务战略与企业文化的价值取向的协调

企业文化是指企业全体员工在长期的经营及发展过程中培育形成并共同遵守的最高目标、价值标准、基本信念及行为规范。企业文化具有导向作用、约束作用、凝聚作用、激励作用和辐射作用。

在电子商务战略管理中,电子商务战略与企业文化的关系主要表现在以下三个方面:首先,优秀的企业文化是企业电子商务战略获得成功的重要条件。优秀的企业文化能突出企业特色,形成企业成员的共同价值取向。其次,企业文化是战略实施的重要手段。企业在制定电子商务战略之后,需要全体成员积极有效地贯彻实施,正是企业文化具有的导向、约束、凝聚、激励及辐射等作用,激发了员工的积极性,统一了企业成员的意志,为实现电子商务战略目标而一起奋斗。最后,企业文化与电子商务战略必须相互适应和协调。从战略实施的角度来看,企业文化既要为实施企业战略服务,同时又会制约企业战略的实施。在战略管理过程中企业内部文化的更替和协调是战略实施获得成功的保证,因此,企业文化的价值取向需要不断作出调整以满足电子商务战略制定和实施的需要。

四、企业电子商务战略与其他相关因素的协调

企业电子商务战略的制定与实施,要考虑企业电子商务的外部环境和内部因素,概括起来需要考虑以下几个因素:

(1)高中层管理者的态度。根据调查,"一把手工程"是电子商务实施之初不可缺少的保障,"一把手"的认知水平、重视程度以及在实践过程中的支撑与参与,对于企业电子商务战略的顺利实施起着决定性的作用。因为,电子商务需要得到企业最高决策者的理解与支持,不论是在财力上还是组织上,都需要高中层管理者的协调。

(2)核心业务。任何一个企业都有其独特的主要业务,即核心业务,而核心业务的运作过程就是企业的主导流程。对于大多数企业而言,电子商务战略应当围绕企业的核心业务和主导流程展开。从核心业务出发,寻找适合自己企业的电子商务模式是至关重要的。

(3)企业规模。规模是影响企业电子商务战略的重要因素。规模大的企业,由于其资金雄厚,技术力量强,管理规范,因而具有实施电子商务的优势。但是大企业的流程稳定性增加了电子商务实施时所面临的流程重组困难。中小企业虽然经营比较灵活,但却面临着资金和技术力量薄弱的问题。可见,不同规模的企业,其电子商务的实施方式有较大区别。大型企业可以实行自主开发,而中小企业更适合委托开发的方式。

(4)行业竞争状况。企业在制定战略时要对行业的竞争状况进行研究,在当前的网络环境下,企业除了常规的行业竞争状况研究外,还必须对虚拟市场中竞争者的网站、网络营销状况、电子商务技术能力等进行调查和分析。在不同的行业中,电子商务所起的作用是不同的,而且互联网的发展为行业竞争状况的分析也提供了便利。企业需要比较竞争者的状态,

捕捉本行业中电子商务的运用情况,从而作出决策。

(5)信息团队。企业在决定实施采取何种方式建设电子商务时,本企业的信息团队状况也是一个必须要考虑的问题,根据企业规模的大小和电子商务战略实施中的需求来建立不同规模的信息团队,由信息团队来完成部分电子商务战略的功能。如果条件有限的话,可以采用外包的方式来实现电子商务的部分功能。

本章小结

本章首先介绍了企业战略的基本概念,企业战略是企业在充分认识其自身的内外部条件的基础上,为谋求企业的健康稳定发展而对企业的长远发展目标的规划。企业战略关系到企业未来的发展方向、发展道路和发展行动。

战略管理是制定、实施和评价使组织能够达到其目标的,跨功能决策的艺术与科学。其目的是要为组织创造一种独特、有利的定位,成功地与竞争对手进行竞争,满足客户的需求,获得卓越的公司业绩。

企业战略分为公司战略、业务战略和职能策略这三个截然不同的层次。战略管理强调企业为应付环境的不连续与无秩序而进行创新的动态过程,企业要时刻审视环境与企业内部的变化并对变化作出敏捷反应。从战略规划走向战略管理,最根本的驱动力来源于组织环境的变化、不确定性以及组织面临竞争的加剧。在某些特定场合,战略管理一词是指战略的制定、实施和评价,而战略规划则仅指战略制定。

企业电子商务战略框架中包括有电子商务技术战略、虚拟市场开拓战略、网络营销战略、电子商务物流战略、电子商务安全战略和电子商务人才战略。

企业在实施电子商务战略时,需要依据市场状况来选择电子商务的最佳切入点,以达到企业原有战略和电子商务战略的协调。企业在制定电子商务实施策略时必须考虑到战略的协调性,利用现有商务战略模式中的主导地位,主动开展能够直接为企业增加盈利的电子商务活动。

思考题

1. 简述企业战略的概念和分类。
2. 简述战略规划和战略管理的区别。
3. 试找一家企业,试分析其经营中的电子商务战略。
4. 企业在实施电子商务时,该如何协调电子商务战略和企业的原有战略?

案例分析

海尔电商公司的战略管理

海尔集团电子商务有限公司注册于1999年,是海尔集团电子商务业务的核心公司。起初主要负责海尔集团电子商务规划和实施、信息管理、网络管理、系统和技术服务项目开发等业务,发展缓慢。2012年,海尔集团进入网络化战略阶段,提出"企业无边界,管理无领导,供应链无尺度"的创新商业模式,新的开放机制带给了海尔电商激情与活力,集团的战略愿景是做"互联网时代美好生活解决方案供应商"。海尔集团引入投资人,成立合资公司,吸

第五章　电子商务战略管理

引具有丰富互联网基因的成员加入。

2015以来，海尔集团根据战略发展需要，以海尔集团电子商务有限公司为主体，成立了海尔电商事业部，积极整合全国的电商资源，实现了互联网业务的全覆盖。海尔电商公司提出创造全流程最佳用户体验，通过树立差异化的商城用户口碑，提高网络知名度，成为中国网购家电电商的第一品牌。

在电子商务战略方面，海尔电商公司销售的产品是海尔集团参股或控股企业的产品，全部为家电类产品。注定了海尔电商公司在这一领域的精耕细作。海尔电商公司实现了一体化发展战略、定制化发展战略和交互引领战略。

1. 一体化发展战略

海尔电商公司向家电网络零售领域进军，实现公司前向一体化的战略，包括垂直电商业务发展和平台电商业务发展。

垂直电商业务：由商城小微、微店小微、技术团队、财务团队组成垂直电商平台。以微店业务为主的顺逛小微，专业从事手机端微信渠道的海尔家电零售业务，通过"顺逛"APP实现与用户的交互，并通过社群效应发展用户和客户，鼓励用户加盟做微商，只需要介绍用户并成功注册购买就可获取佣金，实现口碑营销，这一病毒式营销方式发展迅猛。单日营业额突破2000万，年销售额冲刺10亿元。海尔商城和顺逛不断发展融合，形成PC端和移动端的双支点，实现PC和移动的双向流通和融合，并拓展家电O2O业务，打通线上线下，重点面向线下客户，实现客户由实网向虚网转型，促进全产业链的互联网化。

平台电商业务发展：继海尔商城后，通过天猫商城、京东商城两大重要网络平台开展销售业务。海尔依靠海尔商城多年的运营经验和积累的用户数据，针对天猫商城的经营特色制订营销方案，对天猫的营销工具进行合理运用，而与京东商城的合作形式是B2B的互联网业务形式，海尔电商公司通过京东经营体向京东直接提供商品和网络的推广资源，在京东商城推广海尔的商品，让更多关注家电品类的用户可以体验到海尔的产品与服务。

国内网络市场的现状决定，各大平台占海尔电商公司80%以上的销量，海尔电商公司规划在未来五年将平台业务发展成为体现海尔产品优势的舞台。海尔电商公司已经形成以海尔商城为核心，京东、天猫、苏宁、国美、微店等B2C、B2B2C、B2B、C2B、O2O业务为重点发展业务的格局，同时兼顾创新渠道和产品的丰富战术打法，拥有95个大中型仓储物流中心，配送覆盖全国乡镇村。在一体化道路上发展的海尔电商公司，已经具备了较强的竞争优势。如二十四小时限时达、送装同步、支持货到付款、安装满意后付款（支持POS机刷卡支付）、七天无理由退换货、电子发票等较同行领先的竞争优势。

2. 定制化发展战略

互联网带来了顾企零距离，要求从以企业为中心转变为以用户为中心，而用户需求是个性化的，因此企业需要从大规模制造转变为大规模定制，直接连接用户。海尔电商与一直推广美国工业互联网的GE联姻，收购了GE家电业务，双方在智能制造、工业互联网上进一步合作。海尔电商公司作为连接用户和工厂的桥梁推进定制化发展战略。为满足用户个性化的需要，尝试生产和销售互联网个性产品。例如与国际著名娱乐公司迪士尼合作，获得其超能陆战队、冰雪奇缘等经典动漫的家电产品使用版权。

定制化产品需要有定制化工厂的支持体系。海尔沈阳工厂作为中国第一个互联网工

厂,以智能互联为基础,用户个性化定制为主线,以全流程整合为途径,已经成为了中国制造2025率先落地的最佳样本。大规模定制提升了海尔电商公司的行业竞争力,小规模定制则通过C2B方式来满足用户需求。海尔电商公司用经营用户的思维,为用户定制产品和解决方案,与用户建立社群,推广定制战略。

3.交互引领战略

海尔电商公司平台从物流、产品定制需求和营销三个方面实现交互引领战略。

物流交互能力。海尔电商公司拥有覆盖全国2558个区县的物流网、服务网,有1500个区县能够24小时内配送到位,在全国范围推行用户满意后再付款的服务,货到付款业务几乎覆盖全国。引领服务带来的用户口碑,在超过100万用户量的大用户基数下,物流服务评价领先行业,凸显虚实融合模式竞争力。

产品定制需求交互能为。针对互联网用户的个性化定制需求,整合集团内部互联工厂、智慧供应链、开放研发等资源,提供产品C2B定制解决方案,实现"先用户、后产品、按单生产、量身定制",满足用户需求而又大幅降低B2C零售库存等成本,提升经营效率。

营销交互能力。变销售终端为起点,聚焦用户口碑吸引用户,依托用户数据及行为信息与用户互动,分析用户行为,对用户进行分类,建立用户网购模型,改变了依靠广告拉用户带流量的传统营销形式。目前注册用户超过550万人,直接访问的用户占比达到30%,活跃用户占比超过15%。2014年4月海尔电商公司布局移动端上线后,移动端用户占比快速上升,由上线初期的1%快速上升到2014年年底的25%。借助社交媒体等新媒体平台开展自媒体运营取得良好效果,累计阅读量超过25亿人次,积累用户超过50万。

交互引领战略为海尔电商的发展起到了强有力的支撑。

资料来源:陈文.海尔集团电子商务有限公司发展战略研究[D].济南:山东大学,2016.

第六章 电子商务组织管理

 内容提要

本章在第一节介绍组织的概念、企业组织结构的特征和影响因素以及组织结构的基本类型,并分析电子商务对企业组织结构的影响和优化;第二节介绍涉足电子商务活动的组织,即传统企业、电子商务企业和虚拟企业,并介绍各自的特征;第三节介绍组织的运行机制,包括激励机制、决策机制、沟通机制、竞争机制和分配机制;第四节简单介绍涉及电子商务企业组织的管理制度。

第一节 组织结构及其优化

一、组织的概念

组织一词在管理学中有两个含义,一是作为社会实体的组织,另一个是作为管理过程中的管理职能的组织。

作为一个社会实体,组织具有既定目标和正式结构。"社会实体"是指组织由两个或两个以上的人组成的;"既定目标"是组织为获得预期成果设计的;"正式结构"则表示组织任务是由组织成员分工负责并完成的。这一结构事实上正是对亨利·西斯克所说的"正式关系"的一种规定。如其所说:"每个组织在其组织结构里都有某种程度的形式规范,从而把它的成员约束在一定的条规和限制中。"①

作为管理的一项基本职能,组织是为了实现共同目标,合理地进行组织结构设计与职务设计,并配备人员,确定各自的职责与职权,以及组织内部人员之间的相互关系的过程。组织在管理过程中是作为动词使用的,这时我们也可以用欧内斯特·戴尔的定义:"组织是把广泛而大量的任务分解为一些可以管理和精确确定的职责,同时又能保证工作上协调的手段。"②

二、企业组织结构的特征

组织结构就是一个组织的框架体系,使权力和责任的关系得以匹配。组织结构的内涵或功能实际上可以概括为以下三个方面:①定义了企业组织的规模与边界;②反映了企业组

---

① [美]亨利·西斯克.工业管理与组织[M].北京:中国社会科学出版社,1985:200.
② [美]欧内斯特·戴尔.伟大的组织者[M].北京:中国社会科学出版社,1991:9.

织层级结构的分化情况（横向分化、纵向分化）；③描述了企业组织决策权的分布状况。

组织结构一般表现为以下三个特征（不同的结构表现的程度不同）：

（1）复杂化。复杂化是指组织内部结构的分化程度。随着劳动分工的扩大，组织纵向的等级数增多，组织单位的地理分布更广泛，人员与活动的协调、控制就困难，这被称之为组织结构复杂化。

（2）正规化。正规化是指一个组织在多大程度上依靠规章制度来指导员工行为。在一个组织中，规章制度越是详细明确，组织结构的正规化程度越高。

（3）集权化。集权化是指组织对所有营运和政策的重大决策权和控制权在高层管理者的集中程度。有的组织是高度集权的，决策权集中在最高层，员工发现问题以后，由下至上请示，并由最高层管理者下达命令，由上而下传递。而有的组织将决策权下放——在管理中称之为分权。

组织结构作为企业的基本构架，是企业管理的重要组成部分。通常，企业的效益可以用效率、及时性、响应性、适应性、责任性等标准来评估，而这些标准均可以通过构建合适、高效的组织结构来达成。因此，组织结构是帮助企业实现目标的手段，选择合适的结构对企业组织是至关重要的。企业的发展历史表明，企业的组织结构按特定的逻辑不断演进与变革，其动力既有企业内部因素，也有企业外部环境的变化。企业组织结构演进与变革的过程正是企业不断适应外部环境与追求内部更低的组织成本，从而建立高效率的企业组织的过程。

三、影响组织结构的因素

（一）环境与组织经营战略

组织面临的环境对组织结构形式有很大的影响，如环境复杂多变则组织结构的分权倾向较高，若环境简单稳定则可适当集权。组织的经营战略也会影响组织结构的设计，如企业确定的是多品种战略则应适当分权，若企业持单一品种战略便可能拥有适当集权的结构。

（二）管理幅度与管理层次

管理幅度与管理层次是影响组织结构的两个决定性因素。管理幅度是指一名主管直接领导、指挥和监督的下级人员或下级部门的数量及范围。一般而言，高层管理人员由于要处理大量复杂问题，管理幅度应该小一些，基层管理人员的管理幅度则可以大一些。影响管理幅度的主要因素有：工作的性质与内容，工作能力和训练程度，沟通方式与技术，职能机构、人员的情况，计划与授权情况，成果的衡量与控制手段的情况，主管人员所处地位的情况等。

管理层次亦称管理层级，是组织内部纵向管理系统所划分的等级结构和层级数目。一般来说，管理层次受到组织规模和管理幅度的影响。它与组织规模成正比，组织规模越大，包括的成员越多，则层次越多。在组织规模已定的条件下，它与管理幅度成反比，主管直接控制的下属越多，管理层次越少；相反，管理幅度减小则管理层次增加。管理层次与管理幅度的反比关系决定了两种基本的管理组织结构形态：扁平结构形态和高架（锥型）结构形态。

（三）组织规模与技术水平

组织规模的大小与组织结构密切相关，如组织规模庞大则设计的结构也会相对复杂，反之如组织规模比较小，则设计的组织结构自然会简单一些。企业经营所面临的技术水平更直接地影响着组织结构的设计,如不同产品的生产必须运用各种复杂的技术,则组织分工与作业的专业化程度就必须高一些;反之,如组织的生产或经营面临的技术十分简单,分工和专业化程度低,则组织结构就可以简单一些。

（四）经营者的价值观

经营者的价值观（或叫管理哲学）会影响其对组织结构设计的理念,从而影响组织结构的设计。比如,倾向于集权的经营者会设计出集权程度高的组织结构,而分权倾向高的经营者设计的组织结构其分权程度自然会多一些。

四、组织结构的基本形式

在企业组织管理中,组织结构的类型很多,常见的组织结构有以下三种类型,即集权结构（以直线-职能制为例）、分权结构（以事业部制为例）和二者的演化结构（以矩阵制为例）。

（一）直线——职能制（集权结构）

直线——职能制组织结构又称"U—型组织"或"简单结构""单一职能型结构""单元结构"（U-form organization, unitary structure）,是直线与参谋相结合的组织结构（见图6-1）。该结构集权倾向高,是一种有助于提高管理效率的组织结构形式。相对于产品单一、销量大、决策信息少的企业非常有效。这种组织结构的特点是:以直线为基础,在各级行政主管之下设置相应的职能部门（如计划、销售、供应、财务等部门）从事专业管理,作为该级行政主管的参谋,实行主管统一指挥与职能部门参谋-指导相结合。在直线职能型结构下,下级机构既受上级部门的管理,又受同级职能管理部门的业务指导和监督。各级行政领导人逐级负责,高度集权。因而,这是一种按经营管理职能划分部门,并由最高经营者直接指挥各职能部门的体制。

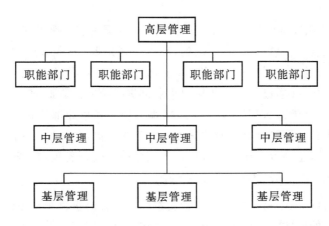

图6-1 直线—职能制组织结构

在图6-1所示的结构中,各级主管人员拥有对下级行使指挥和命令的权力,并对自己主管的工作负全部责任;职能机构或职能人员服从上级和同级主管人员的指挥,充当他们的参谋助手,对下级主管人员和职能机构或职能人员无权指挥,只行使业务指导、服务和参谋职能。

直线—职能制的优点是：既保证了企业管理体系的集中统一，又可以在各级行政负责人的领导下，充分发挥各专业管理机构的作用。其缺点是：职能部门之间的协作和配合性较差，职能部门的许多工作要直接向上层领导报告请示才能处理，这一方面加重了上层领导的工作负担；另一方面也造成办事效率低。

（二）事业部制（分权结构）

事业部制组织结构（见图6-2）又称为M型结构（multidivisional structure），是一种常见的组织结构形式，钱德勒则将其称之为"多单位企业"。这一结构是由美国通用汽车公司前总裁斯隆于1924年最早提出来的，故有"斯隆模型"之称。事业部制结构又称分公司制结构，是一种高层集权下的分权管理体制。它适用于规模庞大，品种繁多，技术复杂的大型企业，是国内外较大的联合公司所采用的一种组织形式。

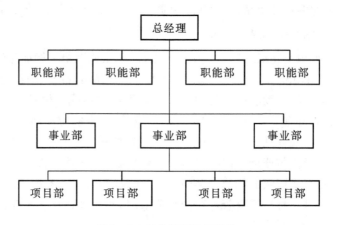

图6-2　事业部制组织结构

事业部制（M型结构）是分级管理、分级核算、自负盈亏的一种形式，即一个公司按地区或按产品类别分成若干个事业部，从产品的设计，原料采购，成本核算，产品制造，一直到产品销售，均由事业部及所属工厂负责，实行单独核算，独立经营，公司总部只保留人事决策，预算控制和监督大权，并通过利润等指标对事业部进行控制。因此，与U型结构相比，M型结构具有更明确、更清晰的管理层级制。在M型结构中各事业部的相对独立性，使得M型结构中高层管理者免于深陷日常经营决策而不能自拔。高层管理者除了对各事业部进行监督、评价和协调之外，主要致力于制定战略性计划和研究公司各项重大政策。

（三）矩阵制（U型和M型的演化结构）

所谓矩阵结构（matrix structure），是指在按职能划分的垂直领导系统的基础上，又加上按产品（项目）划分的横向领导关系系统，即在原有的直线职能制结构的基础上，再建立一套横向的组织系统，两者结合形成纵横交叉的双重指挥链的一种组织形式（见图6-3）。

矩阵制的横向系统组织，是按产品或工程项目组成项目办公室或小组，并设立项目经理来负责项目的综合工作。所需工作人员从各职能部门抽调，这些人员既受本职能部门的领导，又接受项目经理领导。一旦项目完成，该项目办公室或小组即行撤销，人员仍回原单位工作。

第六章 电子商务组织管理

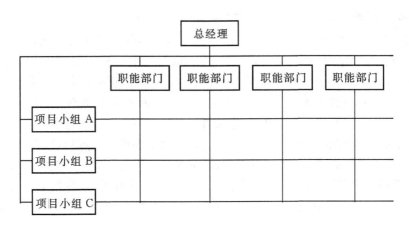

图 6-3 矩阵制组织结构

矩阵结构具有加强职能部门的横向业务联系，集中调动资源以较高的效率完成某些项目等优点，但也存在一些缺点，如有双重领导所带来的可能使执行人员无所适从，领导责任不清，决策延误等问题。

矩阵结构适用于一些重大攻关项目。企业可用来完成涉及面广的、临时性的、复杂的重大工程项目或管理改革任务。特别适用于以开发与实验为主的单位，例如科学研究，尤其是应用性研究单位等。

五、电子商务对企业组织的影响

（一）电子商务降低了企业内部的管理成本

电子商务使企业组织内部的运作基础发生了改变。网络技术和 EDI 技术将企业内部连接起来，在采购、工程制造、财务、市场服务等各部门之间形成了紧密的内部联系。在以电子商务为基础的企业中，网络技术使企业高层管理人员通过网络系统，低成本地及时过滤各个基层机构形成的原始信息。管理人员使用电子邮件、远程电视会议等辅助管理手段协调组织活动，支持企业内部各个管理层之间的信息互动式交流和传播。管理者尽可能接近一线生产过程，提高了管理层获取和处理信息的效率。根据美国通用电气公司（GE）的管理实践，在有效的电子商务技术的支持下，企业管理层处理 100～150 人的管理信息的管理效率与常规条件下处理 7～13 人的管理效率几乎一样高，甚至更高。电子商务在企业内部管理运作中的应用，毫无疑问将降低企业组织的管理控制成本、提高管理效率。

（二）电子商务降低了企业外部管理成本

电子商务不但降低了企业内部的管理运营成本，而且降低了企业外部管理成本。在以往的商务运作中，高通信成本、购销成本、协作成本往往极大地增加了企业的负担，阻碍着企业组织间的协作。电子商务则凭借因特网与 EDI 技术，降低了企业间的交易成本，并为企业间的协作提供了便利。首先，电子商务降低了企业组织间的单证费用及通信费用以及企业的采购成本，同时还降低了企业组织间的协作成本。其次，因为网络的广泛应用，使得企业对外部市场环境的掌握更加及时和准确，无形中降低了企业的决策成本。

（三）电子商务改变了企业与消费者之间的联系模式

电子商务使消费者可以直接向企业订购个性化产品，使自己多样化的需求的满足成为可能。网络直销改变了"游戏规则"，大规模生产（mass production）逐渐让位于大规模定制（mass customization），这是由网络直销的特点决定的。网络直销具有以下特点：其一，快捷性。借助于因特网，消费者通过电子邮件等电子方式将附有自己特殊要求的订单直接发送到企业那里，其快捷性不言而喻。其二，直接性。消费者可以通过因特网直接访问企业的网站，消除了消费者与企业间信息传递的漏损。其三，需求多样性。点到点的营销使消费者可以根据个人偏好，在线描述自己对产品的要求，向生产企业订制商品。美国著名的牛仔裤厂商LEVI'S就通过因特网，让顾客选择并参与设计自己的牛仔裤，顾客甚至可以利用公司提供的多媒体软件把裤子设计好，然后由公司按样生产出来，送货上门。电子商务使企业不得不以新的方式来面向消费者。

六、电子商务环境下企业组织结构的优化

（一）跨职能工作团队成为企业组织结构的基础

所谓跨职能工作团队是指企业组织内由具有不同方面专长的员工构成的，针对特定的工作任务或流程而产生的，并具有监督、激励、约束等职能的工作团队。跨职能工作团队直接面向工作任务而产生，实施自我管理，它取代层级结构成为电子商务企业中组织结构的基础。电子商务改变了企业与消费者的联系模式，跨职能工作团队利用互联网技术能及时了解消费者的个性化和多元化消费需求，以进行快捷的研发和生产。电子商务中，消费者可能通过因特网在线描述对产品的特殊要求，传统的企业层级组织结构无法适应这种快捷化的需求，而跨职能工作团队则可以针对消费者需求，组织团队成员共同分析市场需求，共同研究开发，共同组织生产，能够适应多样化的需求。电子商务中，大规模生产逐渐被大规模定制所取代，生产企业不得不面对消费者个性化、多样化的需求，传统的组织结构难以适应这一变化。而各个工作团队则可分别对消费者的多样化的需求作出反应，按照消费者的要求进行研究开发。跨职能工作团队具有管理上的高效率。工作团队直接接受决策层领导，团队成员有相当程度的决策和选择自由。管理职能从控制转向支持，从监督转向激励，从命令转向指导，具有较低的管理成本和较高的管理效率。

（二）企业组织结构将趋向扁平化

传统的组织结构中，组织决策层与作业层之间存在着庞大的管理中层。管理中层存在的原因：一方面在信息处理能力有限的情况下，负责信息的收集与传递，起到信息"中继站"的作用。另一方面则因为管理跨度有限，中层管理人员负责对操作层人员的监督与控制。电子商务则使传统组织结构中的中层管理人员失去了存在的基础，企业成为高效的扁平化组织。这是因为电子商务技术的发展使信息处理效率提高和管理人员的管理效率提高，降低成本的压力也是中层管理人员消失的重要原因。

（三）企业组织结构将趋向柔性化

信息技术的高速发展促成了知识在企业职工之间共享，纵横交错的信息渠道造就了柔性化的企业组织结构。柔性化的组织结构是一种通过减少管理层次，精减管理职能机构，优

化人力资源配置而建立起来的一种富有弹性的新型团体组织。柔性化的组织结构是一种静态构架下的动态组织结构。在柔性化的组织结构下,具有不同知识的人分散在多层网络状的企业组织形式中,加速知识信息的交流和共享,发挥知识产品互补相乘的正向外部效应,显著提高组织的绩效。柔性化组织结构兼备等级型组织和机动的计划小组两者之长,既降低了企业管理的协调成本,又大大提高了企业对市场的反应速度,提高了用户满意度,因而具有较强的灵活性和适应性。

（四）企业组织结构将趋向网络化

所谓企业组织结构网络化,是指当随着网络技术的发展,企业进行市场交易的交易费用越来越低于企业内部的管理协调成本,则企业更倾向于以拥有核心技术或设计能力的企业为核心,通过契约或控股形式,利用高技术信息手段整合优势资源,与具有原料供应、生产制造、销售等功能的企业形成产供销协作网络。企业组织结构的网络化是企业生存发展的必然选择。企业组织结构的网络化使企业内部决策层次减少,管理幅度增加,提高了专业化生产水平和核心能力,并且决策越来越适应客户的需求,既提高了企业运行的效率和活力,又避免了工业经济时代常规运行中基础设施和固定成本的投入,从而降低了企业的运行成本。

（五）企业组织结构将趋向虚拟化

按照德国经济学家 H. J. Bulliger 的解释:"虚拟企业是这样一种网络组织:由于信息技术和通讯技术的高度发达,企业之间的合作关系突破了传统的合作关系,而通过网络,应用信息技术和通信技术进行分散的互利的合作,一旦合作目的达到,合作关系便宣告解除,因此这是一种暂时的、跨越空间的合作形式。"由此可见,虚拟企业正是以信息技术和通讯技术为基础,依靠高度发达的网络将供应企业、生产企业、销售企业甚至竞争对手等独立的企业连接而成的临时网络,其目的是共享技术,共担费用,联合开发。电子商务的兴起,信息技术的发展,使企业组织之间的交易成本、协调成本大幅降低。而市场竞争的激烈,消费者需求的多样化与快捷化使企业组织的协作成为确立竞争优势的手段。因而,虚拟企业成为在电子商务下企业组织结构演进的必然产物。

第二节 涉足电子商务活动的组织

电子商务管理的对象是电子商务活动。而任何活动的完成或体现需要借助一定类型的组织。涉足电子商务活动的组织,具体包括传统企业、电子商务企业以及虚拟企业。

一、传统企业

传统企业从事电子商务活动需要具备以下条件:

1. 强大的技术基础

企业的电子商务平台是建立在三大技术平台之上的,即计算机技术、通信技术和网络技术。但传统企业电子商务对信息技术的依托与虚拟企业以及电子商务企业有所不同。虚拟企业既可以通过契约网络进行合作,也可利用以三大技术平台为支撑的信息流网络进行合作。电子商务企业则完全根植于互联网,没有了三大技术它将无法生存。而传统企业电子

商务对信息技术的依托居于两者之间,它既需要强大的技术基础,但又不完全依托于信息技术。

2. 适时的组织创新

(1)组织结构扁平化。随着电子商务在企业的实施,原有的那种"金字塔形"组织结构已经越来越没有效率了。

(2)组织边界的扩张。当企业组织扩大时,企业内部追加交易的成本可能会上升,以致当企业内部交易的成本与市场交易的成本相等时,企业规模的扩张就停止了,企业规模与市场规模就处于一种"均衡状态"。相对于市场交易而言,电子商务能给企业组织节约更多的内部交易费用,由此企业可以进一步的扩张。如果企业信息化进程达到一定程度,企业引入虚拟运作机制,组建虚拟企业就成为必然,此时企业组织的界限就更为模糊。

(3)组织体制的变化。组织体制的最大变化是,实施电子商务运作的企业在为知识的流动和共享提供硬件设施的同时,还设立了知识主管(CKO)一职,并辅之以专门的知识管理部,负责企业知识的积累、共享、利用、创新、扩散,加快企业知识转化为生产力的步伐。

(4)企业边界的模糊和工作任务的平行同步进行。企业电子商务将越来越多的利用跨职能的任务团队。

3. 适合电子商务的业务组织模式

传统企业涉足电子商务活动时涉及在线与离线业务组合,可采用部门形式、分公司形式、合资企业形式和战略联盟形式。

部门形式是指企业将内部某个职能部门的功能转移到互联网上,形成一个将网络和实体功能紧密集成起来的无缝单一业务部门,由此部门专门负责企业的互联网业务。如Office Depot、上海烟草(集团)等都属于采取这种模式的成功企业。

分公司形式是指一些规模较大、电子商务应用潜力巨大的传统企业,为了统一规划、运作与管理全公司的所有网络业务,专门成立一个拥有自治权但隶属于总公司的电子商务分公司。如沃尔玛、宝洁、宝钢、海尔等都是采取这种模式的成功企业。

合资企业形式是指传统企业出于经验缺乏、投资巨大以及产品价格弹性等原因选择与其他在线企业(包括新创的网络企业和电子商务转型成功的企业)共同出资创立独立于两家企业的新企业。如传统玩具零售KB Toys公司与婴儿产品在线零售商BrainPlay公司合作创建KBkids.com。

战略联盟形式是指传统企业与提供电子商务网站交易平台的在线企业构建战略联盟,在互联网业务方面进行战略合作的组织模式。由于电子商务的实施需要大量支持性服务,而这些服务很难有单一企业提供,因此当企业间优势互补时,商业联盟比以往任何时候都更加重要。如医药销售巨头Rite Aid选择与Drugstore.com构建的战略联盟组织。

二、电子商务企业

纯粹的电子商务企业是组成全球网络供应链的一个重要环节,其目标是通过提供交易信息和公共交易平台服务,提高交易主体之间的交易效率。电子商务企业是提供公共交易信息服务、公共交易平台服务和公共应用系统服务的带有中介性质的组织。电子商务企业的收入来源主要有:交易服务费、广告费、社区会员费、深层次的信息服务费、应用系统运行

第六章 电子商务组织管理

平台租赁费、应用系统租赁费、应用系统实施咨询费等。电子商务企业可能的模式主要有：经纪模式、广告模式、信息媒介模式、销售商模式、制造商模式、合作模式、社区模式、订阅模式、效用模式。

从以上九种模式可以看出，电子商务企业的主要特征有如下几点。

（1）中介特征。所谓中介特征指的是电子商务企业在交易双方、当事人之间处于中介地位，为交易双方提供定约机会，充当牵线搭桥的媒介。当然，电子商务企业从事中介的目的仅仅是基于佣金请求，本身不从事生产或经营。

（2）有偿服务特征。电子商务企业的活动性质是一种服务性劳动，这种劳动本身不创造产品价值，而这种劳动是促进社会流通渠道的畅通，参加商品流通中的价值分配，这种分配反映了电子商务企业服务活动的有偿性，其具体表现形式是佣金。为使佣金得到保证，电子商务企业采取先付定金再提供服务的保证措施。

（3）广泛性特征。在我国，只要国家法律、法规和政策允许进入市场交易的物质、技术成果、工程项目，电子商务企业均可依法进行中介，为供需双方牵线搭桥。

（4）知识性与情报性特征。现代商品交易的中介要求电子商务企业在从事某项商品的交易中介业务时，不仅要熟悉商品的专业知识、经营业务、市场行情，有关政策导向、法律规章、交易心理、社会环境，而且还要了解相关商品领域的知识与概况，以利于主动解决或协调处理随机出现的问题。电子商务企业在具备以上知识的基础上，还需一种情报意识，即以宽厚的知识面为基础，有善于洞察市场变化的意识，从市场行情中收集情报，从大量事实中分析情报。接受委托和提供服务的内容实质上是情报服务，与委托人进行的是一种情报商品的交易。因此，电子商务企业活动的内容具有经济情报服务的特点。

三、虚拟企业

（一）虚拟企业及其特征

所谓虚拟企业（the virtual corporation），是当市场出现新机遇时，具有不同资源与优势的企业为了共同开拓市场，共同对付其他的竞争者而组织的、建立在信息网络基础上的共享技术与信息，分担费用，联合开发的、互利的企业联盟体。虚拟企业的出现常常是参与联盟的企业追求一种完全靠自身能力达不到的超常目标，即这种目标要高于企业运用自身资源可以达到的限度。因此企业自发的要求突破自身的组织界限，必须与其他对此目标有共识的企业实现全方位的动态战略联盟，共建虚拟企业，才有可能实现这一目标。

关于虚拟组织的内涵，学者们从不同的角度进行了阐述，目前对虚拟企业的定义有三个角度：

1. 产品角度

1992年威廉·戴维陶（Willan H·Davidow）与麦克·马隆（Michael S·Malone）合著的《虚拟企业》一书中，认为虚拟企业是指具备生产虚拟产品的……经过彻底改造的企业。而虚拟产品是相对传统产品而言的，"生产及运输等合成为效益原则，费时短，且可以同时在许多地点提供顾客多样化的选择；给一般人的印象是速度，以致人们很容易忽略另一特点——提供顾客的满足感"。相对传统产品，戴维陶称它为"虚拟产品"。显然，这类定义主要是从虚拟企业运行的结果阐述虚拟企业定义的。

2. 信息网络角度

信息网络是虚拟企业运行的技术基础,计算机、网络技术专家从技术角度阐述虚拟企业。组织结构无形化、通过信息网络加以联结的企业组织,称为虚拟企业。网上商店、网络银行等是虚拟企业的典型形态。波士顿尔菲集团董事长科勒普罗斯曾说:"我们坚信,虚拟组织这个概念,更多是出于技术方面的热情,而不是产生于正确的思维方式"。

3. 运行方式角度

虚拟企业是组织类型之一,可以从组织运行方式角度阐述其定义。普瑞斯、戈德曼、内格尔在《以合作求竞争》一书中指出:"虚拟组织是由各种企业单位形成的一种集团,其中人员工作过程都来自于这些企业单位,他们彼此紧紧联系,相互影响和作用,为了共同利益而奋斗……虚拟组织工作过程都仍然保持相互独立,互不影响。……现代虚拟组织关系是一种相对较新的组织形式,利用信息技术把人力、资产和思想动态地连接起来,是一种有机的企业网络组织。……虚拟组织是为了迎合明确的时间机遇或预期的时间机遇而产生的"。从运行的方式角度定义,虚拟企业就是功能特点专长化,存在形式离散化、运作方式合作化的企业。

虚拟企业的特征主要表现在:①虚拟性。虚拟企业没有正式的企业名称,不具有独立的法人资格,没有固定的生产厂房,没有正式的企业员工,其成员企业分布于世界各地,他们是通过信息技术进行沟通和联系,以合同或契约规范日常的经济行为。②实时反应性。虚拟企业超越了时间的限制,面对急剧变化的市场环境,以商机为中心,迅速成立动态合作组织,并且其组织结构是扁平化的,使决策层贴近执行层,从而可以对环境作出快速响应。③并行作业。虚拟企业超越了空间的限制,也不受生产链条的约束,并联作业,实现了最高形式的专业化分工;④"明星组合"。虚拟企业的各成员企业都拥有独特的核心竞争力,并且只提供自己最专长的功能,从而形成优势互补的统一体,实现了强大的"明星组合";⑤组织结构扁平化。虚拟企业的成员是平等互补的,没有上下级的关系,因而其组织结构是高度扁平化的,呈现出"橄榄型"或"哑铃型",所以虚拟企业对快速变化的市场环境,能迅速调整战略和战术决策,其适应能力很强。⑥合作不持久。虚拟企业是一种动态的联盟关系,是基于商业机遇中的项目、产品或服务组合而成的,因而项目结束也标志着合作关系的停止,这也使得虚拟企业具有很强的灵活性。

(二)虚拟企业组织基本要素和工作模式

虚拟企业组织有三个基本要素,他们是虚拟企业成功的精髓:人、目标、连接,见表6-1。

表6-1 虚拟企业组织的三要素

人	组织的基本存在要素,由具备若干自主权的独立成员组成
目标	凝聚组织的向心力,成员间达成共识的目标
连接	渠道、互动和彼此的关系,是一个纵横交错的网络

虚拟企业组织往往表现出独特的工作模式,人们住在不同的地点又来自不同组织,需克服不同语言、不同文化和习俗背景进行沟通,这种组织的工作模式如表6-2所描述。

第六章 电子商务组织管理

表 6-2 虚拟组织工作模式

	输入	过程	输出
人	独立成员	共享领导权	层级整合
目标	合作目标	相互依存的任务	具体成果
连接	多重媒介	跨界线互动	信赖关系

第三节 电子商务组织的运行机制

电子商务组织的运行机制主要包括激励机制、决策机制、沟通机制、竞争机制和分配机制。

一、激励机制

(一)激励机制的含义

激励机制是指通过一套理性化的制度来反映激励主体与激励客体相互作用的方式。激励机制的中心是把个人为企业做出的业绩与个人利益联系在一起。换而言之,设计激励机制的出发点是承认人的利己本性,并用某种手段把这种利己引向有利于整个企业效率的提高。激励机制在本质上是要把个人的利己与企业效率统一起来,使个人利己的行为成为能促进企业效率提高的行为。"管理深处是激励",哈佛大学的詹姆斯教授在对激励问题进行了专题性研究后提出:如果没有激励,一个人的能力仅能发挥 20%~30%;如果加以激励,则可发挥到 80%~90%。可见,激励对职工能力的发挥有多大的促进作用。通过建立公平合理的激励机制可以充分挖掘人的潜能,让人为企业和社会多作贡献。

(二)构成激励机制的要素

激励机制是通过一套制度来反映企业与员工相互作用的方式。根据激励机制的定义来看,激励机制主要由构成这套制度的以下几方面要素来体现。

1. 各种诱导因素

诱导因素就是用于调动员工积极性的各种奖酬资源。对诱导因素的确定,必须建立在对员工个人需要进行调查、分析和预测的基础上,然后根据企业所拥有的奖酬资源的实际情况设计各种奖酬形式,包括各种外在性奖酬和内在性奖酬(通过工作设计来达到)。在这方面,马斯洛"需要层次理论"可用于指导对诱导因素的确定。

2. 行为导向制度

行为导向制度是企业对其成员所期望的努力方向、行为方式和应遵循的价值观的规定。在企业中,由诱导因素诱发的个体行为可能会朝向各个方向,即不一定都是指向企业目标的。同时,个人的价值观也不一定与企业的价值观相一致,这就要求企业在员工中间培养统驭性的主导价值观。行为导向一般强调全局观念、长远观念和集体观念,这些观念都是为实现企业的各种目标服务的。勒波夫(M. Leboeuf)博士在《怎样激励员工》一书中指出:世界上最伟大的原则是奖励;受到奖励的事会做得更好,在有利可图的情况下,每个人都会干得

更漂亮。一般情况下,受到奖励的行为方式,对很多企业来说,都可作为其员工的行为导向。

3. 行为幅度制度

行为幅度制度是指对由诱导因素所激发的行为在强度方面的控制规则。根据佛隆的期望理论,对个人行为幅度的控制是通过改变一定的奖酬与一定的绩效之间的关联性以及奖酬本身的价值来实现的。根据斯金纳的强化理论,按固定的比率和变化的比率来确定奖酬与绩效之间的关联性,会对员工行为带来不同的影响。前者会带来迅速的、非常高而且稳定的绩效,并呈现中等速度的行为消退趋势;后者将带来非常高的绩效,并呈现非常慢的行为消退趋势。通过行为幅度制度,可以将个人的努力水平调整在一定范围之内,以防止一定奖酬对员工的激励效率的快速下降。

4. 行为时空制度

行为时空制度是指奖酬制度在时间和空间方面的规定。这方面的规定包括特定的外在性奖酬和特定的绩效相关联的时间限制,员工与一定的工作相结合的时间限制,以及有效行为的空间范围。这样的规定可以防止员工的短期行为和地理无限性,从而使所期望的行为具有一定的持续性,并在一定的时期和空间范围内发生。

5. 行为归化制度

行为归化是指对成员进行组织同化和对违反行为规范或达不到要求的行为处罚与教育。组织同化(organizational socialization)是指把新成员带入组织的一个系统的过程。它包括对新成员在人生观、价值观、工作态度、合乎规范的行为方式、工作关系、特定的工作技能等方面的教育,使他们成为符合组织风格和习惯的成员,从而具有一个合格的成员身份。关于各种处罚制度,要在事前向员工交代清楚,即对他们进行负强化。若违反行为规范和达不到要求的行为实际发生了,在给予适当处罚的同时,还要加强教育,教育的目的是提高当事人对行为规范的认识和行为能力,即再一次的组织同化。所以,组织同化实质上是组织成员不断学习的过程,对组织具有十分重要的意义。

以上五个方面的制度和规定都是激励机制的构成要素,激励机制是五方面构成要素的总和。其中诱导因素起到发动行为的作用,后四者起导向、规范和制约行为的作用。一个健全的激励机制应是完整的包括以上五个方面的制度体系。只有这样,企业才能进入良性的运行状态。

二、决策机制

诺贝尔经济学奖获得者西蒙指出:"决策制定过程是理解组织现象的关键所在。"[①]他甚至提出"管理就是决策",可见,决策在组织管理中的重要性。对现代企业组织来说,关键的问题是,在组织基本结构中,如何使有关决策协调一致,并保证它们符合组织的总目标。

企业组织的决策机制及决策产生的整个过程是在众多因素的共同作用下形成的,因而呈现出不同的模式。主要有:①集权模式;②分权模式;③群体决策,即委员会决策模式。在企业组织中,决策权的分配是影响到企业经营绩效的重要问题,也是体现其决策模式的重要方面。进行决策之前必须解决好决策权的分配问题。在实施一项决策的过程中所付出的由

---

① (美)郝伯特·西蒙:管理行为—管理组织决策过程研究[M].北京:北京经济学院出版社,1988:31.

第六章 电子商务组织管理

决策权分配形式所决定的代价称为决策成本。决策成本包括信息传递成本和代理成本,企业采用集权还是分权的组织结构,就是对这两种成本的权衡。

电子商务的发展给企业的经营管理带来了巨大的挑战和变革,决策权的分配作为企业组织结构的重要内容,受到了电子商务的深刻影响。电子商务对企业组织层级结构变革的影响分析表明,电子商务环境下,企业组织结构趋于扁平化,管理层次减少,委托—代理链缩短,决策的代理成本减小。因此,信息传递成本就成为决策权分配的主要考虑因素,专门知识位于企业组织的哪个层次至关重要。电子商务加剧了企业间的竞争,快速反应成了企业的制胜法宝,要求企业的基层员工(距离市场与消费者最近)具备必要的相关知识,并能对环境的变迁、消费者的需求做出"即时"反应,企业的专门知识主要集中于基层。相应的,企业应采用分权决策的组织结构形式。

三、沟通机制

(一)组织沟通

美国著名未来学家奈斯比特曾指出:"未来的竞争是管理的竞争,竞争的焦点在于每个社会组织内部成员之间及其与外部组织的有效沟通上。"管理者与被管理者之间的有效沟通是任何管理艺术的精髓。

美国传播学研究者 G. M. 戈德哈伯对组织沟通下了这样的定义:组织沟通是由各种相互依赖关系而结成的网络,是为应付环境的不确定性而创造和交流信息的过程。这个定义包含五个基本概念:过程、信息、网络、相互依赖和环境。

(二)沟通的类型

沟通的实现有赖于良好的机制:第一种是通过正式的沟通渠道。正式沟通是指通过正式的组织程序所进行的沟通。它是沟通的一种主要形式,一般与组织的结构网络和层次相一致。在正式沟通中根据信息的流向,沟通又可分为自上而下的沟通、自下而上的沟通和横向沟通。如月会、周会、座谈会。

第二种是通过非正式的沟通渠道。非正式沟通是指在正式制定的规章制度和正式组织程序以外所进行的各种沟通。如周末旅游、小型聚会等。非正式沟通带有一定的感情色彩,它就像蜿蜒的小道似的在整个组织机构内盘绕着,其分支伸向各个方向,因而缩短了正式的垂直和水平交往的路线。非正式沟通如果运用得好,可以作为正式沟通的补充,有利于密切人们之间的感情,从而有助于完成组织目标。但如果非正式沟通运用得不好,也会涣散组织,从而给工作带来意想不到的危害。

(三)电子商务对沟通的影响

电子商务使企业内部、企业之间、企业与消费者之间的沟通与联系更加迅速与便捷,信息的获取更加容易。

首先,电子商务使企业组织内部的运作基础发生改变,通过 EDI 和网络技术使企业各部门如采购、制造、财务、市场服务等部门间形成紧密的内部联系。企业网络中的每一个节点能够直接与其他节点交流,而不论信息及他人位于网络的何处。通过电子商务,企业内部各个管理层之间的信息互动式交流与传播成为可能,企业高层管理人员通过网络系统,低成

本地及时过滤各个基层机构形成的原始信息,使管理者尽可能接近一线生产过程,提高了管理层获取和处理信息的效率,降低了企业组织的管理成本。

其次,电子商务使企业之间的沟通与联系更加便捷,信息更加公开与透明,极大地降低了企业间的交易成本。在传统的商务运作中,高的通信成本、购销成本、协作成本大大增加了企业的负担,成为阻碍企业组织间协作的主要因素。电子商务的发展,使得企业可以与主要供应商之间建立长期合作伙伴关系,并将原材料采购与产品的制造过程有机地配合起来,形成一体化的信息传递和信息处理体系。有资料表明,使用 EDI 通常可以为企业节约 5%～10% 的采购成本。电子商务还使得贸易双方的交流更为便捷,大大降低了双方的通信往来费用,简化了业务流程,节约了大量的时间成本与传输成本。通过电子商务,供应链伙伴(供应商、制造商、分销商等)之间更加紧密地联系在一起,大大改善了销售预测与库存管理,降低了整个供应链的库存成本,并节省了仓储、保管、行政等多方面的开支。

最后,电子商务增强了企业同消费者间的沟通与反馈。在网络上销售商品时为消费者选购商品、接受服务的方式增加了更多的选择性。从 B2C 的电子商务方式来看,网络营销具有多种营销功能,它不但增加了购物渠道和购物方式,而且提高了商品与服务的顾客化程度,形成了以消费者为中心的价值链。反观传统的商务运作模式,企业与消费者之间往往要经过多级营销链,营销链的存在一方面使消费者难以与企业沟通,另一方面增加了企业的营销费用,提高了商品的价格。因此,传统商务运作模式是以大规模生产为基础,企业通过大规模生产标准化产品来降低成本,以赢得竞争的优势。而电子商务则使消费者可以直接向企业定购个性化的产品,使消费者多样化需求的满足成为可能。

四、竞争机制

竞争是企业在市场中的常态。市场机制的作用,在很大程度上是通过竞争得以实现的。企业组织的生产经营活动只有通过市场交换,才能实现价值的飞跃。企业为实现其利润增值和最大化,必须在市场上与其他经营者竞争一般而言,企业组织在市场上的竞争来自于各个方面,包括同行业竞争对手、潜在的进入者和替代品生产者以及来自于买方和卖方的压力。电子商务使企业组织的市场竞争更加激烈,原因在于,网络使得参与市场竞争的各个主体之间的信息流动更加方便,信息的不对称状况得到改善。

电子商务手段的采用,使得经济生活完全打破文化习俗的影响,排除了语言交际的障碍和意识形态的差异,使整个世界连为一体。由于信息的开放性,电子商务市场与传统市场的主要区别在于其较低的进入障碍、较低的管理成本和得到完全的产品与需求信息的机会。因此,从经济学角度看,电子商务有着完全竞争市场的很多特征。这一切都意味着企业之间的竞争将进一步加剧,原先平静的竞争格局被迅速打破,没有效率、没有顾客的企业与残酷的现实一下子拉得很近。电子商务的出现还使得传统的企业组织理论发生动摇,原先企业依仗的竞争优势(如规模经济、信息垄断等)作用下降,企业的优势从依靠规模变为重视速度,依靠产品(服务)的质优价廉变成重视顾客个性化需求的满足。

五、利益分配机制

利益分配机制是推动管理对象为获得一定的物质利益而向管理目标趋近的客观推动

第六章 电子商务组织管理

力。在电子商务环境中,由于产业链的细化,同一种产品和服务往往有多个组织共同参与,因此,从事电子商务的企业的商业运营模式相应的发生改变。以电子商务为基础的供应链管理等新理念使企业的利益机制发生变化,企业利益最大化将被供应链利益最大化所取代。此时,企业的利益不再完全取决于自身的努力,还需要和渠道伙伴进行密切的协作才能获得。在行业内部形成多方参与,利益均沾的利益分配机制。如,中国移动的"移动梦网"模式。在组织内部,也存在着不同的部门、岗位的利益冲突。因此,如何处理好组织内部的利益分配也是电子商务企业组织管理中的重要问题。

第四节 电子商务组织的管理制度

一、制度及管理制度

(一)制度的内涵

制度是指人们在行为中所共同遵守的办事规程或行为准则。更通俗地讲,制度就是社会成员的行为规范或共同认可的模式。就一个社会而言,其中任何个人、组织、社团,甚至包括政府都生存在特定的制度体系中,受其束缚或制约。从制度存在的形式来看,制度包括可辨别的正式制度和难以辨识的非正式制度。简言之,制度即行为的模式。它可以是正式的、成文性的、上升为国家意志的并受国家法律保护的制度,也可以是非正式的、不成文的、没有上升为国家意志的、不受国家法律保护的制度。研究者们从不同的角度给出制度的相关解释。例如,诺斯认为"制度是一个社会的游戏(博弈)规则,更规范地说,它们是为决定人们的相互关系而人为设定的一些制约"。诺斯在其《论制度》一文中强调:"制度是为人类设计的,构造了政治、经济和社会相互关系的一系列约束。"

总而言之,制度是规范和约束组织和个人行为的一系列规则或章程。制度必须随着环境的变化而变化,是生存竞争和淘汰适应过程的结果。

(二)管理制度

管理制度是企业员工在企业生产经营活动中,须共同遵守的规定和准则的总称。企业管理制度的表现形式或组成包括企业组织机构设计、职能部门划分及职能分工、岗位工作说明、专业管理、工作流程、管理表单等制度类文件。管理制度的核心是规范性,只有具备一定的规范性才能发挥管理制度的作用。管理制度本身就是一种规范。

任何一个成功的机构、组织、企业的背后,一定有它们规范性与创新性的管理制度作为支持,在规范性地管理着日常活动,保证流程和效率,并为突发事件做出有效的预案。

企业因为生存和发展需要而制定这些系统性、专业性相统一的规定和准则,就是要求员工在职务行为中按照企业经营、生产、管理相关的规范与规则来一致地行动、工作,如果没有统一的规范性的企业管理制度,企业就不可能在企业管理制度体系正常运行下,实现企业的发展战略。

(三)管理制度的特点

管理制度的最大特点是规范性。管理制度的规范性是在稳定和动态变化相统一的过程

中呈现的。

企业管理制度的规范性要求企业管理制度是稳定和动态统一的、一般情况下不变的规范。企业应该根据自身发展的需要而实现相对的稳定和动态的变化。在企业的发展过程中,管理制度应具有相应的稳定周期与动态时期,这种稳定周期与动态时期是受企业的行业性质、产业特征、企业人员素质、企业环境、企业家的个人情况等相关因素综合影响的。

二、电子商务组织制度

电子商务组织制度主要是对管理体制、机构设置、领导关系、部门职责、岗位职责作出的规定。其主要的制度类型有:

(1)组织职权管理制度。组织职权管理制度是对各部门在其间履行不同职能、享有不同职权的规定。其内容主要包括经营决策权、指挥权、监督权、利益分配权、咨询权等等。

(2)领导工作职责管理制度。领导工作职责是电子商务组织内部对各级管理人员的责任与义务的规定,主要包括董事会、董事长、总经理以及部门经理等管理者的工作职责。

(3)部门工作职责管理制度。电子商务组织内设有不同性质的各种部门,不同的部门均有不同的职责。包括:人力部门、财务部门、生产部门、产品开发部门、质量管理部门、IT技术工程部门、营销部门、采购部门、储运库存部门等的工作职责。

(4)人员岗位职责管理制度。人员岗位职责管理制度是指某一职能部门的人员具体负责某些方面的工作,并且在开展这些工作时,必须遵循哪些原则与组织制度的规定。其内容主要包括岗位目标、岗位权限、岗位任务、岗位责任、岗位报酬等内容。

三、电子商务组织制度创新与变革

(一)电子商务组织制度创新与变革的重要性

组织制定管理制度的目的是在组织内部规范行为,使组织高效率地运转。随着各方面条件的变化,制度会有滞后的问题。电子商务技术改变了组织的生产、沟通和决策模式,同样也对科层制组织的管理制度带来了冲击。作为一种崭新的商务运作方式,电子商务改变了企业间、企业内部、企业与消费者间传统的联系方式,使企业的内外生存环境发生了极大变化,进而呼唤并导致企业组织制度和结构的创新与变革。

在企业内部,电子商务为企业变革提供了经济动力。网络环境使企业面对广阔的实时信息交流渠道。电子商务在企业内部网络的应用,一方面提高了企业内部业务流程各环节的效率,同时也改变了组织内部部门与人员之间联系和交流的方式,管理的幅度变宽,组织的层级迫切需要减少,传统的科层组织不再适应电子商务组织的运作环境,组织面临创新与变革的压力。

(二)制度对企业创新与变革的影响

制度对企业的创新与变革有着重要的影响。一般认为,制度包括了认知、规范、规章等方面的结构和活动,这些结构和活动使社会行为体现出具体的意义和稳定性。由于企业在一定的制度环境下从事生产经营,因此其组织方式必须与制度相适应。虽然电子商务技术给企业带来了创新与变革的压力,但如果制度环境没有实现相应的转换,企业的组织创新与

第六章　电子商务组织管理

变革仍面临种种障碍。

制度通过宏观和微观两个层次对企业组织创新与变革产生影响。从企业经营的宏观环境来看，电子商务应用的相关组织变革过程，与法律、税收、支付、信用、通信物流配送的方面的一系列制度安排有直接关系。例如，在信用基础薄弱、支付机制与物流配送体系不完善、通信基础设施落后的制度环境中，无论企业开展何种形式的电子商务应用、客户关系管理等组织创新与变革方式都难以向企业外部拓展，从而影响其实施效果。因此，虽然新的技术手段是企业变革的重要驱动因素，但是，制度变迁和完善具有同等重要的意义。当然，从另一个方面来看，原有的制度安排也可能使企业加快电子商务应用和组织变革。例如，政府的反垄断制度设计，可能成为企业利用网络技术发展虚拟组织所考虑的重要方面，不过，这种现象也反映了现有的制度安排与网络环境下的企业经营不相适应，同样有制度创新与变革的需要。

从微观层次上看，企业在长期经营中所形成的制度特征，影响着与电子商务应用相关的企业创新与变革进程。金字塔式的科层企业组织，容易衍生出各种各样的集中管理制度，强调自上而下的决策过程。这种结构的管理层次较多，中层管理人员上传下达，起到信息的传递作用。电子商务的应用，促使企业的基层部门和一般员工广泛地使用信息技术，扩大信息交流范围，提高信息处理效率，从而出现强化自主决策能力、提高管理参与度的趋势。这必然与传统的企业管理制度发生冲突，并有可能因此受到制约。电子商务引致的企业组织结构扁平化的变革趋势，在一定程度上取决于传统上立足于企业垂直的企业管理制度的转换情况。此外，传统的企业管理出于实施战略的需要，设计了详尽的企业管理控制制度，这些制度一方面防止了组织内群体和个人的机会主义行为，另一方面也限制了企业员工的灵活性和创造性。但是，电子商务的应用，导致企业基于网络的虚拟工作环境，在很大程度上削弱了经理人员的管理控制能力，实际上也不需要他们按传统的方式进行管理控制。相反，上下级之间、部门之间，员工之间的信任基础和信任机制显得更加重要。也就是说，电子商务应用的推广，要求企业实现从"控制"到"信任"的制度转换。否则，有关的组织创新与变革将难以推进。

本章小结

组织结构是一个组织的框架体系。在管理实践中，常见的组织结构有直线职能制、事业部制和矩阵组织结构。

涉足电子商务活动的组织主要包括传统企业、电子商务企业和虚拟组织三种形式。

有效的组织运行机制是组织在激烈的市场竞争中立于不败之地的一个主要原因。电子商务组织的运行机制主要有：激励机制、决策机制、沟通机制、竞争机制、利益分配机制。

管理制度是企业员工在企业生产经营活动中，须共同遵守的规定和准则的总称。企业管理制度的表现形式或组成包括企业组织机构设计、职能部门划分及职能分工、岗位工作说明，专业管理制度、工作流程、管理表单等管理制度类文件。管理制度的核心是规范性。

电子商务组织制度主要是对管理体制、机构设置、领导关系、部门职责、岗位职责作出的规定。其主要的制度类型有：组织职权管理制度，领导工作职责管理制度，部门工作职责管理制度，人员岗位职责管理制度。

思考题

1. 组织结构的特性有哪些？影响组织结构的因素有哪些？
2. 电子商务给企业的组织结构带来了怎样的影响？
3. 电子商务的组织有哪些类型？各类型的组织结构有哪些特征？
4. 建立有效的激励机制对电子商务组织发展的作用有哪些？
5. 在组织结构变革中，如何减少变革阻力？

案例分析

腾讯组织变革的梳理与启示

如同大多数处于创业期的企业一样，1998年成立的腾讯在创业初期将企业的重点放在了产品研发和市场拓展方面。当时年幼的"企鹅"规模小、人心齐、管理简单，因此组织设置并不复杂，为职能式组织架构。腾讯"五虎将"中的马化腾为CEO，其他四位创始人根据自身所长各管一摊。其中，技术天才张志东分管研发；性格开朗、能言善辩的曾李青分管市场和运营；陈一丹严谨稳重，分管行政、人力资源和内部审计；随和但又不乏主见的许晨晔分管信息部、公共关系等职能部门。可以说，职能式的组织架构保证了腾讯在各专业职能领域的深入发展与经验积累，组织运作效率在当时的组织规模下也发挥至了最优，为腾讯业务的快速成长打下了坚实的基础。

管理学教授Greiner, L. E.在《组织成长中的演变与变革》一文中指出："组织在某一阶段的最佳管理实践将会带来另一阶段的管理危机。"职能式组织架构对腾讯早期的快速扩张发挥了至关重要的作用，至上市前，腾讯的业务部门已增至30多个，人员规模也达到两三千人。在这种规模下，当时的组织架构已经无法跟上组织发展的步伐，致使公司在管理上出现一系列问题。与此同时，在外部市场环境方面，网络游戏、网络媒体、移动互联网等市场机会均已出现，在看到这些机会萌芽后，腾讯管理层果断进行了新业务布局，并制定了"打造一站式在线生活平台"的战略发展方向，以期把腾讯做成互联网上的"水"和"电"。

由职能式向业务系统制转变

正是基于上述存在的管理问题，以及新的战略与业务布局，在2005年，以上市为分水岭，腾讯提出了"二次创业"的概念，并对组织架构进行了第一次大规模调整，由原来的以职能分工为特征的职能式组织架构调整为以产品为导向的业务系统制组织架构。

如果将组织看作是由横向业务分工与纵向决策分工构成的双重分工系统，那么从横向上看，腾讯调整后的组织架构共分为八大系统，其中B1无线业务系统、B2互联网业务系统、B3互动娱乐业务系统和B4网络媒体业务系统作为生产线，主要承担一线盈收；B0企业发展系统负责国际业务拓展与战略投资，其与S职能系统同直属于腾讯最高层管理机构——总经理办公室；另外两大系统分别为O运营平台系统和R平台研发系统。从纵向上看，腾讯的组织层级主要分为三层：系统—部—组，在这三层之间也存在"线"和"中心"两层选设机构的情况，但在设置上需要满足严格要求，腾讯这样划分组织层级的目的是希望尽量使组织扁平化，从而提高决策效率，快速响应环境变化。

这种以产品为基础的组织架构成为当时业务发展的重要助推器，帮助公司形成了一套

第六章 电子商务组织管理

非常坚固的产品体系,使其超预期达成了当初设定的战略目标,得到了用户的广泛认可。但随着业务的发展,这种组织架构也为腾讯带来了"大公司病"的困扰。《时代周报》的《失控的腾讯帝国》以及《南方周末》的《腾讯组织架构变革:自己与自己的战争》两篇文章分析了腾讯当时存在的管理问题:各部门产品依赖 QQ 软件作为资源导入,在激烈争夺资源的过程中,严重破坏了 QQ 的品牌形象与用户体验,也导致部门矛盾和创新不足;移动互联网时代出现的很多新的产品与领域难以被清晰划归到某一业务系统,出现不同产品团队争夺某一产品的现象,致使很多新产品在研发初期严重内耗;庞杂的业务发布在四大 BU,导致组织决策复杂、层级过多、业务关系混乱、部门设置重复;高层领导拉帮结派,部门官僚气氛严重,各自为政。与此同时,腾讯的业务发展也遇到瓶颈,除游戏业务作为"现金牛"持续贡献收入外,当时的腾讯在新业务上并没有太多亮点,这座孤傲的冰山已经开始出现融化的迹象,如果再不主动谋变,将注定失去未来。

由业务系统制向事业群制转变

基于上述管理与业务问题,面对用户新需求、新技术、新业务模式层出不穷的市场环境,2012 年 5 月 18 日,腾讯对自身组织架构进行了 7 年以来最大规模的调整,从原来的以产品为导向的业务系统制升级为事业群制,对原有业务进行了较为彻底的梳理与重构,重新划分成企业发展事业群(CDG)、互动娱乐事业群(IEG)、移动互联网事业群(MIG)、网络媒体事业群(OMG)、社交网络事业群(SNG),整合原有的研发和运营平台,成立新的技术工程事业群(TEG),并成立腾讯电商控股公司(ECC)。

这次组织架构调整根据各个业务的属性,对组织单元的边界划分更加清晰,减少了业务重叠而产生的部门矛盾,同时也使得组织单元更加专注和聚焦,从而更加深刻理解并快速响应用户需求,发挥了事业群内部的"小公司"精神。此外,互动娱乐、移动互联、网络媒体、社交网络、电子商务五大业务在技术工程与企业发展两个事业群的技术支撑与资源供给下更加协同,充分发挥了"一个腾讯"大平台的整合优势。

同时,这次组织架构调整也推动腾讯核心业务从社交一个方向向社交、游戏、网媒、无线、电商和搜索六个方向突进,这样腾讯一直以来赖以生存的根本由一变六。这六块业务也将借此进一步打造开放平台,在各自专业领域纵深发展,通过扶持产业链上的合作伙伴,构建一个开放共赢的有机生态系统。正如马化腾所说"腾讯的立业之本是我们的 IM 平台"。过去的组织结构,都是从这个平台上长出来的,都是从这棵榕树衍生出来的枝枝杈杈。可是,虽然枝杈变得越来越多并且落地生根,这还只是一棵树。面向未来,我们必须要向互联网更高的境界迈进。我们需要去构建一个生态系统,与合作伙伴一起培育一片森林。

公司级组织的升级与分拆

继 2012 年 5 月组织架构调整之后,腾讯又分别在 2013 年 1 月、3 月和 9 月连续对旗下几大事业群的架构进行了一系列调整优化,其中变化较大的是对移动互联网事业群(MIG)相关业务的分拆,使其聚焦于浏览器、安全、搜索、应用平台等平台型业务。但发生于 2014 年 5 月的组织架构调整则体现了腾讯再造一个企鹅帝国的决心。

面对公司整体增长放缓的现状以及移动互联网社交产品微信迅速崛起的机会,2014 年 5 月 6 日,腾讯宣布成立微信事业群(WXG),并撤销腾讯电商控股公司,将其实物电商业务并至 2014 年 3 月刚刚入股的京东,O2O 业务并至微信事业群。此次调整使微信由一支产

品升级为战略级的业务体系,并承担起腾讯在移动互联时代战略转型与业务持续增长的重任。

继2014年5月组织架构调整后的5个月时间里,腾讯同样持续了一系列组织架构微调,包括7月撤销网络媒体事业群(OMG)的腾讯微博事业部,10月调整互动娱乐事业群(IEG)自研游戏组织体系等。由于变革的效果往往存在滞后性,这一系列调整带来的得失将等待时间去验证。

变革的启示

纵观腾讯成立16年来的历次组织架构调整,在感叹其变革程度波澜壮阔,变革节奏越发迅速的同时,作为组织发展从业者的我们,也可从中得到如下启示:

1. 没有绝对完美,只有最为匹配

组织发展专家 NaomiStanford 曾经指出:"组织设计受商业战略和运营环境驱动。"对于腾讯来说,无论是早期的职能式组织架构,还是后期的业务系统制或事业群制组织架构,都是根据当时组织内外环境以及业务发展战略进行的因需而变,某一阶段的组织架构很有可能成为另一阶段的组织桎梏。因此,对于任何一家组织来说,应将变革调整作为其长期管理提升的一个组成部分,培养一种有机式的"自适应"能力,从而根据环境的变化来不断发展和演化。

2. 难以一步达成,贵在逐步到位

组织变革往往是对公司政治权力的再次分配,其间阻力重重。如果仅凭一腔热情抑或理想主义,很难产生预期收益。腾讯经历的大规模组织调整并非每次都能做到一步到位,而是通过后续一系列"小步快跑"式的调整优化,才使变革不断接近马化腾心中的预期,这里面既有对外部环境缺乏清晰的判断,也有对内部权力存在的妥协平衡。因此,在进行组织架构调整时,切勿过于激进,应当对组织准备度进行充分评估,顺势而为,必要时需要具备"曲线救国"的心态,在持续的动态优化中缓冲变革阻力,达成变革预期。

3. 有得必将有失,但求问心无愧

组织是由不同要素构成的复杂系统,往往牵一发而动全身。组织架构调整在为腾讯产生发展动力的同时,也曾为其带来"断腕般"的剧痛。2012年11月与2013年1月,腾讯两位创业级元老,同为公司高级执行副总裁的李海翔、刘成敏纷纷离职,官方发布称因家庭原因离职,但不得不令人联想并归因为腾讯前期对两位元老所掌管的搜索、移动互联业务的折分重组。两位元老离职带来公司元气损伤的同时,也是对马化腾人性与内心的巨大考验。变革必将付出代价,只要组织以长远发展为根本出发点,秉承一颗公平公正的心,变革产生的沉痛终将随风消散。

资料来源:吴江.腾讯组织变革的梳理与启示[EB/OL].[2014-11-07]http://www.360.doc.com/conent/14/1107/17/17132703-423378929.shtml.

第七章
电子商务"三流"管理

 内容提要

本章内容主要是介绍电子商务"三流"即信息流、资金流和物流的相关内容。主要分析"三流"之间的关系,并进一步剖析"三流"在电子商务企业中的作用。后面几节的内容分别论述信息流、资金流和物流的内涵、特点、运作流程、对分析其对企业开展电子商务活动的指导作用。

第一节 "三流"管理概述

随着全球信息技术的迅猛发展,Internet 迅速普及应用,电子商务作为在整个商业运作过程中实现数据及资料电子化、直接化的一种全新商务运作方式,已成为当今世界贸易发展的新趋势。电子商务在低成本介入市场、拓展商业交易的时空、创造无限商机的同时,也塑造着新的游戏规则:传统的中间渠道、中间商接受来自各方的挑战,有些环节较多、交易成本高的渠道可能被新型的商务模式取代;商业企业开始和消费者进行互动沟通,提供大量质优价廉的服务。信息经济时代及其特有的交易方式带来企业生存环境的巨大变化,改变着现有的商业形态、流通系统和行销战略,这迫使企业在物流和信息流、资金流等方面进行重组和变革,以赢得信息经济的竞争优势。

一、电子商务与"三流"的关系

电子商务活动中的信息流、资金流、物流和商流的关系如图 7-1 所示。其中,商流是核心,三流归一,电子商务企业的一切活动都是围绕着商流来开展的,因此信息流、资金流和物流运作水平的高低、好坏会影响电子商务活动的开展。

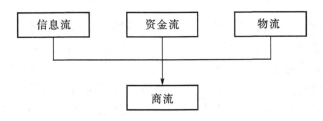

图 7-1 电子商务"三流"归一

信息流贯穿于电子商务的各个环节,不管是资金的运作,还是货物的运输、仓储和库存管理或者是谈判和签约,都需要信息的沟通和交流。所以,信息技术的构建、信息系统流程的设计是否通畅,都会影响到电子商务企业的发展。

资金是企业的血脉,资金流的运作、系统设计和控制、企业的支付体系的完善与否,也是电子商务企业发展不可忽视的环节。

物流目前在中国的发展得到了各个相关机构的高度重视,但相对于电子商务的发展和国外的物流企业,我国的物流业发展水平明显滞后。好在我国近几年来逐步改善了国内的物流发展环境,同时国外先进物流公司的先后进入给我国的物流发展带来了严重的冲击,这加快了我国物流业发展的速度。而物流业发展的好坏和快慢直接影响我国电子商务发展的水平,因此这一环节是电子商务要重解决的问题,同时也是电子商务发展的瓶颈所在。

此外,电子商务是现代信息技术和商务活动的交集,现代信息技术带来了商务模式的变革,物流、信息流、资金流呈现出一体化的发展趋势,不断循环的进行交流和融合,如图 7-2 所示。

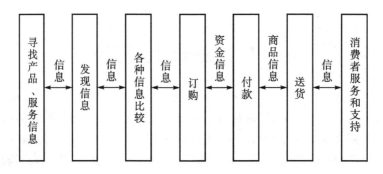

图 7-2　信息流、资金流和物流的交流与融合

在图 7-2 中,物流活动产生大量供应和产成品消费的信息,并需要准确反馈成有效信息指引物流各环节运作。信息流分析和传递技术的不断进步为信息的海量高效传递提供了基础,促进了物流服务范围扩大和物流组织管理手段完善。而物流的运作往往又伴随着资金的流动,资金的流通过程既受信息流的指导,又形成信息流新的部分。在电子商务供应链中,"三流"互动协调,物流从上游供应商往下游分销商流动,资金流则从下游往上游流动,即沿着物流的反方向流动。而信息流则是双向的,沟通了整个电子商务流程。三者的有效互动使电子商务活动中的信息传递更快捷,资源配置更优化,从而提高电子商务企业的竞争力和创新能力。

协同电子商务模式强调在传统电子商务模式基础上"三流"的充分协调和统一,使三者共同作用,及时共享,相互引导,协调合作,形成一个以信息沟通为主要手段,减少冗余步骤,实现成本最低,资源配置最优,企业利益最大化的电子商务模式。在协同电子商务环境下,信息流及时、准确地提供信息,通过物流的安全快捷实现商品使用价值,以资金流实现商品价值交换。物流、资金流、信息流有机结合,共同完成商品的生产,分配,交换等循环,形成了一个沟通协调企业内部和企业外部的协同供应链,协同电子商务模式下"三流"运作密不可分。

二、电子商务"三流"概况

在电子商务中,信息流、物流、资金流一直是其重要的元素,被人们高度重视和研究。研究"三流"的作用和关系旨在指导人们正确地运用电子商务,更快捷、高效地服务于现代商务,更进一步地降低成本、提高竞争力。以下对电子商务中"三流"的情况作简单的介绍,在后面的小节中会分别对三个要素进行深入的分析。

(一)电子商务系统的基础——信息流

信息流是指电子商务交易各主体之间信息的传递过程,是电子商务的核心要素,它是双向的。在企业中,信息流分为两种,一种是纵向信息流,发生在企业内部;另一种是横向信息流,发生在企业与其上下游的相关企业、政府管理机构之间。电子商务活动相对于传统的商务活动的最大优势是在电子商务环境下,企业借助于现代信息网络技术,使得信息的流动变得更为通畅。信息流的质量、速度和覆盖范围,尤其可以"映照"企业的生产、管理和决策等各方面的"成色"。信息不受限制地从一个地点流动到另一地点,帮助企业实时获取信息,并促使企业创造出真正的经济效益时,才具有最高的价值和意义。不仅要打破企业内部各种信息孤岛,实现数据的收集整合、加工分析、信息的传递应用,以及信息数据的再加工、应用的反复"循环",还要将企业内部的信息流与企业外部上下游用户的需求信息结合起来,形成"内外融合"的闭环的"大信息流"。通过集成实现不同层面的信息流,同时也要为建立企业间高效的信息流打好基础。

(二)电子商务最终实现的保障——物流

物流是因人们的商品交易行为而形成的物质实体的物理性移动过程,它由一系列具有时间和空间效用的经济活动组成,包括采购配送、生产加工、仓储包装、装卸、存储、运输、配送等多项基本活动。它以满足顾客的需求服务为目标,尽量消除物流过程中各种形式的浪费,追求物流过程的持续改进和创新。它包括 5"R",即以最少的成本,在正确的时间(right time)、正确的地点(right location)、正确的条件(right condition),将正确的商品(right goods)送到正确的顾客(right customer)手中。物流虽然只是商品交易的一个组成部分,但却是商品和服务价值的最终体现。电子商务的最终价值在于最大程度上方便最终消费者,"以顾客为中心"的价值实现最终体现在物流上。它既是企业保持可持续生产的保障,也是商流价值实现的载体,更是电子商务核心优势的体现。

(三)电子商务活动的媒介和纽带——资金流

资金流主要指资金的转移过程,它包括付款、转账、结算、兑换等过程。对此,有银行人士指出,"网络银行对电子商务有着重要的促进作用。如果说电子商务是部机器的话,那么网络银行就是这部机器的助推器。没有资金流的电子化,电子商务就非真正意义上的电子商务"。在电子商务中,通过银行的资金流是连接生产企业、商业企业和消费者的纽带,起着至关重要的作用。银行能否有效地实现电子支付已成为电子商务成败的关键。以一个简单的网上交易流程为例:首先持卡人向商家发出购物请求;商家将持卡人的支付指令通过支付网关送往银行;银行通过银行卡网络从发卡行获得批准,并将确认信息再通过支付网关送回商家;商家取得确认后,向持卡人发出购物完成信息,银行与银行之间通过支付系统完成最

后的行间结算。

以信息流为依据,通过资金流实现商品的价值,通过物流实现商品的使用价值。物流应是资金流的前提与条件,资金流应是物流的依托及价值担保,并为适应物流的变化而不断进行调整,信息流对资金流和物流的活动起着指导和控制作用,并为资金流和物流活动提供决策的依据,直接影响、控制着商品流通中各个环节的运作效率。

三、电子商务"三流"整合

我们知道信息流、物流、资金流是电子商务活动的三个基本组成要素,电子商务的任何一笔交易,都包含着这"三流"。这三个要素不是独立存在的,它们是时时刻刻同时起作用的。

(一)电子商务"三流"整合的意义

对于电子商务来讲,这三个要素密不可分。一方面,物流活动产生大量的原材料供应、产成品消费、并准确反馈物流各环节运作所需要的信息等;另一方面,信息技术的不断进步为信息的及时大规模传递创造了条件,反过来促进物流服务范围的扩大和物流组织管理手段的不断改进,促进物流能力和效率的提高。与此同时,物流的流通又伴随着资金流的发生,资金流的滞障又是影响电子商务物流发生的重要因素。如在由原材料供应商、零部件供应商、生产商、分销商、零售商等一系列企业组成的供应链中,物流从上游的供应商往下游的零售商流动,资金流从下游往上游流动,而信息流的流动则是双向的。三者之间的有效互动构成了一个完整的电子商务模型。信息流平台是物流平台、资金流平台的基础。没有信息流平台作技术支撑,物流平台、资金流平台都不可能有效地运转,而成为静态网,物料、资金无法快速、有序地流动,以致电子商务失去运作物流和资金流的基础。

电子商务物流平台可分为两部分:物流实体网络和物流信息网络。前者指由物流企业、物流设施、交通工具、交通枢纽等在地理位置上的合理布局而形成的网络;后者指物流企业、制造企业、商业企业通过 Internet 等现代信息技术把上述物流实体连接成共享信息网,通过信息网可实现运输工具调配的合理安排,以及在途货物的实时查询等功能。物流平台、资金流平台使信息流平台本身具有实际运用价值。信息流平台除了本身就具有包含价值的信息,它更大的价值在于使物流平台、资金流平台得以运转。在三个平台中,信息流平台是更具基础性的平台。三个平台及其相互关系共同构成电子商务运作的完整平台。没有及时的信息流,就没有顺畅的物流和资金流。没有资金的支付,物流也不会发生。

从这个意义上讲,在商务活动中,资金流是条件,信息流是手段,物流是过程。在商务活动中,企业在筹集到资金并且购买产品时如不付款,商品的所有权就不归你,这就是条件;又因为决定购买,也有了资金,然后才付之行动,这时买主就要向卖主传递一个信息,或去商店向售货员传递购买信息,或电话购物、网上购物,这些都是信息传递的过程,但这种过程只是一种手段;然而,资金流和信息流产生后,必须有一个物流的过程,否则资金流和信息流都没有意义。

(二)"三流"一体化整合的实施

将"三流"的一体化整合,是全面提高电子商务的核心竞争力,促进电子商务和谐发展的

第七章 电子商务"三流"管理

内在要求。整合就是协调"三流"全面发展,并互为促进,那么如何才能实现"三流"的有效整合呢?

一方面要更新企业管理模式。因为电子商务不仅是一种技术变革,更重要的是企业经营和管理方式的革命。通过调整企业管理模式、组织结构、权力布局、人际关系以至观念等多方面的变化,形成新的以员工为中心的团队工作模式,重组企业知识结构,彻底改变传统的以大量中层管理人员为特色的"金字塔"型组织结构,使其扁平化、小型化、虚拟化、网络化,从而充分利用信息流这个基础平台,并在这个平台上,建立以三流为导向的管理机制,来充分发挥三流的整合效益。

另一方面,要进行业务流程重组。电子商务对企业业务流程提出了新的要求,在企业内部,用信息流使各职能部门有机地联合起来,而在企业外部,通过电子化贸易把贸易各方连接到一起,各成员联系更加便捷,客户将更加主动地参与到企业运作过程中。电子商务与传统商务运作过程一样同样包括企业产品信息交流,贸易洽谈,单证交换,贸易支付,物流控制及售后服务几个阶段。

电子商务使整个生产流通过程实现高效和低成本,业务活动也打破企业的界限,从某种程度上讲,也算是企业内部与企业间的业务重组。业务重组是为了适应电子商务技术的应用与集成而对其核心流程进行时效调整,通过业务流程重组来使电子商务三流达到高度集成,从而获得最大的经济效益。

第二节 信息流管理

作为一项新的商务运作模式,电子商务突破了传统商务活动的时空界限,领导着世界潮流。对于电子商务企业来说,如何改变传统企业的信息流模式,以便更加适应现代信息技术发展的要求,使企业在搜集、获取、传输和利用信息上更加便捷和高效,成了电子商务企业当前急需解决的问题之一。以下部分内容主要从企业信息流模式的特性分析着手,通过对传统企业组织结构模式中信息流的行为方式和特点进行分析,建立电子商务企业的信息流模式,促进企业组织进行深层次的变革。并进一步分析企业信息系统的流程设计和管理,以期对正在从事电子商务的企业有所帮助。

一、信息流概述

既然信息流贯穿电子商务运作流程的全过程,发挥桥梁作用,下面我们深入探讨信息流的相关信息,让读者更透彻地了解信息流。

(一)信息流的特点和类型

1. 信息流的特点

企业信息流是企业为达成其目的而必须进行的信息交流,它与企业的组织结构有着密切的关系,它是经由企业组织所规定的一种信息流通渠道或方式,从另一个侧面反映了组织的结构形式。

一般而论,企业电子商务信息流具有以下几个特点:

(1)数字化。在电子商务环境下企业的各种信息几乎都是依托于计算机技术、网络技术

和通信技术以数字化的形态在网络媒体上自由流动,其外在表现形式就是二进制的数字代码。

(2)全球化。在企业电子商务活动中,信息通过网络可以在全球范围内自由高效地流动,从而突破了时空的束缚。

(3)标准化。企业电子商务中的各种数字化信息能在网络中自由流动的前提条件就是有一套标准技术规范的支持。从目前的实际情况来看,信息的标准化问题成为制约电子商务发展的重要瓶颈。

(4)直接化。通过各种网络技术、通信技术以及虚拟技术进行交流能大大减少信息在企业和客户间流动的环节,使得信息交流更加直接,同时也减少了信息的失真率。

(5)透明化。具体表现就是企业电子商务信息流动各个环节的透明度非常高,如:企业电子商务活动中的信息发布、信息检索、交易洽谈、签订协议、支付结算等整个信息流程都在网上公开进行,这样就大大减少了信息不对称和信息不完全所带来的各种损失,有利于改善各方的利益。

2. 信息流的类型

信息流究竟应该按照什么方式来划分,没有固定的标准和模式,主要取决于人们分析问题的不同需要。这里我们主要从信息产生的来源划分,将企业电子商务信息流分为内部信息流和外部信息流两大基本类型。

(1)电子商务企业内部信息流——源于企业电子商务内部的信息流动称为企业电子商务内部信息流,就其传递方向来看,有下行流、上行流和平行流三种。下行流,指信息在企业电子商务运作中由高层向低层的流动。下行流对于保持企业的整体性,实现企业电子商务的功能具有决定性作用。上行流,指信息在企业电子商务运作中由低层向高层的流动。上行流有助于提高企业员工的积极性和创造性,从而提高企业整体运作效率。平行流,指企业同一层次之间的信息交流,亦称横向流、水平流,是协调企业行为、解决实际问题的重要途径。

(2)电子商务企业外部信息流——传统的信息流管理系统建设把注意力主要放在企业内部信息流上,而忽视了外部信息流对企业的影响。随着电子商务时代的来临,企业外部信息流成为企业信息流的重要组成部分。

对企业电子商务有较大影响的外部信息流主要有:

①合作信息流。EDI 是合作信息流的方式之一。而 Internet 的迅猛发展使得企业构建外联网也可以实现与合作伙伴的信息交流。而且企业由于构建外联网的成本低、效率高,外联网已经成为企业电子商务合作信息流的主流载体。

②客户信息流。目前客户信息流主要有三个层次:通过 Internet 进行网上检索、导购和促销,这种信息流一般是单向的,实质上完成的是广告功能;信息流伴随着资金流,并有物流的支持,实现企业与客户之间直接通过网络完成营销的全过程;跟踪客户,与客户保持良性接触关系。

③竞争信息流。竞争信息流主要包括竞争者信息流和竞争环境信息流两部分。企业应时刻关注竞争对手,弄清谁是直接竞争对手,谁是间接竞争对手,并且对竞争对手进行信息跟踪和分析研究,制定出适时的电子商务竞争战略。

（二）信息流模式

信息流模式研究的目标之一就是如何使组织机构内部形成一个清晰、高效的信息传递路径，并通过对信息流的控制来加强企业对信息处理的能力。根据信息流的性质及组织的特点，我们对电子商务企业的信息流动作一些分析，从而构建一种适合现代信息技术发展与管理理念的信息流模式。

1. 纵向信息流的分析

首先，我们分析企业的纵向信息流。在金字塔的组织结构里，信息的上行与下行同组织的权力线相一致，并在同一条线上，其优点是保持了组织的高度统一，但却存在信息传递速度慢及信息失真的缺陷。矩阵结构中信息流的上行与下行是分开的，下行流从总经理出发经由项目经理到达员工，而上行流则从员工开始经由职能部门到达总经理处。一般来说，下行的信息流主要是任务的传递，而上行的信息流则是任务的反馈信息，将上行流与下行流的传承者分开，有利于高层管理者对组织进行有效的控制。作为信息的使用者，首要的问题是信息的有用与有效。其有用性包括信息的准确与及时，对于组织中操作层面的员工来说，及时获取上级的准确信息是重要的，如果上层的决策直接到达操作层则可解决信息的有用性，因为它可以解决信息在下达过程中的失真问题，及时而准确。信息的有效主要是指信息在决策过程中能起到一定的作用，将大量的信息资源经过类似数据挖掘过程后获得对决策有益的信息是高层管理者的愿望，从操作层传递上去的信息应该经过加工处理，变成有用的信息，否则就是海量的信息——与信息垃圾一样。

按照这种方式进行流动的信息就构成了一个回路图（如图7-3所示），该回路解决了组织中管理决策的信息传递问题。在具体组织中，自下而上的信息流动仍然通过职能部门统计分析后逐级向上传递，但采用信息技术后信息的来源变得透明，上层决策者在必要时可随时查明原始信息的出处，以加强决策的准确性。自上而下的信息可以在决策层直接分解为详细的指示和命令，并直接下达到操作人员手中，避免中间管理层的理解过程，这种理解可能导致误解（错误的理解）或曲解（在某种条件下故意歪曲理解）。

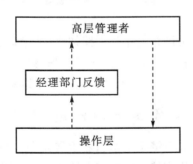

图7-3 纵向循环回路

目前一些企业组织采取的纵向信息流传递的运作是通过企业内部的信息系统，电子邮件系统直接完成信息的传递，这有利于信息的及时沟通和交流，也有利于问题的解决，对企业的决策也有促进作用。

2. 横向信息流的分析

下面我们分析横向信息流逻辑关系。横向信息流主要是指操作层面上的信息共享,但不同信息流动方式反映了企业不同的业务流程及经营模式。电子商务企业经营管理的出发点是满足顾客的需求,最终达到企业效益的提高。作为一种以客户为中心的企业经营模式,其业务流程整体设计的第一步就是进行客户需求分析(或客户的个性化定制服务);其次,在获知客户需求以后,就要进行开发设计(通过并行工程来实现);然后是采购管理,根据研发的结果,向供应商发出订货通知获取零部件(通过供应链管理来完成);接下来是组织生产,计算机集成制造系统(CIMS)使得制造过程相当的简单;最后一步是销售过程,该步骤既是上一循环的终点也是下一个循环的起点,在营销及销售过程中企业可以获取客户大量需求信息,根据这些信息,企业可以进入下一研发阶段(如图7-4所示)。

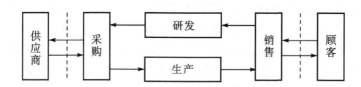

图7-4 横向信息流程的循环

图7-4中从客户出发一直到供应商是以信息流为主,反过来,从供应商到客户是以物流为主(同时伴随信息流),这表明企业的业务是以客户为出发点,以信息为导向的一个完整的循环。下面主要讨论各环节中的相互关系及主要功能。

销售环节是企业与客户间的桥梁,主要任务是售出产品并采集客户信息。在这里将客户信息进行整理分析,得出有价值的情报,该情报是企业决策的基础,是研发的起点。研发是决定企业产品生产的重要阶段,它以顾客需求为出发点,对产品的性能、式样、工艺等进行研究开发,确定最终的产品样品,并将生产所需的零部件信息提供给采购部门。采购部门根据研发的要求选择供应商,获取零部件。接下来的就是生产与销售,主要涉及生产管理与物流管理(同样也有信息流)。

从整体上看企业组织,它由两个信息流回路构成:反映管理功能的纵向信息流回路与体现经营模式的横向信息流回路。他们一方面实现着信息的传递,另一方面表示了一种功能间的逻辑关系,透过这种关系,也可以窥见电子商务企业组织结构的框架。

二、信息流在电子商务链中的作用

如前所述,信息流在电子商务链条上担当着重要角色。信息流的产生贯穿于整个业务的流转过程,信息流的不完整将直接影响物流和资金流的作用结果。传统企业一般呈"金字塔"状的等级结构,机构臃肿,调度不灵。建立在这种组织结构体系和管理模式之上的企业信息流,必然存在信息传递速度慢、信息流不能有效支持客户服务等问题。在电子商务环境下,企业通过对企业的流程重组,利用先进的通信网络技术,建立起通畅的企业信息网络,包括企业内部的信息网和企业外部的信息网,从而大大加快了企业信息流的流动速度,增加了信息的共享程度,为企业提供高质量的客户服务打下了坚实的基础。

第七章 电子商务"三流"管理

因此信息流的流动是否通畅关系到信息是否能及时到达目的地,也能反映企业组织结构的灵敏程度,这对企业制订计划、进行决策、销售和对客户资料的收集和及时反馈至关重要,有时信息流相当于企业的"命脉"。

三、电子商务企业信息系统

(一)电子商务信息流的运作

电子商务信息流的运作包括:信息的收集与处理、信息的存储与检索、对信息的利用以及对信息的反馈等流程,如图7-5所示。

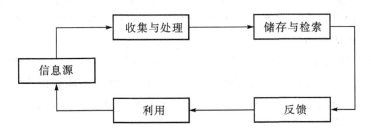

图7-5 电子商务信息流运作流程图

(二)电子商务企业信息流管理系统的架构及其特点

对于企业电子商务信息流管理系统这个复杂系统而言,我们必须采用大系统理论的系统分解法对其进行研究。首先,根据整个生态环境系统的要求,将企业电子商务信息流管理系统按一定的标准分解成若干子系统;然后,再结合与邻近子系统的相互影响及关系将各子系统经过综合协调构成一个总体系统——信息流管理系统。据此,我们认为企业电子商务信息流管理系统应该按图7-6所示的功能模块来构架。

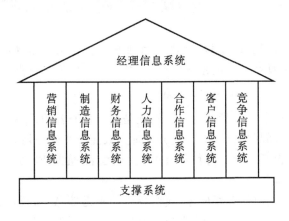

图7-6 信息系统架构

整个信息流管理系统是一种扁平化结构,由上自下共分为三层。第一层就是经理信息系统,是企业高层管理人员决策时使用的信息系统。第二层有七个子系统:营销信息系统、制造信息系统、财务信息系统、人力信息系统、合作信息系统、客户信息系统和竞争信息系

统,它们共同支持着经理信息系统。最下一层就是支撑系统,它负责对整个信息流管理系统的监测反馈,提供企业电子商务"动态联盟"的信息流接口。值得说明的是,这里是从逻辑的角度来划分企业电子商务信息流管理系统模型,而不是从物理的角度进行划分。

电子商务信息流管理系统具有如下特点:

(1)以 Internet/Intranet/Extranet 为依托。企业电子商务运作是建立在三级网络体系之上的,即企业内联网(Intranet),企业外联网(Extranet)以及国际互联网(Internet)。也就是说,企业信息流系统以这三个网络体系为载体。

(2)系统维护、开发、升级的经济性。企业电子商务信息流管理系统的开发、维护与升级的费用是非常敏感的。而基于 Internet/Intranet/Extranet 的企业电子商务管理信息系统所具有的框架结构可以大大节省这些费用。同时系统对前台客户机的要求并不高,可避免盲目进行硬件升级造成的浪费。

(3)强大的自适应能力。企业电子商务所具有的动态业务流程重组和组织机构重构的特性要求相应的信息流管理系统应具有很好的适应能力,能方便地进行功能的组合和调整,以适应动态组合后新的业务流程的需要。而且,它还应能同时满足企业内部各部门和外部合作伙伴间信息集成和管理的需要。

(4)快速反应性。企业电子商务信息流管理系统能够跟踪、分析和反映瞬息万变的市场动态,使管理决策者可随时根据企业内外条件的变化作出迅捷的反应,及时调整企业的战略决策,体现出企业电子商务经营管理的敏捷性特点。

(5)智能化的信息处理功能。如智能化的业务过滤和处理功能,即系统能自动识别什么是普通业务、什么是特例业务,对于普通业务能按照事先设定的方法进行处理,过滤出特例业务留给管理者亲自处理,而且还能够通过用户的设置不断学习新的业务及其处理方法。

(6)良好的开放性和兼容性。企业电子商务是利用网络和信息技术打破地域阻隔的一种新型运作模式,信息既要在企业内部流动,也要在合作伙伴之间流动,这就要求企业电子商务中的信息流管理系统不是一个封闭型系统,各种不同的信息系统之间要能够方便地实现交互与集成。

此外,相对于传统信息流管理系统而言,企业电子商务信息流管理系统还能提供灵活的信息交流与发布服务、具有更强的系统安全性、统一用户界面等特点。

(三)电子商务企业信息系统的管理

对电子商务企业信息流管理系统进行管理是指在信息流管理系统开发工作完成之后,为确保系统按照预期规划的目标运行,充分发挥其效能所需的一切必要条件、运行机制及保障措施。其内容主要包括系统运行目标管理、系统运行规范管理、系统评价体系等内容。

1. 系统运行目标管理

目前,在信息日益泛滥的互联网上,我们缺少的不是信息,缺乏的是怎样去发现和找到有效的信息,因此提高信息的含金量成为企业信息系统开发和信息系统运行的主要任务。这主要是因为决策者的时间是有限的、决策者需要的是具有信息选择分析和挖掘功能的、能够及时有效地提供信息精品的信息系统。

只有明确了电子商务企业信息流管理系统的目标,信息流管理系统才能有效地运行。信息流管理系统是为企业电子商务运作服务的,因此系统的目标总是与企业经营战略保持

第七章　电子商务"三流"管理

一致。在明确了企业信息流管理系统的目标后,应该按照目标管理的基本原理对企业信息流管理系统实施目标管理法,即根据企业电子商务发展总目标的性质制定信息流管理系统的相应工作目标。在此基础上层层分解工作目标,并就实现各项子目标的具体计划和方法与各阶层的信息工作人员达成协议并赋予他们相应的权利,最后进行检查和评估。目标管理能有效地激励企业全体员工为追求更高的目标而不断地努力,并能使企业充分利用各子系统的资源,加快信息流管理系统的运行效率。

2. 系统运行规范管理

企业信息流管理系统的正常运行,必须根据系统的运行特点进行科学分析,建立一套企业员工都必须遵守的,或者可以约束系统用户的制度规范,促进作业层、控制层和战略层等不同层面的管理者相互协作以及各子系统之间的相互协作,保证信息流管理系统有效运行。系统运行过程中应当遵守的基本规范有:信息流管理系统运行岗位的权利和责任、信息流管理系统的操作规范、系统修改扩充规程、系统定期维护制度、安全保密制度以及系统运行状态记录和日志归档等。

3. 系统评价体系

系统评价体系一般不涉及系统具体的运行过程,它只是从开发的角度予以评价。在信息流管理系统投入实际运行后,由于系统内部资源和外部资源系统是不断变化的,因此需要对信息流管理系统的运行状况和效益及时进行分析评价,并以此作为系统维护、更新或进一步扩充的依据。信息流管理系统评价体系的指标主要涉及四个方面的内容:系统运行指标、系统效益指标、系统用户指标、系统管理指标。

系统运行指标从系统的运行环境、安全性和适应性这三个方面进行考查。系统效益指标主要是从系统的投入与产出的角度来评价系统运行的经济效益和社会效益。系统用户指标主要是从用户的角度来评价系统,它具体包括实用性、经济性和智能性三个方面。系统管理指标主要是从管理的角度来评价系统,具体包括管理质量和企业集成等内容。

第三节　资金流管理

资金是企业的支柱、血脉。没有资金,企业的生存和发展将难以进行,企业最终可能会因为资金链条的断裂而轰然倒塌,我们周围经常都有类似的情况发生。

一、电子商务企业资金流的含义

在电子商务企业运作过程中,资金总是处于不断的运动过程当中并得到增值,因此资金的流入和流出统称为资金流。其形态主要有:筹集资金(货币资金)、储备资金、生产资金和成品资金、资金回收等。其中,筹集资金是源头,企业通过内部融资和外部融资渠道筹集资金,进一步发展企业;储备资金形态处于上游,通过以上渠道筹集到的资金转化为企业的储备,为生产作准备;在生产过程中,随着生产费用的支出,资金会从储备资金形态转化为生产资金形态;在产品制成以后,企业就处于销售过程中,此时生产资金就转化为成品资金;最后通过企业的销售,获得销售收入,此时又从成品资金转化为货币资金(资金回收)。资金就是在这不断流动和运作过程中增值,实现企业的目标和利润(如图 7-7 所示)。

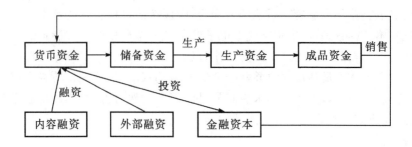

图 7-7　企业资金流

从以上的分析我们可以知道：企业各种形态的资金流是并存的，在资金的运作过程当中，可能这几种形态的资金分布在不同的环节，同时并存；另外，只有具有货币资金后才会转化为储备资金，从而储备资金再转化为生产资金等，一环套一环，循环发展，保持资金流的通畅。

二、电子商务企业资金流管理和控制

（一）资金流管理的含义

现代企业资金流管理是为确保企业生产经营顺利进行，使资金有效运用的管理活动，是资金的规划和控制，它既要理顺企业资金流转程序，又要理顺各种经济关系。资金流管理包括计划、筹集、运用、管理和效益评估，是一项系统工程。

（二）资金流管理的内容

1. 资金的筹集

资金的筹集是资金运动的起点，企业可以通过一定的渠道和方式来筹集资金。企业资金的筹集主要可以通过内部融资和外部融资来实现，例如通过银行贷款、和其他企业合作或者发行证券等方式融资，扩充企业的实力。

2. 资金的使用

生产经营活动一开始，要用筹集的资金，购置生产资料，包括劳动手段和劳动对象，为企业的生产经营活动创造物资条件。资金使用是否合理，是否符合企业的长远计划，是否和企业的发展目标相一致等这些问题企业都应该考虑，进而对资金的使用进行统筹规划，合理安排。

3. 资金的消耗

生产过程中，对劳动对象进行加工，生产社会需要的产品。除了将已消耗的劳动手段和劳动对象的价值转移到完工产品上之外，还创造了新的价值。

4. 资金的回收

产品销售过程中，将生产出来的产品销售给购货单位，并按产品的价格通过一定的结算程序取得销售收入。按产品价格收回销售收入，意味着实现了产品的全部价值，完成了从成品资金形态向货币资金形态的转化过程。

5. 资金的分配

把所取得的销售收入，按照国家的有关规定进行分配。将一部分资金用于补偿生产中

第七章 电子商务"三流"管理

的资金耗费,重新购买劳动对象和支付职工的劳动报酬等,保证企业再生产过程的不断进行;另一部分资金则形成折旧基金,作为固定资产更新的准备金,其余部分就是企业的纯收入。

(三)电子商务对资金流管理的影响

1. 管理的重心在于企业流程的重组与改造、进行价值链分析

在这种新型运作方式下,顾客对供应商提供设计和工程服务的要求将增加,厂商将外包更多的非核心任务;同时客户将要求他们的供应商提供更多的存货管理服务。如:建立数据库和进行订单管理;厂商需要使用 ERP(企业资源计划)系统,来集成外部数据和内部操作。因此企业进行业务流程重组,必须进行价值链分析。

价值链分析包括三个方面的内容:产业价值链分析、内部价值链分析、竞争对手价值链分析。通过对产业价值链(原材料供应商—产品—制造商—销售商)进行分析,了解企业在行业价值链中的位置,判断企业是否有必要沿价值链向前或向后延伸,实现企业管理目标;从内部价值链(订单—产品研究设计—生产制造—销售—售后服务)分析,以判断如何降低成本,使企业流程更优化;从竞争对手价值链分析,通过与竞争对手的相应指标进行比较,找出与竞争对手的差异和自己的成本态势,从而提高整体竞争力。

2. 风险管理和风险预测系统的建立将成为企业资金流管理的重要内容

建立财务风险预测模型,对企业风险进行评估,是网络时代风险管理模式的重要部分。其主要由监测范围与定性分析、预警指标选择、相应阈值和发生概率的确定等方面的内容组成,并将对企业经济运行过程中的敏感性指标,如保本点、收入安全线、最大负债极限等予以反映。网络的发展,使企业资金运作更加高效和快捷,但同时也存在一定的风险,特别是企业资金的运作是一些黑客攻击的主要对象,因此风险管理和风险预测系统的建立是企业资金流管理的重要内容。

3. 财务管理走向集中式管理,改变了企业的组织结构

互联网出现,使得集中式管理成为可能,尤其是企业综合运用各种现代化的电子信息工具,可以为财务资源、机构的财务监控、运营成本的降低、效率的提高等创造有利条件。财务集中式管理可以分为以下三种情况:

(1)会计核算的集中化——数据处理的适时性,这是网络财务的一大特点。

(2)财务控制的集中化——中层管理人员大量减少,会计信息直接送达高层,最高决策层可与最基层直接联系,对财务的支出与收入进行控制。

(3)财务决策的集中化——财务资料时刻处于高级管理人员控制之中,就可以根据需求进行虚拟结算,几乎可以即刻发现市场情况的变化。

4. 信息理财在财务管理中日趋重要

企业财务信息系统将建立在 Internet、Extranet 和 Intranet 基础之上。财务管理信息系统,则以价值形式综合反映企业人力、物力和财力资源运行的事前、事中、事后控制与实际生产经营过程及其业绩的全部信息。会计信息传递模式将变为"报告主体—信息通道—信息使用者"。网络方式从企业内部财务信息"孤岛"直接转向客户、供应商、政府部门及其他相关部门。在网络经济中,信息理财将综合运用计算机网络的超文本、超媒体技术,使信息更形象、直观。提供多样化的各类信息,包括数量信息与质量信息、财务信息与非财务信息、

物质层面的信息和精神层面的信息。

三、现代企业资金流管理的体系建设和模式

既然资金流在企业的运作过程当中发挥着重要作用,那么电子商务企业就需要对资金流进行有效设计、优化流程、切实管理、发挥资金流的杠杆作用,以撬动经济快速高效地运行。

（一）现代企业资金流管理的体系建设

1. 把资金管理作为企业管理的中心

企业的采购、生产、销售和各项投资都是资金的不断流动。销售和效益的实现等一系列活动不可能离开财务而得到体现。资金很大程度上反映企业内部财务管理的水平,反映财务是否在资金的控制、运作和监督方面发挥了主导作用。

2. 科学作出财务决策

企业要通过对市场的调查、研究、分析和预测以及分析企业生产经营管理活动是否为市场所需求等因素来确定资金的投向,建立可行性研究决策机制和财务、业务、开发等部门组成的投资决策层。所投入资金的大小、比例、结构,应为整体产品协调生产与产品销售服务,防止品种发展不平衡以减少生产盲目性。

3. 资金的计划预算管理

资金计划是财务计划中的重要组成部分,企业应根据资金来源对生产经营活动所需资金、固定资产资金等进行综合平衡,分清轻重缓急,统筹运用,保证重点项目资金的需要。资金筹集要根据生产、销售、其他投资等需要及早计划、预测,财务拟定各项资金的运用计划,对实物投资或金融投资等作充分考虑,使投资资金与正常生产经营的比例合理。

4. 优化资金结构管理,建立资金的良性循环机制

合理的资金结构将保证资金发挥最大效能,因此,企业要确定最佳的资金结构,扭转企业在资金轨道上的不稳定状况,加大对资金运筹的调控力度。

5. 建立资金的补偿积累机制,抓好资金的后续管理

监控企业资金的合理分流,防止单边流向,尽可能增加扩大再生产的资金,促进企业自我滚动发展。

（二）电子商务资金流管理模式

电子商务环境下的企业是适应产品多样化的需求,采用定制技术进行生产的企业,内部一般采取扁平化的组织结构和网络化的信息结构。组织结构的变化将会引起企业管理方式以及资金流管理模式的变化。新的企业管理模式催生资金流管理模式的变革,采取集成化的资金流管理。

所谓集成化的资金流管理是指利用现代网络技术和信息集成方法,将财务与业务、供应链集成起来,追求整体利益和效益的提高,实现缩短生产前置时间、提高产品质量和服务质量、提高企业的整体柔性生产、组织扁平化和产品个性化的市场需求。

实现从传统资金流的管理模式到集成化资金流管理模式的演变,一般要经历几个步骤:首先是实现企业内部资金流的集成;其次是实现企业内部资金流与业务的集成;最后需要实现企业与整个供应链的集成。

第四节　物流、信息流、资金流的协同运作

一、协同电子商务

以上分析的物流、信息流、资金流更多的是从传统电子商务的角度出发,本节内容从协同电子商务角度出发探讨"三流"问题。协同电子商务模式强调在传统电子商务模式基础上"三流"的充分协调和统一,使三者共同作用,及时共享,相互引导,协调合作,形成一个以信息沟通为主要手段,减少冗余步骤,实现成本最低,资源配置最优,企业利益最大化的电子商务模式。在协同电子商务环境下,信息流及时、准确地提供信息,通过物流的安全快捷实现商品使用价值,资金流实现商品价值交换。物流、资金流、信息流有机结合,共同完成商品的生产、分配、交换等循环,形成了一个沟通协调企业内部和企业外部的协同供应链,协同电子商务模式下"三流"运作密不可分。

二、"三流"协同运作模型

(一)"三流"协同运作框架

协同电子商务"三流"协同总体运作框架(见图 7-8)中,物流、资金流和信息流三者之间存在着双向沟通交流。双向流动说明"三流"已不再独立分裂,而是合作协同,每一种"流"中都包含了另外"两流"的部分有效信息。同时,"三流"也分别将自身信息传递到协同层中,并从协同层中主动获取所需的信息。

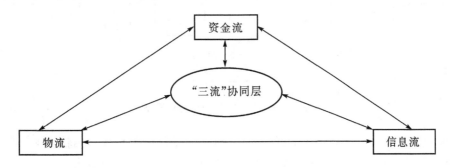

图 7-8　"三流"协同运作模型

(二)"三流"协同运作模型

"三流"协同运作模型(见图 7-9)进一步说明了"三流"间各个流向所涉及的信息交换机理,包括内容及其程序的协同与合作。

(1)信息流平台。

电子商务活动初期的任务请求等外部信息汇入信息流平台,信息流平台经过处理和分析,将订单信息、订单响应时间、产品销售量、市场容量分析等信息传递给物流平台。订单信

电子商务管理

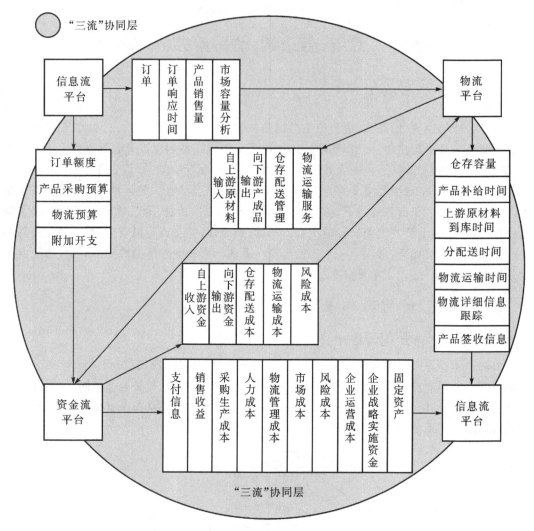

图 7-9 "三流"协同层运作模型

息要求物流平台作出一系列相应的详细物流方案,包括从货物出库、分拣、包装、运输路线、运输时间等,从而保证订单顺利完成。订单的响应时间是物流平台做出以上的物流方案所被限制的时间,它同时反映了公司内部协调和外部沟通的反应灵敏度,是进行公司物流管理优化的重要指标。产品销售量和市场容量分析是物流平台管理仓存,制订采购计划,预测市场变化的重要依据。

(2)物流平台。

物流平台获得信息流平台传递的信息后,经过筛选和分析转化成一系列相应的物流指令,传递到资金流和信息流平台。物流平台制订好相关物流方案后,向资金流平台输出自上游的原材料输入计划和向下游的产成品输出计划,这些计划除了包括产品订购量、物流时间、物流服务信息,还需要将资金收付的详情传递给资金流平台,即每个任务的起始时间、涉

第七章 电子商务"三流"管理

及金额、何时交付的信息。另外,物流平台也需向资金流平台传递物流管理的信息,资金流平台收到信息后,才能及时作出成本预算和资金周转计划。若成本过高,则需要考虑是否提高询价;若成本不足,就要考虑向银行借贷或寻找合作伙伴支持等。

(3)资金流平台。

资金流平台向物流平台传递的信息包括自上游资金收入和向下游资金输出信息,是物流平台收货发货的指令;物流成本(仓储配送和物流运输的成本)和风险成本是物流平台策划物流方案所需要的资金信息的反馈,同时也是其作出物流方案的优化和创新的重要依据。资金流平台同时将大量商务活动相关信息反馈到信息流平台,从而供企业各部门作为参考和使用。包括订单支付信息,订单是否支付成功,有无金额纠纷,是否需要 CRM 系统进行跟进和处理。销售收益是企业利润的主要来源,决定了企业战略、各方成本控制等。采购生产成本、人力成本、物流管理成本、市场成本、风险成本、企业运营成本是企业最基本的成本,是企业各个部门得以正常运作的根本;同时,这些信息是企业领导者监控和统筹企业整体规划的一个重要参考,也是各个部门自身结构优化和整体协同合作的依据。

"三流"协同层贯穿了整个电子商务交易的过程,使流程中各个环节得到及时充分的信息交换和共享,达到企业任务快速反应和企业资源配置最佳的效果。

(三)协同"三流"模式的优势

在协同电子商务环境下,信息流及时、准确地提供信息,通过物流的安全快捷实现商品使用价值,以资金流实现商品价值交换。物流、资金流、信息流有机结合,共同完成商品的生产、分配,交换等循环,形成了一个沟通协调企业内部和企业外部的协同供应链,协同电子商务模式下"三流"运作密不可分。

第一,在协同电子商务环境下,大部分输入信息是从底层迅速传递到整个企业,参与物流和资金流的调配决策中,并将供应商、分销商、客户和其他业务合作伙伴纳入系统来进行基于双向"知识流"的信息、资源的共享和知识积累的再循环。

第二,协同电子商务环境下的物流、资金流与信息流高度协调影响企业的运营。在协同电子商务环境下,物流各节点的信息都汇入到信息流中,除了供企业各节点进行查看和利用,同时各个节点可挖掘有价值的信息形成知识流,用以提供企业决策依据。对企业各节点物流配送的时间、成本、在途信息进行分时段进行动态地分析比较,可以成为企业缩减物流成本、优化物流管理和选择物流合作商的依据,又可以与企业外部竞争者的信息进行比较,分析和优化竞争对手与本企业的物流管理差别,从而提高企业自身竞争力。

第三,协同电子商务环境下的资金流增加了对上下游资金流入流出的记录以及对产品制造、物流配送成本的计算。相关资金信息不仅是财务记账的依据,更被纳入资金流分析和管理的范围,用于预测产品开发和产品销售成本,也作为分析和选择上下游合作商的信息反馈,有利于企业寻求更优合作伙伴。而企业各个节点详细的资金周转记录则有助于企业流动资金的及时调度,创造企业发展和创新的条件。

第四,协同电子商务模式下共享和整合了企业内部的各项资源。整个企业形成一个协同电子商务生态系统,能够快速有效地获取内外部各种有效信息,为企业创造更大的价值,实现企业资源配置最优化。

本章小结

电子商务运作过程中信息流、资金流和物流相互作用,相互影响。信息流贯穿于电子商务运作过程的始终,是电子商务的基础;资金流是企业的"血脉",是电子商务活动的媒介和纽带,应该进行有效的管理,保持资金流的通畅;物流是电子商务最终实现的有力保障,电子商务企业应该大力推行现代化的物流技术、革新物流观念、跟上时代的步伐。

信息流主要包括商品信息的提供、促销行销、技术支持、售后服务等内容;也包括询价单、报价单、付款通知、转账通知单等商业贸易单证;还包括交易方的支付能力、支付信用和中介信誉等。其具有数字化、全球化、标准化、直接化和透明化的特点。信息流的模式主要有:纵向信息流和横向信息流,企业应该区别对待。电子商务信息流的运作包括:信息的收集与处理、信息的存储与检索、对信息的利用以及对信息的反馈等流程。

而整个信息流管理系统是一种扁平化结构,由上自下共分为三层。第一层就是经理信息系统,是企业高层管理人员决策时使用的信息系统。第二层有七个子系统:营销信息系统、制造信息系统、财务信息系统、人力信息系统、合作信息系统、客户信息系统和竞争信息系统,它们共同支持着经理信息系统。最下一层就是支撑系统,它负责对整个信息流管理系统的监测反馈,提供企业电子商务"动态联盟"的信息流接口。信息流系统管理主要内容为:系统运行目标管理、系统运行规范管理、系统评价体系。

资金的流入和流出统称为资金流,其形态主要有:筹集资金(货币资金)、储备资金、生产资金和成品资金、资金回收。而现代企业资金流管理是为确保企业生产经营顺利进行,使资金有效运用的管理活动,是资金的规划和控制它既要理顺企业资金流转程序,又要理顺各种经济关系。资金流管理的内容包括资金的筹集、资金的使用、资金的消耗、资金的控制、资金的回收和资金的分配,是一项系统工程。电子商务企业资金流的管理模式为现代集成化的资金流管理。

物流和电子商务密不可分,它是电子商务高速发展的保障,而电子商务的发展带来了一系列物流的变革:它改变了物流企业的运作方式和经营模式,带来了观念上的变革等,促进物流的发展,因此应该加强物流管理,使二者的发展驶入快车道。

物流管理是指为了以最低的成本达到客户所满意的服务水平,对物流活动进行计划、组织、协调和控制。物流管理的要点包括三个方面的内容:①对物流活动过程诸要素的管理。包括诸如运输、仓储、库存、流通加工等实体环节的管理;②对物流各活动过程中诸要素的管理。即对其中人、财、物、设备、方法和信息等六要素的管理;③对物流活动中具体职能实施的管理。主要包括物流计划、质量、技术、经济等职能的管理等。对于电子商务企业来说,应该进行有效的物流管理,解决物流发展的瓶颈问题。

思考题

1. 简述信息流、资金流和物流三者的关系。
2. 简述信息流的发展模式以及信息系统的构成。
3. 简述资金流管理的含义和内容。
4. 简述"三流"协同运作模型。

第七章　电子商务"三流"管理

 案例分析

折疯了海淘：自建海外仓储＋打通支付环节

随着消费升级，人们海淘的热情仍然在逐渐增长。各个商家都早早意识到了其中的商机，依托大平台的有淘宝的全球购频道，此外还有小红书、洋码头、么么嗖等，市场已是一片红海，折疯了海淘要如何找到属于自己的路呢？

它选择了做跨境直邮电商，直邮的形式不同于全球购的平台模式；也不同于小红书，消费者可查询到货物购买自哪个海外供应商、详细的购买信息等，购买源头更透明。

这家直邮电商隶属于杭州橙子信息科技有限公司，创始人王少川在 2016 年做了两件大事，一是自建海外仓储；二是打通支付环节。

橙子科技搭建的跨国物流公司逐步接手了平台所有订单，在美国铺设了超过 4000 平方米的仓库，实现跨境电商的闭环交易，与竞争对手的差距一下子拉开了，将物流配送周期缩至 12~18 天。此外，它使公司得以灵活运用拆包、合包等服务降低成本。举例来说，若海外购物网站上有满减等活动，折疯了海淘可集合当日所有订单一起下单，享受更低折扣。

在支付方面，折疯了海淘早已与万事达银行达成合作，解决了跨境支付限制的问题。而 2016 年的主要改变则是，采用 BC 清关的方式，BC 清关的税率对于轻奢品来说较为利好。

经过这一年的发展，王少川在折疯了海淘这个电商平台之外，又发展出了一家跨国物流公司，2017 年拟建立一家广告公司，为电商平台引流。届时，电商、物流、广告，三足鼎立且互为支援，形成集团。

目前折疯了已实现赢利，平台每月有 1 万多订单，抓取 90 多家海外官网、300 万个 SKU，包含美妆、鞋包、服饰等品类，客单价在 500 元左右，毛利润在 10% 以上。

平台能够获取赢利，与精准的广告投放、极低的获客成本是分不开的。折疯了海淘的获客成本约为同行业成本的十分之一，获取激活用户的成本在 1.8~3 元，注册用户在 3~6 元左右。

王少川的 2016 年是充实的，自建仓储、实现赢利等都已实现了，他在 2017 年也不会停下脚步，提高折疯了海淘的售后服务和复购率是他的目标。

折疯了海淘通过自建海外仓储，降低了运营成本；海外支付通道顺利打通，使得资金流无缝对接；网络平台的投入，将进一步提升信息流。因此，三流合一，最终商流得以提升，从而实现盈利与快速增长。

资料来源：折疯了海淘：自建海外仓储＋打通支付环节[EB/OL]. http．//b2b．toock．com/detail－6383756．html．

第三篇

应用篇

第八章 ERP 的应用

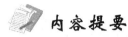

内容提要

本章分四节展开。正文围绕 ERP 的应用,首先简单介绍 ERP 的形成与发展,随后重点讲述 ERP 的功能模块、ERP 如何在企业管理中应用,最后对 ERP 的发展趋势进行展望。

第一节 ERP 的形成与发展

一、ERP 的含义

ERP(enterprise resource planning)即企业资源计划,最初是指美国计算机技术咨询和评估集团(Gardner Group Inc)提出的一种供应链的管理思想,后来发展成为 ERP 管理系统,具体指建立在信息技术基础上,以系统化的管理思想,为企业决策层及员工提供决策运行手段的管理平台。ERP 系统是一个在全公司范围内应用的、高度集成的系统。数据在各业务系统之间高度共享,所有源数据只需在某一个系统中输入一次,保证了数据的一致性。对公司内部业务流程和管理过程进行了优化,主要的业务流程实现了自动化。采用了计算机最新的主流技术和体系结构:B/S、Internet 体系结构,Windows 界面。在能通信的地方都可以方便地接入到系统中来。

ERP 系统是从 MRP 物料资源计划发展而来的新一代集成化管理信息系统,它扩展了 MRP 的功能,跳出了传统企业边界,从供应链范围去优化企业的资源,是基于网络经济时代的新一代信息系统。在业务控制层,ERP 系统可以降低业务成本,在管理控制层,ERP 系统可以促进实时管理的实施,在战略计划层,ERP 系统可以支持战略计划,因此 ERP 对于改善企业业务流程、提高企业核心竞争力的作用是显而易见的。

二、ERP 的发展阶段

ERP 系统的形成是随着产品复杂性的增加,市场竞争的加剧及信息全球化而产生的,尤其是计算机技术特别是数据库技术的发展为企业建立 ERP 系统、甚至对改变管理思想起着不可估量的作用。回顾 ERP 的发展历程,其主要经历了 MIS 阶段、MRP 阶段、MRP Ⅱ 阶段、ERP 阶段、电子商务时代的 ERP(e-ERP)五个阶段,见表 8-1。

电子商务管理

表 8-1 ERP 的演变历史

阶段	时间	目的
MIS 系统阶段	20 世纪 40 年代	记录大量原始数据、支持查询、汇总
MRP 阶段	20 世纪 80 年代	为产品生产计划的制订和物料的采购工作提供了一种"以销定产,按需采购"的方法
MRP Ⅱ 阶段	20 世纪 80 年代	增加了产能计划功能;可以对生产计划的执行情况进行排程和监控
ERP 阶段	20 世纪 90 年代	把生产活动与贯穿企业的供应链集成在了一起;目的是对企业的业务流程进行整合以创建一条从供应商开始经由生产制造过程到达分销商、再到客户的顺畅信息流
e-ERP 阶段	21 世纪初	提高企业的运作效率,降低运作成本(订单执行成本),扩大市场机会,加强了客户关系管理,提高客户满意度,企业内部管理更加有效、规范

(一) MIS 阶段:管理信息系统

20 世纪 40 年代出现 MIS(management information system),即管理信息系统。MIS 是由人、计算机或者是其他的信息处理手段组成并用于管理信息的系统。该系统主要是记录大量原始数据、支持查询、汇总等方面的工作。MIS 主要侧重于信息收集及管理,可以说是 ERP 的萌芽期,但还不是真正意义上的 ERP。

(二) MRP 阶段:物料需求计划

20 世纪 80 年代,MRP(material requirement planning)系统应用作为中国 ERP 发展历程的起点,对中国 ERP 发展发挥着巨大的推动作用。MRP 是由美国著名生产管理和计算机应用专家欧·威特和乔·伯劳士在对多家企业进行研究后提出来的,是指一种以计算机为基础的编制生产与实行控制的系统,它不仅是一种新的计划管理方法,而且也是一种新的组织生产方式。MRP 的出现和发展,引起了生产管理理论和实践的变革。MRP 从生产计划出发,将物料需求区分为独立需求和非独立需求,并分别加以处理。同时对库存状态数据引入时间分段的概念,从而解决了何时订货,以及订货数量的问题。一方面把生产能力作业计划、车间作业计划、采购作业计划纳入 MRP,另一方面又在计划执行过程中,加入来自车间、供应商和计划人员的反馈信息,并利用这些信息进行计划的平衡调整,从而围绕着物料需求计划,使生产的全过程形成一个统一系统。

(三) MRP Ⅱ 阶段:制造资源计划

在 MRP 管理系统的基础上,MRP Ⅱ(manufacturing resource planning)是指以物料需求计划 MRP 为核心的闭环生产计划与控制系统,它将 MRP 的信息共享程度扩大,使生产、销售、财务、采购、工程紧密结合在一起,共享有关数据,组成了一个全面生产管理的集成优化模式,即制造资源计划。MRP Ⅱ 的基本思想就是把企业作为一个有机整体,从整体最优的角度出发,通过运用科学方法对企业各种制造资源和产、供、销、财各个环节进行有效的计

第八章 ERP 的应用

划、组织和控制，使它们得以协调发展，并充分地发挥作用。

MRPⅡ是 ERP 发展的第二阶段，MRP 解决了企业中的物流问题，但却没有涉及相应的资金流动问题，因此造成了数据的重复输入和不一致性等弊病。为此，必须将物流和资金流统一起来，将相应的财务子系统和生产子系统结合起来，形成一个系统整体。这使得原有的 MRP 系统进步到了可以集制造、财务、销售、采购、工程技术等多个子系统为一体的系统。

(四) ERP 阶段：企业资源计划

ERP 即企业资源计划，是一种基于"供需链"的管理思想，在 MRPⅡ的基础上扩展了管理范围，给出了新的结构，把客户需求和企业内部的制造活动，以及供应商的制造资源整合在一起，体现了完全按用户需求制造的思想。ERP 同 MRPⅡ的主要区别在于以下方面。

(1) 在资源管理范围方面的差别。MRP Ⅱ 主要侧重对企业内部人、财、物等资源的管理，ERP 系统在 MRP Ⅱ 的基础上扩展了管理范围，它把客户需求和企业内部的制造活动，以及供应商的制造资源整合在一起，形成企业一个完整的供应链，并对供应链上所有环节如订单、采购、库存、计划、生产制造、质量控制、运输、分销、服务与维护、财务管理、人事管理、实验室管理、项目管理、配方管理等进行有效管理。

(2) 在生产方式管理方面的差别。MRP Ⅱ 系统把企业归类为几种典型的生产方式进行管理，如重复制造、批量生产、按订单生产、按订单装配、按库存生产等，对每一种类型都有一套管理标准。而在 20 世纪 80 年代末、90 年代初期，为了紧跟市场的变化，多品种、小批量生产以及看板式生产等则是企业主要采用的生产方式，由单一的生产方式向混合型生产发展，ERP 则能很好地支持和管理混合型制造环境，满足了企业的这种多角化经营需求。

(3) 在管理功能方面的差别。ERP 除了 MRP Ⅱ 系统的制造、分销、财务管理功能外，还增加了支持整个供应链上物料流通体系中供、产、需各个环节之间的运输管理和仓库管理；支持生产保障体系的质量管理、实验室管理、设备维修和备品备件管理；支持对工作流（业务处理流程）的管理。

(4) 在事务处理控制方面的差别。MRP Ⅱ 是通过计划的及时滚动来控制整个生产过程，它的实时性较差，一般只能实现事中控制。而 ERP 系统支持在线分析处理 OLAP(on-line analytical processing)、售后服务及质量反馈，强调企业的事前控制能力，它可以将设计、制造、销售、运输等通过集成来并行地进行各种相关的作业，为企业提供了对质量、适应变化、客户满意、绩效等关键问题的实时分析能力。

此外，在 MRP Ⅱ 中，财务系统只是一个信息的归结者，它的功能是将供、产、销中的数量信息转变为价值信息，是物流的价值反映。而 ERP 系统则将财务计划和价值控制功能集成到了整个供应链上。

(5) 在跨国（或地区）经营事务处理方面的差别。现在企业的发展，使得企业内部各个组织单元之间、企业与外部的业务单元之间的协调变得越来越多和越来越重要，ERP 系统应用完整的组织架构，从而可以支持跨国经营的多国家地区、多工厂、多语种、多币制应用需求，而 MRP Ⅱ 做不到这一点。

(6) 在计算机信息处理技术方面的差别。随着 IT 技术的飞速发展，网络通信技术的应用，使得 ERP 系统得以实现对整个供应链信息进行集成管理。ERP 系统采用客户/服务器

(C/S)体系结构和分布式数据处理技术,支持 Internet/Intranet/Extranet、电子商务(E-business、E-commerce)、电子数据交换(EDI)等等,而这些都是 MRP II 所不及的。

(五)电子商务时代的 ERP 阶段

电子商务时代的 ERP,即 e-ERP。它是在当前以互联网为核心的信息技术飞速发展的新形势下 ERP 思想的发展和升华。e-ERP 思想相比传统的 ERP 思想,有如下的飞跃和提高:开源与节流并进;继承了传统 ERP 对企业内部的完善管理;企业电子商务门户和 B2B 扩大了销售市场和采购市场,增大商机,加快了商务进程;e-ERP 系统与企业电子商务门户和 B2B 紧密连接,使供应链管理更加完善;加强了客户关系管理,提高了客户满意度。

实施 e-ERP 系统,企业可以迅速建立起以企业为核心的 B2B 企业电子商务应用(ASP)模式,提高企业的运作效率,降低运作成本(订单执行成本),扩大市场机会,直接将企业的运作模式转变为电子商务模式,使 ERP 系统与企业电子商务门户和 B2B 市场紧密连接,从而使供应链管理更加完善。同时,企业内部各部门的流程更加合理、规范,衔接更加平滑,生产效率更高,库存占用资金更少。更重要的是企业各层领导都可以迅速地、准确地、及时地得到所需的报表,能够对市场作出最及时的反映。企业客户在个性化的用户界面,享受互动性的交流,能在一对一的基础上满足客户人性化的需求,提高客户满意度。

第二节 ERP 的功能模块

ERP 是一种针对物资资源管理(物流)、人力资源管理(人流)、财务资源管理(财流)、信息资源管理(信息流)集成一体化的企业信息管理系统。ERP 以管理会计为核心,提供跨地区、跨部门、甚至跨公司整合的实时信息。[①] 这里我们将以典型的生产企业为例来介绍 ERP 的功能模块。

在企业中,一般的管理主要包括四方面的内容:生产控制(计划、制造)、物流管理(分销、采购、库存管理)、财务管理(会计核算、财务管理)和人力资源管理。相应地,ERP 的功能模块分为四部分:财务管理模块、生产控制模块、物流管理模块和人力资源管理模块。如图 8-1 示。

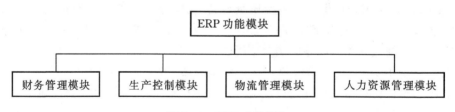

图 8-1 ERP 功能模块

一、财务管理模块

财务管理的主要内容是对企业资金流进行整合、分配,促进企业运营效果和效率的提

---

① 田碧蓉.浅析 ERP 系统[J].科技创新与应用,2016(03):67.

第八章　ERP 的应用

高,资金流的控制对企业经营生产、投资决策都有着重要的影响。① 现代会计学把企业的会计分为财务会计(financial accounting)与管理会计(management accounting)。财务会计是按照特定的会计准则或会计制度对企业的经济业务活动进行核算和监督,对外提供信息和解释信息;管理会计则提供各种强制性财务报告之外的财务和非财务信息,按照企业内部管理的需要,灵活采用多种会计处理程序和方法来预测企业前景、参与决策、规划未来,控制和评价一切经济活动。② ERP 系统涉及的会计事务既有财务会计又有管理会计,一般的 ERP 软件的财务部分分为会计核算与财务管理两大块。ERP 中的财务模块与一般的财务软件不同,作为 ERP 系统中的一部分,它和系统的其他模块有相应的接口,能够相互集成。比如:它可将由生产活动、采购活动输入的信息自动计入财务模块生成总账、会计报表,取消了输入凭证繁琐的过程,几乎完全替代以往传统的手工操作。

(一)会计核算

会计核算是指以货币为主要计量单位,通过确认、计量、记录和报告等环节,对特定主体的经济活动进行记账、算账和报账。它由总账、应收账、应付账、现金、固定资产、多币制、工资核算和成本管理等模块构成。

(1)总账模块。它的功能是填制凭证、审核凭证、登记总账以及明细账、生成各类科目的结转凭证、对生成的凭证进行审核记账、本月月度工作全部完成后进行结账操作、进行本月账簿和凭证的打印操作。它是整个会计核算的核心,应收账、应付账、固定资产核算、现金管理、工资核算、多币制等各模块都以其为中心来互相传递信息。

(2)应收账模块。它是指企业应收的,由于商品赊欠而产生的正常客户欠款。它包括发票管理、客户管理、付款管理、账龄分析等功能。在应收款管理系统,依据客户、汇款日期、汇款金额录制的预收单,经过审核、生成凭证之后,会传到总账。

(3)应付账模块。会计里的应付账是企业应付购货款等账,它包括了发票管理、供应商管理、支票管理、账龄分析等。它能够和采购模块、现金管理模块、资产模块、项目会计模块和总账模块相互集成帮助用户管理采购过程,使用户能够处理大量的业务。

(4)现金管理模块。它主要是对现金流入和流出的控制、零用现金及银行存款的核算。它包括了对硬币、纸币、支票、汇票和银行存款的管理。在 ERP 中提供了票据维护、票据查询、付款维护、银行清单打印、付款查询、银行对账、现金预测、提供报表等和现金有关的功能。此外,它还和应收账、应付账、总账等模块集成,自动产生凭证,过入总账。

(5)固定资产核算模块。即完成对固定资产的增减变动以及折旧进行核算、对有关基金或资产进行计提和分配、对固定资产进行重新估值和记录的财务处理过程。它能够帮助管理者对目前固定资产的现状有所了解,并能通过该模块提供的各种方法来管理资产,以及进行相应的会计处理。它的具体功能有:登录固定资产卡片和明细账、计提折旧以及计算净值、编制报表以及自动编制转账凭证,并转入总账。它和应付账、成本、总账模块集成。

(6)多币制模块。随着当今企业的国际化经营增多,对外币结算业务的要求也越来越严苛,因此产生了对币制模块。多币制将企业整个财务系统的各项功能以各种币制来表示和

---

① 李敏. 基于 ERP 的企业财务管理探析[J]. 企业改革与管理,2016(09):111-112.
② 刘艺. 浅析管理会计与财务会计的融合[J]. 财经问题研究,2014(S1):92-94.

结算,且客户订单、库存管理及采购管理等也能使用多币制进行交易管理。多币制和应收账、应付账、总账、客户订单、采购等各模块都有接口,可自动生成所需数据。

(7)工资核算模块。该模块具备功能有:自行定义工资的项目、选择分类方式、灵活修订工资项目、调整职工个人基础资料、定义工资计算公式进行汇总计算,自动制作转账凭证、填制分录、进行工资分配、计算工资福利费、导入总账。这一模块是和总账、成本模块集成的。

(8)成本模块。它将依据产品结构、工作中心、工序、采购等信息进行各种产成品或半成品实际成本的计算,以便进行成本分析和规划。可以依照分批或分步的成本会计制度进行结账作业并提出各项管理性报告。

(二)财务管理

财务管理的功能主要是基于会计核算的数据,再加以分析,从而进行相应的预测、管理和控制活动。ERP 财务管理,将 ERP 财务核算与业务集成,即物流、信息流和资金流的集成,实时记账,同时侧重于财务预测、计划、控制和分析。财务管理的具体内容有三点:

(1)财务计划。它是企业以货币形式预计计划期内资金的取得与运用和各项经营收支及财务成果的书面文件,是企业经营计划的重要组成部分,是进行财务管理、财务监督的主要依据。在 ERP 模块中一般根据前期财务分析做出下期的财务计划、预算等。

(2)财务分析。它是以会计核算和报表资料及其他相关资料为依据,采用一系列专门的分析技术和方法,对企业等经济组织过去和现在有关筹资活动、投资活动、经营活动、分配活动的盈利能力、营运能力、偿债能力和增长能力状况等进行分析与评价的经济管理活动。ERP 模块中财务分析部分主要提供查询功能和通过用户定义的差异数据的图形显示进行财务绩效评估、账户分析等。账户分析主要包括固定资产分析、工资分析、往来分析、财务状况分析等,并提供相应趋势变动分析表。

(3)财务决策。财务决策是对财务方案、财务政策进行选择和决定的过程。财务管理的核心部分、中心内容是作出有关资金的决策,包括资金筹集、投放及资金管理。

二、生产控制管理模块

这一部分是 ERP 系统的核心所在,它将企业的整个生产过程有机地结合在一起,使得企业能够有效地降低库存,提高效率。同时各个原本分散的生产流程的自动连接,也使得生产流程能够前后连贯的进行,而不会出现生产脱节,耽误生产交货时间。生产控制管理首先是控制基本库存和流量库存,即平衡输入和输出,然后再使用精确控制的方法减小控制库存。同时还可以考虑采取一些能力计划和批量计划的措施,是一个以计划为导向的先进的生产、管理方法。首先,企业确定它的一个总生产计划,再经过系统层层细分后,下达到各部门去执行。即生产部门以此生产,采购部门按此采购等。

(一)主生产计划

主生产计划(master production schedule,简称为 MPS)是确定每一具体的最终产品在每一具体时间段内生产数量的计划;有时也可能先考虑组件,最后再下达最终装配计划。它着眼于销售什么和能够制造什么,根据生产计划、预测和客户订单的输入来安排将来的各周期中提供的产品种类和数量,这就能为车间制订一个合适的"主生产进度计划",并且以粗能

第八章　ERP 的应用

力数据调整这个计划,直到物料和能力的需求达到平衡状态。它是企业在一段时期内的总活动的安排,是一个稳定的计划,是由生产计划、实际订单和对历史销售进行分析得来的预测产生的。主生产计划在 ERP 系统中起着承上启下的作用,实现从宏观计划到微观计划的过渡和衔接。同时,它又把客户和企业销售部门联结到了一起。主生产计划的来源主要有以下几种途径:客户订单、预测、备品备件、厂际间需求、客户选择件及附加件、计划维修件。

(二)物料需求计划

物料需求计划(material requirement planning,简称为 MRP)是根据市场需求预测和顾客订单制订产品的主生产计划,然后基于产品生成进度计划,组成产品的材料结构表和库存状况,通过计算机计算所需物料的需求量和需求时间,从而确定材料的加工进度和订货日程的一种实用技术。物料需求计划主要解决五个问题:①要生产什么?生产多少?②要用到什么?③已经有了什么?④还缺什么?⑤何时安排?因此,这才是整个部门真正依照的计划,是生产管理的核心。

(三)能力需求计划

能力需求计划(capacity requirement planning,简称为 CRP)是对各生产阶段和各工作中心所需的各种资源进行精确计算,得出人力负荷、设备负荷等资源负荷情况,并做好生产能力负荷的平衡工作,然后确定生成的物料需求计划是否是企业生产能力上可行的需求计划。能力需求计划是一种短期的、当前实际应用的计划。它主要解决如下问题:①各个物料由哪些工作中心加工?②各工作中心的可用能力和负荷是多少?③工作中心的各个时段的可用能力和负荷是多少?

(四)车间管理计划

车间管理计划是为了维持良好的工作秩序,提高工作效率,保证生产工作能够顺利进行而采取的动态作业计划,计划随时间变化将作业分配到具体各个车间,再进行作业排序、作业管理、作业监控的。车间管理工作的主要内容如下:①按 MRP 计划生成车间任务。②生成各工作中心的加工任务,进行作业排序。③下达生产指令、进行生产调度、生产进度控制与生产作业控制。④能力的投入产出控制。⑤登记加工信息。⑥在制品管理。⑦统计分析。

(五)制造标准

在编制计划中需要许多生产基本信息,这些基本信息就是制造标准,包括零件、产品结构、工序和工作中心,都用唯一的代码在计算机中识别。①零件代码,对物料资源的管理,对每种物料给予唯一的识别代码。②物料清单,定义产品结构的技术文件,用来编制各种计划。③工序,描述加工步骤及制造和装配产品的操作顺序。它包含加工工序顺序,指明各道工序的加工设备及所需要的额定工时和工资等级等。④工作中心,是由使用相同或相似工序的设备和劳动力组成的,是从事生产进度安排、核算能力、计算成本的基本单位。

三、物流管理模块

(一)分销管理

销售的管理是从产品的销售计划开始,对其销售产品、销售地区、销售客户等各种信息

的管理和统计,并可对销售数量、金额、利润、绩效、客户服务作出全面的分析。分销管理模块大致有三方面的功能:

1. 对于客户信息的管理和服务

它能建立一个客户信息档案,对其进行分类管理,进而对其进行针对性的客户服务,以达到最高效率的保留老客户、争取新客户。在这里,要特别提到的就是 CRM 软件,即客户关系管理(详细内容见第十章),ERP 与它的结合必将大大增加企业的效益。

2. 对于销售订单的管理

销售订单是 ERP 的入口,所有的生产计划都是根据它下达并进行排产的。而销售订单的管理是贯穿了产品生产的整个流程。它包括:①客户信用审核及查询(把客户信用进行分级,以审核订单交易)。②产品库存查询(决定是否要延期交货、分批发货或用代用品发货等)。③产品报价(为客户作不同产品的报价)。④订单输入、变更及跟踪(订单输入后,变更的修正及订单的跟踪分析)。⑤交货期的确认及交货处理(决定交货期和发货事物安排)。

3. 对于销售的统计与分析

系统根据销售订单的完成情况,依据各种指标做出统计,比如客户分类统计,销售代理分类统计等,再就这些统计结果来对企业实际销售效果进行评价:①销售统计(根据销售形式、产品、代理商、地区、销售人员、金额、数量来分别进行统计)。②销售分析(包括对比目标、同期比较和订货发货分析,来从数量、金额、利润及绩效等方面作相应的分析)。③客户服务(客户投诉记录及其原因分析)。

(二)库存控制

库存控制用来控制存储物料的数量,以保证稳定的物流支持正常的生产,但又最小限度地占用资本。它是一种相关的、动态的及真实的库存控制系统。它能够结合、满足相关部门的需求,随时间变化动态地调整库存,精确地反映库存现状。这一系统的功能又涉及:①为所有的物料建立库存,决定何时订货采购,同时作为交于采购部门采购、生产部门作生产计划的依据。②收到订购物料,经过质量检验入库,生产的产品也同样要经过检验入库。③收发料的日常业务处理工作。

(三)采购管理

采购管理是确定合理的定货量、优秀的供应商和保持最佳的安全储备。能够随时提供定购、验收的信息,跟踪和催促对外购或委外加工的物料,保证货物及时到达。建立供应商的档案,用最新的成本信息来调整库存的成本。具体有:①供应商信息查询(查询供应商的能力、信誉等)。②催货(对外购或委外加工的物料进行跟催)。③采购与委外加工统计(统计、建立档案,计算成本)。④价格分析(对原料价格分析,调整库存成本)。

四、人力资源管理模块

以往的 ERP 系统基本上都是以生产制造及销售过程(供应链)为中心的。因此,长期以来一直把与制造资源有关的资源作为企业的核心资源来进行管理。但近年来,企业内部的人力资源,开始越来越受到企业的关注,被视为企业的资源之本。世界著名心理学家、多伦多大学终身教授江绍伦博士曾经说过:"21 世纪的竞争是人才的竞争,中国拥有大量的人

第八章　ERP 的应用

才,这是中国赢得未来竞争的优势所在。"人力资源管理的重要性,为人力资源管理信息系统提供了广阔的市场前景。在这种情况下,人力资源管理作为一个独立的模块,被加入到了 ERP 的系统中来,和 ERP 中的财务、生产系统组成了一个高效的、具有高度集成性的企业资源系统,它与传统方式下的人事管理有着根本的不同。

(一)人力资源规划的辅助决策

人力资源规划的辅助决策主要包括三方面:①对于企业人员和组织结构编制的多种方案,进行模拟比较和运行分析,并辅之以图形的直观评估,辅助管理者做出最终决策。②制定职务模型,包括职位要求、升迁路径和培训计划,根据担任该职位员工的资格和条件,系统会提出针对本员工的一系列培训建议,一旦机构改组或职位变动,系统会提出一系列的职位变动或升迁建议。③进行人员成本分析,可以对过去、现在、将来的人员成本作出分析及预测,并通过 ERP 集成环境,为企业成本分析提供依据。

(二)招聘管理

人才是企业最重要的资源。优秀的人才才能保证企业持久的竞争力。招聘系统一般从以下几个方面提供支持:①进行招聘过程的管理,优化招聘过程,减少业务工作量。②对招聘的成本进行科学管理,从而降低招聘成本。③为选择聘用人员的岗位提供辅助信息,并有效地帮助企业进行人才资源的挖掘。

(三)工资核算

工资核算的主要功能包括:①能根据公司跨地区、跨部门、跨工种的不同薪资结构及处理流程制定与之相适应的薪资核算方法。②与时间管理直接集成,能够及时更新,对员工的薪资核算动态化。③核算功能。即通过和其他模块的集成,自动根据要求调整薪资结构及数据。

(四)时间管理

时间管理的主要功能包括:①根据本国或当地的日历,安排企业的运作时间以及劳动力的作息时间表。②运用远端考勤系统,可以将员工的实际出勤状况记录到主系统中。③将薪资、奖金有关的时间数据导入薪资系统和成本核算中。

(五)差旅核算

系统能够自动控制从差旅申请、差旅批准到差旅报销的整个流程,并且通过集成环境将核算数据导进财务成本核算模块中去。

第三节　ERP 在企业管理中的应用

ERP 在企业管理中应用后,能够解决多变的市场和均衡生产之间的矛盾,使企业对客户的供货承诺做得更好,有效解决既有短缺又有积压的库存管理难题,可以提高质量并降低成本以及改变企业中的部门本位观。虽然 ERP 是全面提高企业管理水平的有效工具,但是,我们应该认识到,ERP 的应用实施具有一定的难度。如何才能实施应用好 ERP,关键是要采取可靠的线路,避免陷入误区。

一、企业 ERP 应用的一般步骤与流程

企业应建立一套科学的实施办法和程序来保证项目的成功。ERP 系统实施项目大体可以分为培训与理念导入、企业流程分析、企业需求分析与软件选型、数据准备、系统的安装调试与模拟运行、上线支持阶段与项目持续改进优化等阶段,各阶段的工作既有侧重点,又有交叉。

(一)培训与理念导入

培训与理念导入包括 ERP 原理的培训与 ERP 项目的动员。培训与理念导入的对象包括以下四类:企业领导层、核心小组(项目负责人)、技术小组、最终用户。针对企业领导层的培训内容主要是 ERP 管理理念、各种报表的应用;核心小组的培训内容包括 ERP 系统的管理思想概念、ERP 系统的具体功能以及 ERP 系统各种报表的应用;培训技术小组的主要目标是提供 ERP 系统的设计结构,各个模块的关联关系与数据库结构,系统问题处理等;而对最终用户培训的目的是使用户了解 ERP 系统后新的业务前景、目标以及带来的好处,使用户能清楚地了解到 ERP 是什么,怎样通过它提高个人及整体的业务表现,使用户了解其工作内容的变化及 ERP 将如何融入其日常工作。

(二)企业流程分析

由企业的高层领导和各项目人员根据自己对企业的了解结合行业经验,应用 ERP 的思想,按照 ERP 的功能特点深入企业各个部门,了解具体的业务流程。对企业现行的业务流程和存在的问题进行评议和诊断,提炼出市场、销售、服务中各环节的关键点、控制点,暴露出隐藏的问题,以便制订工作计划。企业流程是否更完善,管理水平能否由此通过 ERP 得到提升,跟这项工作密不可分。

(三)企业需求分析与软件选型

企业需求分析是指在充分了解企业情况,包括生产、财务及管理流程后,对系统的具体要求方案,主要针对其现行体制中的不足及目前所需的信息,制订出一套企业对对系统的需求方案。深入了解企业希望通过 ERP 在对业务改进方面的具体需求。企业当前最迫切需要解决的问题是什么? ERP 系统是否能够解决? 应用 ERP 的目的是什么? 系统到底能够解决哪些问题和达到哪些目标?

需求分析是进行软件选型的指导。在弄清企业需求的同时,分析各软件的管理思想和各模块的功能是否满足企业的需求以及分析软件的实施环境、行业或企业的特殊要求,选择适用于企业的 ERP 软件,从而提高企业效率和节约企业成本。

(四)数据准备

在运行 ERP 系统之前,要准备和录入一系列基础数据,这些数据是在运用系统之前没有或未明确规定的,故需要做大量分析研究的工作。包括一些产品、工艺、库存等信息,还包括了一些参数的设置,如系统安装调试所需信息、财务信息、需求信息等等。

(五)系统的安装调试与模拟运行阶段

在人员、基础数据已经准备好的基础上,就可以将系统安装到企业中来了,具体过程包

第八章　ERP 的应用

括建立网络、系统的安装、参数设置,并进行一系列的调试与模拟运行。网络的建立通常是由企业自身的 MIS 人员完成,咨询人员则着重于检测该网络环境是否支持用户所选的系统,网络结构是否达到优化,可以使系统稳定、高效地运行。系统安装的复杂程度因系统本身的复杂性而异,大型系统的安装需要事先周密计划,各单位统一安装,协调进行。各类中、大型软件都预留有各项参数,企业根据自身的特点来进行设置,即通常所指的用户化。用户化是系统实施中最为复杂和关键的一步。参数设置是否正确,直接关系到软件功能的实现及系统运行的平稳。最后,用企业实际的业务数据进行模拟运行。这时可以选择一部分比较成熟的业务或者代表产品进行试运行,组织项目小组进行实战性模拟,提出解决方案。以点带面,由粗到细,保证新系统进行平稳过渡。

（六）上线支持阶段与项目持续改进优化

经过一段时间的试运行后,如果没有发生什么异常现象,就可以将原有模式切换至 ERP 系统,系统正式启用。一个新系统被应用到企业后,实施的工作其实并没有完全结束,而是将转入到业绩评价和下一步的后期支持阶段。这是因为企业有必要对系统实施的结果作一个小结和自我评价,以判断是否达到了最初的目标,从而在此基础上制定下一步的工作方向。在系统启用一个月后将就系统应用广度、应用深度、应用功能、应用频率、应用规模、应用效果等进行 ERP 应用评估。在充分评估的基础上,提出深化应用建议并设定第二阶段的应用目标,实现企业在 ERP 应用方面持续提升。

以上六个阶段是密切相关的,一个阶段没有做好,绝不可操之过急进入下一个阶段,否则,只能是事倍功半。另外,在应用 ERP 时需注意以下几个问题:

(1)观念和人力问题。ERP 在技术上绝对不是什么大问题。决定 ERP 能否真正成为企业工具的关键是企业能否拿出相应的人力物力资源,尤其是观念和人才的储备。高层领导必须高度重视,适度参与。业务人员要尽快适应新的计算机工作模式。企业里的 IT 人员,不光是系统维护员和程序员的角色,还必须起着不同视角的桥梁作用。

(2)执行力问题。对于一个成功的 ERP,除了人的因素,关键的是执行力的因素。ERP 从意向开发到实际开发,经过的时间非常漫长。调研就需要好几个月,从企业各基础部门到决策层,从基本办公到企业走向预测,这些都需要花费大量的人力、物力去进行。为保证 ERP 项目的执行,必须建立项目实施小组,将项目的实施作为全员的项目,将实施的效率和阶段性成果要求,与个人和部门的业绩挂钩。

(3)其他可能的问题。ERP 项目一旦开发成功,经济效益的可预见性是显而易见的。比如说,缩短了办事流程,提高了办事效率等。而且一旦开发成功,企业可能会有一定程度的裁员,对于可能带来的这些利弊,决策层必须想清楚后再着手工作。

二、企业 ERP 应用时应坚持的一般原则

由于实施 ERP 系统的投资多、周期长,因此,为了使 ERP 在企业的应用达到预期的目标,发挥应有的作用,企业应坚持以下原则:

（一）采用 ERP 要避免盲目性

一些企业应用 ERP 系统是因为管理环节上出了问题,决定借助于 ERP 来解决。但是

不同的企业在自己生存发展的不同阶段所出现的需要解决的问题是各不相同的,可能是市场开拓上的、人员管理上的、产品质量上的、物资管理上的、管理体制上的或者资金运用上的等。这些问题有的可以借助 ERP 加以改进,但有的问题和用不用 ERP 没有直接的关系。不能把所遇的问题都寄希望于一个软件来解决,它毕竟不是唯一的现代企业管理思想和方法。然而,这些年来由于人们的认识偏差,在应用中对它寄予很高的期望,严重忽视了它自身的作用和特点及其适用条件和适用范围。因此在应用 ERP 前一定要对企业的现状、需求进行分析论证,避免实施 ERP 系统的盲目性。

(二)要争取企业各层领导的支持和配合

如果没有企业领导的正确认识,企业将很难实施、运行这个系统。没有第一把手的参与和授权,很难调动全局。ERP 管理系统涉及企业销售、生产、采购、物流等所有单元,企业的各层领导,都必须重视现代企业管理模式的建立、优化和调整,高层领导者必须将技术基础工作和人员培训同步进行,各单元总经理的高度重视及亲自参与可作为全员的榜样,在他们的带动下各单元之间形成较高的默契,为系统的高效运行打下坚实的人员基础,将 ERP 管理模块渗透到各个环节,真正形成一个能良性运行的环境。

(三)要加强人员培训

ERP 的顺利实施离不开人的工作,如果没有一支高素质的管理队伍,再先进的 ERP 也只能是空中楼阁。在企业应用 ERP 的过程中,培训是一种基础性的工作,是整个应用工作中的另一条主线,它的目标在企业中的"人"上,是把企业中的"人"和"业务流程"有机地结合起来,因为人才是企业中最为活跃的因素,人员素质的高低决定了任何工具使用的效果和应该发挥出的效力。

具体培训时要针对不同的人员培训的内容有所侧重。企业高层决策者更多的是意识的培训,要帮助、引导他们了解企业实施 ERP 的意义以及如何正确理解 ERP、ERP 在企业变革中的作用等方面的知识。对于基层管理者,就应该既培训其对流程工作的意识,也应该培训运用 ERP 系统的能力。重点让他们正确理解 ERP 系统、熟悉并掌握系统的操作和使用。

(四)做好企业流程重组

为了实施 ERP,企业内原有的业务流程、管理流程必须按照 ERP 的实施需要加以重组,如果企业的管理和业务流程混乱或不健全必将造成 ERP 应用的失败。流程重组是决定企业 ERP 系统成败的重要因素。实现企业流程重组不是仅对现有的管理模式进行简单地修补,而是要以科学的管理方式进行彻底地改变,因此,需要企业做大量的细致工作。在企业选择应用 ERP 的模块时,一定要先选择管理最规范和最重要的部门,聘请相应的专家,按照 ERP 的思想分析与改造原有的流程,实施成功后,再以这些模块为范例,逐步在企业内部完全推行 ERP。

(五)重视人才引进

ERP 前期实施工作一般靠软件厂家的 ERP 顾问来做,项目实施工作初步完成后,企业需要具备自己的 ERP 实施人才,改善企业业务流程也是一项长期的工作,企业配备 ERP 实施人才是十分必要的。因此,企业必须重视人才的选聘和挖掘。一方面,如前所述,企业应注重对现有人员的培养与开发,这种方式获得的人才可能会更了解企业的管理特点,相对风

第八章　ERP 的应用

险也要小得多。在获取人才的同时要注重为企业内现有的人才提供一个合理的生存、发展空间,减少人才的流失,调动人才的积极性。另一方面,ERP 人才的获取,需要从外部引入,这是一个捷径,尽管企业要承担一定的风险。

三、ERP 应用绩效评价

ERP 项目实施的绩效评价是在项目完成的基础上进行的。对项目的目的、效益、影响和执行等情况进行全面而又系统的分析与评价,这将有助于改进投资效益,提高宏观决策和管理的水平。

目前国际上对 ERP 评价使用比较多的是 Oliver wight 的 ABCD 考评表,美国的标准化研究机构 Benchmarking Partners 的 ERP 项目评价体系和 Delone 与 Mclean 提出的 D&M 模型。ABCD 考评表从战略规划、员工与团队精神、全面质量管理与进取不懈、新产品开发、计划与控制五个方面来考核企业,每一类下面又分为若干标题。ERP 项目评价体系包括项目驱动因素、事务处理指标和关键成功因素等三个方面的内容。D&M 模型提出六个主要评价指标:系统质量、信息质量、系统使用、用户满意、个人影响和组织影响。

我们在具体评价企业应用 ERP 绩效时可以参考这些经典的方法,但同时也要明白,在评价时评价的指标与方法要建立在深入分析企业应用 ERP 的目的、明确评价的立场、评价的时期、评价的范围的基础上。

在中国,对 ERP 进行应用绩效评价时,目前比较权威的评价标准由国家发改委企业信息化专项评审专家组成员金达仁所提出。首先是企业管理创新,主要是业务模式和业务流程创新,特别是业务模式创新,体现在企业生产经营管理环节的方方面面。这些业务模式和业务流程在不同的企业中通过 ERP 应用,肯定有不同程度的创新。其次是企业运作管理,包括企业的市场营销、生产管理、物流配送和财务管理等方面。第三是企业信息化,具体来说就是 ERP 应用水平,应用状况。第四是财务方面的状况,包括企业财务指标的健康性和自身的管理水平,如有无全面预算,有无通过财务指标来监控企业生产经营管理的能力。第五就是企业发展的能力,这是一个综合的经济指标。ERP 绩效评价指标由定性指标和定量指标两部分组成。定性指标由 ERP 应用状况、企业管理和企业形象三部分组成。ERP 应用绩效评价体系定量指标有市场销售、生产运作、财务成本、资产运营、发展能力、信息资源和创新学习七个方面。①

具体指标评价时的方法目前不下十几种,比较常用的评价方法有:费用—效益分析、关联矩阵分析、关联数分析、层次分析、模糊综合评价法、数据包络分析等。在具体评价时可以结合各种方法的特点、企业数据获得的难易程度以及企业的评价目的加以权衡。

第四节　ERP 的发展趋势

ERP 代表现在最为先进的管理模式,几乎能解决企业遇到的所有问题,通过 ERP 管理

---

① 金达仁. ERP 应用需设"标尺"[EB/OL]. [2008-06-11] http://blog.it863.com.cn/html/74/1074-3264.html.

系统,企业能提高管理效率和市场竞争力,因此 ERP 系统的推广应用在国内外都很广泛。随着信息技术和制造业技术的不断发展,企业对 ERP 系统的依赖和需求的增加,这也促进了 ERP 技术的发展。未来 ERP 的主要特点表现在管理思想的先进性与适应性,好的 ERP 管理系统在管理思想上一定也是最为先进的,这点毋庸置疑,所以管理思想的先进与否决定了 ERP 管理系统的高度。其实不同国家、不同地区、不同行业、不同的企业之间都是有差异性的,没有一款 ERP 系统是通用的,所以未来 ERP 系统必须是适应性很强的。近 20 年来,ERP 在国内的发展经历了 MRPII 的初步应用、ERP 推广应用、ERP 产业初创、ERP 深入应用、ERP 产业茁壮发展等几个阶段。① 未来 ERP 技术的发展方向和趋势是:

一、ERP 功能上的扩展

新一代 ERP 将越来越面向企业的商务过程和产品全生命周期的相关过程与资源的管理,其业务领域与功能不断扩充。新一代 ERP 除了具有传统的制造、财务、分销等功能外,还将不断吸纳新的功能,如产品数据管理 PDM、客户关系管理 CRM、供应链管理 SCM、电子商务、协同作业、制造执行系统 MES、决策支持系统 DSS、数据仓库与联机分析处理 OLAP、办公自动化 OA 等,从而构成了功能强大的集成化企业管理与决策信息系统。

(一)ERP 与产品数据管理 PDM 的整合

产品数据管理 PDM(product data management)将企业中的产品设计和制造全过程的各种信息、产品不同设计阶段的数据和文档组织在统一的环境中。近年来 ERP 软件商纷纷在 ERP 系统中纳入了产品数据管理 PDM 功能或实现与 PDM 系统的集成,增加了对设计数据、过程、文档的应用和管理,减少了 ERP 庞大的数据管理和数据准备工作量,并进一步加强了企业管理系统与 CAD、CAPP、CAM 系统的集成,进一步提高了企业的系统集成度和整体效率。

(二)ERP 与 CRM 和 SCM 的整合

ERP 在全球化市场环境下更注重面向顾客和市场,与客户及市场的关系进一步融合。ERP 与 CRM(客户关系管理)、SCM(供应链管理)的融合已成为 ERP 发展重要趋势。尽管 ERP 与 CRM、SCM 在关注对象、系统使用者、系统设计等方面存在一些区别,但是三者还是存在着一些共通点。首先,三者都以企业的经营为中心,以提高企业的经济效益为最终目的。其次,ERP 与 CRM、SCM 的使用者范围存在重叠部分,从理论上讲企业所有员工的日常业务都要用到 ERP,而 CRM、SCM 系统的使用者则更多的是销售部、市场部以及售后服务部,三者存在重叠。再次,ERP 与 CRM、SCM 三个系统所使用的技术相差并不是很大,具备集成的可能性。ERP 通过与 CRM 及 SCM 系统的融合,通过市场预测、生产调度及知识的订单处理等方式,使企业与顾客及市场的关系更加紧密、更加融洽,企业满足顾客与市场的能力更强,实现企业生产、市场销售及售后全流程服务的一体化和个性化。

(三)ERP 与电子商务的进一步整合

ERP 系统的核心是实现企业内部资源的优化配置,有助于提高企业生产效率和市场响

---

① 贺岳星,计竞舟.中小企业 ERP 的现状及发展趋势[J].长江丛刊,2016(30):159-159.

第八章 ERP 的应用

应能力,而电子商务的核心是如何加速企业和企业之间的沟通。随着电子商务技术的发展,企业各种对外的业务活动也已经延伸到了 Internet 上。新一代的 ERP 系统应当支持 Internet 上的信息获取及网上交易的实现。作为 ERP 互联网技术阶段的产物电子商务 ERP(e-ERP)具有应用层面上的双重作用,一方面为电子商务的运行提供了即时传递信息的平台,它为公司建立了所有产品的信息库,包括产品的库存和价格信息等,使公司可以迅速查找和提供产品情况;另一方面电子商务 ERP 又具有外部沟通交互能力,把从网上获得的信息和企业内部信息很好地结合,共享数据,减少资源的浪费。因此,电子商务 ERP 是开拓企业市场的有效渠道及管理核心。[①]

(四)ERP、制造执行系统、过程控制系统高度融合

当今社会已经进入信息化与自动化高度融合的时代,由过程控制系统(PCS)、制造执行系统(MES)和 ERP 构成的全局自动化系统,将是今后传统企业向现代企业转变的必由之路,它将企业信息与控制系统统一分为三级,其中最底层为 PCS,中间层为 MES,它连接 ERP 和 GPS,是企业信息化的基础和有机组成,以分厂生产管理为核心,主要目标是提高产品质量、降低成本,最上层为 ERP,对整个企业人、财、物、产、供、销等资源进行综合管理。[②]

二、ERP 与互联网接轨

信息是企业管理和决策的依据,计算机系统能够及时准确地为企业提供必要的信息,因此,ERP 的发展是离不开先进的 Internet/Intranet 计算机技术的,使企业内部及企业与企业之间的信息传递更加畅通,这项技术的发展也使企业内部的重组变得更加快捷和容易。计算机在整个业务过程中产生信息的详尽记录和统计分析,使决策变得更加科学和有目的性。新的计算机技术的不断涌现为 ERP 的发展提供了广阔的前景,同时也极大地促进着 ERP 的不断进取。Meta 集团应用服务部的副总裁 Dick Kuiper 说,网络服务将在企业内部发挥重要的作用。多个企业协调工作需要有一条信息管道来交换数据,还需要对他们的数据交换达成协议。这种通过计算机进行协作的新形式意味着他们能够同时处理更多的相同数据。

向 Internet、Web 上转移的方法有三种:一是建立能使现有应用程序结构与 Internet 协议进行通信的桥连技术。1996 年 3 月 SAP 公司的 Internet R/3 软件运用这样技术,使用户可以通过客户端的 Web 浏览器来访问 R/3 应用软件包,进行企业内部和企业与客户之间的访问。二是增加新的基于 Web 的应用程序。如 Oracle 公司发布的 Oracle Application for Web 的 3 个以 Web 浏览器为前端的应用套件,允许企业外部的授权供应商、客户或企业内部某些经授权的工作人员通过一个标准的 Web 浏览器远程进入 ERP 系统,完成输入订单、监督装运、检查付款、查看供货协议、监督库存、查验收据、审批支付状况、浏览产品目录等业务。三是改写原有的应用。应用软件厂商把应用程序建立在网络计算环境中,使应用程序的代码完全适合 Internet。BAAN 公司在前不久签署的一项协议中,表示计划建立基于 Sun 公司的 Java 且基于部件的 C/S 应用软件。

---

① 潘秀芹.ERP 系统的特点、作用及发展趋势[J].中国管理信息化,2016,19(14):51-53.
② 卢仁鹏.管理新时代下 ERP 发展前景探讨[J].探索科学,2016(6).

三、ERP 在制造业当中的应用

（一）结合信息技术，提升核心竞争力

企业的建设建立是离不开技术支撑的，ERP 系统在应用发展的过程中需要结合现在先进的科学技术，完善自身的软件设置，提升本身的竞争力。运用信息技术将 ERP 软件系统做得更加完善，在生产应用的过程中要解决存在的问题和不足，这样才能够在现在激烈的市场竞争中提升本身的核心竞争力。

（二）拓展客户关系、供应链管理等方面的应用

随着我国经济的发展，企业越来越重视交流和互动，与外部企业之间的协同作用也是非常重要的，信息的共享成为一种趋势，信息共享、互相学习也是企业信息建设的共同目标。目前一些企业的电子信息交流主要依靠的就是 ERP 系统的支撑，另外这一系统对于企业的管理也是比较有针对性的，能够有效地加强企业之间的协助合作，同时还能够实现资源的共享。要切实的开发 ERP 软件与电子商务之间的联系，让企业的管理更加信息化和现代化。

四、ERP 软件向 Windows 平台转移

长期以来，高端的制造业应用软件一直使用 UNIX 服务器。而随着台式机处理器性能的增强、价格的下降，Windows Server 逐渐成为多数企业选择服务器的对象。作为制造软件厂商重要的客户群的中小型企业，Windows Server 服务器能满足其用户站点不多的使用条件，又受运行 Windows Server 的性价比较高的 Intel 处理器支持，将成为使用基于 Windows Server 的低价 C/S 应用软件的主力军。在这种背景下，各制造业应用软件的开发商如 SAP、Oracle 等纷纷宣布他们在服务器一端支持 Windows Server 的应用软件。

五、高安全性

ERP 系统的访问涉及企业的隐私和数据安全性问题，在实现基于 Internet 的远程访问时必须考虑数据传输的安全性和访问的合法性，防止绝密的数据资料被黑客甚至竞争对手获取、篡改和破坏，因此建设企业 ERP 系统时，相比于企业其他的信息化系统，其安全需求就显得尤为突出。

从前，访问公共应用软件和数据时，为保证安全所需做的就是敲入用户名和口令。但口令技术在用户量少时是可以的，当其要管理数千个用户时，其安全问题会剧增。而用公共密钥基础结构（public key infrastructure，PKI）能很好解决上面的问题。将数字鉴别作为全面安全解决方案基础的最大好处之一，是它能使解决方案内部具备可伸缩性。PKI 有三点好处：首先，数字鉴别是由第三方担保的；其次，数字鉴别能提供不同级别的验证和权限；最后，公司不必维护大型的用户数据库。

专家们认为，公共密钥基础结构（PKI）十分适用于地理分布广泛的环境，它的长处是能为公司的所有应用软件建立统一的安全密钥结构。事实上，即使 ERP 系统对整个公司是一个至关重要的应用系统，如果其安全架构没有满足整个企业的需求，企业也不会因此而获得最大的投资回报。

第八章　ERP 的应用

建立基本的 PKI 结构除了低端硬件外,还需要软件的配合。目录服务技术是众多 PKI 功能中的一种关键技术。轻量级目录访问协议(lightweight directory access protocol, LDAP)支持对数字密钥鉴别的访问。相当部分的厂商包括 IBM、Microsoft、Netscape、Novell 以及 Sun Microsystems,均提供 LDAP 协议方面的服务,并在已发布的产品上追加了对 LDAP 协议的支持。

本章小结

本章概略介绍了 ERP 的应用与发展状况,包括四个部分:首先是 ERP 的形成与发展,描述了 ERP 的含义与迄今为止的发展阶段;其次是 ERP 的功能模块,介绍了财务管理、生产控制管理、物流管理和人力资源管理等主要模块;再次是 ERP 在企业管理中的应用,包括 ERP 应用的一般步骤与流程、ERP 应用的一般原则和 ERP 应用绩效评价;最后是 ERP 的发展趋势,主要从功能的扩展、与互联网的接轨、在制造业当中的应用、ERP 软件向 Windows 平台转移和高安全性等方面展开讨论。

思考题

1. 简述 ERP 的基本原理和作用。
2. 试问 ERP 一般包括几大功能模块?各模块内又包括哪些子模块?其功能是什么?
3. 试问企业应用 ERP 的一般步骤和流程是什么?
4. 试问我国中小企业实施 ERP 的问题及解决方法有哪些?
5. 试分别举一个企业应用 ERP 成功和失败的例子,分析成功和失败的原因。

案例分析

京东集团 ERP 系统的应用及优化

京东集团 2014 年 5 月正式上市,上市地点为美国纳斯达克证券交易所。经过了近 20 年的发展,京东显然成为了我国最大自营式电商企业之一。京东多媒体网更名为京东商城开始进军国内 B2C 市场,先在北上广三个地域启用移动 POS 上门刷卡服务,从而开创了中国电子商务的新形态。随后,京东在网络零售服务、物流配送服务、金融服务、电商云服务等领域推行了一系列的变革举措,最后统一了信息流、资金流与物流三大体系,使企业 ERP 系统得到了进一步的优化。

京东集团 ERP 系统的构建

对于电商企业,最重要的就是信息流、资金流和物流。信息流包括营销、经营和数据,资金流主要包括财务,物流包括仓储和配送京东自成立起积累了许多关于信息流、资金流和物流的数据和技术经验,通过云化的形式,构建成京东的 ERP 系统。

信息流体系

2013 年 8 月,京东发布了"7 年三步走"的战略。第一步就是支撑京东内部云化。2014 年,京东云平台率先发布了电商云解决方案,将电商云扩展至能够支持 B2B、B2C、B2B2C、O2O 等多种业务需求。

京东主要采用以下三种大数据分析模型:

(1)天平模型和浮标模型。天平模型有一套统一又公平的准入标准,由此可以实现面向不同行业的商家,还能够对商家的经营情况进行定期测量和跟踪;而浮标模型则能够预测店铺在各季度对资金不同的需求,从而预先发现商家的需求,并能预先观测到店铺所处的生命周期,以便随时修改贷款额度,提高贷后预警的可靠性。

(2)供应商评级。通过分析以前的产业链数据,京东将所分析出的定性与定量信息输入模型,将供应商分为 A~E 五个级别,再由各个级别来决定供货商能获得的融资额度。

(3)用户评分。京东的大数据征信模型体系是从以下六个维度对用户进行刻画:包括身份特征画像、个人用户评估、履约历史评价、关系网络评估、网络行为偏好及信用风险预测。

由于各种资源被云化,京东的成本比业界平均水平低,而效率却比业界平均效率高。京东凭借互联网高效灵活迅速地收集整合资料,从开发、运行、维护三个层面降低了系统成本,提升了系统的稳定性,通过网络策划、网络营销及促销,向消费者传播京东的信息,又通过完善的售后服务,掌握了来自消费者和供应商的意见及需求。这样来获取有竞争力的大数据,继续完善自身系统。

资金流体系

京东的资金流体系包括京东众筹、京东白条、京东钱包、京东小金库等。具体分为以下三个方面:

(1)供应链金融。供应链金融作为京东盈利极为重要的一部分,同时也是京东推出最早的金融服务。京东供应链金融主要包括两个产品,分别是"京小贷"和"京保贝"。2013 年 12 月 6 日,京东上线了 3 分钟融资到账业务——京保贝,其运用京东自有资金,供应商凭借采购、销售等财务数据可以直接获得融资,放款周期仅为 3 分钟,京保贝可以自动完成审批和风险控制,有效地提高了企业的营运资金周转。"京小贷"和"京保贝"各自面向不同的商户,"京小贷"是面对京东平台商户的,而"京保贝"则是面对京东供应商的。

(2)消费金融。白条和"白条十"等业务都包含于消费金融中。2015 年 9 月,"京东白条资产证券化"项目已经获得证监会批复,由华泰证券完成发行。京东白条是面向个人的信用支付产品,相当于京东的赊购卡,主要使用者的消费能够分期付款,京东通过在线评估客户的信用度,最长可以选择 3 天延期付款,或者 3~24 个月的分期付款两种付款方式,最高额度为 1.5000 元,通过大数据对用户的消费、配送、退货、评价等数据来评估用户的信用。

(3)众筹。京东众筹包括两大类,分别是股权众筹与产品众筹股权众筹"东家"平台属于非公开股权融资,采用的模式为"领投+跟投",京东的佣金是成功项目的融资总额的 3%。

京东资金流的构建成功地实现了电商业务和金融业务的数据共享,还可以为京东其他方面提供资金来源。

物流体系

物流体系是京东最为看重的体系。京东之所以能保持其物流高效率的运转能力和强大的管理能力,是基于其采用的智能化物流系统——青龙系统所提供的支持。

2008 年起,京东自建了物流配送系统。根据不同的物流服务需求,有以下几种方式:

(1)自建物流。

目前,京东有六大物流中心,分别在北京、上海、广州、成都、武汉、沈阳,在天津、杭州等 23 座城市建立城市配送站。2010 年,京东在上海建立了"亚洲一号"国际化超大物流仓储中

第八章　ERP 的应用

心,是亚洲最大的单体库房,以此支撑京东自营配送体系,京东的自主配送已经达到了 90%以上。

(2)自建物流＋第三方物流。

考虑成本投入和二、三线城市的利润,京东采取了与二、三线城市的其他快递公司合作完成产品配送。在配送较大的商品时,选择与厂商合作,利用厂商在各城市的售后服务网点和厂商的配送伙伴来完成配送。

(3)高校代理。

高校的学生们因上课时间等原因经常导致不能及时收货,快递公司也存在不能长时间等待的问题,京东在全国各大高校招募了代理人,来为高校的教职工和学生们提供货到付款、送货上门、售后服务等工作。

仓储物流系统作为 ERP 的一部分是系统化的,在打包系统、挑拣货物系统等方面都要实行专业化以及流程化。由于京东物流体系的构建,超过 8.5%的自营订单可当日或次日送达。高效的物流体系有效提升了客户体验,提高了客户的黏度。

总结

京东的 ERP 系统是根据自身需求自主开发的,与购买的系统相比更适用京东自身的业务流程,包含京东商城大部分的管理系统,如客户管理、商品管理、订单管理等,可以对不同级别的工作人员开启不同权限进行管理。其 ERP 系统可以跟踪每一件商品的详细信息,包括物流方面的配送及仓库、货架、物流单号、发货人员、配送人员等,信息流方面客户的详细信息及售后评价等,资金流方面供应商、进价等。

经过高速发展,京东已形成了完善的网站模式、庞大的仓储范围和广泛的物流系统,又有自主研发的 ERP 系统作为支撑,京东的市场份额在稳步提高,体现了其强大的数据驱动力,这种驱动带来的不仅是网上零售等业务,更是推动了现代零售业像 O2O 模式转变。京东的 ERP 系统是其核心竞争力,提高了运营效率,并依然在不断优化。

资料来源:武怡凡,林吉祥,胡春雨.企业 ERP 系统的构建——以京东集团为例[J].商场现代化,2016(26).

第九章 供应链管理及其绩效评价

 内容提要

本章首先描述供应链和供应链管理的内涵、特点以及供应链的模型,旨在从源头来了解供应链。而后分析供应链管理发展的新趋势,即协同供应链和集成供应链。本章后面的两节中分别讲解供应链的规划、组织、控制的方法和措施以及供应链绩效评价指标体系,旨在对正在和未来将要实施供应链管理的企业提供一些具体的方法体系,帮助企业进一步优化供应链,更好地服务于消费者,提高消费者的满意度和最大限度地增加消费者的剩余价值。

第一节 供应链管理概述

现代物流随着通信技术和运输技术以及现代商务理念的发展获得了飞速成长,物流理念也在不断推陈出新。物流理念从最初的产品物流、原材料物流、物流整合直至近来一直叫得很响的供应链管理。物流理念的每一次更新,都意味着物流理论在企业应用实践与创新上的又一次提升。

一、供应链及其结构模型

(一)供应链的定义

供应链的定义是:"生产及流通中,涉及将产品和服务提供给最终用户活动的上游与下游企业所形成的网链结构。"(《中华人民共和国国家标准物流术语》2001年)。不同的学者从不同的角度给出了供应链的不同的描述,主要有以下几种:

(1)价值链。马士华认为它不仅是一条连接供应商到用户的物流链、信息链、资金链,而且是一条增值链,物料在供应链上因加工、包装、运输等过程而增加价值,给相关企业都带来收益。王金圣认为,供应链虽没有形成完全统一的定义,但可以肯定的是供应链不仅是一条链接供应商到用户的物料链,而且是一条增值链,物料在供应链上因加工、运输等过程而增加其价值。

(2)业务流程。沈厚才认为,供应链实际上是一种业务流程,它是指由原材料和零部件供应商、产品的制造商、分销商和零售商到最终用户的价值链组成,完成由客户需求开始到提供给客户所需要的产品与服务的整个过程。

(3)合作伙伴关系。陈功玉认为企业与其供应商、分销商、零售商、用户之间的关系已不再是过去那种简单的业务往来关系,而是结成了一种全面合作、利益共享、风险共担的战略

第九章 供应链管理及其绩效评价

合作伙伴关系。这种战略合作伙伴关系被称为"供应链"。

对于供应链的定义,学术界目前还没有统一。Lin F. R. 等认为供应链是包括供应商、制造商、销售商在内,涉及物流、资金流、信息流的企业网络系统。美国的 Stevens 认为,供应链是通过价值增值过程和分销渠道控制从供应商的供应商到用户的用户的整个过程,它始于供应的源点,终于消费的终点。Christopher 认为,供应链是一个组织网络,所涉及的组织从上游到下游,在不同的过程和活动中对交付给最终用户的产品或服务产生价值。我国学者蓝伯雄认为,供应链是原材料供应商、零部件供应商、生产商、分销商、零售商、运输商等一系列企业组成的价值增值链。

下面的描述借鉴了学者马士华的观点:供应链是围绕核心企业,通过对信息流、物流、资金流的控制,从采购原材料开始,制成中间产品以及最终产品,最后由销售网络把产品送到消费者手中的将供应商、制造商、分销商、零售商,直到最终用户连成一个整体的功能网链结构模式。它是一个范围更广的企业结构模式,它包含所有加盟的节点企业,从原材料的供应开始,经过链中不同企业的制造加工、组装、分销等过程直到最终用户。它不仅是一条连接供应商到用户的物料链、信息链、资金链,而且还是一条增值链,物料在供应链上因加工、包装、运输等过程而增加其价值,给相关企业都带来收益。

(二)供应链的结构模型

根据供应链的定义,其结构可以简单地归纳为如图 9-1 所示的模型。从图 9-1 中可以看出,供应链由所有加盟的节点企业组成,其中一般有一个核心企业(可以是产品制造企业如 DELL 和 IBM 公司;也可以是大型零售企业,如美国的沃尔玛和法国的家乐福等),节点企业在需求信息的驱动下,通过供应链的职能分工与合作(生产、分销、零售等),以资金流、物流/服务流为媒介实现整个供应链的不断增值。

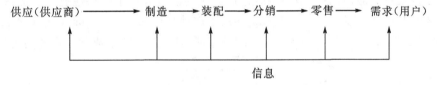

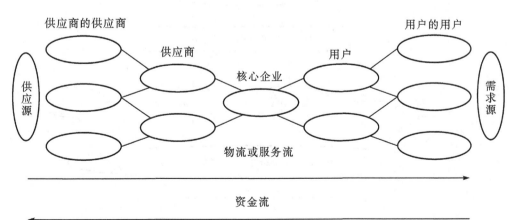

图 9-1 供应链的网链结构模型

二、供应链管理

(一)供应链管理及其内容

供应链管理(supply chain management,SCM)是一种集成的管理思想和方法,它执行供应链中从供应商到最终用户总体过程中的计划、组织、指挥、协调和控制职能。供应链管理是通过前馈的信息流和反馈的物料流及信息流,将供应商、制造商、分销商、零售商,直到最终用户连成一个整体的管理模式,它把不同企业集成起来以增加整个供应链的效率,注重企业之间的合作。

供应链管理把供应链上的各个企业作为一个不可分割的整体来实施网络化管理,将各个节点成员分别承担的职能协调起来,形成一个能快速适应市场的、有效地满足顾客需要的功能系统,实现总体上的高效益和低成本。

供应链管理的发展带来的一个重要变化就是竞争方式的变化,市场竞争已经由单纯的个体企业之间的竞争,发展为供应链层面的链与链之间的竞争。管理者的注意力已从过去的侧重内部控制转为内外部协调并重,关注的对象也从单一企业发展为企业群。企业竞争优势是通过战略指导下的战术的制定和实施来获得的,因而供应链之间竞争优势的获得,需要供应链总体战略的协调和整合。

依据上面的阐释和众多的研究,供应链管理的内容可以从一般供应链管理和基于电子商务的供应链管理两个视角来讨论。

1. 一般供应链管理内容

如前所述,供应链管理是一种集成的管理思想和方法,它执行供应链中从供应商到最终用户的物流、资金流、信息流的计划和控制等职能,是围绕核心企业,从采购原材料开始,制成中间产品以及最终产品,最后由销售网络把产品送到消费者手中的供应链。一般认为供应链管理主要涉及四个主要领域:供应(supply)、生产计划(production planning)、物流(logistics)、需求(demand)。如图9-2所示,供应链管理是以同步化、集成化生产计划为指导,

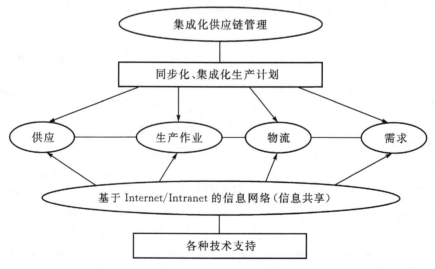

图9-2 供应链管理涉及的领域

第九章　供应链管理及其绩效评价

以各种技术为支持,尤其以 Internet/Intranet 为依托,围绕供应、生产作业、物流(主要指制造过程)、满足需求来实施的。供应链管理主要包括计划、合作、控制从供应商到用户的物料(零部件和成品等)和信息。供应链管理的目标是提高用户服务水平和降低总的交易成本,并且寻求两个目标之间的平衡。

在以上四个领域的基础上,我们可以将供应链管理细分为职能领域和辅助领域。职能领域主要包括产品工程、产品技术保证、采购、生产控制、库存控制、仓储管理、分销管理。而辅助领域主要包括客户服务、制造、设计工程、会计核算、人力资源、市场营销。

供应链管理注重的是物流成本(从原材料到最终产成品的费用)与用户服务水平之间的关系,为此要把供应链各个职能部门有机地结合在一起,从而最大限度地发挥出供应链整体的力量,达到供应链企业群体获益的目的。

2. 基于电子商务的供应链管理内容

电子商务环境下的供应链管理是一种集成的管理思想和方法,它融合了当今现代管理的新思想、新技术,是一种系统化、集成化、敏捷化的先进管理模式,是对供应链中的物流、信息流、资金流、增值流、业务流及贸易伙伴关系等进行的计划、组织、协调和控制一体化的管理过程,供应链管理的最主要思想是系统理论。供应链管理与电子商务都是一个从生产商到最终用户的价值增值过程,电子商务是在一个更新的、更有效的技术平台"网络"上构建的供应链,实现电子商务的价值增值过程就是一个供应链管理过程。

供应链管理模式要求突破传统的采购、生产、分销和服务的范畴和障碍,把企业内部以及供应链节点企业之间的各种业务看作一个整体功能过程,通过有效协调供应链中的信息流、物流、资金流,将企业内部的供应链与企业外部的供应链有机地集成起来管理,形成集成化供应链管理体系,以适应新竞争环境下市场对企业生产和管理运作提出的高质量、高柔性和低成本的要求。电子商务的应用促进了供应链的发展,也弥补了传统供应链的不足。从基础设施的角度看,传统的供应链管理是一般建立在私有专用网络上,这需要投入大量的资金,只有一些大型的企业才有能力进行自己的供应链建设,并且这种供应链缺乏柔性。而电子商务使供应链可以共享全球化网络,使中小型企业以较低的成本加入到全球化供应链中。从通讯的角度看,通过先进的电子商务技术和网络平台,可以灵活地建立起多种组织间的电子连接,如组织间的系统、企业网站、电子化市场等,从而改善商务伙伴间的通讯方式,将供应链上企业各个业务环节孤岛连接在一起,使业务和信息实现集成和共享,使一些先进的供应链管理方法变得切实可行。

在二者存在黏合性的同时,电子商务也对供应链管理提出了新的要求。基于电子商务的供应链管理主要包括以下几方面的内容:

(1)订单处理。当收到客户订单时,核心企业要及时分析所需产品的性能要求,判断是否能达到订单中的技术指标,在能够达到要求的条件下,进一步分析订单中产品的成本、数量和利润。如果能够从该订单中获利,便可与客户签订订货合同,之后查询现有库存,若库存中有客户需要的产品,便立即发货,否则及时组织生产。借助电子商务进行订单处理,供应链可以大幅度减少订单成本和订单处理的差错率,缩短订单的循环周期,大大提高营运效率。

(2)生产组织。一般来说,生产组织是供应链中最难管理的环节,但利用电子商务可以

通过改善供应商、核心企业和客户之间的通信来有效地降低生产组织的困难程度。核心企业使用电子商务系统协调与供应商的准时供应程序，与多个供应商之间协调制订生产计划。此外，由于在订单处理中可以提供核心企业有关产品销售和服务的实时信息，这样在一定程度上会使销售预测变得更精确，反过来又大大改善了生产组织管理。

(3) 采购管理。通过电子商务系统，有效地实现与供应商的信息共享和信息的快速传递。一方面，通过互联网提供给供应商有关需求信息和商品退回情况，同时获得供应商的报价、商品目录、查询回执，从而形成稳定、高效的采购供应体系；另一方面，通过网上采购招标等手段，集成采购招标和互联网优势，扩大采购资源选择范围，使采购工作合理化，大大减少采购人员数量，有效降低采购成本。

(4) 配送与运输管理。通过电子商务系统，对配送中心的发货进行监视，对货物运至仓库进行跟踪，同时实现对配货、补货、拣货和流通加工等作业的管理，使配送的整个作业过程实现一体化的物流管理。此外，通过对运输资源、运输方式、运输线路的管理和优化，对运输任务进行有效的组织调度，降低运输成本，并实现对运输事项和货物的有效跟踪管理，确保指定的货物能够在指定的时间运送到指定的地点。

(5) 库存管理。通过电子商务系统，核心企业通知供应商有关订单的交送延迟或库存告急，使库存管理者和供应商追踪现场库存商品的存量情况，获得及时的信息以便更有准备；实现对存储物资有效管理，及时反应进销存动态，并且实现跨区域、多库区的管理，提高仓储资源的利用，进而促使库存水平降低，减少总的库存维持成本。

(6) 客户服务。应用电子商务系统，核心企业的客户通过互联网可以非常方便地联络有关服务问题，通知并要求解决所发生的任何服务问题，而核心企业则通过互联网接受客户投诉，向客户提供技术服务，互发紧急通知等。这样可以大大缩短对客户服务的响应时间，改善与客户间的双向通信流，在保留住已有客户的同时，吸引更多的客户加入到供应链中来。

(7) 支付管理。通过电子商务系统与网上银行紧密相连，并用电子支付方式替代原来支票支付方式，用信用卡方式替代原来的现金支付方式，这样既可以大大降低结算费用，又可以加速货款回笼，提高资金使用效率。同时，利用安全电子交易协议，保证交易过程的安全。

(二) 供应链管理中的关键问题

我们知道供应链管理是一个复杂的系统，涉及众多不同的企业，牵扯到企业的方方面面，因此实施供应链管理必须确保要理清思路、分清主次，抓住关键问题。只有这样，才能做到既见"树木"，又见"森林"，避免陷入"只见树木，不见森林"或"只见森林，不见树木"的尴尬境况。

具体地说，在实施供应链管理中需要注意的关键问题主要有以下几个。

1. 配送网络的重构

配送网络重构是指采用一个或几个制造工厂生产的产品来服务一组或几组在地理位置上分散的渠道商时，当原有的需求模式发生改变或外在条件发生变化后引起的需要对配送网络进行的调整。这可能由于现有的几个仓库租赁合同的终止或渠道商的数量发生增减变化等原因引起。

2. 配送战略问题

在供应链管理中配送战略也非常关键。采用直接转运战略、经典配送战略还是直接运

第九章 供应链管理及其绩效评价

输战略？需要多少个转运点？哪种战略更适合供应链中大多数的节点企业呢？

所谓直接转运战略就是指在这个战略里面终端渠道由中央仓库供应货物，中央仓库充当供应过程的调节者和来自外部供应商的订货的转运站，而其本身并不保留库存。而经典配送战略则是在中央仓库中保留有库存。直接运输战略，则相对较为简单，它是指把货物直接从供应商运往终端渠道的一种配送战略。

3. 供应链集成与战略伙伴

由于供应链本身的动态性以及不同节点企业间存在着相互冲突的目标，因此对供应链进行集成是相当困难的。但实践表明，对供应链集成不仅是可能的，而且它能够对节点企业的销售业绩和市场份额产生显著的影响。集成供应链的关键是信息共享与作业计划。显然，什么信息应该共享，如何共享，信息如何影响供应链的设计和作业；在不同节点企业间实施什么层次的集成，可以实施哪些类型的伙伴关系等就成了最为关键的问题。

4. 库存控制问题

库存控制问题包括：一个终端渠道对某一特定产品应该持有多少库存？终端渠道的订货量是否应该大于、小于或等于需求的预测值？终端渠道应该采用多大的库存周转率？终端渠道的目标在于决定在什么点上再订购一批产品，以及为了最小化库存订购和保管成本应订多少产品等。

5. 产品设计

众所周知，有效的产品设计在供应链管理中起着多方面的关键作用。那么什么时候值得对产品进行设计来减少物流成本或缩短供应链的周期？产品设计是否可以弥补顾客需求的不确定性？为了利用新产品设计，对供应链应该做什么样的修改等这些问题就非常重要。

6. 信息技术和决策支持系统

信息技术是促成有效供应链管理的关键因素。供应链管理的基本问题在于应该传递什么数据？如何进行数据的分析和利用？信息技术和决策支持系统能否作为企业获得市场竞争优势的主要工具？

7. 顾客价值的衡量

顾客价值是衡量一个企业对于其顾客的贡献大小的指标，这一指标是根据企业提供的全部货物、服务以及无形影响来衡量的。现在这个指标已经取代了质量和顾客满意度等指标。在不同行业中，是什么因素决定顾客的价值？顾客价值是如何衡量的？在供应链中，信息技术如何用来增强顾客价值？供应链管理如何作用于顾客价值？

总之，供应链管理中的问题涉及许多方面的活动，从战略层次到战术层次一直到作业层次。战略层的问题是对公司有着长远影响的决策，包括关于制造工厂和仓库的数量、布局及产能大小和物料在物流网络中流动等方面的决策。战术层的决策一般包括采购和生产决策、库存策略和运输策略等。而在作业层次上，则包括日常活动的决策，如计划、估计备货期、安排运输路线、装运等。电子商务企业要想成功地实施供应链管理，必须从以上几个方面深入考察和挖掘企业内外资源，符合商务发展的规律，平衡各方面的资源以及企业之间的利益。

第二节 供应链管理的发展

一、供应链管理的发展阶段

世界权威的《财富(FORTUNE)》杂志 2001 年将供应链管理列为本世纪最重要的四大战略资源之一;供应链管理是世界 500 强企业保持强势竞争不可或缺的手段。供应链管理应用发展到目前,经过了五个发展阶段,由企业内部的协调分工到企业间的协作与联盟,最后实现网络经营一体化。

1. 第一阶段——企业内部功能集成

本阶段的特点是企业关注于内部部分功能、流程的改进与集成,例如原材料采购与库存控制集成为物料管理功能,送货与分拣、拣选等集成为配送功能。在美国,为了指导早期的实践,许多企业采用供应链委员会开发的"计划、采购、制造、运输"供应链运作参考(SCOR)模型。在这一阶段,几乎所有的企业都将最初的关注焦点放在了原材料采购和物流两大功能。

然而,大多数企业在这一阶段不能实现整个企业的均衡发展,他们只满足于由部分功能集成化带来的少量利润,认识不到功能一体化能够给企业带来的益处。因此,他们反对各职能部门之间的协作,也就不会建设对整个公司有利的信息系统。

2. 第二阶段——企业一体化管理

本阶段的特点是企业内部物流一体化,整个企业供应链系统的优化,把各项分散的物流功能集中起来作为一个系统管理。过去,企业多为分项管理,即把采购、运输、配送、储存、包装、库存控制等物流功能割裂开来,各自为战。各职能部门都力图使自己的运作成本最小化,却忽略了整个企业的总成本,忽视了各功能要素之间的相互作用。而事实上,各部分的优化并不能保证整个企业的最优化,因为企业的各功能要素之间存在冲突。

在这一阶段,企业开始意识到企业实施供应链一体化管理所产生的利润,并且求在这一进程中领先。原材料采购上升到了具有战略意义的地位,并且承担了决定第二阶段全部交易成败的责任。随着企业把注意力集中于最有战略意义的供应商,企业间的关系发展到更高级的买卖关系。同时,企业的物流部门开始关注资产的利用和配送系统的效率,但关键之处在于寻求最好的物流服务供应商承担准确、及时的运输配送业务。交易活动的自动化与信息化使得各部门之间保持信息畅通,有助于装卸、搬运及仓库管理人员满足顾客的需求。此外,需求管理在这一阶段成为一个很重要的因素,原因是公司逐渐意识到需求预测的准确与否直接影响着生产和制造的准确性。

大多数企业中存在一堵"文化墙"妨碍其由第二阶段向第三阶段的发展。这堵"文化墙"是建立在这样一系列不完善的前提之下:所有好的创意都来自于公司内部;公司一般不会从外部寻求援助;如果确实要从外界获取信息,公司也不会与他人共享。常常是行业领导者率先越过这堵墙,然后带动其他企业。一旦越过这堵墙进入第三阶段的外部环境,公司就开始进行企业间协作,并且与其精心挑选的合作伙伴结成战略联盟。

第九章　供应链管理及其绩效评价

3. 第三阶段——合作伙伴业务协同

企业逐渐意识到产品的竞争力并非由一个企业决定,而是由产品的供应链决定,并开始与关系较近的合作伙伴实施一体化管理。过去,企业尽量将成本转嫁给供应链上、下游的企业,这样或许会降低某个企业的成本,但它好比把钱从一个口袋放入另一个口袋,钱的总数并没有发生变化。因此,成本的转移无法减少整个供应链的成本,最终仍要反映在产品售价上。由于产品竞争力并未得以提高,最后受损失的仍将是供应链中的所有企业,所以牺牲供应链伙伴的利益以谋求自身利益的做法是不可取的。于是,有战略眼光的企业开始寻求一种变通方法,先与关系密切的合作伙伴协作,共同寻找降低成本、改善服务的途径。

从供应商的角度来看,随着企业与重点供应商结成利益同盟,供应商关系管理(SRM)变得日益重要。企业经常邀请供应商参与其销售与运作计划的筹划,提出能够更好地满足顾客需求的解决方案。企业还引进了仓库管理系统和运输管理系统,加强了他们与关键供应商的信息沟通。总之,企业与重点供应商在物流、运输和仓储等方面建立了长期的合同与战略伙伴关系。

从顾客的角度来看,企业对顾客与市场需求能够作出快速响应,力求更好地理解和满足顾客需求,提供更为贴切的服务和产品,客户关系管理(CRM)称为企业经营管理的重要内容。任何供应链都只有唯一一个收入来源——顾客。顾客是供应链中唯一真正的资金流入点,其他所有的现金流动只不过是发生在供应链中的资金交换,这种资金交换增加了供应链的运作成本。因此,顾客是核心,公司只有尽早、充分意识到这一点,密切与顾客的关系,通过互联网等高新技术了解顾客想要什么、什么时候想要,然后快速地交货,才能实现整条供应链企业的利润"共赢"。

总之,在第三阶段,企业利用各种工具和技术与重点供应商和客户协作,能够缩短产品生命周期,更快地占领市场,更有效地利用资产,实现"双赢"。

4. 第四阶段——价值链协作

企业不仅要与重点供应商和客户协作,而且需要整合企业的上下游企业,将上游供应商、下游客户及服务供应商、内容提供商(ICP)、中间商等进行垂直一体化的整合,构成一个价值链网络,追求系统的整体最优化。这一阶段的协作被称为"价值链协作"。企业试图通过价值链中其他合作伙伴的帮助来建立其在行业中的支配地位。当每个价值链成员的活动都像乐队队员按同页乐谱演奏那样时,延误程度将降到最低。供应商知道何时增加生产,运输公司能够掌握何时提供额外的车辆,分销商也可以及时地进行调整。价值链成员之间利用网络共享信息,因此他们能够更加敏捷地发现机遇,达到更高的绩效水平。

在这个阶段,电子商务、网上交易和电子通讯技术的应用对实现价值链的可视化是至关重要的。这个阶段的两个特征是协同设计与制造(CDM)以及协同计划、预测和补充(CPFR)。

5. 第五阶段——网络经营一体化

这是供应链发展的最高阶段。在这一阶段,所有供应链的成员能够实现有效沟通,密切合作以及技术共享以获得市场的支配地位。但目前,只有少数企业已经达到了这一阶段,原因是他们完全采用网络化、虚拟经营、动态联盟等,实现了信息的共享、交易的可视化以及准确的供货。

二、集成化供应链管理

集成化供应链管理的核心是由顾客化需求—集成化计划—业务流程重组—面向对象过程控制等组成第一个控制回路(作业回路);由顾客化策略—信息共享—调整适应性—创造性团队等组成第二个回路(策略回路);在作业回路的每个作业形成各自相应的作业性能评价与提高回路(性能评价回路)。供应链管理正是围绕这三个回路展开,形成相互协调的一个整体。

企业从传统的管理模式转向集成化供应链管理模式,一般要经过五个阶段,包括从最低层次的基础建设到最高层次的集成化供应链动态联盟,各个阶段的不同之处主要体现在组织结构、管理核心、计划与控制系统、应用的信息技术等方面,其步骤如下。

(一)基础建设

这一阶段是在原有企业供应链的基础上分析、总结企业现状,分析企业内部影响供应链管理的阻力和有利之处,同时分析外部市场环境,对市场的特征和不确定性作出分析和评价,最后相应地完善企业的供应链。

(二)职能集成

该阶段集中于处理企业内部的物流,企业围绕核心职能对物流实施集成化管理,对组织实行业务流程重构,实现职能部门的优化集成,通常可以建立交叉职能小组,参与计划和执行项目,以提高职能部门之间的合作,克服这一阶段可能存在不能很好满足用户订单的问题,职能集成强调满足用户的需求。事实上,用户需求在今天已经成为驱动企业生产的主要动力,而成本则在其次,但这样往往导致第二阶段的生产、运输、库存等成本的增加。此时供应链管理主要是将分销和运输等职能集成到物流管理中来,制造和采购职能集成到生产职能中来,采用有效的预测技术和工具对用户的需求作出较为准确的预测、计划和控制。

(三)内部供应链集成

这一阶段要实现企业直接控制的领域的集成,要实现企业内部供应链与外部供应链中供应商和用户管理部分的集成,形成内部集成化供应链。集成的输出是集成化的计划和控制系统。为了支持企业内部集成化供应链管理,主要采用供应链计划(supply chain planning,简称 SCP)和 ERP 系统来实施集成化计划和控制。这两种信息技术都是基于客户/服务体系在企业内部集成中的应用。有效的 SCP 集成了企业所有的主要计划和决策业务,包括:需求预测、库存计划、资源配置、设备管理、优化路径、基于能力约束的生产计划和作业计划、物料和能力计划、采购计划等。ERP 系统集成了企业业务流程中主要的执行职能,包括:订单管理、财务管理、库存管理、生产制造管理、采购等职能。SCP 和 ERP 通过基于事件的集成技术联结在一起。

此阶段企业管理的核心是内部集成化供应链管理的效率问题,主要考虑在优化资源、能力的基础上,以最低的成本和最快的速度生产最好的产品,快速地满足用户的需求,以提高企业反应能力和效率。这对于生产多品种或提供多种服务的企业来说意义更大,对于提高企业的运作柔性也变得越来越重要。

第九章 供应链管理及其绩效评价

（四）外部供应链集成

实现集成化供应链管理的关键在于该阶段，将企业内部供应链与外部的供应商和用户集成起来，形成一个集成化供应网链。而与主要供应商和用户建立良好的合作伙伴关系，即所谓的供应链合作关系（supply chain partnership），是集成化供应链管理的关键之关键。

此阶段企业要特别注重战略伙伴关系管理。管理的重点要以面向供应商和用户取代面向产品，增加与主要供应商和用户的联系，增进相互之间的了解（产品、工艺、组织、企业文化等），相互之间保持一定的一致性，实现信息共享等，企业通过为用户提供与竞争者不同的产品/服务或增值的信息而获利。供应商管理库存（vendor managed inventory，VMI）和共同计划、预测与库存补充（collaborative planning，forecasting and replenishment，简称CPFR）的应用就是企业转向改善、建立良好的合作伙伴关系的典型例子。通过建立良好的合作伙伴关系，企业就可以很好地与用户、供应商和服务提供商实现集成和合作，共同在预测、产品设计、生产、运输计划和竞争策略等方面设计和控制整个供应链的运作。对于主要用户，企业一般建立以用户为核心的小组，这样的小组具有不同职能领域的功能，从而更好地为主要用户提供有针对性的服务。

（五）集成化供应链动态联盟

在完成以上四个阶段的集成以后，已经构成了一个网链化的企业结构，我们称之为供应链共同体，它的战略核心及发展目标是占据市场的领导地位。为了达到这一目标，随着市场竞争的加剧，供应链共同体必将成为一个动态的网链结构，以适应市场变化、柔性、速度、革新、知识等需要，不能适应供应链需求的企业将被供应链联盟淘汰。供应链从而成为一个能快速重构的动态组织结构，即集成化供应链动态联盟。企业通过Internet网络商务软件等技术集成在一起以满足用户的需求，一旦用户的需求消失，它也将随之解体。而当另一需求出现时，这样的一个组织结构又由新的企业动态地重新组成。在这样的环境中求生存，企业如何成为一个能及时、快速满足用户需求的供应商，是企业生存、发展的关键。

集成化供应链动态联盟是基于一定的市场需求，根据共同的目标而组成的，通过实时信息的共享来实现集成。主要应用的信息技术是Internet/Intranet的集成，同步化的、扩展的供应链计划和控制系统是主要的工具，基于Internet的电子商务取代传统的商务手段，这是供应链管理发展的必然趋势。

三、可持续发展供应链的建——关联供应链

在传统的工业生产中，企业不曾注意到生产对环境的污染和破坏，对能源的利用率也不高，因此地球的整体环境受到严重的影响，同时不管是可再生能源还是不可再生能源都受到很大程度的损坏。在经济快速的发展条件下，环境、能源逐渐成为人们关注的焦点，越来越多的学者提出可持续发展的观点，并且把可持续发展的观点引入到供应链管理的研究领域中，对两者进行研究整合，从而有了可持续发展供应链的说法。可持续发展供应链管理的概念目前没有权威性的定义，国内的学者认为它是一种在整个供应链中综合考虑环境影响和资源效率的现代管理模式。我们所说的关联供应链（related supply chain）就是指在考虑资源环境与经济双重绩效的情况下，将供应链核心生产企业之间的生产废弃物（除主产品以外

的产出物,包括生产过程中产生的副产品、共生品以及残余物等)再利用的两条或两条以上有关联的供应链组成的网络(如图9-3所示)。在关联供应链中,一条供应链的核心企业在生产过程中产生的废弃物可以作为原材料供给另一条供应链,通过废弃物的再利用可以节约资源,减少环境负效应。其本质在于通过供应链与供应链之间的合作与协调,实现资源再利用,最终实现环境效益与经济效益双赢。如图9-3所示,在供应链1中,核心生产企业在生产产品1的同时,会产生废弃物,而这些废弃物可以作为原材料被供应链2再利用,围绕这样的原材料供给关系的供应链1和供应链2就组成了关联供应链。由此可见,供应链核心生产企业之间存在大量的资源递享关系,因而可以建立关联供应链。通过优化关联供应链系统,可以实现在解决环保问题的同时,获得一定的经济效益。

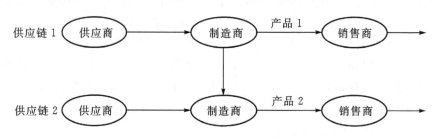

图9-3 关联供应链示意图

以可持续发展制造理论和供应链管理技术为基础,涉及供应商、生产商、销售商和用户,使得产品从物料获取、加工、包装、运输、使用到报废处理的整个过程中,对环境影响最小,对资源的利用最高。可持续发展供应链把环境保护融入到供应链中,以达到可持续发展制造的目的,充分利用具有绿色优势的外部企业资源,并建立战略联盟,使各企业分别集中精力去巩固和提高自己的核心能力和业务。由于可持续发展供应链拥有比传统制造模式更高的经济效益、环境效益和社会效益,有更深刻的内涵和更多的内容,因此需要继续深入研究。

四、供应链管理和信息技术的结合

充分和有效的信息是供应链管理成功的关键。成功的供应链战略管理是把整条供应链当做一个整体考虑,在掌握了整条供应链上企业间的信息后进行整体产能平衡,从而实现整条供应链上的库存降低。而不是仅考虑其中某一单个企业或某一部分企业的信息。如果信息化程度低,则企业将会缺乏对各方面信息全面、准确、动态的把握,无法寻求供应链的最优化、合理化,更不可能抓住稍纵即逝的机会和快速响应客户的需求。目前供应链上单个企业对信息技术的应用对国外多数企业来说已经不是个新问题,但对我国大部分企业来说却仍然是个难题,因为我国的企业加入信息技术革命的时间较短,起步相对国外的企业来说比较迟,所以尽管中国近十年来信息技术基础设施的现代化建设步伐在不断地加快,但是大部分企业仍然面临信息的缺失和难以收集等问题。与此同时,各企业还面对如何进行供应链上企业间的信息整合,相关信息的有效分析利用,供应链上的长鞭效应等难题,所以对供应链上的企业来说,利用整条供应链上的信息,进行信息整合并处理供应链中遇到的相关问题是关键,而这也是在理论研究中所需要进行讨论的。

第九章 供应链管理及其绩效评价

第三节 供应链的规划、组织与控制

一、供应链的规划

(一)供应链规划的层次

供应链规划试图回答做什么、何时做和如何做的问题,涉及三个层面:即战略层面、战术层面和运作层面,这三者之间的区别主要在于计划的时间跨度不同。一般而言,战略规划(strategic Planning)是长期的,时间跨度通常超过一年。战术规划(tactical planning)是中期的,一般少于一年。运作规划(operational planning)是短期决策,是每天都要频繁进行的决策。企业决策的重点是如何利用战略性规划的供应链渠道快速、有效地运送产品。表9-1举例说明了不同规划期的若干典型问题。

表 9-1 战略、战术和运作决策举例

决策类型 \ 决策层次	战略层次	战术层次	运作层次
选址	设施的数量、规模和位置	库存定位	线路选择、发货、派车
运输	选择运输方式	服务的内容	确定补货数量和时间
订单处理	选择和设计订单录入系统	确定处理客户订单的顺序	发出订单
客户服务	设定标准		
仓储	布局、地点选择	存储空间选择	订单履行
采购	制定采购政策	洽谈合同,选择供应商	发出订单

我们知道,各个规划层次有不同的视角。由于时间跨度长,战略规划所使用的数据常常是不完整、不确切的。数据也可能经过平均,一般只要在合理范围内接近最优,就认为规划达到了要求。而在另一个极端,运作规划则要使用非常准确的数据,计划的方法应该既能处理大量数据,又能得到合理的计划。

(二)供应链规划的领域

供应链规划主要解决四个方面的问题:客户服务目标、设施选址战略、库存决策战略和运输战略,如图9-4所示。除了设定所需的客户服务目标以外(客户服务目标取决于其他三方面的战略设计),供应链规划可以用供应链决策三角形表示。这些领域之间相互联系,应该作为一个整体进行规划。

1. 客户服务目标

企业提供的客户服务水平比其他任何因素对系统设计的影响都要大。目标服务水平较低,可以在较少的存储地点集中存货,利用较为廉价的运输方式,目标服务水平高则恰好相反。但当目标服务水平接近上限时,物流成本的上升比服务水平的上升更快。因此,供应链战略规划的首要任务是确定适当的客户服务水平。

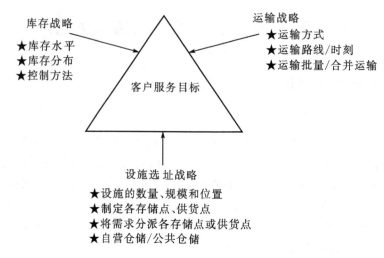

图 9-4 供应链规划决策三角形

2. 设施选址战略

存储点及供货点的地理分布构成供应链规划的基本框架。其内容主要包括：确定设施的数量、地理位置、规模，并分配各设施所服务的市场范围，这样就确定了产品到市场之间的线路。好的设施选址应该考虑所有的产品移动过程及相关成本，包括从工厂、供货商或港口经中途存储点然后到达客户所在地的产品移动过程及成本。通过不同的渠道来满足客户需求，如直接由工厂送货、供应商或者港口供货、或经选定的存储点供货等则会影响总的分拨成本。寻求成本最低的需求分配方案或利润最高的需求分配方案是选址战略的核心所在。

3. 库存战略

库存战略是指管理库存的方式。将库存分配（推动）到存储点与通过补货自发拉动库存，代表着两种战略。其他方面的决策内容还包括产品系列中的不同品种分别选在工厂、地区性仓库或基层仓库存放，以及运用各种方法来管理永久性存货的库存水平。由于企业采用的具体政策将影响设施选址决策，所以必须在供应链规划战略中予以考虑。

库存占用企业大量的资金，过高的库存会恶化公司的经济状况。因此，在满足生产要求的情况下，人们将库存控制在尽可能低的水平。

4. 运输战略

运输战略包括运输方式、运输批量和运输时间以及路线的选择。这些决策受仓库与客户以及仓库与工厂之间距离的影响，反过来又会影响仓库选址决策。库存水平也会通过影响运输批量而影响运输决策。

运输战略的主要目的是在保证全部仓库具有必要库存的情况下，优化交通线路、减少交通费用。在复杂的地理网络中优化决定车辆线路是交通服务的核心问题。一个经典的路由问题是在一个网络上发现从源节点到一个目的节点的最佳交通线路，使与距离成比例的流动费用降低到最小。这个问题的关键是在交通网络上计算从源节点到目的节点之间的最短路径。在很多文献中人们提出了许多最短路径的算法，给工程技术人员提供了多种选择。

第九章　供应链管理及其绩效评价

二、供应链的组织

从系统论的观点来看,组织结构决定组织功能。不同的组织结构,管理职能的发挥也就不同。供应链管理作为一种新的管理模式,它是建立在企业与企业之间的一种组织结构模式。其内部构成和相互之间的关系必然不同于单个企业,因此讨论供应链的组织重构模型就非常重要。供应链以一种链网的形式存在,在其中有一个企业起着核心作用。它除了能创造特殊价值,长期控制比竞争对手更擅长的关键性业务工作外,还要协调好整个链中从供应商、制造商、分销商直到最终用户之间的关系,控制好整个增值链的运行。为了能够管理好整个供应链,核心企业必然要成为整个供应链的信息集成中心、管理控制中心、物料集成中心而发挥作用。所以供应链的组织结构应当是围绕着核心企业来构建的。

(一)供应链企业物流管理组织形式的变化

直到20世纪90年代初期,物流管理才扩散到供应链管理,因而其组织结构也经历了不同的发展阶段。唐纳德·鲍尔索克斯等人将企业组织结构变化与物流管理、供应链管理等联系起来,对美国企业物流管理组织的变化总结出了几种典型模式。

1. 传统物流管理组织结构

这种组织结构就是常说的按职能专业部门分工的组织形式。这时的部门划分主要表现为按专业分割。虽然有上级主管部门进行协调,但是由于各个部门总是从各自的利益出发,从部门主管开始就很难达成一致,更不用说下面的工作人员。这种现象意味着整个工作缺乏跨职能协调,从而导致重复和浪费,信息常被扭曲或延迟,权力界限和责任常常是模糊的。这时候还没有出现独立的物流管理功能,也没有独立的职能部门。

2. 简单功能集合的物流组织形式

当人们初步认识到业务分割和分散化的组织使企业反应迟钝之后,即开始了对组织功能的合并和集合的尝试,这种变化出现在20世纪50年代。但是这时的功能集合只集中在少数核心业务上。例如,在市场营销领域,集中点通常围绕在客户服务周围。在制造领域,集中点通常发生在进入原材料或零部件采购阶段,大多数的部门并未改变,组织层次也未作大的改变,因此其功能整合的效果有限。

3. 物流功能独立的组织形式

20世纪60年代末、70年代初,物流管理重要性受到了进一步重视,出现了物流管理功能独立的组织形式。此时将物资配送和物料管理的功能独立出来,在企业中的地位也提高了。尤其是随着市场需求量逐渐加大,企业为了更快地、成本更低地作出反应,纷纷建立面向零售业的物流配送中心,这也是造成物流管理部门相对独立和地位提升的原因之一。

4. 一体化物流组织形式

20世纪80年代初期,物流一体化组织的雏形出现了。这种组织结构试图在一个高层经理的领导下,统一所有的物流功能和运作,目的是对所有原材料和制成品的运输和存储进行战略管理,以使企业产生最大利益。这一时期计算机管理信息系统的发展,促进了物流一体化组织的形成。在这种组织结构中,负责总体的计划与控制处在组织的最高层次上,这种努力的结果促进了一体化的形成。计划功能关注的是长期的战略定位,并对物流系统质量改进和重组负责。物流控制的注意力集中在成本和客户服务绩效的测量上,并为管理决策

制定提供信息。物流控制系统开发是综合物流管理的关键程序之一。这时的物流组织将厂商定位在可以处理采购、制造支持和物资配送之间的利益协调方面,有利于从整体把握全局观念。

5. 从功能一体化向过程重构转移

自从 BPR 提出后,适应供应链管理的组织结构变化逐渐从过去的注重功能集合转向注重过程(或称流程)的重构上来。传统组织改变的只是集权和分权的权重或是顾客、地区或产品之间的合作,而未对基本工作流程进行任何重大的重新设计。在新的环境下,功能一体化对企业获得优秀绩效的作用仍显不足,因为现在所处的经营环境和所依赖的信息技术都与几十年前大不一样,不彻底改变原有流程就不能实现新的目标。正因为如此,人们就提出了要将流程的整合作为新的工作中心。

(二)建立面向流程的组织

供应链管理需要建立以流程为中心的组织,这与传统的以任务为中心的组织有很大的差别。建立以流程为中心的组织具有两个前提:第一个前提是具有完成多种任务的能力。这意味着每个人员具有同时执行多个流程的能力,随时可以容易地从一个流程参加到另一个流程。第二个前提是组织应该是由跨企业职能的多个团队组成的"虚拟组织",并且,具有将公司外供应链成员的人力资源包括在内的能力。其目的是通过虚拟的集成供应渠道网络中的能力,快速完全地将赢得顾客的机会转化成满足市场的解决方案。

以流程为中心的供应链管理的组织可以以多种形式出现,如合作伙伴、合资、战略联盟、合作协议、外购合同或者是渠道流程团队,具体取决于所采取的竞争战略。所有的以流程为中心的组织,必须存在"优秀中心"。要具备建立虚拟流程团队的能力,需要他们掌握并能使用最新的信息,具备合作精神,能与别人一起有效工作。尽管组织仍分为传统的营销、制造、财务、销售、人力资源等部门,但这些部门不再是封闭的,而是流程团队需要时调用的资源库。信息和通信技术工具通过存贮在企业内部或整个供应链的知识,增强流程团队的实际工作能力。

三、供应链的控制

企业实施供应链管理,面临着许多方面的问题,需要核心企业进行规划和协调,并有效地进行控制,这才有利于保护各方的利益,实现最终共赢的目标。供应链的控制涉及物流的控制以及供应链风险控制等内容,需要企业和企业之间密切合作,共同配合,共同运作。

(一)物流控制

一般情况下,控制机制包括审计、系统执行情况报告、已确立的实施目标以及一些启动修正措施的手段,图 9-5 表示的就是物流控制机制(控制模型)以及与控制过程相关的一些因素。其他因素还包括计划、物流活动、环境影响因素和实施绩效。

1. 控制模型

(1)输入信息、流程和输出信息。控制系统的核心就是需要控制的流程,这一流程可能是某一项活动,如履行订单、补足库存,也可能包括物流部门涉及的所有活动。输入信息以计划的形式进入流程,计划指明了流程设计的方法。根据控制系统的目标不同,计划的内容

第九章 供应链管理及其绩效评价

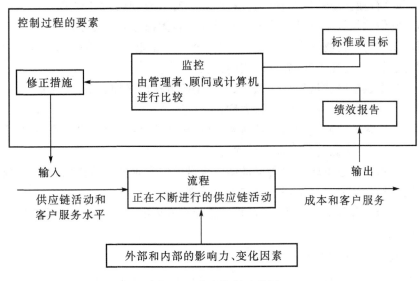

图 9-5 物流控制过程图

也会有所区别。

环境影响因素是流程的第二类输入信息。广义上的环境包括可能影响流程但计划中未考虑到的所有因素。其代表了使流程产出偏离计划水平的不确定因素,还有一些不确定的环境影响因素,包括客户、竞争对手、供货商和政府等。

流程产出一般指绩效。绩效的衡量标准可以是直接成本(如运输费率)、间接成本(如损失)或交付履行情况。

业务流程以及作为其输入信息的计划和作为其执行结果的实施绩效是管理控制的内容,也是流程规划和实施行为的产物。图 9-5 列出了这些因素,并说明了它们与管理控制过程的关系。

(2) 标准或目标。一般而言,管理控制过程需要一个目标,参照目标可以是成本预算、客户服务目标水平或对利润的贡献等。而现在人们对于质量的高度关注也导致了众多企业将标准制定得很高。对物流管理者来说,质量可能意味着准时履行订单、很少发生缺货或按时交付产品。同时,客户也希望他们的供应商是获得认证的企业,因为这将保证客户得到的产品或服务与他们期望一致。所以,对于产品或服务的提供者来说,一些质量奖项和认证就是物流管理的目标。

(3) 监控。监控是控制系统的神经中枢,它收取有关执行情况信息,与参照目标进行对比,并负责启动修正措施。一般情况下,监控者得到的信息基本上采取定期报告和审计的形式,通常是有关库存状况、资源利用情况、管理成本及客户服务水平等方面的报告。系统中的监控者是管理者、顾问或计算机程序。监控者读取报告,并将实施绩效与目标进行比较。监控者还将判断实施结果是否失控,并采取适当的步骤使实施结果与目标相符。

2. 供应链物流控制机制

供应链物流管理的重点在于从采购、库存、配送、分销到服务等全面物流活动之间的协调,设计一个良好运作的供应链物流协调控制机制,将会大大增强供应链的竞争能力及适应

能力。由于各个行业供应链的结构模式不同,这种有效机制的设计内容方式等也就不能一概而论,但是它们的设计宗旨是一致的。其重要内容大都有如下几个步骤:

(1)明确供应链中的物流问题所在,发现物流能力和业务需求的差距,建立物流运作的计划、协调、控制以及优化机制,确认改进的方向。

(2)建立一个供应链物流执行体系,采用一定的方法严格控制供应链物流运作协调机制的执行情况,并分析偏差进而改善执行力度。

(3)建立一体化的供应链物流服务体系(其中包括信息系统、组织结构、业务流程和基础设施等),对目前的供应链交易系统进行优化。

(4)供应链物流信息系统一定要保证物流全过程的实时可见,同时实现物流部门和业务运作部门的良性互动,尤其是销售预测和库存计划。

(5)建立一套合理的绩效体系,用量化的指标来考评供应链中物流实体所签定的基于客户服务的一揽子协议。

(二)供应链管理风险控制

对于实施供应链管理的企业来说,风险识别与控制是必不可少的。供应链的风险来自多方面,简言之,有自然灾害这种不可抗力的因素,如地震、火灾、暴风雨、雪等;也有人为因素,主要有这几个方面:①独家供应商问题。供应链上出现独家供应商,采取独家供应商政策存在巨大风险,一个环节出现问题,整个链条就会崩溃。②IT 技术的缺陷会制约供应链作用的发挥。如网络传输速度、服务器的稳定性和运行速度、软件设计中的缺陷、病毒等。③信息传递方面的问题。当供应链规模日益扩大,结构日趋繁复时,供应链上发生信息错误的机会也随之增多。信息传递延迟会增加供应链的风险。④企业文化方面的问题。不同的企业一般具有自己的企业文化,这就会导致对相同问题的不同看法,从而存在分歧,影响供应链的稳定。⑤经济波动的风险。经济高速增长容易导致企业原材料供应出现短缺,影响企业的正常生产,而经济萧条,会使产品库存成本上升。另外还有其他不可预见的因素,小的如交通事故、海关堵塞、停水停电等,大的如政治因素、战争等也都影响着供应链的正常运作。以下内容本书主要分析供应链的风险控制方法和措施。

1. 加强信息共享与保障物流畅通

强大的信息和物流系统是供应链管理的重要支撑基础。加强信息的共享和物流的通畅有利于减少供应链企业之间的不确定性。信息共享包括库存信息、可供销量信息、最终用户需求信息,等等。通过加强供应商与生产商、生产商与销售商的信息共享,使供应商参与产品设计成为可能,快速准确地响应终端用户的需求,有效地控制不合理库存以及协调生产上的不平衡。而通畅的物流系统又可以减少原材料、半成品和产成品在供应链中运输的障碍,保证供应的及时性。

2. 发挥核心企业的领导作用

供应链是围绕核心企业建立的,并不是简单地从供应商到用户的供应链。核心企业拥有人才、资金、技术、管理等诸多优势,在供应链的管理和风险控制中,核心企业要充分发挥其领导作用。第一,核心企业的领导作用在整个供应链中施加强大的改进压力,从而提高供应链的协同性和运作效率;第二,核心企业要加强对供应链节点企业的管理,向其提供技术和管理上的支持,不断提高节点企业的生产和管理水平,降低节点企业自身的不确定性。

第九章 供应链管理及其绩效评价

3. 保持供应链的弹性

供应链的"弹性"是指整个供应链对环境变化的适应程度。富有"弹性"的供应链是充分满足用户需求和降低供应链风险的有效手段,主要包括以下两方面内容:第一,合理的库存。供应链管理的目标之一是降低总成本,通过 JIT 生产和采购,实现零库存管理。但是,由于用户的需求不断变化,供应链中也存在着不可预测的风险,个别节点企业因缺货不能正常生产,就可能造成整个供应链的中断,因此建立合理的库存是必要的。库存的合理性源于客户服务水平的确定,应根据统计学原理来确定合理的库存水平。第二,提高供应链中企业的柔性。消费者不再满足于大规模制造出来的大众款式商品,而是要标新立异,追求个性,并且需求时尚的变化也越来越快。供应链中的企业要根据客户的需求变化快速调整生产,提高设计和生产的柔性,能够对产品的变型、工程更改作出迅速反应,实现多品种、高速度、小批量的生产方式。

4. 建立应急处理机制

企业虽然采取了各种措施来避开和控制供应链管理中的风险。但是,天有不测风云,一些意外的事件时常会发生,企业要有一系列的应急措施,将损失控制在最小的范围内。

这就要求企业在对供应链风险充分认识的同时,预先建立应急处理机制,对紧急、突发事件进行应急处理,以避免给供应链中多个企业带来更大的损失。

5. 发展多个经销商并对经销商的情况进行跟踪评估

为确保产品销售稳定,供应链上应发展多个经销商,不能单单依靠某一个经销商,否则一旦出现问题,势必影响整个供应链的正常运行。如果欲与经销商建立信任、合作、开放性交流的供应链长期合作关系,必须首先分析市场竞争环境,找到针对哪些市场开发供应链合作关系才有效。必须知道现在的产品需求是什么,产品的类型和特征是什么,以确认用户的需求。同时分析现有经销商的现状,分析、总结企业中存在的问题,对经销商的业绩、成本控制、用户满意度、交货协议等方面也要作充分的调查,它很可能成为影响供应链安全的一个因素。

6. 充分利用现代物流技术,减少供应链的风险

现代科学技术的应用可以有效地降低信息传输错误,并及时对风险进行控制。充分利用互联网技术、GPS、EDI、条形码等技术,可以大大降低供应链的风险。比如,汽车工业企业与汽车工业零部件供应商、经销商等在进行战略合作、实行供应链管理的过程中,应综合考虑各种因素,加强过程中的风险管理,才能使汽车工业供应链得到持续、高效、稳定的发展。

第四节 供应链管理绩效评价

从事任何一项工作,都要通过对该活动所产生的效果进行度量和评价,以此判断这项工作的绩效及其存在的价值。因此,在供应链管理中,为了能够使供应链健康发展,科学、全面地分析和评价供应链的运营绩效,就成为一个非常重要的问题。本节在对供应链管理及其内容研究的基础上,提出了供应链绩效评价原则和供应链绩效评价指标体系。

一、供应链管理绩效评价的研究现状

供应链绩效评价是供应链管理的重要环节,是对供应链运行状况和运作成果的全方位评价,其内容涉及供应链系统运作和供应链管理体系的方方面面:既包括对供应链整体运行状况和供应链管理的最终成果的评价,又包括从各个层次、各个角度、各个局部、各个阶段对供应链系统诸多环节、诸多要素、诸多部分、诸多时段的运行状况和管理成果的评价,还包括对它们之间的内在关系及其各自与供应链整体绩效之间的必然联系的揭示。作为有目的的管理活动,供应链绩效评价服从于供应链管理的根本目标——供应链价值最大化,而且是通过有助于供应链运行中存在问题的识别,改进方案的设计和实施,供应链整体优化的促进,而服务于这一根本性目标的。

因此对供应链绩效评价作以下定义:所谓供应链绩效评价是指为了准确、及时地识别供应链运营中存在的问题,持续、快速地优化供应链管理,迅速应对市场需求的变化,实现其价值最大化,而通过构建评价指标体系,设置评价标准,运用数理统计、运筹等工具,采取定量、定性分析等方式,对供应链运行状况和管理成果持续进行全方位、周期性、系统性的评价。

许多研究者或研究机构,如:Fitzgerald(1991)、Pinto(1998)、Beamon(1998)、Lummus(1999)、马士华(2000)等,以及供应链委员会(SSC),提出了一系列不同的指标体系。指标不尽相同,但存在共同之处,即选取的指标多维化和跨企业化,财务指标与非财务指标结合,定性指标与定量指标结合,选取的指标反映整个供应链的流程,等等。但其中也存在着共同的空白:

(1)对于供应链管理绩效没有一个明确的统一的定义,将企业管理绩效指标体系和供应链管理绩效指标体系二者混为一谈。

(2)对供应链管理的内容理解不全面,因此对供应链管理绩效评价的研究仅仅侧重于供应链企业的绩效评价,而忽视了对供应链管理其他方面的评价。

因此科学的供应链绩效评价指标体系,首先应包括那些度量供应链对市场各方利益需要满足程度的指标,由它们构成供应链绩效评价体系的顶层指标,用以集中反映供应链总绩效水平。内容主要由三部分组成:其一,度量供应链对市场需求满足程度的指标,表征顾客综合价值的指标——顾客满意度、市场占有率等;反映价格水平的指标——产品性能价格比率、同比平均价格优势等;反映产品或服务质量水平的指标——产品合格率、售后服务质量等;反映顾客服务水平的指标——订单接受率、订单履行率等;体现顾客服务可靠性的指标——准时交货率、顾客抱怨率、失销百分比等;反映顾客服务柔性的指标——时间、产品、数量等柔性。其二,体现组成供应链的各成员企业利益需要满足程度的指标;净资产收益率等。其三,体现供应链的外部环境适应性及相关利益诉求的满足程度的指标;万元资产就业比率、废弃物回收利用率、有害物质生成比率等。除了恰当设置其顶层指标外,还必须从影响供应链整体绩效的更多角度、更多层次设置大量的指标以全面反映供应链运行的状况。在实践中,一般考虑从供应链战略匹配、信息共享、成员间协同关系、创新发展、供应链业务流程、运营效率、运营成本与收益等角度设置相关指标:体现供应链战略匹配程度的指标,产品研发战略、定价战略、生产战略、物流策略与供应链总体战略的协同度等指标,体现供应链信息共享程度的指标,信息传递及时率、信息传递准确率、信息交流频率等;体现供应链组成

第九章 供应链管理及其绩效评价

成员间协调关系的指标,成本利润率、供应链利益分配公平度、供应链节点企业之间满意度、节点企业供应链忠诚度、平均产出循环期、售后服务质量等;体现供应链创新能力的指标,培训总人时增长率、新产品开发成功率、研发投资回报率、新产品(服务)销售比率等;体现供应链业务流程的指标,供应链产品出产循环期指标、响应速度、准时生产率、柔性、产需率指标、产销率指标、平均产销绝对偏差等;体现供应链运营效率的指标,设备产出率、存货周转率、总资产周转率等;体现供应链运营成本和收益的指标,供应链管理销售收入、利润总额、投资报酬率、订单管理成本、通讯总成本、库存成本、运输成本等。

二、供应链管理绩效评价指标的设置原则

由于以上指标太多,因此我们在选取指标时应该遵循相关的原则。供应链管理绩效评价指标设置应遵循如下几个原则:

(1)相关性原则——指标体系应与企业战略经营目标、战略管理要求、核心竞争力的形成与保持的评价相关。

(2)适应性原则——指标体系的设置应有较强的针对性,应适应不同企业的环境要求和经营特性。

(3)预测性原则——应有反映企业发展趋势的指标,通过这些指标可以评价企业的发展趋势。

(4)全面性和重要性原则——指标设置比较全面且要突出相对重要性方面的评价。

(5)可操作性原则——指标项目有关数据信息搜集的可行性以及指标体系本身的可行性,可操作性。

三、供应链管理绩效评价指标体系

现行的企业绩效评价指标主要是基于部门职能的绩效评价指标,不适用于对供应链运营绩效的评价。供应链管理绩效评价指标是基于业务流程的绩效评价指标。为了客观、全面地评价供应链的运营情况,我们下面主要从业务流程和供应链经营业绩评价指标体系来分析和研究供应链的评价指标。

(一)反映整个供应链业务流程的绩效评价指标

在这里,整个供应链是指从最初供应商开始直至最终用户为止的整条供应链。反映整个供应链运营的绩效评价指标,目前国内外研究得较少,这部分内容综合考虑了指标评价的客观性和实际可操作性,提出了如下反映整个供应链运营绩效的评价指标:

1. 产销率指标

产销率是指在一定时间内已销售出去的产品与已生产的产品数量的比值,产销率指标又可分成如下三个具体的指标:

(1)供应链节点企业的产销率。该指标反映供应链节点企业在一定时间内的产销经营状况。

(2)供应链核心企业的产销率。该指标反映供应链核心企业在一定时间内的产销经营状况。

(3)供应链产销率。该指标反映供应链在一定时间内的产销经营状况,其时间单位可以

是年、月、日。随着供应链管理水平的提高,时间单位可以取得越来越小,甚至可以做到以天为单位。该指标也反映供应链资源(包括人、财、物、信息等)的有效利用程度,产销率越接近1,说明资源利用程度越高。同时,该指标也反映了供应链库存水平和产品质量,其值越接近1,说明供应链成品库存量越小。

2. 平均产销绝对偏差指标

平均产销绝对偏差指标反映在一定时间内供应链总体库存水平,其值越大,说明供应链成品库存量越大,库存费用越高。反之,说明供应链成品库存量越小,库存费用越低。

3. 产需率指标

产需率是指在一定时间内,节点企业已生产的产品数量与其下层节点企业(或用户)对该产品的需求量的比值。具体分为如下两个指标:

(1)供应链节点企业产需率。该指标反映上、下层节点企业之间的供需关系。产需率越接近1,说明上、下层节点企业之间的供需关系协调良好、准时交货率高,反之,则说明上层节点企业准时交货率低或者企业的综合管理水平较低。

(2)供应链核心企业产需率。该指标反映供应链整体生产能力和快速响应市场能力。若该指标数值大于或等于1,说明供应链整体生产能力较强,能快速响应市场需求,具有较强的市场竞争能力;若该指标数值小于1,则说明供应链生产能力不足,不能快速响应市场需求。

4. 供应链产品出产(或投产)循环期(Cycle Time)或节拍指标

当供应链节点企业生产的产品为单一品种时,供应链产品出产循环期是指产品的出产节拍;当供应链节点企业生产的产品品种较多时,供应链产品出产循环期是指混流生产线上同一种产品的出产间隔。由于供应链管理是在市场需求多样化经营环境中产生的一种新的管理模式,其节点企业(包括核心企业)生产的产品品种较多,因此,供应链产品出产循环期一般是指节点企业混流生产线上同一种产品的出产间隔期。它可分为如下两个具体的指标:

(1)供应链节点企业(或供应商)零部件出产循环期。该循环期指标反映了节点企业库存水平以及对其下层节点企业需求的响应程度。该循环期越短,说明了该节点企业对其下层节点企业需求的快速响应性越好。

(2)供应链核心企业产品出产循环期。该循环期指标反映了整个供应链的在制品库存水平和成品库存水平,同时也反映了整个供应链对市场或用户需求的快速响应能力。核心企业产品出产循环期决定着各节点企业产品出产循环期,即各节点企业产品出产循环期必须与核心企业产品出产循环期合拍。该循环期越短,说明整个供应链的在制品库存量和成品库存量都比较少,总的库存费用都比较低;另一方面也说明供应链管理水平比较高,能快速响应市场需求,并具有较强的市场竞争能力。

5. 供应链总运营成本指标

供应链总运营成本包括供应链通信成本、供应链库存费用及各节点企业外部运输总费用。它反映供应链运营的效率。具体分析如下:

(1)供应链通信成本。供应链通信成本包括各节点企业之间通信费用,如 EDI、互联网的建设和使用费用、供应链信息系统开发和维护费等。

第九章 供应链管理及其绩效评价

(2)供应链总库存费用。供应链总库存费用包括各节点企业在制品库存和成品库存费用、各节点之间在途库存费用。

(3)各节点企业外部运输总费用。各节点企业外部运输总费用等于供应链所有节点企业之间运输费用的总和。

6.供应链核心企业产品成本指标

供应链核心企业的产品成本是供应链管理水平的综合体现。根据核心企业产品在市场上的价格确定出该产品的目标成本,再向上游追溯到各供应商,确定出相应的原材料、配套件的目标成本。只有当目标成本小于市场价格时,各个企业才能获得利润,供应链才能得到发展。

7.供应链产品质量指标

供应链产品质量是指供应链各节点企业(包括核心企业)生产的产品或零部件的质量。主要包括合格率、废品率、退货率、破损率、破损物价值等指标。

(二)反映供应链上、下节点企业之间关系的绩效评价指标

本章所提出的反映供应链上(左)、下(右)节点企业之间关系的绩效评价指标是以供应链网链结构模型(见图9-1)为基础的。根据该模型,对每一层供应商逐个进行评价,从而发现问题,解决问题,以优化整个供应链的管理。在该模型中,供应链可看成是由不同层次供应商(用户)组成的递阶层次结构,右侧的供应商(用户)可看成是相邻的左侧供应商(用户)的用户。因此,可以通过右侧供应商(用户)来评价和选择与其业务相关的左侧供应商,如此递推,即可对整个供应链的绩效进行有效的评价。为了能综合反映供应链右、左侧节点企业之间的关系,我们可以用满意度指标来测量。满意度指标是反映供应链右、左侧节点企业之间关系的绩效评价指标,可用下式(9-1)表达:

$$满意度(C_{ij}) = \alpha_j \times T_j + \beta_j \times R_j + \gamma_j \times G_j \tag{9-1}$$

式中 i 表示右侧供应商,j 表示相邻左侧供应商,C_{ij} 即在一定时间内右侧供应商 i 对其相邻左侧供应商 j 的综合满意程度;α、β、γ 为权数,且 $\alpha+\beta+\gamma=1$;T_j 为供应商 j 准时交货率,R_j 为供应商 j 成本利润率,G_j 为供应商 j 产品质量合格率。在满意度指标中:

(1)准时交货率是指左侧供应商在一定时间内向右侧用户准时交货的次数占其总交货次数的百分比。供应商准时交货率低,说明其协作配套的生产能力达不到要求,或者是对生产过程的组织管理跟不上供应链运行的要求。

(2)成本利润率是指单位产品净利润占单位产品总成本的百分比。在市场经济条件下,产品价格是由市场决定的,因此,在市场供需关系基本平衡的情况下,供应商生产的产品价格可以看成是一个不变的量。按成本加成定价的基本思想,产品价格等于成本加利润,因此产品成本利润率越高,说明供应商的盈利能力越强,企业的综合管理水平越高。

(3)产品质量合格率是指质量合格的产品数量占产品总产量的百分比,它反映了供应商提供货物的质量水平。质量不合格的产品数量越多,则产品质量合格率就越低,说明供应商提供产品的质量不稳定或质量差,供应商必须承担对不合格的产品进行返修或报废的损失,这样就增加了供应商的总成本,降低了其成本利润率。因此,产品质量合格率指标与产品成本利润率指标密切相关。同样,产品质量合格率指标也与准时交货率密切相关,因为产品质量合格率越低,就会使得产品的返修工作量加大,必然会延长产品的交货期,使得准时交货

率降低。

在满意度指标中,权数的取值可随着右侧供应商(用户)的不同而不同。但是对于同一个右侧供应商(用户),在计算与其相邻的所有左侧供应商的满意度指标时,其权数均取相同值,这样,通过满意度指标就能评价不同供应商的运营绩效以及这些不同的运营绩效对其右侧供应商(用户)的影响。

如果满意度指标值低,说明该供应商运营绩效差,生产能力和管理水平都比较低,并且影响了其右侧供应商(用户)的正常运营,从而影响整个供应链的正常运营。因此对满意度指标值较低的供应商的管理应作为管理的重点,要么进行全面整改,要么重新选择供应商。在整个供应链中,若每层供应商满意度指标的权数都取相同值,则得出的满意度指标可以反映整个右侧供应商(用户)对其相邻的整个左侧供应商的满意程度。同样的,对于满意度指标值低的供应商就应当进行整改或更换。

(三)反映供应链管理的企业战略性经营业绩评价指标

企业战略性经营目标的实现取决于企业内外各种因素。指标体系的设置既要考虑企业组织内部环境影响战略经营成功的重要因素,更要考虑外部环境对企业战略经营具有重要影响的因素。为此,基于供应链管理的企业战略性经营业绩评价可以按照供应链的经营特点划分为内部业绩评价和外部业绩评价两部分。其中内部业绩评价包括财务层面、内部业务流程、学习与成长层面三个方面的内容,而外部业绩评价则包括顾客层面、综合供应链绩效以及商誉形象层面三个方面的内容。内、外两部分各个层面的指标要相辅相成,系统地、全面地、综合地反映企业战略经营业绩和核心竞争力,共同构成企业战略性经营业绩评价指标体系,如图9-6所示。但企业在实际应用中,可结合自己企业的特点增设或减少指标,并选用适当的业绩评价方法对企业的业绩进行综合评价,从而使供应链发挥最大的效用水平。

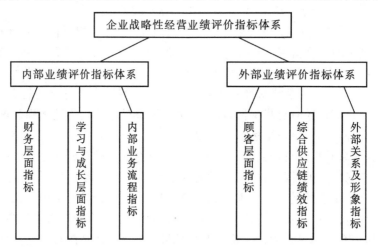

图9-6 基于供应链管理的企业战略性经营业绩评价指标体系

图中的内部业绩评价指标体系包括财务层面指标、学习与成长层面指标、内部业务流程指标等三项,下面分别述之:

(1)财务层面指标。其主要包括:①表示资产运用状况方面的指标,如偿债、周转、发展

第九章　供应链管理及其绩效评价

能力等指标；②表示盈利能力方面的指标，如销售利润率、成本费用利润率等指标；③表示资产运用状况与盈利能力联结关系方面的指标，如总资产收益率、所有者权益报酬率等相关指标。

(2) 学习与成长层面指标。其主要包括：①表示员工能力的指标，如知识水平、建议能力、生产效率等指标；②表示信息化应用程度方面的指标，如应用电子商务的比率、员工运用信息技术的效率等；③表示员工满意度的指标，如员工培训费用率、员工培训保持率等。

(3) 内部业务流程层面指标。①表示创新能力方面的指标，如研究开发费用率、新产品开发能力、新产品投资回报率等指标；②表示经营能力方面的指标，如产品生产周期、产品合格率、安全生产率等；③表示售后服务方面的指标，如产品保修期、产品故障及时排除率等。

图9-6中，外部业绩评价指标体系包括顾客层面指标、综合供应链绩效指标、外部关系及形象指标等三项，下面分别介绍：

(1) 顾客层面指标。①表示顾客满意度方面的指标，如交货时间、产品质量、价格、服务水平等；②市场占有率或相对市场占有率指标；③客户利润率指标。

(2) 综合供应链绩效指标。①表示供应链稳健性方面的指标，如合作持续时间、明确的经营理念等；②表示供应链运用能力方面的指标，如供应链敏感性、生产柔性、产销率、产需率等。

(3) 外部关系及形象指标。①表示外部关系方面的指标，如与政府和媒体的关系等；②表示商誉和形象方面的指标，如经济信誉度、企业美誉度等。

供应链绩效评价体系对于优化企业供应链管理系统、挖掘供应链第三利润源及提高供应链整体竞争力具有重要的意义。供应链管理的绩效评价体系，不仅使供应链各成员间达到了很好的信息共享，而且加强了企业各成员间的目标整合，使企业各成员间达到了很好的互赢目的。

四、供应链绩效评价的一般步骤

供应链绩效评价的一般步骤如下：

(1) 全面、系统地分析供应链内外部环境，正确认识市场各方利益诉求，深刻洞察其相互间内在联系。

(2) 正确评估供应链战略及其实施状况，重点研判其整体战略选择是否能够支撑供应链价值最大化目标的实现，承担各种职能功能的各节点企业的战略选择是否与供应链整体战略定位相匹配，而且在实施时，相互间能否及时得到充分协调。

(3) 构建科学、全面、适用的供应链绩效评价指标体系。

(4) 恰当选择参考比对标准(行业标杆、业内平均、自身历史同期或计划预置目标)。

(5) 依据既定的供应链绩效评价指标体系和参考比对标准，恰当选择、综合利用各种方法和模型，评价供应链绩效，识别存在的问题。

(6) 针对已识别的具体问题，罗列相关改进措施，分析其相互作用，优化组合，分别形成多种方案，对比分析，重点研判各方案对供应链总绩效水平的提升作用，选择最满意的优化方案。

(7) 实施、运行既定优化方案，重新评价，进入新的供应链管理优化循环周期。

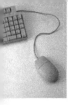

21世纪的市场竞争将不再是企业与企业之间的竞争,而是供应链与供应链之间的竞争,而供应链绩效水平的高低是决定供应链竞争成败的关键,供应链绩效评价在其中起着至关重要的作用。只有科学、持续、客观地进行供应链绩效评价,才能准确、及时地识别供应链运行中存在的问题,为供应链管理的持续优化提供支持,使其能够不断地提高运作水平,持续地提升竞争实力,取得并长期保持在竞争中的优势。而供应链组成成分的多样性、结构的复杂性和运行的动态性决定了其绩效评价是一个异常复杂的过程。对相关问题的科学透彻认识和妥善解决,权威的、统一的供应链绩效评价理论方法体系的形成还需一个长期、持续、深入探讨和总结的过程。

本章小结

供应链管理是物流发展的高级阶段,在实践中不断实施并推广。本章从供应链的含义入手,分析了供应链的网链结构模型。

供应链由所有加盟的节点企业组成,其中一般有一个核心企业(可以是产品制造企业如DELL和IBM公司;也可以是大型零售企业,如美国的沃尔玛和法国的家乐福等),节点企业在需求信息的驱动下,通过供应链的职能分工与合作(生产、分销、零售等),以资金流、物流/信息流为媒介实现整个供应链的不断增值。

供应链管理是一种集成的管理思想和方法,它执行供应链中从供应商到最终用户总体过程中的计划、组织、指挥、协调和控制职能。一般认为供应链管理主要涉及四个主要领域:供应(supply)、生产计划(schedule plan)、物流(logistics)、需求(demand)。而基于电子商务的供应链管理则包括订单处理、生产组织、采购管理、配送与运输管理、库存管理等内容。供应链管理的发展则向集成供应链管理、供应链联盟、关联供应链等方向发展。

在了解了供应链的基本知识以后,还需要对供应链进行规划、组织和控制。供应链规划的重点内容为目标的确定,运输战略的设计,库存战略问题和选址战略问题。供应链的组织主要讨论了供应链企业物流管理组织形式的变化以及建立面向流程的组织等问题。供应链的控制主要分析了供应链的物流控制和风险控制的措施。

最后分析了供应链管理的评价指标体系。供应链管理的评价指标体系分三部分,第一部分是反映整个供应链流程的指标系列,第二部分是反应供应链上、下节点企业之间关系的绩效评价指标系列,第三部分是反映供应链管理的企业战略性经营业绩评价指标系列。

思考题

1. 简述供应链的内涵及供应链的结构模型。
2. 简述供应链管理及其内容。
3. 简述供应链管理与传统物流管理的关系。
4. 供应链的最新发展趋势有哪些?
5. 简述供应链规划的重点内容的主要表现。
6. 供应链管理绩效的评价指标有哪些?

第九章 供应链管理及其绩效评价

案例分析

ZARA 高效的供应链

ZARA 是西班牙 Inditex 集团旗下的一个子公司,它既是服装品牌,也是专营 ZARA 品牌服装的连锁零售品牌。ZARA 创于 1975 年,目前在全球 62 个国家拥有 917 家专卖店(自营专卖店占 90%,其余为合资和特许专卖店)。尽管 ZARA 品牌的专卖店只占 Inditex 公司所有分店数的三分之一,但是其销售额却占总销售额的 70% 左右。

ZARA 的成功至关重要的环节是 ZARA 的灵敏供应链系统,大大提高了 ZARA 的前导时间。前导时间是从设计到把成衣摆在柜台上出售的时间。中国服装业一般为 6~9 个月,国际名牌一般可到 120 天,而 ZARA 最厉害时最短只有 7 天,一般为 12 天。这是具有决定意义的 12 天。ZARA 之灵敏供应链所展现出来的韵律,使得有"世界工厂"之称的中国相形见绌。一些国际服装品牌巨头明知 ZARA 厉害,就是学不来,模仿不了。

ZARA 的全程供应链可划分为四大阶段,即产品组织与设计、采购与生产、产品配送、销售与反馈,所有环节都围绕着目标客户运转,整个过程不断滚动循环和优化。

一、产品组织与设计

ZARA 的产品不是"设计"或"开发"而是"组织与设计",因为 ZARA 的开发模式并不是原创性设计或开发,只是紧随引领时尚的大牌。

首先,ZARA 的商品企划人员及设计师会经常参加世界各大时尚中心的高档品牌发布会,从这些顶级设计师和顶级品牌的设计中获取灵感,捕捉新一轮流行的款式动向。ZARA 拥有 400 多人的专业设计团队,该团队从米兰、巴黎等地收集时尚资讯,汲取灵感,每年设计将近 40000 款的新产品,公司从中选择 12000~20000 款投放市场。

ZARA 推崇民主与创新的设计氛围,不设首席设计师,所有设计师的平均年龄为 30 岁。同时,ZARA 鼓励设计人员从全球任何地方获取灵感,鼓励全球各个连锁店在设计过程中提出自己的意见。

ZARA 的"市场专家"由经验丰富的职员担任,负责管理部分连锁店。在工作中,"市场专家"要与一线连锁店店长保持良好的关系,他们会频繁联系,通过电话聊销售、聊产品、聊订单、聊顾客和其他事情。为了更好地促进这种交流、沟通,公司给所有连锁店店长配备了特殊的数码专线通话装置,保证他们能够迅速传递有关市场最新动态的数据。同样,各地连锁店也依据与"市场专家"交流所获得的信息来确定最终的订单。

其次,ZARA 在全球各地都有极富时尚嗅觉的买手,他们购买当地各高档品牌或主要竞争对手的当季流行产品,并把样品迅速集中返回总部做相应改动或用替代的面料来制作出新款。

第三,ZARA 有专人到时装展示会、交易会、咖啡馆、餐厅、酒吧、舞厅、时尚杂志、大学校园等地方和场所,观察影视明星、街头艺人、大街行人等,分析其中的流行元素和服装细节,通过收集这些信息,及时了解消费者的爱好,流行的生活方式等。

第四,ZARA 全球各专卖店通过信息系统返回销售和库存信息,供总部分析畅销/滞销产品的款式、花色、尺码等特征,以便在企划和设计新款服装时参考。收集到所有这些流行信息后,由设计师/时装专家和买手(负责采购样品、面料、外协和生产计划等)组成的设计团

队会共同定出可行的设计方案。

二、采购与生产

确定设计方案之后，生产计划和采购人员开始制定原材料采购计划和生产计划。首先是依据产品特点、产品投放时间长短、产品需求的数量和速度、专业技术要求、工厂的生产能力、综合性价比、市场专家的一件等来确定各个产品是自己生产还是外包。ZARA公司在西班牙拥有22家工厂，约有50%的产品是通过自己的工厂来完成的，其他的50%的产品是由400余家外协供应商完成。在布匹采购方面，ZARA主要购买原坯布（一种未染色的织布），根据需要进行染色后再生产。这样不仅可以迅速应对市场上花色变换的潮流，还可以有效降低原材料库存成本并防止缺货的风险。为防止对某家供应商的依赖，同时也鼓励供应商更快的反应速度，ZARA剩余的原材料供应来自于其公司附近的260家供应商，每家供应商的份额最多不超过4%。

在生产环节，一旦设计团队选中某件设计投入生产，设计师就会用计算机设计系统对颜色和材质进行优化。如果是要在ZARA自己的工厂中生产的话，他们就会直接把各种规格传输给工厂中的剪裁设备及其他系统。在这里，被裁剪后的衣料上就已经有了标准化的条形码，这种条形码会伴随着它生产、配送、运输至门店的全过程。这样，整个生产直到销售的过程中，都使用着统一标准的条形码识别系统，就保证了ZARA衣物在整个过程中能够流畅、快速地进行流通。另外，在服装设计之余，参与设计的采购专家与市场专家就已经共同完成了该服装的定价工作，这一价格当然也是参照数据库中类似产品在市场中的价格信息来确定的。定好的价格就被换算成多国的货币额，并与服装的条形码一起印于标价牌上，并在生产之初就已经附着在服装上了。因此，新款服装生产出来之后无需再定价和标签，通过运输到达世界各地的专卖店之后就可以直接放在货架上出售。

三、产品配送

当产品生产完成后，通过地下传送带把产品传送到物流中心，再从物流中心把货品直配到店铺。为确保每一笔订单准时准确到达其目的地，ZARA采取激光条形码读取工具（出错率不到0.5%），它每小时能挑选并分拣超过80000件衣服。

每个专卖店的订单都会独立放在各自的箱子里，采用直配的模式。为加速物流周转，ZARA总部还设有双车道高速公路直通配送中心。通常订单收到后8小时以内货物就可以被运走，每周给各专卖店配货2次。

ZARA共有五个配送基地，两个位于西班牙总部，主要应对欧洲需求，另外三个小型仓储中心，分别位于巴西、阿根廷和墨西哥，应对南半球的不同季节需求。运输工具主要是卡车、飞机还有航运。物流中心的卡车都按固定的发车时刻表不断开往各地，直接运送到欧洲的各个专卖店，利用附近的两个空运基地（一个较小的就在拉科鲁尼亚，另一个较大的在智利的圣地亚哥）运送到美国和亚洲，再用第三方物流的卡车送往各专卖店。这样，欧洲的专卖店可在24小时内收到货物，美国的专卖店在48小时内收到货物，日本的专卖店可在48到72小时收到货物。

四、终端销售和信息反馈

通过前面产品组织与设计、采购与生产、产品配送环节的快速、有效运转，ZARA确保了当时尚杂志还在报道当季最新服饰潮流时、当追逐时尚的顾客们对时尚概念把握还比较

第九章 供应链管理及其绩效评价

模糊时,ZARA 就已经把迎合时尚潮流的新款服装陈列在自己的专卖店里进行销售。ZARA 不是时尚的第一倡导者,却是最快把"潜能"变成现实的行动者!有人称"ZARA 是一个怪物,是设计师的噩梦",因为 Zara 的模仿无疑会使他们的创造性大大贬值。大多数服装零售商的这个周期却达到了 6~9 个月甚至更长,所以他们都不得不努力去预测几个月之后会流行什么、销量会有多大,而一般提前期越长预测误差越大,最后结果往往是滞销的商品剩下一大堆,畅销的又补不上,只能眼看着大好的销售机会流逝。

ZARA 总部拥有一整套完整的计划、采购、库存、生产、配送、营销和客户关系管理平台,遍布全球的营销网点通过终端与总部保持紧密联系。

ZARA 的各专卖店每天把销售信息发回总部(自动计算并更新期末库存:期末数量=期初+进货-销售+销售退货-盘亏+盘盈),并且根据当前库存和近 2 周内销售预期每周向总部发两次补货订单(对店长的考核重点是预测准确率、库存周转率、人均销售、评效和增长率,而国内众多服装企业基本只考核销售额),订单必须在规定时间前下达:西班牙、欧洲南部其他专卖店通常是每周三 15 点之前和每周六 18 点之前。其他地区是每周二 15 点之前和周五 18 点之前(其他地区运输距离远,提前下订单则可和西班牙当地的订单加起来集中生产,可一定程度上加大生产批量、减少生产转换时间、降低成本)。如果错过了最晚的下订单时间则只有等到下一次了,ZARA 对这个时间限制的管理是非常严格的,因为它将影响供应链上上游多个环节。总部拿到各专卖店的销售、库存和订单等信息后,分析判断各种产品是畅销还是滞销。如果滞销则取消原定计划生产,因为在当季销售前只生产了预期销量的 15%左右,而大多数服装企业已经生产下个季度出货量的 45%~60%。这样 ZARA 就可以把预测风险控制在最低水平。如果有产品超过 2~3 周的时间还没销售出去就会被送到所在国某专卖店里进行集中处理,在一个销售季节结束后,Zara 最多有不超过 18%的服装不太符合消费者的口味,而行业平均水平约 35%。如其主要竞争对手运作得最好的 2001 年,GAP 的打折商品占销量的 14%,H&M 为 13%,ZARA 仅为 7%。一年中 ZARA 也只在两个明确的时间段内进行有限的降价销售,一般是 8.5 折以上,而不是业内普遍采用的连续降价方法,最后平均只有 6~7 折。如果产品畅销,且总部有现存面料,则迅速通过高效的供应链体系追加生产、快速补货以抓住销售机会,如果没有面料则会停产。一般畅销品最多也就补货两次,这一方面减少同质化产品的产生,满足市场时尚化、个性化的需求,一方面制造一些人为的"断货",有些款式的衣服是不会有第二次进货的,顾客在现场就更可能作出购买的决定而不是犹豫着下次再买,因为他们知道"过了这村就没有这店"很可能再也买不到了。

ZARA 的成功在于运用了强大的供应链系统和信息系统,有了信息系统的支持,使得 ZARA 总部和它在全球的各个分公司都有一种紧密的联系,了解各个地区的市场需求,从而可以作出迅速的反应,减少产品上市的时间,产品的快速上市和不断地产品更新让 ZARA 拥有一种竞争者不能比的核心优势。正如 Inditex 的首席执行官 Castellano 所说:"在时装界,库存就像是食品,会很快变质,我们所做的一切便是减少反应时间。"极速的供应链就是 ZARA 成功的秘诀。

资料来源:ZARA 高效的供应链[EB/OL]. http://www.isoyes.com/SIX6Sigma/2525.html.

第十章 客户关系管理与有效沟通

内容提要

客户关系管理 CRM(customer relationship management)是现代电子商务的重要组成部分。现代企业面临激烈的市场竞争,如何认识客户,了解客户关系管理;如何进行客户关系整合,实施客户关系管理;如何利用呼叫中心,建设客户关系管理系统;如何与客户进行广泛的交流沟通获得有力的支持,这些都是 CRM 所涉及的领域。因此,本章主要介绍客户关系管理概述,客户关系管理实施,客户关系中的呼叫中心,与客户的有效沟通等四方面内容。

第一节 客户关系管理概述

一、客户关系管理的概念

(一)客户的概念及构成

客户的概念有狭义和广义之分。狭义的客户通常是指产品或服务的最终购买者。而广义的客户是指任何接受或可能接受商品或服务的对象。

客户作为企业最宝贵的资源,准确理解它的范畴有助于企业加深对客户关系管理的理解和提高 CRM 实施的效率。对于客户关系管理 CRM 而言,应该关注的是广义的客户,即客户应既包括消费客户(产品或服务的最终消费者),也包括中间客户(介于企业和消费客户之间,如零售客户、批发客户、经销客户),还包括企业的内部客户。既然企业内部各部门之间、员工之间存在接受产品、服务的过程,那么他们也应属于客户的范畴。普遍有这样一种看法,即如果企业内部各部门、各员工之间不存在为客户服务的观念,那么以客户为中心的管理模式将难以贯彻执行。值得注意的是,这里提及的客户不单指有着实际交易的客户,也包括未来可能发生交易的潜在客户。客户构成如图 10-1 所示。

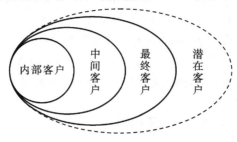

图 10-1 客户构成

第十章 客户关系管理与有效沟通

（二）客户关系管理的含义

目前,客户关系管理的含义有多种。现代 CRM 概念是由美国 Gartner Group 首先提出。Gartner Group 是一家信息技术研究和分析的公司（www.gartner.com）,它为有需要的技术用户提供专门的服务。其认为:"所谓的客户关系管理就是为企业提供全方面的管理视角,赋予企业更完善的客户交流能力,最大化客户的收益率";"是企业与顾客之间建立的管理双方接触活动的信息系统"。

Hurwitz Group 认为:"CRM 的焦点是自动化并改善与销售、市场营销、客户服务和支持等领域的客户关系有关的商业流程。CRM 既是一套原则制度,也是一套软件和技术。它的目标是缩减销售周期和销售成本,增加收入,寻找扩展业务所需的新的市场、渠道,以及提高客户的价值、满意度、盈利性和忠诚度。"

而 IBM 则认为:客户关系管理包括企业识别、挑选、获取、发展和保持客户的整个商业过程。IBM 把客户关系管理分为三类:关系管理、流程管理和接入管理。

国内有学者认为:"CRM 是企业通过与顾客充分的交互,来了解及影响顾客的行为,以提升顾客的获取率、顾客的留住率、顾客的忠诚度以及顾客的获利率的一种经营模式。"客户关系管理并不是全新的概念,而是在计算机、网络技术高速发展的今天,被赋予新的内涵。客户关系管理的核心仍是以客户为中心的管理模式。本书给出如下的 CRM 定义：

客户关系管理（CRM）是为了赢取新客户、巩固保留现有客户以及增进客户满意度、忠诚度,利用信息科学技术,通过与客户沟通来了解并影响其行为的方法。

美国一家名为 Backcountry 小型服装公司,由于在网站上推出"网络导购员",使销售量大增。由于登录该网站购买衣服的,大部分是女性,因此网络导购通常以长相英俊的帅哥为主。这些帅哥能够很耐心地跟客户进行聊天,帮助客户在最短的时间内找到她们需要的商品。该公司的网站使用的导购员已经相当成熟,他们还逐渐提供一些个性化的交互式导购员,通常都有自己的个性照片,在跟顾客进行网上聊天的时候还有自己特定的语气和性格。这使得更多的人喜欢上了这家购物网站。而且,该公司还特别准备了"大家一起购物"这个环节,这使得不同地点的顾客能够在网上互相交谈,交流自己的购物心得,让顾客在购物的时候有更加放松的心态。如果顾客登录 Backcountry.com,并且在进入公司网站的帮助中心,就能够看到一个"即时聊天"按钮,按一下就能弹出一个界面框,一个帅哥的照片就会出现在你眼前,他就是你的网络导购员,并且会在下面的聊天界面中亲切地问你需要帮什么忙。顾客只要打入需要求购的商品,他就会给你详细地介绍一番。不买当然也没有关系,他会很有礼貌地跟顾客说"欢迎再来"之类的话。[①] 可以看出,这家网站使网络购物更加人性化,交互式导购实现了远程交易的"面对面",这从一个侧面反映了有技巧的客户关系管理的作用。

（三）客户关系管理的内涵

对客户关系管理的内涵可以从以下三方面理解：

(1)CRM 是一种管理思想。

---

① 网站上的"帅哥导购员"[EB/OL]. http://tech.sina.com.cn/i/2008-01-17/15341980491.shtml.

CRM 的核心思想是将企业的客户(包括现有客户和潜在客户)视为最重要的企业资产,通过完善的客户服务和深入的客户分析来满足客户的个性化需求,提高客户满意度和忠诚度,进而保证客户终身价值和企业利润增长的实现。

(2)CRM 是一种管理机制。

CRM 也是一种旨在改善企业与客户之间关系的新型管理机制,可以应用于企业的市场营销、销售、服务于技术支持等与客户相关的领域。

成功的 CRM 通过向企业的销售、市场和客户服务的专业人员提供全面的、个性化的客户资料、信息和数据分析,加强企业人员对客户的跟踪服务、信息分析能力,提高客户的满意度和忠诚度。CRM 可以帮助企业建立一套运作模式,随时发现和获取客户的异常行为并及时启动适当的营销活动流程。CRM 还建立数据库系统实现客户信息共享和优化商业流程来有效降低企业经营成本。

(3)CRM 是一种管理软件和技术。

CRM 是信息技术、软硬件系统集成的管理方法和应用解决方案的总和。它既是企业客户关系管理的方法和手段,也是企业实现销售、营销、客户服务流程自动化的软件硬件系统。CRM 将最优商业实践与数据挖掘、工作流、呼叫中心、企业应用集成等信息技术紧密结合在一起,为企业的销售、客户服务和决策支持等提供了智能化的解决方案,使企业有一个基于电子商务的面向客户的系统,从而顺利实现由传统企业模式到以电子商务为基础的现代企业模式的转化。

二、客户关系管理与电子商务

从严格意义上讲,CRM 并不是企业电子商务的完全子系统。CRM 首先是一种以客户为中心的管理思想、经营模式。当客户通过电话、传真等非网络方式与企业接触时,企业同样需要对客户关系进行管理。

然而电子商务的快速发展,为 CRM 提供了新的发展平台。基于电子商务的 CRM 将为客户提供新的网络交互方式、新的全方位的客户服务,比如在线产品配置、在线订购处理、Web 自助帮助、在线服务、电子邮件自动回复、在线营销、在线销售等。这些功能将带给客户全新的客户体验:24 小时的服务、快速的响应速度、大量信息的获取、便捷的订购和支付方式、各种问题的快速解决与企业的有效沟通、E-mail 交流、微信交流等,由此客户的满意度和忠程度将得到极大提高。可以预见,基于电子商务的客户关系管理将是 CRM 的发展方向。

CRM 是企业电子商务战略中不可或缺的重要环节。电子商务所包含的三个主要的系统为:企业资源计划系统(ERP)、企业供应链管理系统(SCM)以及 CRM。早期的 ERP 强调的是公司内部的信息化,SCM 强调的是与供应商联系的信息化,而 CRM 则是对客户服务的信息化。IBM 所提出的电子商务构架如图 10-2 所示。

请看阿里巴巴是如何成功实施 CRM 系统的:阿里巴巴相对来说是一个年轻的公司,同传统企业相比,在实施客户关系管理软件有独特的优势。公司"让天下没有难做的生意"的伟大使命,从上到下一致认同的"客户第一"、"拥抱变化"等价值观,以客户为导向的战略和强大的企业文化为客户关系管理的顺利实施创造了良好的环境。从中国网站成立之日起,

第十章 客户关系管理与有效沟通

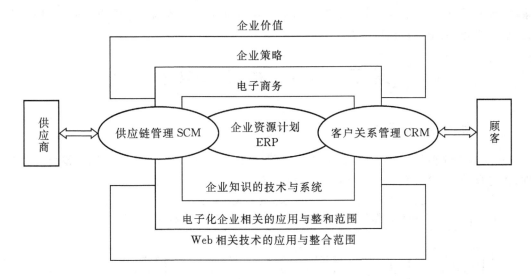

图 10-2 电子商务构架

就开始了客户关系管理的实施。在实施的过程中,得到了高层的极大支持,同时,他们具有成熟的变革管理机制,员工对变革充满激情。而以上这些正是客户关系管理能实施成功的关键要素。在目前,中国网站的诚信通会员都是国内的中小企业,他们购买诚信通服务是为了通过网络寻找到更多的生意机会。因此他们使用网络的效果会直接影响到他们是否会继续留下来,同时,也发现,在那些效果不好的客户中,大部分是因为他们很少使用阿里巴巴的产品。提高客户满意度,是让客户继续购买的关键。在 CRM 客户满意度方面,阿里巴巴做得非常不错,根据第三方的调查,他们的客户满意度达到了 98% 以上,在所有的客户中,60% 以上的客户是通过朋友推荐加入的。[①] 现在,阿里巴巴已成为中国最大的网络公司和世界第二大网络公司并于 2014 年 9 月 19 日,在纽约证券交易所正式挂牌上市。这个企业的成功与重视客户关系管理是密不可分的。

三、客户关系管理的类型

美国 Meta Group 公司将 CRM 分为操作型、分析型与合作(协作)型三类,这是目前市场上流行的功能分类方法。

(1) 操作型 CRM(operational CRM):用于自动的集成商业流程,包括对营销、销售和客户服务三部分业务流程的自动化。

(2) 分析型 CRM(analytical CRM):用于对以上两部分所产生的数据进行分析,产生客户智能,为企业的战略、战术的决策提供支持。分析型 CRM,它针对的是数据。凡是针对大量的、密集型的数据,实际上就是实现从数据转化成信息,再转化成知识这样的一个过程。它强调的是数据的整合管理。

(3) 合作型 CRM(collaborative CRM):用于同客户沟通所需手段(包括电话、传真、网

---

① 阿里巴巴成功实施 CRM 客户管理系统[EB/OL]. http://www.docin.com/p-230419180.html

络、E-mail 等)的集成和自动化。通过合作,用 Web、面对面地交流、传真、E-mail,或用移动通讯、微信等,来跟客户进行接触。

第二节 客户关系管理实施

一、客户关系管理系统的构成

一套较为完整的 CRM 系统的主要组成部分应包括:客户互动渠道管理、营销自动化管理、销售自动化管理、服务自动化管理、Web 商务、商务智能。如图 10-3 所示。

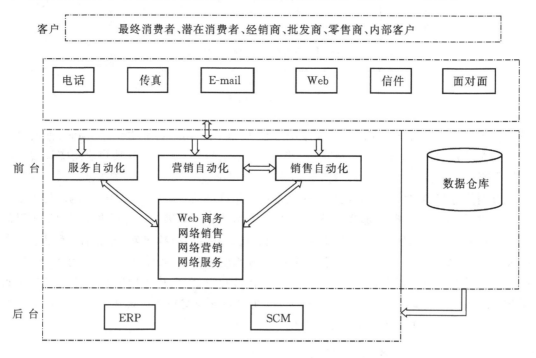

图 10-3 客户关系管理系统构成图

(一)客户互动渠道

客户互动渠道提供客户与企业交流的窗口,是市场与企业接触的界面。现在,CRM 通常提供多种形式的互动渠道。从传统的面对面互动、电话拜访,到现在盛行的 E-mail、Web、微信或者呼叫中心等。

客户互动渠道管理的关键在于对多渠道信息的集成。集成的含义有两层:一层指将营销电话中心、销售电话中心和客户服务电话中心的功能进行集合。第二层含义指无论客户以电话、或者 Web、或者 E-mail、或者微信、或者面对面的接触,系统都能将分散在多渠道的信息进行实时的集成。渠道的集成将使企业与客户交流的前台变为一个综合全面的客户关怀中心,使营销、销售、服务等部门实现最新的客户信息数据的共享,并以统一的面孔为客户提供关怀和个性化服务,从而提高服务的效率和质量。目前,客户互动渠道管理的实施热点

第十章　客户关系管理与有效沟通

是建立新型的客户呼叫中心（call center），该内容将在本章第三节讲述。

（二）销售自动化

销售自动化（sales force automation,SFA）是指在各种销售渠道（现场/移动销售、内部销售/电话销售、销售伙伴、在线销售）中，运用相应的技术，对销售全过程进行控制和管理，以此来实现业务流程的优化和自动化，达到提升企业销售效率的目的。SFA 的出发点是使销售专业人员，包括现场人员和内部人员的基本活动自动化，以提高销售人员的销售效率。销售自动化管理的功能一般包括：销售机会管理、销售活动管理、销售预测和分析工具、分销渠道管理、销售支持、渠道管理、销售绩效管理、订单管理等。

（三）营销自动化

营销自动化主要是对所有与市场营销相关的活动进行管理，为营销人员提供技术支持，使营销过程自动化，提高营销效率。如图 10-4 所示。

图 10-4　营销过程

营销自动化的功能主要包括营销行动的策划、执行、监控和分析，同时对活动的有效性进行实时跟踪；客户需求生成和管理；预算管理；宣传品生成和营销材料管理；提供"营销百科全书"（通常是产品、定价和竞争对手信息的汇总）；对有需求客户的跟踪、分配和管理，回应管理等。

（四）客户服务自动化

在企业信息化改造过程中，企业认识到计算机网络、通讯技术可以为客户服务带来新的变革。这就是基于信息技术的客户服务自动化功能。典型的客户服务自动化包括：投诉与纠纷处理、保修与维护、现场服务管理、服务请求管理、服务协议与合同管理、服务活动记录、远程服务、产品质量跟踪、客户反馈管理、退货和索赔处理、客户使用情况跟踪、客户关怀、维修人员管理、数据收集与存储等。

客户服务自动化是以新的思维方式、新的管理方式、新的技术工具对客户服务进行变革，帮助企业以更快的速度和更高的效率来满足客户的个性化需求，以提高客户忠诚度。它可以向服务人员提供完备的工具和信息；支持多种与客户的交流方式；可以帮助客户服务人员更有效率、更快捷、更准确地解决用户的服务咨询，同时能根据客户的背景资料和可能的需求向用户提供合适的产品和服务建议。

（五）Web 商务与商务智能

目前 Web 商务主要包括：自助式网络销售、网络营销、网络客户服务等。网络销售支持 B2B 和 B2C 交易，使客户可以通过 Web 选择并购买产品和服务。网络营销使企业能够创建个性化的促销和产品建议，并通过 Web 向客户发出信息，也可以方便地通过 Web 收集市场、客户信息和营销效果反馈信息。网络客户服务提供自助式的客户支持系统，可以让用户在线提交服务请求，查阅常见问题的答案，了解各种公司信息，学习必要知识，查看和支付账单等。

销售自动化管理、营销自动化管理、服务自动化管理主要是实现企业销售、营销、服务人员的各种业务活动的自动化,而基于 Web 的在线销售、在线营销、在线服务则是面向客户的,实现与客户交流(销售、营销、交流)的自动化。可以认为,基于 Web 的在线销售、在线营销、在线服务既是销售自动化、营销自动化、服务自动化功能在 Web 上的延伸,同时也是电子商务在客户关系管理方面的应用。

商务智能是指利用数据仓库、数据挖掘技术对客户数据进行系统地储存与管理,并通过各种数据统计分析工具对客户数据进行分析,提供各种分析报告。如客户价值评价、客户满意度评价、服务质量评价、营销效果评价、未来市场需求等,为企业的各种经营活动提供决策信息。商务智能流程主要包括:收集客户数据→存储数据→分析数据→根据分析形成相应战略→根据战略采取相应行动(营销、销售、服务、生产、采购等活动)。如图 10-5 所示。

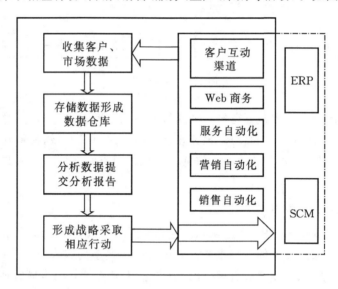

图 10-5　客户关系管理中的商务智能

可以看出,商务智能是客户关系管理的重要组成部分,是销售自动化、营销自动化、服务自动化、Web 商务、客户互动渠道有效运转的基础。

二、客户关系管理的整合

企业根据实际需要对客户关系管理系统进行规划后,要想得到正确的运用,则必须在以下四方面进行有效的整合。如表 10-1 所示。

表 10-1　客户关系管理整合

内容	职能部门	结果
信息的整合	信息技术部门	数据的一致性:数据在组织内部的流动性要可靠,具有稳定、一致的意义

第十章 客户关系管理与有效沟通

续表 10-1

内容	职能部门	结果
流程的整合	业务职能部门	流程的连续性:流程的运行要可靠,并可与任何现有的相关流程进行完全的衔接
技术的整合	信息技术部门	技术的兼容性:所有硬件、网络组件在物理上是能一起运行的
人员的整合	业务职能部门	行为的协调性:员工知道做什么以及怎样去做

请看下面的案例:于先生因公务经常出差泰国,有一次下榻在东方饭店,第一次入住时良好的饭店环境和服务就给他留下了深刻的印象,当他第二次入住时几个细节更使他对饭店的好感迅速升级。那天早上,在他走出房门准备去餐厅的时候,楼层服务生恭敬地问道:"于先生是要用早餐吗?"于先生很奇怪,反问"你怎么知道我姓于?"服务生说:"我们饭店规定,晚上要背熟所有客人的姓名。"这令于先生大吃一惊,因为他频繁往返于世界各地,入住过无数高级酒店,但这种情况还是第一次碰到。于先生高兴地乘电梯下到餐厅所在的楼层,刚刚走出电梯门,餐厅的服务生就说:"于先生,里面请",于先生更加疑惑,因为服务生并没有看到他的房卡,就问:"你知道我姓于?"服务生答:"上面的电话刚刚下来,说您已经下楼了。"如此高的效率让于先生再次大吃一惊。于先生刚走进餐厅,服务小姐微笑着问:"于先生还要老位子吗?"于先生的惊讶再次升级,心想"尽管我不是第一次在这里吃饭,但最近的一次也有一年多了,难道这里的服务小姐记忆力那么好?"看到于先生惊讶的目光,服务小姐主动解释说:"我刚刚查过电脑记录,您在去年的 6 月 8 日在靠近第二个窗口的位子上用过早餐。"于先生听后兴奋地说:"老位子! 老位子!"小姐接着问:"老菜单? 一个三明治,一杯咖啡,一个鸡蛋?"现在于先生已经不再惊讶了,"老菜单,就要老菜单!",于先生已经兴奋到了极点。上餐时餐厅赠送了于先生一碟小菜,由于这种小菜于先生是第一次看到,就问:"这是什么?"服务生后退两步说:"这是我们特有的××小菜。"服务生为什么要先后退两步呢?他是怕自己说话时口水不小心落在客人的食品上,这种细致的服务不要说在一般的酒店,就是美国最好的饭店里于先生都没有见过。这一次早餐给于先生留下了终生难忘的印象。后来,由于业务调整的原因,于先生有三年的时间没有再到泰国去,在于先生生日那天突然收到一封东方饭店寄来的生日贺卡,里面还附了一封短信,内容是:亲爱的于先生,您已经有三年没有来过我们这里了,我们全体人员都非常想念您,希望能再次见到您。今天是您的生日,祝您生日愉快。于先生当时激动得热泪盈眶,发誓如果再去泰国,绝对不会到任何其他的饭店,一定要住在"东方"。而且还要说服所有的朋友也像他一样选择"东方饭店"。于先生看了一下信封,上面贴着一枚六元的邮票。六块钱就这样买到了一颗心,这就是客户关系管理整合的魅力。[①]

这个案例说明,对于酒店企业来说,客户无比重要。每一个企业都有一定数量的客户群,企业只有对客户的需求进行深层次研究,才有可能带来更多的商业机会。在实施客户关

---

① 唐福坤.关于营销的本质特征是什么?[EB/OL]. http://tieba.batdu.com/p/3184263382.

系管理过程中,系统会产生大量有用的客户数据,利用智能的分析工具即可发现很多客户的潜在需求,从而实现针对性的营销策略。

三、客户关系管理实施的过程

(一)根据企业现行业务状况进行需求分析

CRM 实施的目标不是越高越好,实施的范围也不是越大越好。应根据企业的实际情况,分析企业目前存在的主要问题,使企业明确自己的实际需求;软件应具有哪些功能,这些功能应解决哪些问题,目前暂时不需要哪些功能。在此基础上,企业才能明确 CRM 实施的目标,才能有针对性地选择适当的软件供应商和软件产品。

(二)建立 CRM 团队

建立高质量的项目实施团队是项目实施成功的关键因素之一。项目团队应由企业最高层管理者领导,其成员则由 CRM 涉及的各部门经理和业务骨干组成。团队应全程参与 CRM 的实施,加强与软件技术人员的沟通,积极提供各种专业意见,推动项目实施高效有序地完成。

(三)设计项目总体方案和制订项目实施计划

根据企业实际需求,按照确定的实施目标,设计出详细的项目总体方案。并在此基础上编制详细的实施计划和步骤,对实施过程进行分阶段管理,对各个阶段的实施内容、衡量标准(时间、质量、费用)进行详细规划,以确保项目的成功实施。加强项目的成本费用管理,对项目的投资回报率进行分析,判断项目在经济上的合理性。这些财务角度的分析是项目成功实施的必不可少的环节,有助于企业根据自己的资金实力选择实施的目标和范围,保证资金用于解决企业最急迫的问题,避免项目费用的无限膨胀,保证企业以有限的预算获取最大的效益。项目实施将面对各种各样的风险,因此在实施之前,应对风险进行充分地分析预测,并考虑适当的风险防范措施,以降低项目实施的风险。

(四)计划的实施

在这个阶段,应完成 CRM 系统的配置和客户化,满足各种业务需求。在系统实现之后,还需要对系统进行相关的测试,检测系统设置是否确实无误,改进后的业务处理流程是否合理、流畅,与其他信息系统是否实现了有效整合等。只有在所有测试结果正确无误后,系统才可投入运行。同时,应对企业员工进行培训,使企业的员工能够熟悉系统安装过程和所安装的系统的各个方面。

(五)系统运行

系统运行的实际环境与测试环境总存在一定的差异,因此,系统在投入运行后,还需经过一段时间的试运行。在试运行阶段,软件供应商应提供相应的系统维护和技术支持工作,及时、有效地解决系统运行中出现的各种问题。在正式运行后,企业应会同软件供应商对系统性能、投资效益等进行评估,总结项目实施过程的经验教训,并分析系统目前仍存在的问题,提出改进、优化的措施,促进系统的不断完善。

第十章 客户关系管理与有效沟通

第三节 客户关系中的呼叫中心

呼叫中心(call center)又称客户服务中心或电话服务中心,它是一种基于CTI(computer telephony integration)技术,充分利用通信网和计算机网的多项功能集成,并与企业连为一体的一个完整的综合信息服务系统。

呼叫中心源于20世纪30年代的民航业,最初出现的目的是为了更方便地向乘客提供咨询服务和有效处理乘客投诉。早期的呼叫中心就是今天我们常说的热线电话,顾客只要拨通指定的电话就可以与业务代表直接交谈。由于这种服务方式在提高工作效率的同时也大大提高了服务质量,其应用范围也逐渐从民航业扩大到其他行业。

一、呼叫中心的分类

(一)根据呼叫中心需求与投资不同划分

根据呼叫中心需求与投资的不同,可将呼叫中心划分为以下几种:

(1)超大型的呼叫中心:投资在1000~2000万元,互联网接入方式,是基于交换机的呼叫中心,主要由专业的电话交换机(PBX)、CTI服务器、IVR服务器等连接组成。它基于开放式多元融合平台,跨地区跨区域分布式多点交互引擎,多模块数据库集成,多重硬件与软件备份,高安全与高可靠性将通信和业务应用融合在一起,充分利用网络资源,形成大型企业通信网络的中心汇接点,为企业创造更高价值。如银行系统的呼叫中心。

(2)大型的呼叫中心:投资在300~1000万元,互联网接入方式的呼叫中心,主要由专业的电话交换机(PBX)、CTI服务器、IVR服务器等连接组成。基于标准的开放式多重数据库融合平台,跨地区跨区域分布式多模块数据库集成,多重硬件与软件备份,充分利用网络资源,支持IP流媒体传输。高安全与高可靠性,为企业创造更高价值。如移动公司10086、电信公司10000、联通10010等。

(3)中型的呼叫中心:投资在50~300万元,本地互联网接入方式,基于标准的开放式数据库融合平台,地区分布式多模块数据库集成,硬件与软件双备份,高安全与高可靠性,为企业服务创造更高价值。如电力95598、110接警、120救护、114查号等。

(4)小型企业级呼叫中心:投资在5~50万元,本地局域网接入方式,基于标准的开放式融合平台,以企业为核心,向大众提供销售、客服、咨询及相关电子化服务。如消费投诉12315热线、市长热线、政府的各类服务窗口(公共事业、出入境)、企业销售/客服、各类声讯服务等。

(5)单路CTI:投资在1000~2000元,单机版CTI呼叫中心,集成了CTI技术,将计算机与电话有机结合,通过简单的客户管理,全程录音,解决企业中一些可能有争议的呼入电话的管理,如订票服务、物流管理、客户服务、热线电话等。

(二)根据呼叫中心建设方式不同划分

根据呼叫中心建设方式不同,可将其划分为以下两种:

(1)企业内部自建:指由企业自己购买硬件设备,并编写有关的业务流程软件,直接为自

己的顾客服务。这种方式能够提供较大的灵活性,而且能够及时地了解用户的各种反馈信息。但对于许多企业来说,建设呼叫中心需要一定的投资,建成后正常运转需要投入的人力、物力、财力等很大。

(2)外包建设:企业将呼叫中心业务委托给呼叫中心运营商。呼叫中心运营商建立相当规模的呼叫中心,采用向企业出租构造在物理呼叫中心上的 V-CallCenter(虚拟呼叫中心)的服务手段,使得每个租用服务的企业拥有一个能够提供企业独特的接入服务、个性化的客户服务、能够将呼叫中心的资源与企业的资源组合到一起的、有足够手段保证服务质量的、能够向企业和运营商提供完整的商业智能的客户服务平台。这样企业可以将自己的有关业务需求直接建立在这种业务运营商的基础上,不用自己添置单独的硬件设备,仅需提供有关的专用服务信息,而呼叫中心运营商为自己的用户提供服务。但外包可能无法完全满足企业业务需要,或者保障企业信息安全。

二、呼叫中心的系统构成

呼叫中心解决方案一般由自动呼叫分配(ACD)、交互式语音应答(IVR)、计算机电话集成(CTI)、来话呼叫管理(ICM)、去话呼叫管理(OCM)、人工坐席的话务受理、在线录音服务等部分组成。

(一)自动呼叫分配系统

自动呼叫分配(ACD)系统是现代呼叫中心有别于一般的热线电话系统和自动应答系统的重要标志,其性能的优劣直接影响到呼叫中心的效率和顾客的满意度。ACD 与 IVR 相配合,可以根据用户的具体需求设置多种不同的问候语,即工作时间问候语、下班时间问候语、周末问候语和节假日问候语。

(二)交互式语音应答

交互式语音(IVR)应答服务器主要具有完成自动语音及流程、传真服务器的功能。自动语音及流程部分为常见的播音、收号、录音、转人工、收传真、发传真序列。该系统平台提供了一个简单的描述方式与 IVR 菜单自定义功能。用户可以随时自行编排语音菜单,系统维护人员可根据具体需要进行相应设置与修改。交互式语音应答实际上是由一系列自动语音流程定义的。企业可以根据不同的业务流程,设置不同的自动语音应答,可设置多级语音应答模式。

(三)计算机电话集成系统

计算机电话集成(CTI)系统主要用于控制电话、呼叫、分组、引导和中继线。排队功能是呼叫中心的关键特性之一,也是呼叫中心系统可以承担比一般通信系统大得多的话务量的原因。系统将呼叫进行排队,然后根据一些复杂的路由算法将每一个呼叫都能传递给最合适的业务代表。

(四)人工坐席的话务受理

人工接续和自动接续来话可根据实际需要进行设置,既可以是先自动摘机,也可以在系统接到呼叫后,立即转为人工摘机,给主叫以人工服务,然后再根据需要转为自动服务。对于采用数字中继(如 ISDN、E1)的呼叫中心,系统能收取主叫号码。

第十章 客户关系管理与有效沟通

人工与自动语音、传真相互转换,用户在接听语音信箱时,可以随时申请人工服务(可以设定特殊键,如＊号键),人工服务也可根据需要随时将用户转入自动语音信箱或收、发传真。人工坐席可以设立查询工作站,也可以几个坐席用一台查询工作站,甚至可以只是一部电话。

人工坐席可以设置呼叫转移,呼叫转移的对象可以是其他坐席、语音信箱,甚至可以是普通电话与手机、长途电话等。人工坐席可以将用户的来话转移给值班经理或异地的技术工程师。完备的通话流程记录系统提供完备的通话记录库,并对系统管理人员开放,使得系统管理人员能进行各种查询、分析、统计。

(五)来话呼叫管理系统

来话呼叫管理(ICM)系统是一种用于管理来话呼叫和话务流量的计算机应用系统,可提供订单输入和信息填充等功能,并协助呼叫中心有效地利用昂贵的劳动力资源。ICM 系统的许多功能都是借助 CTI 技术实现的。例如,通过 CTI 系统,ICM 可以利用智能网络提供的 ANI 和 DNIS 信息为业务代表提供有关主叫用户的个人信息,从而在节省时间和费用的同时,为主叫用户提供了更高水平的个性化服务。ICM 系统还可以利用 CTI 技术,根据实时的 ACD 系统参数和计算机识别的用户当前文档状态,将呼叫转到最合适的业务代表那里。ICM 的功能可以通过数据库软件包来实现,也可以通过软件与计算机系统的集成来实现,因而可以方便地集成在用户以往的数据处理环境中。将 ICM 软件通过 CTI 接口与 ACD 连接,可以最大限度地实现其功能,ANI 和 DNIS 将为来话呼叫的自动化处理提供关键信息。

(六)去话呼叫管理系统

去话呼叫管理系统(OCM)负责去话呼叫并与用户建立联系。该系统可以广泛用于市场调查分析、产品促销等场合,并将呼叫中心变成为公司带来直接经济效益的"收入中心"。去话呼叫主要包括预览和预拨两种方式:

(1)预览呼叫。首先激活业务代表的话机,然后拨打电话号码。业务代表则负责收听呼叫处理音,并与被叫用户通话;若无人应答,业务代表就将呼叫转给计算机处理。

(2)预拨呼叫。由计算机自动完成被叫方选择、拨号以及无效呼叫的处理等工作,只有在呼叫被应答时,计算机才将呼叫转接给业务代表。

(七)在线录音服务

在线监听系统(Call logging)作为一种提高客户服务中心服务质量的工具,主要具备以下一些功能:

(1)话音数据同步记录:系统最基本的功能就是话音数据同步。客户服务代表在处理每个呼叫的时候,系统将会保存电话录音和客户服务代表的操作数据。管理人员可以在事后检查客户服务代表的工作质量,并对客户服务代表做出公正的评价。

(2)客户留言:当客户需要留言的时候,IVR 会把客户的电话转到 Call logging。同时,把相关的数据也送给 Call logging,使用户可以得到集中统一的管理录音。

(3)实时监听客户服务代表的服务:对在任意坐席上工作的客户服务代表,可直接得到它的话音数据并通过喇叭播放出来,对其工作进行监视。

三、呼叫中心在中国的应用

呼叫中心是 CRM 的产物之一。在中国,从 1998 年以来,呼叫中心的运用有了长足的发展。中国的呼叫中心应用首先是从中国电信、中国移动开始的,并以此为依托向商业银行、大公司拓展。例如,中国电信的 10000 服务,中国移动的 10086,招商银行的 95555 以及一些大公司的 800 免费电话等,都是呼叫中心的具体应用,虽然他们有的叫客户服务中心,有的叫售后服务中心甚至咨询热线等等。这些企业应用这一技术的目的在于改善客户服务质量和态度,加强与客户的关系,所以主要是信息、咨询、投诉、查询等服务。

在西方国家,很早就已把这种前台的服务延伸到了后台,也就是进行客户信息管理,把前台获得的大量数据移动到了后台,并运用一些实践证明可行的算法,把杂乱无章的用户数据提炼成供决策用的宝贵资源。呼叫中心进入中国仅十年多的时间,其技术和理念基本上都是从国外引进的,正因为如此,市场上也是先有技术后有产品,所以在运营中可能会出现一些问题。

目前,我们正处于信息技术的第三次革命浪潮的开端,云计算将成为"破坏性"推动力量,云计算技术的应用让传统的呼叫中心坐席云化,可节约设备投入和人力资源成本,另外云计算可以使呼叫中心具备空间和时间弹性,可按需调配,灵活应用,提高工作效率,进而提高客户满意度。云计算呼叫中心已经在 B2B、B2C、物流、零售等领域广泛应用。

第四节 与客户有效沟通

CRM 的重点在于企业与客户间的"关系"。无论信息技术多么发达、软件多么完善,有一点是不会变化的,那就是:商务交易的主体仍然在于"人",所以信息、软件无法取代传统交易下企业积累出来的"关系"。而这种关系的建立离不开沟通,沟通是建立关系的手段和基础。有效沟通客户,切实搞好客户关系管理,须认真把握好以下方面。

一、把握沟通环节,真诚对待客户

(一)了解客户

为了落实"客户终身价值",我们应找准目标客户,想方设法地搜集完整的客户信息。了解客户是实现有效沟通并使沟通走向深入持久的基础。

(1)获取客户信息的来源。一般来说,企业获取客户信息的来源主要来自企业内部已经登记的客户信息、客户销售记录、与客户服务接触过程中收集的信息,以及从外部获得的客户信息。

很多企业也有意识的组织一些活动来采集客户信息,比如经常采用的有奖登记活动,以各种方式对自愿登记的客户进行奖励,要求参加者填写他们的姓名、电话和地址等信息,这样的一些活动能够在短时间内收集到较大量的客户信息。这里,收集客户资料的方法主要包括:有奖登记卡和折扣券、会员俱乐部、赠送礼品、利用电子邮件或网站来收集等。

此外,企业还可以通过购买、租用或是合作的方式从外部获取客户数据。如表 10-2 所示。

第十章　客户关系管理与有效沟通

表 10-2　从外部获取潜在客户数据的渠道

渠道	说明
数据公司	数据公司专门收集、整合和分析各类客户的数据和客户属性。专门从事这一领域的数据公司往往与政府及拥有大量数据的相关行业和机构有着良好而密切的合作关系。一般情况下,这类公司都可以为直复营销行业提供成千上万的客户数据列表。
目录营销与直复营销组织	这类组织直接给消费者打电话或邮寄产品目录。只要有合适的价格或目的安排,许多这样的公司都愿意分享他们的数据列表。
零售商	一些大型的零售公司也会有丰富的客户会员数据可以获取。
信用卡公司	信用卡公司保存有大量的客户交易历史记录,这类数据的质量非常高。
信用调查公司	在国外有专门从事客户信用调查的公司,而且这类公司一般愿意出售这些客户的数据。
专业调查公司	在消费品行业、服务行业及其他一些行业中,有许多专注于产品调查的公司。这些公司通过长期的积累和合作,通常积累了大量的客户数据。
消费者研究公司	这类组织往往分析并构建复杂的客户消费行为特征,这类数据可以通过购买获取。
相关服务行业	可以通过与相关行业有大量客户数据的公司进行合作或交换的方式获取客户数据。这类行业包括:通信公司、航空公司、金融机构、旅行社、寻呼公司等。
杂志和报纸	一些全国性或区域性的杂志和报纸媒体也保有大量的客户订阅信息和调查信息。
政府机构	官方人口普查数据,结合政府资助的调查和消费者研究信息都有助于丰富客户数据列表。政府的行政机关和研究机构往往也有大量的客户数据,如公安户政部门的户政数据、税务机关的纳税信息、社保部门的社会保险信息等。

(2)客户数据分析。根据 Gartner 的报告,许多企业都在利用客户数据分析来保持市场竞争优势。Gartner 的分析人士 Walter Janowski 说:"对分析越来越重视是 CRM 前进中的自然产物。分析和个性化能带你进入更高的层面,在此你可以试着更好地了解你的客户,你可以试着更好地与客户进行互动和对其做出响应。"

(二)维系客户

维系客户就得用心听取客户的声音,识别掌握目标客户的需求。企业的销售部门在制定产品、价格、渠道、促销和公共关系等方面的营销策略之前,不论在生产现场或营业场所,还是在客户服务中心,也不论是定期或抽样客户调查,还是客户咨询、投诉或客户座谈会,都必须认真而负责地通过各种途径,准确收集最为珍贵的客户"真实兴趣点",如客户的需求动向、意见、建议和心声等。实现营销系统与客户的互动,帮助企业获得产品销售关联性及客户需求关联性的准确信息,以全面掌握有终身价值的客户。在此基础上,整合营销规划,对症下药,有效地提出相关的营销策略,积极争取客户,努力服务客户,培养与客户牢不可破的

沟通关系及长久的"战略伙伴"关系。这样营销和服务才能做到有的放矢、百发百中,才能不让竞争对手有机可乘,才能真正提高客户的贡献度,让客户的使用价值最大化。

(三)关怀客户

关怀客户,就是通过与客户的有效沟通,使客户的需求很快得到满足,期望及时变为现实,以体现企业对客户的贴心关怀。为此有必要构建一套让客户满意的服务体系。

1. 制定客户服务细则

(1)将客户服务政策以书面形式公布出来。客户服务的原则应该使每一个员工都知晓并且严格遵守。"客人永远都是正确的",应成为制定所有客户服务政策的基础。

(2)建立相关行为规范支持体系,使员工知道应该怎样为顾客提供服务。这些体系可以帮助公司为客户提供更好的服务,使客户在问题产生之前就能加以防范,从而在客户服务方面战胜竞争对手。

(3)建立服务质量评价体系。奖励那些始终如一为客户提供一流服务的员工。

(4)确保整个企业对客户服务保持高昂的热情。企业员工必须明白服务质量的好坏与企业的利润、员工的前途密切相关。

(5)与第一线的员工分享信息。管理人员经常与员工会面,与他们共同探讨提高服务水平的办法。要善于听取员工的建议,他们是与客户打交道最多的人。

2. 使用让客户高兴的语言

有了客户服务原则,还需要将它们真正贯彻到日常言行中去。

(1)"您需要我帮您做什么吗?"客户们都希望有机会向企业详细地描述他们的希望和需求。问客户你可以怎样帮助他(她),这样就以一种积极的语调开始谈话(你是在"帮助",而不是"兜售")。使用这种开放式的提问,可以引起客户谈话的兴趣。

(2)"我们可以解决这个问题。"大部分客户,特别是企业有业务往来的客户,他们找企业的真正目的是要"买到"解决问题的方法。客户喜欢企业能用他们能理解的语言直接回答他们的问题。

(3)"我不知道,但我会尽力找到答案。"如果顾客提出的问题比较刁钻,企业一时难以解决的话,就应该坦白地告诉他不知道答案。在对所有的事实没有把握的情况下贸然地回答客户的提问只会让企业的信誉损失得更快。为了测试对方是否讲诚信,精明的买家有时会故意提出一个对方无法解决的问题。在这种情况下最好给客户一个诚实的回答以提高你的信誉。

(4)"我们会承担责任。"告诉顾客,令客户满意是企业的责任。要让顾客知道,企业知晓他或她需要什么样的产品或服务,并会按照双方都同意的价格提供这种产品或服务。

(5)"很感谢您与我们做业务。"说这句话的效果比简单地说句"谢谢你的订货"的效果要好得多。你还可以通过交易完成后的电话联系,热情地回答客户的问题,来表明你对客户的谢意。

真正地关心客户,以此表明对他们的诚意,会使客户再次购买企业的商品或服务。除此之外,客户还会把企业热心地推荐给其他人。

3. 开展客户跟踪服务

让客户愿意多次购买产品的一个办法是提供跟踪服务。销售完成后应该及时打电话给

第十章　客户关系管理与有效沟通

客户,向他(她)致以谢意,同时询问对方对你的产品或服务是否满意,这样的电话咨询是有效跟踪服务的开始。另外,还有几种跟踪服务可以帮助你在顾客的心目中留下深刻的印象。

(1)让客户知道一直在为他们服务。可以给客户写信,或者给他们打电话。不论采取什么方式,关键是要鲜明地向他们表明,公司可以为客户提供一流的服务。当为客户们处理文字工作或认真检查货品装运情况时,别忘了打个电话告诉客户,让他们知道你在为他们操办这一切,他们什么都不用担心。

(2)经常给老客户寄封亲笔写的短信。利用各种机会给老客户写封亲笔信,比如参加某些节日聚会时碰到了你的某位老客户,别忘了事后写封信问候。

(3)努力与客户的关系个人化。互联网使交往变得更加容易,但却常常造成人与人之间直接接触机会的丧失。如果某些问题的解决需要同客户面谈的话,就应该给客户发个电子语音邮件向他表明,你希望与他(她)直接面对面交谈或者约好时间,到他(她)的办公室见面。

(4)记住那些的特殊日子。及时寄送生日卡、周年纪念卡、节日卡,并署上名字。礼品也是跟踪服务的一种工具。无需花一大笔钱表示对客户的关心,运用创造力,向客户送一些能引起他们兴趣小礼物,这对增加业务大有裨益。

(5)与客户分享知识和信息。如果读了某篇文章,看了一本新书,或者听到某个组织的新情况之后,感觉自己获得的知识或信息对你的客户也有用的话,不妨给他发个短信或者打个电话告诉他(她),共同分享。

4. 处理客户抱怨

客户关系管理中的一切战略和目标都以赢得客户与保持客户为基础。但无论企业为保持客户所作的规划有多好,总是会存在客户抱怨的现象。为了保持业务的稳定,企业必须处理好客户抱怨。处理客户抱怨时应遵循以下原则。

(1)以诚相待。处理客户抱怨的目的是为了获得客户的理解和再度信任,如果客户感觉你在处理抱怨时是没有诚意的敷衍,他们不仅下次不会再来,而且还可能在外大肆宣传你的服务不周,从而成为你生意的致命障碍。

(2)迅速处理。时间拖得越久越会激发抱怨客户的愤怒,同时也会使他们的想法变得顽固而不易解决。如果说企业犯错可以原谅的话,那么及时处理原则是这一错误可以原谅的基础。

(3)对客户的抱怨表示欢迎。在销售中客户总是有理的,但不是说客户总是正确的,认为客户总是有理的,可以使客户感到销售人员与自己站在一边,从而消除内心情感上的对立和隔阂,促使客户在洽谈中采取合作的态度,共同探讨、解决面临的问题。

(4)站在客户的立场上想问题。客户抱怨一旦产生,心理上自然会强烈认为自己是对的,与之交涉时一定要避免争吵,站在客户的立场上角色转换后,想法和看法就会有很大的转变。

(四)感动客户

让客户感动成为企业的忠诚客户,是进行沟通的最高宗旨。唯有客户感动,才能赢得人心,才能使客户"不离不弃"、"始终追随"着企业和产品。客户忠诚是从客户满意概念中引出的概念,是指客户满意后而产生的对某种产品品牌或公司的信赖、维护和希望重复购买的一

种心理倾向。

(1)判断客户是否忠诚于企业,可从如下五个方面来观察:①忠诚的客户经常性反复地购买企业产品或服务,企业甚至可以定量分析出他们的购买频度;②忠诚的客户愿意给企业和产品提供参考,或者经常提口头建议,能积极地、正面地给企业提出如何提高产品质量、服务水平的建议;③忠诚的客户在购买产品/服务时,选择呈多样性,他们更关注企业所提供的新产品或新服务;④忠诚的客户非常乐于向他人推荐企业的产品/服务;⑤忠诚的客户会排斥企业竞争对手。

(2)如何在提升企业的客户忠诚度上发挥作用呢?需要做到如下几个方面:

①给一线员工足够的操作技能。对于大多数企业而言,最前线的员工应包括现场销售人员和服务人员以及呼叫中心的客户服务人员。这些一线员工将会直接与客户发生接触。因此,他们在客户中留下的印象将是非常深刻的。

②与渠道合作伙伴进行协作。在当今复杂的市场上,企业往往需要依靠很多合作伙伴来协作服务于他们的客户。通过供应链关系的建设与维护可以进一步提升客户对公司的忠诚度,并且客户难以被竞争对手夺去。例如,一个欧洲的汽车制造商通过把客户数据库输入到一个系统中,该系统可以让所有的渠道合作伙伴共享;这样,汽车制造商就可以通过分销商/渠道伙伴来建立更加稳固的客户关系,也就是说,企业可以通过采取相应的策略,让供应链上的其他厂商协助公司来完成客户关系的建设与维护。

③将数据储存在一个中央数据库中。许多公司缺乏对客户的全方位服务是因为公司没有一个中央数据库所造成的。财务部门、销售部门和客户服务中心可能都拥有自己的数据库,但这些客户数据库存在很大的差异,同一个客户可能在这些数据库中存储着不同的信息,因为不同部门所关心的客户内容是不一样的。这些信息孤岛容易导致不同部门在同一问题上会给同一客户发送不同的信息,从而容易引起客户的不满,甚至反感,直至流失。因为为了有效实施客户忠诚战略,所有接触点上的客户数据必须能够整合起来。

④创造以客户为中心的文化。让客户和员工知道企业以他们为重。企业所关注的是如何做到对客户和员工最好,如何博得他们的忠诚。如果企业能做到这一点,客户会更加经常地、更多地购买或使用公司的产品和服务,企业将从他们身上获得更多的利润。企业提倡以客户为中心文化,不仅要求市场、销售和服务部门建立以客户为中心的业务流程,还需要公司其他部门积极响应客户需求的变化,建立真正意义上的所有部门的运营都以客户为中心。而且,如果把内部上下流程的下游作为客户的话,公司应当建立一种更加完美的客户导向的方案和机制。

⑤建立客户忠诚培养与提升的流程。要想持续不断地增加忠诚客户的数量、提升客户忠诚度,企业应当建立一套规范的客户忠诚培养与提升的流程。让企业各个部门的员工能够认识到客户忠诚的重要性,并且知道如何去培养和提升客户忠诚度。同时,企业应当能够对客户忠诚度和流失率进行科学的评估,并且能够对客户终生价值或客户终生利润率进行评估。有了制度与规定,有了评估方法,有了持续提升的方法,企业的客户忠诚计划才能够得到规范的实施与推进。

⑥实现一对一服务。企业要想赢得较高的客户忠诚和盈利能力,就一定要实现以下目标:在正确的时间、以正确的价格、通过正确的渠道将正确的产品(或服务)提供给正确的客

第十章 客户关系管理与有效沟通

户。在新的社会环境下,客户的需求正不断发生变化,开始追求一种与众不同的产品享用和服务享受。企业应该为每一位客户建立一套个性化档案,就可以针对每一位客户来实行其个性化的服务。

⑦想客户未来所想。企业实施 CRM 后,需要管理客户的整体资料和信息,包括客户的地理位置、家庭成员状况、客户利润贡献率、交易渠道偏好、终身价值等因素。然后,根据客户的不同资料进行客户细分化,进行个性化的定制服务。更重要的是 CRM 可以有助于你预测未来,仅仅做到想客户所想还不够,还应当做到想客户未来所想。CRM 中所建立的预测模型可以帮助企业的市场部门通过对客户和市场变化的调查,制定更准确的市场策略,开展更成功的市场攻势。通常,预测模型的建立需要利用多种统计工具来解释客户行为,并对其未来的客户和市场动向做出预测,真正实现想客户未来所想。另外,这种对客户行为的预测,还有助于挖掘客户的潜在价值。

二、巧用沟通工具,提高用户的满意度和忠诚度

"工欲善其事,必先利其器",沟通也不例外。如何清晰而有说服力地陈述观点,如何用很短的时间、简洁的话语使客户产生好感,同样有一个利用工具的技巧问题。沟通工具有传统的,也有现代的;有有形的,也有无形的。目前与客户进行沟通的方式主要有下面几种:

(一)电话

作为最传统也是商业应用时间最长最普遍的,同时也是必不可少的沟通方式,电话有它的独特优点:首先,直接与客户交流,通过与客户的交流,可以准确了解客户的想法;同时,简单、方便、节省时间,可以迅速地进行沟通。它的缺点很明显:首先,成本比较高;第二,只能够传递声音;第三,打电话的时候容易受到外界环境的干扰;第四,无法传递文本、文件、数据等资料。

(二)电子邮件

在行业网站中广泛采用的一个沟通方式就是电子邮件,电子邮件也是商务领域的沟通方式,跟传统相比有很多优点。首先是速度快、范围广,几秒钟就可以发一个邮件到对方的邮箱。同时形式多样,可以发图片、文字、数据、资料等,比起电话来说形式多样。而且价格便宜,只要有一个上网的计算机设备就可以实现了。它的缺点也很明显,首先是垃圾邮件的影响,目前垃圾邮件的泛滥已经让大家对电子邮件的使用感觉到很不方便,如果你的电子邮件在行业网站公布的时候,可以得到数以百封千封很庞大的垃圾邮件的干扰。其次是信息传递障碍,可能你在用它进行商务沟通的时候,发过去以后,不知道对方是不是准确收到了,也不知道对方有没有查看到这个信息,所以信息传递有障碍。第三是沟通效益比较低。邮件的传输还有其限制,比如说只能传多少兆的文件等。最后是安全性不高,很多著名的病毒都是通过电子邮件来传播。

(三)留言反馈

网站广泛采用的沟通方式是留言反馈,这是买家和卖家商务沟通的主要方式。首先是买家看到一个产品,然后有意向,会发出一个留言反馈,卖家登录商务系统,查看这个信息,然后再答复这个信息,通过双方的沟通,促成了一个买卖的商机。留言反馈的优点是方便、

快捷、沟通成本低,买卖双方的简单答复都可以快速地发出留言反馈。缺点是时效性较差,不太及时,卖家查看到买家的留言反馈信息并进行沟通有一个时间差。同时沟通效率低,很多企业进行电子商务的时候会在网上及时发布它的产品,但留言反馈这个平台可能没有及时的查看。

(四)即时通讯

即时通讯是一个新兴的沟通方式,日益成为在互联网上一个商务联系的重要方式。通过即时通讯软件,人们可以在发出消息很短的时间内得到对方的回应,满足同步的需求。与电子邮件相比,即时通讯更加的及时、方便、高效,维护成本也相对比较低。综合性行业网站已经推出了自己的即时通讯软件,比如贸易通和买卖通,行业垂直网站通常没有实力去做自己的一个即时通讯,往往采用的是QQ、MSN、SKYPE、facebook、Twitter、微信等常用软件。就以2011年出现的微信为例,其传播特点是点对点和点对面的结合。选择和你的好友微信,这种沟通是点对点的;开启"查找附近的人",周围的人都可以通过微信找到你,并和你打招呼,这种沟通是点对面的。微信具有视频功能,拉近了人们沟通的距离,沟通方式是立体化的,涵盖了文字、语音、图片、视频,和其他沟通方式相比满足了人们不同沟通需求。微信亲密等级高还体现在微信和QQ好友、腾讯微博、手机通讯录等是完全打通的,在这一点上别的沟通软件无法与之相比。但是另一方面,这些软件的娱乐性很强,其不可控性可能对工作效率有很大的影响。

(五)信函联系

信函联系是人们最传统的沟通方式,即使在现代通信技术极其发达、联系方式日新月异的今天,信函联系这一方式也并没有消亡,它仍以其顽强的生命力服务于沟通领域。适时地向客户发送一份征询意见函,客户有回应,沟通就此形成了。在新年到来之际,向目标客户寄去一封封充满祝福的手写贺卡,客户们定能感受到一缕缕温馨,彼此间的距离也会在无形中缩短。

(六)网络交流

互联网应用使企业与客户的沟通更容易。首先,网络的空间几乎是无限的,企业可以利用文字、声音、影像等多种技术在网上全方位地展示产品,介绍其功能,演示其使用方法,建立征询系统,甚至可以让消费者参与产品的设计,向客户传达企业提供的各种服务。其次,客户可以随时从网上获得这些信息,而且在网上存储、发送信息的费用都远远低于印刷、邮寄或电话的费用。再次,企业可在站点中设置专门窗口,帮助解决客户的常见问题,减少客户服务人员的重复劳动,腾出时间和人手为客户及时解决更复杂的问题。最后,利用网络双向互动的特性,使客户能与运营商对话,由传统的单向客户服务变为双向的客户整合。

(七)直接访谈

直接访谈应是最有效的沟通方式,它与客户实现的是面对面、无距离的接触,信息反馈及时且有现场感,有利于消除误会,及时解答并快捷地解决问题。但因为直接访谈需要客服沟通双方都在同一时空方能进行,有时效率并不高。面对面的访谈,既是相互间语言的交流,又是彼此间形象的展示,要注意的地方是很多的,主要应做到:访谈前作好准备,访谈中注重倾听;陈述朴实、简洁,话语亲和,注重礼节;围绕目标展开话题,气氛和谐;面谈注意访

第十章　客户关系管理与有效沟通

谈仪表,掌握访谈要点,把握住访谈火候,运用访谈技巧,以诚待客,以信示人。这一沟通方式会有助于提高目标客户的贡献度和满意度,进而提高其对我们运营企业的忠诚度。

 本章小结

　　客户关系管理是现代电子商务的重要组成部分。现代企业面临激烈的市场竞争,如何认识客户,了解客户关系管理;如何进行客户关系整合,实施客户关系管理;如何利用呼叫中心,建设客户关系管理系统;如何与客户进行广泛的交流沟通获得有力的支持,这些都是CRM所涉及的领域。

　　客户关系管理从体系结构角度,可以分为三种类型:操作型CRM、分析型CRM、合作型CRM。一套较为完整的CRM系统的主要组成部分应包括:客户互动渠道管理、营销自动化管理、销售自动化管理、服务自动化管理、Web商务与商务智能等部分。企业CRM系统要得到正确的运用,则要求在信息、流程、技术和人员四方面进行有效的整合。CRM实施的过程包括需求分析、建立CRM团队、制定项目实施计划、计划的实施、系统运行等五过程。

　　呼叫中心又称客户服务中心或电话服务中心,它是一种基CTI(computer telephony integration)技术、充分利用通信网和计算机网的多项功能集成,并与企业连为一体的一个完整的综合信息服务系统。根据呼叫中心需求与投资不同可分为:超大型的呼叫中心、大型的呼叫中心、中型的呼叫中心、小型企业级呼叫中心、单路CTI;根据呼叫中心建设方式不同可分为企业内部自建和外包两种类型。一个完整的呼叫中心解决方案通常由自动呼叫分配(ACD)、交互式语音应答(IVR)、计算机电话集成(CTI)、来话呼叫管理(ICM)、去话呼叫管理(OCM)、人工座席的话务受理、在线录音服务等组成。

　　CRM的重点在于企业与客户间的"关系"。而这种关系的建立离不开沟通,沟通是建立关系的手段和基础。有效沟通客户,切实搞好客户关系管理,须认真做好以下工作:把握沟通环节,真诚对待客户;巧用沟通工具,提高用户的满意度和忠诚度。

 思考题

1. 客户的概念是什么?
2. 什么是客户关系管理? 如何理解客户关系管理?
3. 简述CRM与电子商务的关系。
4. 简述客户关系管理的类型。
5. 简述CRM系统的构成及其整合。
6. 简述CRM成功实施的主要过程。
7. 简述呼叫中心的概念。
8. 简述呼叫中心系统构成。
9. 简述客户沟通环节。
10. 分析客户沟通工具的优劣。

案例分析

上海通用汽车公司CRM实施案例

上海通用是上海汽车工业(集团)总公司和美国通用汽车公司各投资50%组建而成的迄今为止我国最大的中美合资企业,总投资为15.2亿美元,共有冲压、车身、油漆、总装和动力总成五大车间。严格按照精益生产原则规划、设计、建设和管理工厂,五大车间采用模块化设计、柔性化生产,可以实现多个车型共线生产,以便满足汽车市场客户需求多元化的选择。

有人曾问过通用公司,你们是一个什么样的公司?通用的回答说,我们是制造公司,是制造汽车的。但是,来自战略咨询公司的研究报告指出,如果通用公司仍然抱着做一个制造企业的战略不放的话,那么,少则20年,多则50年,通用汽车公司就有可能会从地球上消失。这个有点耸人听闻的研究报告,引起通用公司管理层的高度重视,因为支撑这个报告的翔实的数据资料以及科学的分析不能不引起他们的深思。如果通用汽车公司能够在未来的环境中生存下去的话,必须要有自己的核心竞争力。这个能力就是满足客户需求的能力,赢得客户的能力。通用公司采纳了报告提出的建议,开始从赢得客户能力的角度来进行战略性的调整。通用公司的汽车品牌有十几个,每年在全世界销售数百万辆汽车。通过长期的积累,通用公司有了非常丰富的客户信息资源。对于客户信息,通用公司一直是很重视的,在数据库刚刚问世的时候,通用就开始使用这一技术来管理客户信息,至今有20多年的历史。在早期,各种数据的收集是非常齐全的,从全世界的角度来看都没有几家公司能够与通用的庞大数据库相媲美。在通用公司的内部,IT技术的应用同样是非常普遍的,在管理与生产的许多方面都应用了不同的IT系统。然而,问题在于,放在不同地方的客户数据不能够共享,例如,销售人员的信息就无法让维修服务人员来共享,不同品牌的客户信息资源也不能够共享,通用拥有的几千个IT系统之间的沟通很少很少。

通用公司认为,通过在全球范围内实施CRM(客户关系管理)系统,能够有效地管理客户信息,并且赢得更多的客户,使得客户价值最大化。实施CRM系统是保证通用公司在50年后还能够生存的重要战略之一,同时在全球范围内部署了实施CRM系统的时间表。上海通用CRM项目截至写本案例已经投资250万美元。在亚太地区的泰国、印尼以及韩国等地也都在实施CRM项目。

值得一提的是,通用公司很注重考察提供CRM产品的厂商的管理状况以及管理水准。如果这家企业自身的管理能力没有达到一定水准的话,就不会考虑他们的产品。通用认为,CRM是一种管理软件解决方案,如果研发生产CRM软件的公司,自己的管理不规范、不科学的话,它所提供的管理软件的效果就要大打折扣。另外一点就是要考察CRM软件厂商的生存与发展能力,要把厂商放在一定的时间跨度里考察。如果其生存能力不强,在经济不景气时就没有对策,就有倒闭的可能,或者被别的企业并购,或者是发生产品转型。如果购买了这种企业的CRM产品,无异于让自己抱上一颗定时炸弹,软件实施后的服务、版本的升级、模块的扩充以及进一步的客户化都将成为未知数。因此,存在这样潜在问题的CRM厂商,也就早早被淘汰了。

上海通用按照美国通用公司全球战略的部署以及在中国的具体情况,请在实施CRM

第十章 客户关系管理与有效沟通

方面非常有经验的 IBM 公司提出解决方案并负责项目的整体实施。IBM 公司大中华区咨询与集成服务部具体负责实施这个项目,通过对上海通用的调研,他们提出了实施 CRM 的解决方案的要点:统一规划、分步实施。实施 CRM 的企业,必须将已经形成并得到企业内部一致认同的明确的近期目标和远景规划标示在特定的文件中,而不是口头上。这份文件要明确体现业务目标、实施周期和预期收益等内容,它将是整个 CRM 项目实施过程中最有价值的文件之一。它既是项目启动前企业对 CRM 项目共同认识的文字体现,也是实施进程中的目标和方向,同时还是在项目实施完成后评估项目是否成功的重要衡量标准。

(一)实施 CRM 项目的步骤

第一步,集中管理客户信息。虽然上海通用在过去也积累了很多的客户数据,但是站在 CRM 的角度来分析,就会发现有些数据是残缺的,有些数据是完全没有用的。再就是客户数据记录不科学,上海通用公司进行的电话营销活动有记录,例如在客户生日到来时寄个贺卡表示关怀有记录,但是客户对产品或者是服务进行的投诉却没有记录。除此而外,有很多数据是分布在上海通用内部各部门之间的,还有很多数据目前没有,是需要由全国各地的上海通用汽车零售商以及维修站来提供的。

第二步,提高机构内部协同工作的效率。主要是针对上海通用公司客户服务中心、大客户销售代表以及零售商、市场活动和售后服务站这样四个部分,使他们能够既协同工作,又能提高效率。

第三步,开拓新的客户接触渠道。例如,开通了"8008202020"免费咨询电话呼叫中心,和全新的中文网站 www.shanghaigm.com"百车通"在线导购栏目,为客户提供新的个性化的接触渠道。现在,上海通用的呼叫中心由三个部分构成:

(1)客户支持中心。这个中心设在上海,对所有的人开放,通过"8008202020"免费咨询电话来实现这种功能。客户支持中心每天提供从早上 8 时至晚上 8 时的 12 小时服务。座席服务人员都有着丰富的从业经验,并经常接受相关的培训,他们的任务主要是解答客户的咨询,处理客户的投诉问题。

(2)技术支持中心。这个中心只对上海通用的维修站开放。技术支持中心专门配备了汽车维修经验丰富的工程师,负责解答来自全国各地通用维修站的各类问题,以帮助维修站的工程师及时有效地解决客户的汽车维修问题。这个用于内部技术支持的中心,同样是通过 CRM 软件平台来完成工作的。

(3)操作平台。这个平台只对上海通用的零售商开放,是为零售商下汽车订单而设置的,按照区域来进行管理。通过这个平台,可以掌握零售商所订购汽车的动态情况。零售商只要在系统中输入所订购汽车的号码,就清楚地知道这部汽车目前的状况,信息可以具体到装配流水线的每个部分。

实施的最后一步,是对客户进行细分。通过使用数据仓库与数据挖掘工具对客户信息进行细分,分析客户对上海通用汽车产品以及服务的反应,分析客户满意度、忠诚度和利润贡献度,以便更为有效地赢得客户和保留客户。这才是 CRM 真正能够发挥作用的阶段。

(二)抓好三项工作

(1)潜在客户的开发。通用公司认为有两类人是自己的潜在客户:第一类是从来没有买过车的人或者单位,现在打算买汽车,他们有可能购买通用的汽车;第二类是没有买过通用

汽车的人或者单位,通过做工作可以争取在他们购买新车时选择通用的产品。上海通用认为,潜在客户开发的目标是要增加销售漏斗中潜在客户的流量,只有进入销售漏斗中的潜在客户数量增加了,从潜在客户转变为客户的数量才会增加。而且,增加潜在客户的流量,是一个循环往复的工作,不应该是阶段性的,或者是随意性的。经过对以往数据的统计分析,上海通用发现汽车展览会是吸引潜在客户的重要手段,有30%以上的客户是通过这种途径了解了通用汽车,并且成为购买通用汽车的客户,于是他们就在汽车展示过程中进行汽车的预定。在2001年6月份举办的上海汽车展上,短短的3天时间里,订购赛欧汽车的人数就超过1000人,订购新版别克GL汽车的有数百人。通过对潜在客户的研究他们还发现,喜欢听歌剧的人对通用的汽车有兴趣,于是就在上海大剧院做促销活动,效果很好。

(2)潜在客户的管理。增加销售漏斗中的潜在客户流量,只是万里长征的第一步。将潜在客户成功地转化为客户,管理十分关键。上海通用将客户的购车时间分为:立刻购买、3个月内购买、6个月之内购买、1年之内购买等几种类型。根据客户选择购买时间的不同,分门别类地采取不同的对应方法。例如,对于一个立即购买的客户,系统就将这个信息送给销售人员,由销售人员进行及时的跟踪服务;对于3个月内购买的客户,系统会给销售人员提示,是不是可以将这个客户转化成立刻购买,提前客户的购买时间;对于6个月购买的客户提供比较详细的资料;对于1年之内购买的客户只提供普通的资料。通用的经验数据表明,选择考虑在3个月内购买的潜在客户中,只有10%的客户会买车子;选择考虑在1年之内购买的潜在客户中,只有4%的客户会买车。

(3)客户忠诚度的管理。汽车的生命周期决定了汽车消费的周期性。买了新汽车的客户过几年就会回到汽车市场中来重新买车。统计数据显示,已经买过通用汽车的客户,其再次购买通用汽车的比例可以达到65%,而从竞争对手那里转化过来的客户只占35%。客户购买新车一个月之内,销售人员必须对客户进行拜访,与客户沟通,倾听客户的意见。拜访与沟通的情况都详细地记录在CRM系统中。在客户购车以后的4至5年当中,系统会不断地提示销售人员以及服务人员,要求他们不断地与客户进行联系和沟通,为客户提供各种服务和关怀,从而使得客户在下一次购车中继续选择上海通用的产品。

请问:上海通用为什么要建立CRM系统?上海通用是如何开展客户管理的?

资料来源:田同生.客户关系管理的中国之路.北京,机械工业出版社,2001:240-248.

第十一章 电子商务风险管理

 内容提要

本章首先陈述了电子商务风险及其分类,然后分析了电子商务风险的识别与测度(电子商务风险评估),并提出了企业电子商务风险防范的策略。最后探讨了电子商务的非技术性风险。

第一节 电子商务风险及其分类

一、风险及电子商务风险的特征

（一）关于风险的阐述

"风险"这个概念的内容根据人们的不同理解而多种多样,目前最普遍为人们接受的风险定义是"损失发生的不确定性"。该定义从概率的角度排除了损失不可能存在和损失必然发生的情况,也就是说如果损失的概率是0或1,就不存在不确定性,也就没有风险。风险的大小在本质上取决于不幸事件发生的概率(损失概率)及其发生后果的严重性(损失程度)。低可能性与轻微后果则为低风险;高可能性与严重后果则为高风险。

由此可见,关于风险的几个要件为:一是不确定性,指人们心理上对某事物持怀疑的态度,即对未来某事发生(会否带来失败或损失)难以预测,包括发生与否的不确定、发生时间的不确定以及发生状况及其结果的不确定。二是风险因素,指能够引起或增加风险事件或影响损失的严重程度的因素,包括实体风险因素(直接引起风险发生的条件)、无形道德风险因素(与人的不正当风险行为相联系)和过失风险因素。三是风险条件,指使风险的可能成为现实,引发损失的条件。四是损失,指非故意的、非预期的、非计划的经济价值的减少,风险可能导致损失,也可能带来赢利,但一般而言风险主要与损失相关,进行风险研究,控制的主要对象也是风险损失。

企业对电子商务持观望态度是有客观原因的。电子商务作为一个新生事物在发展的过程中会出现怎样的问题是具有很强的不确定性的,不确定性会给置身于其中的企业带来风险,而网络的放大效应也许会使得风险难以控制。所以,当我们讨论企业运用电子商务的有利之处时,必须对其风险性进行科学的分析。一方面可以使企业树立风险意识,避免由于企业在自身条件不成熟时盲目"触网",与电子商务无法适配兼容等原因而发生危机;另一方面,通过风险分析找到风险产生的原因及预防方式,从而帮助企业克服惧怕、观望等心理,尽

快在网络世界确立新的竞争优势。

(二)电子商务风险的特征

电子商务中出现的风险,虽然多为传统经济中所固有的,但它无论在表现形式、强烈程度还是影响范围上与传统经济中的风险都不相同。概括起来说,电子商务风险具有全球性、传染性、成长性、隐蔽性、复杂性等重要特征。

首先,电子商务风险具有全球性特征。风险既可能来自国内,也可能来自世界任何一个地方,其根源在于电子商务的虚拟性。其次是传染性。电子商务风险可以在全球范围内迅速传播,具有很强的传染性和广泛的影响力,使人们很难进行有效防范。第三是成长性。在一定条件下电子商务风险会迅速成长和壮大。第四是隐蔽性。这种隐蔽性,来自信息的非对称性。如果缺少相关的法律进行约束,投机和欺诈就会泛滥,电子商务就会趋向崩溃。第五是复杂性。在电子商务中,风险不是单一的,而是综合的,从而使得风险防范的难度大大增加。

二、电子商务风险的分类

电子商务是一个庞大、复杂的社会经济、技术系统。一个系统的运行必然受到内部条件和外部环境的影响和制约,因此电子商务风险是客观存在的。电子商务中常见的风险可分为经济风险、管理风险、制度风险、技术风险、非技术风险(在本章第四节专门讨论)和信息风险。这是一个大致的分类,后面将会看到,对于具体的企业和消费者而言,还可以进一步解析或冠以新的提法。

(一)经济风险

经济风险分为金融风险、财政风险和产业风险三种类型。首先,电子商务在加强金融全球化和一体化进程的同时,也给金融系统带来了巨大的风险。电子商务的实时性、交互性特征以及在此基础上产生的强正反馈效应,使得各国的金融业务和客户相互渗入和交叉,金融风险交叉"传染"的可能性上升。其次,大量网上交易和贸易无纸化程度的提高,加大了税务稽查的难度。再次,由于强烈的不确定性和正反馈效应使得电子商务中的产业和企业在发展过程中面对着更大的风险,有着更大的波动。电子商务的快捷性特征,使产品生命周期大大缩短。

(二)管理风险

电子商务使经济运行规律和一些基本法则都发生了极大的变化。管理风险通常包括两方面:一是组织内部没有建立相关的管理制度;二是企业没有真正实施已经建立的管理制度,由于组织对内部人员没有建立有效的激励机制和约束机制,内部人员延迟信息传递或泄密等类似现象的出现就很难避免,如企业知识产权和商业秘密泄漏等,从而形成管理风险。

(三)制度风险

由于电子商务还处于发展的初级阶段,人们对电子商务的认识不足;又由于国际协调还处于萌芽阶段,世界各国基本上都是各自为政。这就使得当前的制度风险显得尤为突出。虽然各国都已制定了一系列相关政策,但并不完善。在国际上,由各国政府共同认定的有关电子商务的法律和法规就更是寥若晨星了。

第十一章 电子商务风险管理

（四）技术风险

网络服务器常遭受到黑客的袭击，个别网络中的信息系统受到攻击后无法恢复正常运行；网络软件常常被人篡改或破坏；网络中存储或传递的数据常常被未经授权者篡改、增删、复制或使用。并且由于关键技术落后，很多国家的网络关键设备依靠国外进口，这就带来了一些无法预知的隐患。

（五）信息风险

信息风险指信息虚假、信息滞后、信息不完善、信息垄断等有可能带来的损失。信息虚假主要指一般企业的信息虚假。信息的滞后和不完备性对电子商务的运行安全也会产生威胁。在信息传递过程中，如果市场行为主体不能及时得到完备的信息，就无法对信息进行正确的分析和判断，无法作出符合理性的决策。在我国，信息垄断主要表现为一些信息综合部门垄断着大量信息。他们只愿把汇集和综合的信息无偿提供给有关上级部门，而非企业和个人。信息风险的直接表现是网络欺诈，不仅使厂商和消费者在经济上蒙受重大损失，更重要的是它可能会使人们对电子商务这种新的经济形式失去信心。

第二节 电子商务风险评估

一、风险评估的意义、原则及评估因素

风险评估在我国一直是薄弱环节，随着市场经济体制的建立，风险评估的重要作用也越来越引起我国政府及企业界的高度重视。随着信息经济的高速发展，电子商务不仅是国家的重要资源，在一定程度上也是衡量一个国家实力和水平的重要依据。

（一）风险评估的意义

这些年的实践证明电子商务风险评估在现实经济活动中具有重要意义，主要表现在以下几个方面：风险评估有利于正确反映企业占有资产的价值，保障交易双方的合法权益；风险评估有利于网络技术市场的繁荣，加速科技成果向生产力转化，推动科技事业的发展；风险评估有利于提高企业的知名度，以便成功地占领市场；风险评估是对外开放实现国内外市场对接的关键一环；风险评估是设计与评价企业内部控制制度的一个重要组成部分。

（二）电子商务风险评估原则

电子商务风险评估由于涉及面广、情况复杂、政策性强，要做到公平合理必须遵循下列原则：

（1）独立性原则：是指评估工作应摆脱来自各方面各种形式的行政干预而独立进行，资产评估机构及其工作人员应恪守资产评估的行业纪律和职业道德，不与评估企业发生评估正常收费以外的任何经济利害关系，依据国家制定的法规和可靠的数据资料对风险评估的数据做出完全独立的评定。

（2）客观性原则：是指评估结果应以充分的事实为依据，评估过程中排除人为因素的干扰。要求评估者具有客观的态度和方法，评估的指标具有客观性，评估过程中的预测推算和逻辑运算等主观判断只有建立在市场和现实的基础资料上才具有意义。

(3)科学性原则:是指在风险评估过程中必须根据特定的目的,选用适用的标准,制定科学的方法和方案使风险的结果准确合理。

(4)预期性原则:是指在评估过程中,风险的大小可以不按照过去的情况决定,而是基于对未来发生的可能性的期望值决定的。

(三)企业电子商务风险评估因素

风险评估是设计与评价企业内部控制制度的一个重要组成部分。我们可以从企业本身和业务活动两个层面去认识风险。在企业这个层次上需要考虑的外部因素有:新技术的发展、竞争对手出台新的营销策略、法律法规的变动、自然灾害、不利的经济环境和国外市场等。而企业风险的内部因素主要有信息处理操作的中断、无效的人员聘用和培训计划、管理责任的变动、防止员工获取公司资产的控制措施不严、高级管理或审计部门的工作不力等。对于每项具体的业务活动来说,风险因素主要来自系统停机和违反安全操作规定。例如,处理外来订单的服务器因意外事故不能工作时,势必对销售造成不良影响。因此,有关人员必须在风险评估时考虑这些因素。

二、电子商务风险评估的步骤

(一)确定范围

首先划分风险分析所覆盖的区域。由于风险分析复杂,不能在整个数据处理(DP)系统上进行,而只能在单个区域内。因此,只能在单个分析区域间确定范围。

(二)找出风险

这需要详细地描绘所有存在的风险,并调查风险的影响结果。分析风险可以采用以下两种方法:一是风险情况分析,就是将引起安全事故的假设事件集中在一起,通过对主要情况的研究,较快地找到风险因素;二是模拟研究,通过如实反映所分析区域的情况,模拟潜在风险所带来的影响,最后查出风险所在。

(三)风险分析

风险分析是运用分析、比较等各种定性、定量的方法,确定电子商务活动各风险要素的重要性,对风险排序并分析其对电子商务系统各方面的可能后果,从而使电子商务系统项目实施人员可以将主要精力放在对付为数不多的重要安全风险上,使电子商务系统的整体风险得到有效的控制。风险分析的目标是确定风险,对可能造成损失的潜在风险进行定性和定量分析以及最后在经济上寻求风险损失和对风险投入成本的平衡。目前,风险分析主要采用的方法有风险概率、影响评估矩阵、敏感性分析和模拟等。在进行电子商务安全风险分析时,由于各影响因素量化在现实上的困难,可根据实际需要,主要采用定性方法与定量方法相结合来进行风险分析,为进行风险管理和选择风险防控策略提供依据。

(四)风险评估

在对风险进行分析的基础上需要对风险进行评估,风险评估就是考虑潜在事件对企业目标实现的影响程度。一般来说管理者从两个方面来评估事件:一是发生的可能性;二是影响程度。对风险的评估方法包括定性分析和定量分析。当风险无法定量,或者定量分析的

第十一章 电子商务风险管理

数据可靠性太弱,或者数据采集成本大于收益时,管理者一般会使用定性分析方法对风险进行评估。企业对风险进行定性分析时,可以采用与事件确认相同的方式,如召开小型研讨会、面谈等。定量分析较为精确和严格,但耗时费力,且需要大量的数据支持,有时还需要使用复杂的数学模型。定量分析是对定性分析的补充,它的运用是否有效取决于相关数据和假设的质量。常用的定量分析方法包括标杆法、概率模型和非概率模型等。

三、电子商务风险的评估方法

(一)预测方法

预测是一种比较有效的方法,在预测中引入反馈、信息联系使风险的辨识更加准确。这种方法的主要问题是找出闭环的平衡点及其概率分布。

(二)风险树

对风险进行逐步分解、细化,形成树状结构即风险树。对风险树还可以进行进一步的分析和处理,例如可以用来确定风险的概率,这就需要找出所有风险的可能性及其相互联系,标出各种风险的概率,然后对其进行计算,形成风险概率树。

(三)头脑风暴法

这是一种刺激创造性、产生新思想的技术。它是美国人奥斯本于1939年在制造核武器时首创。这种方法用于风险辨识,根据风险辨识的特点,作出相应的修改。头脑风暴方法应用于风险辨识时,提出的问题应是这样的:如果进行某项事业会遇到哪些危险?其危险程度如何?为了避免重复和提高效率,应当首先将已进行的分析结果向会议说明,使会议不必花很多时间去分析问题本身或在经初步分析就可想到的问题上滞留太久,而使与会者迅速打开思路,只寻找新的风险和危害。

头脑风暴专家小组也是头脑风暴法的关键,一般头脑风暴专家小组应由以下人员组成:方法论学者——风险分析或预测学领域的专家,一般担任会议组织者;思想产生者——专业领域的专家,人数应占小组人数的50%～60%;分析者——专业领域内知识比较渊博的高级专家;演绎者——具有较高逻辑思维能力的专家。

(四)德尔菲法

这种方法是由美国著名的咨询机构兰德公司于20世纪50年代初发明的。它具有三个特点:参加者相互之间匿名;对各种反映进行统计处理;带有反馈地、反复地进行意见测试。

在对预测结果处理时,专家的倾向性和一致性是主要考虑的两个方面:倾向性是指专家意见的主要倾向是什么,或大多数意见是什么,统计上称此为集中趋势;一致性是指专家在此倾向性意见上分散到什么程度,统计上称为离散趋势,专家的倾向性意见常被作为主要参数依据,而一致性程度则表示这一倾向性意见参考价值的大小或其权威程度的大小。

在使用这种方法时,可根据专家积极性系数与专家权威程度来表示。专家积极性系数是指专家对某一方案关心和感兴趣的程度,由于任何一名专家都不可能对预测中的每一问题都具有足够的专业知识和权威性,即对于参加预测的各个专家由于知识结构不同,各自意见的重要性也不同,这可以用模糊集中的隶属度来描述和处理。

(五)综合风险分析法

综合风险分析方法的基本步骤如下:首先组织头脑风暴专家小组,这个小组可以通过网络进行意见交换,而专家的思想都是根据自己的专业背景及经验对网上计算机的分析而得出的风险因素,这一步是利用头脑风暴法达到风险辨识的目的。接着,对头脑风暴专家小组提出的思想进行组合及分类,归结为一种具有特殊形式的明确问题。然后通过网络计算机专家组成德尔菲专家小组,对以上问题进行评估,并对这些信息进行反馈,利用德尔菲方法使意见收敛,得出确切的风险因素及其可能的概率分布。应该注意的问题是,与头脑风暴专家小组成员要有所区别,德尔菲专家小组的成员应具有更深专业知识的实践背景。最后,不断反复利用德尔菲方法,来预测企业未来状态,以形成众多远景,向决策人员提供某种未来商机最可能发生的、最好的和最坏的前景,并详细地给出这三种情况下可能发生的概率和风险,供决策时参考。综合分析方法可以完成风险分析的主要工作,防止风险分析只围绕分析者目前的价值观和信息水平进行。因此,防止了由此而可能产生的偏差,给出了对风险的全面分析。

第三节 电子商务风险防范

由于电子商务系统十分庞大,任何一个系统漏洞都可能是一个致命打击,正确了解和把握电子商务系统可能出现的风险,从而避免风险是十分必要的。传统企业应在正确认识电子商务风险的基础上有效地防范各种风险。在企业发展的过程中,风险与收益就如同两条交织的铁轨始终伴随着企业这辆高速行驶的列车。而在企业信息化的整体推进进程中,控制风险的原则在于"从实际出发,从大处着眼,循序渐进,步步为营"。

一、企业外部风险的防范措施

(一)建立信息管理平台,防范信息风险

在由传统企业向信息企业转变的过程中,传统企业缺乏整体的信息应用规划,特别是符合企业发展战略和管理现状的、与企业资源适度配合的整体规划。在企业信息化整体应用的推进过程中,这势必会造成资源分散、信息孤岛林立,最终难以发挥系统的整体效益。因此,信息风险的防范应从信息管理着手,完整而有效的信息管理系统成为现阶段电子商务信息基础。

传统企业电子商务化的前提是信息化。首先是企业运营在一个基于完善的管理思想和工作流程的系统之上(如 ERP),然后利用互联网、Web 网站开展业务,从基础到高端,完成传统企业发展电子商务的进程。具体应包含以下四个步骤:一是构建企业的网络基础设施;二是实现办公自动化(OA,official automatic);三是建设企业核心的业务管理和应用系统,这里最有代表性的一个是 ERP,另一个是外部网站;四是针对传统企业经营的三个直接增值环节来设计客户关系管理(CRM,customer relationship management)、供应链管理(SCM,supply chain management),以及产品研发管理(PDM,product development management)。

第十一章　电子商务风险管理

（二）有效防范安全风险

传统企业通过互联网全面开展电子商务，最关键的就是要解决好安全问题，因为整个电子商务系统的安全可靠决定着电子商务活动的成功与否。安全问题可以采取以下防范措施：

1. 数据的安全保证

为了确保在网络传输过程中数据的安全，必须满足如下要求：对敏感的文件进行加密，即使他人截获文件也无法得到其内容；保证数据的完整性，防止截获人在文件中加入其他信息；对数据和信息的来源进行验证，以确保发信人的身份。

目前，国际上普遍采用公开密钥加密系统（public key encryption）和秘密密钥加密系统（secret key encryption）相结合的方式来满足数据加密要求。

在传输过程中，数据的完整性主要靠数字签名（digital signature）技术和验证（verification）技术来保证。目前应用最广泛的数字签名技术包括：哈希函数（Hash Function）签名、DSS 签名（美国政府采用的数字签名标准）和 RSA 签名（RSA 数据安全公司推出的目前最流行的数字签名标准）。我国自 2005 年 4 月 1 日起实施《中华人民共和国电子签名法》。

为了减轻用户在与不同对象交换数据时需对许多公开密钥进行验证的麻烦，在实际操作过程中又引入了证书（certificates）和证书管理机构（CA）。证书就是一份文档，它记录了用户的公开密钥和其他身份信息（如名字、E-mail、地址等）。CA 是一个受大家信任的第三方机构，用户向 CA 提交自己的公开密钥和其他信息，CA 验证了用户的有效身份之后，向用户颁发一个经过 CA 私人密钥签名的证书。

2. 交易的安全保证

对于互联网上实时的支付性的交易过程，其安全的解决方案除了要依靠上述的公开密钥技术、数字签名技术等外，还要有安全的交易协议来保证交易的安全。

目前被广泛应用的是 SSL（安全套接层协议），因为它内置于大部分 Web 浏览器和 Web 服务器，随手可用。在保护企业免受欺诈与消费者信用卡不被窃取、不同厂商产品交易、使用范围灵活性等方面，SET（安全电子交易协议）都比 SSL 好。只不过 SET 比较复杂，目前的成本比 SSL 要高一些。由于今天互联网上电子商务的规模相对小一些，虽然发生诈骗的可能性也不少，但花费很大代价使用 SET 还是不太值得。所以，SET 目前的实际应用仍然较少。

3. 支付的安全保证

要在互联网从事电子商务活动，除了上述的安全手段外，还必须建立相应的安全可靠的电子支付系统。目前在互联网上的电子支付手段主要有四种：信用卡、IC 卡、电子现金（E-Cash）和电子支票（E-Check），它们都有相应的安全保护手段。

（三）建立完善的信用评价体系，有效防范信用风险

1. 营造社会信用环境，建立信用评价体系

首先，电子商务是在虚拟空间中进行的一种商务活动，在这一虚拟世界中，人际交往出现了与现实世界完全不同的情况，人们往往无法完全判断交易的真实性、有效性。所以，成功的电子商务常常需要信用的支持，即交易双方互相信任，信守承诺。只有在全社会形成一

种自己守信用、人人必须守信用、也相信别人守信用的氛围,电子商务信用风险才有了防范的基础。

其次,参考发达国家的经验,建立完善的信用评价体系。在美国,无论交易主体是企业还是个人,都有相关的信用机构来对交易双方的信用进行评价。这些机构收集消费者个人的信用记录,合法地制作消费者个人信用调查报告,并向法律规定的合格使用者有偿传播信用报告。同时,为了安全便捷地进行电子商务活动,还可把客户资信情况存储在网络,以便随时调用。

第三,发达国家的信用卡制度也值得借鉴。这些国家的公民每个人都有信用卡,该卡记录着持有人的社会保障号,电子商务交易通过信用卡进行结算,使得所有交易都会被信用局所记录。欺诈等行为的发生会导致诈骗者承担严重的后果,因而利用信用卡在网上铤而走险的人很少。

2. 企业应加强自身诚信建设

首先,企业应将诚信落实到企业的实际行动中去,慎重对待企业的每个订单、每位客户,细微之处见真情。特别要重视搞好电子商务条件下消费者最关注的售后服务、付款方式以及退货换货等事宜。不能交易一完成,服务就终结,甚至翻脸不认人。要做到不仅让客户满意,还应该让客户持续满意,以不断提高客户的忠诚度。

其次,信用是企业发展的根本,企业不仅在要服务上做到诚心,还应在思想上树立诚信为本的传统,上到领导下到基层员工,必须时刻牢记诚信,做到待人以诚,交易以信,这才是传统企业内部规避信息风险的根本所在。

(四)竞争风险的防范

1. 理解和熟悉电子商务

传统企业在评估开展电子商务战略时,应该充分考虑企业在发展电子商务上的优势和劣势,应在调查研究的基础上去建立符合自身的信息平台,而不应为了赶时髦而盲目开展电子商务活动。电子商务虽然是时代发展的大趋势,但并不是每一个企业都适合电子商务,或者并不具备开展电子商务的有利时机,所以,传统企业应该什么时候发展电子商务,应发展怎样的电子商务,都是企业在发展电子商务前必须考虑的问题。

2. 防止客户流失

为了防止培训后的客户或供应商流失,传统企业可以采取一些法律手段保证交易的顺利进行,如订立培训合同,约定违约责任等;传统企业还可以通过与客户建立良好的合作关系,保证良好的信息等手段留住固定客户,防止恶意竞争;最重要的是传统企业要学会选择客户,选择那些信誉良好的企业,并随时注意与客户保持联系,尽量满足客户的合理要求等。

3. 持续的创新

传统企业的高级管理者也必须培养一种开拓进取、敢于打破现状的精神以及决策果断迅速的良好素质,敢于采取新的经营和商业模式,但同时又要做好可行性分析。

(五)法律风险的防范

传统企业应当认识到法律风险给企业带来的影响,并给予足够的重视,但实际当中,很多传统企业对法律风险的重视程度还远远不够。这就要求我们从观念上重视法律风险,用

第十一章　电子商务风险管理

法律手段来保证电子商务的正常运行。针对目前各国对电子商务认识的不一致,有关电子商务的法律、法规正在不断完善的状况,传统企业应根据自身的情况作出相应的调整以规避风险,并且需要逐步建立和完善一个法律风险防范的控制系统,如及时搜集新出台的法律、法规,或通过相关的咨询部门以及求助于有关的法律部门以获取相关专业信息,为企业正常运作寻找法律依据,避免因为对法律理解不清等原因而使企业陷入不必要的纠纷或遭受不必要的损失。

在防范电子商务法律风险上,政府应为企业提供有力的法律保证。法律体系的完善有利于防范法律风险,所以政府应及时制定相应的法律、法规,用法律的手段严惩那些恶意获取他人机密信息和违反正常运行规则的行为。当然,法律风险防范体系的健全和完善需要一个长期的过程,这也是目前政府亟待解决的问题。而传统企业应充分运用政府给予的这些法律武器,保证企业自身电子商务的顺利进行。

（六）对灾难性风险的防范

对于自然灾害风险,传统企业是不可以避免的,但是可以预先作好防范措施,并时刻关注外界变化,做到防患于未然,将灾害损失减到最小。

对于人为的灾害风险,传统企业要运用技术手段,减少发生风险的几率。如防范计算机病毒的较好方法是采用较成熟、信誉好的杀毒软件并定期运行。利用防火墙技术保证电子商务系统的安全。防火墙的目的是提供安全保护、控制和鉴别出入站点的各种访问者。它建立起网络通信的控制、过滤机制,从而有效保证交易的安全。防火墙将私有网络从公共网络中分离并保护起来,它是防治病毒入侵的第一道屏障。对于硬件系统破坏的风险,传统企业应从完善计算机设备的日常管理制度来加强监控。企业还应该经常检测信息系统,并随时注意对其进行维护,以减少灾难风险的发生。

二、企业内部风险的防范措施

（一）对技术风险的防范

前已述及,防范信息风险的基础是搭建传统企业信息化管理平台,而技术风险的规避同样是以信息管理平台为基础。更准确地说,优化传统企业电子商务全过程是避免技术风险的可靠保证。为了避免技术风险的发生,降低风险,提高企业的抗风险能力,传统企业应在电子商务进入在线服务之前保证做到电子商务系统的可靠性。应注意以下几点：

1. 保证软件平台的可靠性

软件平台是电子商务正常运行的前提,传统企业可以自行开发也可以购买软件,通常购买软件平台的费用与电子商务系统的开发费用相比低得多。用大量的经费开发电子商务,却舍不得花相对较少的费用购买正版软件是错误的。传统企业绝不能使用未经授权的软件,这是电子商务系统可靠运行的前提和保障。

2. 保障系统的正常运行

若请人开发电子商务系统,要确认开发商是否具有成功的经验,并实地考察成功的案例。系统开发完成后,传统的系统和新开发的系统要同时运行一段时间,不断地修改、完善新系统,从而保证该信息系统的可靠性、正确性、安全性和完整性。

3. 多方面地防范数据存取风险

程序控制——在电子商务程序设计时,应充分采用多种方法避免操作失误。如利用奇偶校验、回声校验、重复录入等方法,自动避免错误数据的录入;用权限限制起到权限分离的作用,减少恶意修改、删除数据的机会;建立操作日志,记录操作者使用情况,追踪事故等。管理控制——用管理方法,降低风险率。建立健全的规章制度,明确分工,明确职责;加强使用人员的考察、考核和管理;定期对系统数据的可靠性进行检查;保管好相关文档;及时备份等。

（二）对企业内部网的风险防范

由于内部网风险主要是由于企业员工对企业系统的非法侵入所产生的,所以可采取以下几方面的措施：

（1）设置秘密等级。对企业的各种资料信息设置秘密等级,并予以明确地标识,分等级分别管理。也就是说,公司的高层人员、中层人员以及下层的工作人员所能够看到的关于公司的资料应该是不同的。规定各个员工包括不同业务主管接触秘密等级的权限,每个员工不得接触自己无权接触的秘密等级的档案资料。

（2）专人管理商业机密。由专人管理商业秘密,定岗定责,不能无人负责,上级主管应当定期予以监督检查。

（3）要求员工对自己使用的密码经常更换,不能给窃密者造成机会。

（4）采取加密措施。员工使用网络传输涉及商业秘密的文件、信息,可以使用加密计算机程序,设置解密"钥匙"。信息的接收人享有该钥匙,进行解密并取得信息。这种措施对于传送文件、信息途中的窃取、窃听以及员工因过失按错送达对象按钮,都可以有效予以保护。但也要注意员工滥用、钥匙丢失等情况发生。密钥需要定期更换,否则可能使"黑客"通过积累加密文件增加破译机会。

（5）制度化选拔员工。对员工的个人情况,特别是对那些信息系统上的员工,要进行制度化的选拔与检查。要将经过一定时间考察、责任心强、讲原则、守纪律、业务能力强的人员派到关键岗位上。

（三）对管理风险的防范

传统企业管理风险的防范主要依靠内部管理制度的建立,具体包括以下几点：

1. 安全管理制度

参与网络交易的个人或企业,都有责任维护网上交易系统的安全,对于在网上从事大量贸易活动的企业来说尤为重要。网上交易系统安全管理制度是用文字的形式对各项安全要求的规定,它是保证企业在网上经营管理取得成功的基础。

2. 人员管理制度

参与网上交易的经营管理人员在很大程度上支配着企业的命运,他们面临着防范严重的网络犯罪的任务。而计算机网络犯罪同一般犯罪不同的是,他们具有智能性、隐蔽性、连续性、高效性的特点,因而,加强对有关人员的管理变得十分重要。首先,对有关人员进行上岗培训。其次,落实工作责任制,对违反网上交易安全规定的行为人员要进行及时的处理。第三,贯彻网上交易安全运作基本原则,即双人负责原则、任期有限原则以及最小权限原则。

第十一章　电子商务风险管理

3. 保密制度

网上交易时涉及企业的市场、生产、财务、供应等多方面的机密，必须实行严格的保密制度。保密制度需要很好地划分信息的安全级别，确定安全防范重点，并提出相应的保障措施。保密工作的另一个重要的问题是对密钥的管理。大量的交易必然使用大量的密钥，密钥管理贯穿于密钥的产生、传递和销毁的全过程。

（四）对电子商务投资风险的防范

1. 做好可行性分析和预测

传统企业实施电子商务之前，要做好可行性分析，在充分论证的前提下进行电子商务投资，让投资者充分了解投资的收益及风险，才能扩大筹资渠道，吸引投资，获得足够的资金支持。电子商务投资对传统企业来讲是一种战略投资，它的成功与否甚至可能关系到企业的生死存亡，因此，详尽、确实、可靠的可行性分析是至关重要的。同时，投资人也只有看到确实的可以盈利的预测，才会愿意投资于企业，企业在股票市场或者债券市场融资才能获得更多的机会；也可以吸引喜好高风险、追求高回报的风险投资家的投资，从而解决传统企业融资难的问题，防范电子商务融资风险的发生。

2. 不断更新技术，跟上本行业电子商务发展步伐

在信息技术飞速发展的今天，传统企业在进行电子商务投资的过程中，要不断更新电子商务技术，随时跟上本行业电子商务发展的步伐。传统企业可以通过考察一些先进企业的电子商务开展状况，寻求最佳技术方案。同时，可以定期派人员进行电子商务技术学习，使企业的技术不断更新，以减少投资过程中技术落后风险的发生。而且，先进的技术和有效的电子商务方案是确保电子商务获益的有力保障，可以节约电子商务的后续支出，尽快获得投资回报。

（五）通过科学的战略评估防止战略风险

战略评估是一个有效避免战略风险的方法，评估的结果是传统企业电子商务实施效果的直接反映。正确地评价实施成果，离不开清晰的实施目标、客观的评价标准和科学的评价方法。为使战略评估科学合理，需要依靠掌握社会经济发展规律的专家，了解消费者心理学的专家，以及财务专家和电子商务专家，只有通过这些专家的共同努力，才能达到这一目的。

目前在战略评估中常用的方法是"SWOT"分析，"SWOT"是优势（strength）、劣势（weakness）、机会（opportunity）和威胁（threat）的缩写。其中，优势是指企业现在和将来的优势，劣势是指企业现在和将来的不足之处，机会是指企业现在和将来面临的机会，威胁是指企业现在和将来面临的威胁。机会和威胁属于外部环境，他们处于企业外部，并且通常不在企业高层管理人员的短期控制之内。

通过 SWOT 方法，传统企业可对内分析自身的优势与劣势，长处与短处，对外分析外界的机会和威胁，考虑自己的生存机遇。例如，在线直接销售企业产品给顾客可能带来机会，威胁可能来自竞争者的加入或公司资源的过分分散；优势可能是公司的编程人员能快速地开发应用系统，劣势可能在于缺乏数据库整合的经验。因此，传统企业不仅要在战略目标的制定过程中进行 SWOT 分析，而且在企业日常的运作过程中也应该时时这样做，只有这样，才能将战略风险降至最低。

(六)防止业务流程再造的风险

电子商务的各种特点,要求传统企业在将业务向全球发展之前,应当重新调整其内部流程和有关人员结构。但是,我们经常发现,有些传统企业的管理人员仍然认为电子商务只不过是增加一个网站而已。而实际是电子商务提供了重组内部和外部业务流程的重要机会。如果不这样做,其结果是不能获得传统企业发展电子商务可能获得的优势,甚至可能导致整个企业的失败。

具体而言,在电子商务环境下,传统企业的所有业务活动都将以企业的电子商务网站建设为核心,企业的网页设计是否高雅美观、简明实用,网络信息的发布与更新是否及时,成为企业所有业务中最基础的一环。在以网站建设为核心的基础上,客户服务部、购销部、生产部、财务部、仓储及配送部等重要部门的业务相继展开,其中仓储配送部、售后服务部的业务活动直接影响着企业的形象、信誉,影响着企业的市场容量,成为仅次于网站建设的重要环节。传统企业开展电子商务后,一些常规的人事部门、培训部门也都会发生变化,所有的业务开展都将以网络为中心,以网络为手段。在重新设计业务流程的过程中,管理层应当确保其最后流程是可管理的和可控制的。管理这些新的业务流程的具体方法和思路可以改变,但是对于管理人员来说,最关键的是要能够对它们进行控制。电子商务的优势就是在重组企业业务流程的基础上,加速企业的发展,改进传统企业的整个信息基础。

(七)实施人才战略,防范人力资源风险

传统企业要想有效开展电子商务,一定要重视人力资源管理,将人才视为企业之本,做到用待遇吸引人,用感情凝聚人,用事业激励人,从而有效地预防人才流失的风险。在人才争夺战中,国内企业不能坐吃山空,光让跨国企业到自己这里挖人,自己也要敢于主动出击,到对方那里搜寻自己所需要的人才。

同时,不断加强人才的培养,使传统企业能够拥有源源不断的新鲜血液。传统企业应高瞻远瞩,将培养电子商务人才提升到企业战略层次上。这里所说的电子商务人才不仅仅是网络技术人员、网络筹划师、电子商务工程师等狭义上的技术人才,而是指掌握电子商务知识,深刻理解电子商务内涵,熟悉电子商务运作程序和规则的各类人才,即从企业的决策层到管理层,再到操作层,采购、生产、销售、财务、运输等所有部门的人员,都应受到关于电子商务知识的培训,以使所有人员都能积极参与到电子商务实施中来,使企业业务流程的每个环节都适应电子商务发展的要求。传统企业应创造宽松的人事机制,招募、培养既懂经济管理又懂电子商务的专门化人才,为传统企业电子商务的成功实施做好人才储备工作。

第四节 电子商务的非技术性风险

一、非技术风险的定义及其形成

非技术风险(狭义的非技术风险)是指在电子商务活动中,在现有技术条件下,各种人为

第十一章 电子商务风险管理

因素(别有用心或人员失误)引起的风险①。广义的非技术风险还包括自然灾害等不可抗因素造成的风险,它不是别有用心所为,也不是人员失误造成②。

虽然,一些学者认为互联网的产生能够使信息不对称性逐步消失。但现在看来,这种状态基本上还没有出现,即使是减少信息不对称程度,也是有条件的。仔细考察卖方和买方之间交易时的信息问题,可以很清楚地看到,如果买方和卖方之间不存在信息不对称,至少要满足三个条件:首先,卖方愿意全面披露产品特性和质量中的问题,不存在隐瞒和虚假;其次,卖方披露的信息要能够通过某种渠道(如面对面、广告、电话、网络等)传递给买方;第三,买方在接收到这些信息之后,能够有效评估卖方产品质量。

如果上述三个条件中有任何一个不满足,则买方就不能够全面掌握卖方商品特性及其质量水平,从而存在信息不对称:①如果卖方隐藏了信息,则即便有通畅的信息渠道,评估能力很强的专家也不能获得真正的信息。②如果卖方正确地披露了信息,但没有渠道有效地将信息传递给买方,显然也无法实现信息完全。③卖方正确披露信息并将其传递给买方之后,但如果买方无法从信息中判断卖方质量,则该买方仍然处于信息不对称的地位。

在电子商务中,买方评估信息的能力可能会因为互联网本身的限制或者特性而受到负面的影响。这主要有两方面的原因:首先,互联网这种方式使得一些传统的评估方式不再可能。在传统市场中,买方可以通过视觉、听觉、触觉、嗅觉来观察商品的质量,并通过面对面的交流,对卖方的实力、信用进行辅助判断。但是,在互联网上,买方只能利用视觉和听觉来进行判断。尽管有文字、图片、视频等方式,视觉也可能会打折扣。一些质量属性较为复杂的商品,在网上对其质量进行研判的难度就会增大,从而使买方对商品质量的判断能力降低。其次,由于在互联网中,卖方发布信息和参与商务的成本降低,使得买方可能需要面临太多卖方或者信息,从而使得买方判断卖方质量的成本大大增加。这样,相对而言,买方评估信息的能力将受到削弱。这也会在某种程度上加剧买方所面临的信息不对称。综上分析可得出结论,电子商务环境下信息不对称的程度不一定能够得到降低。

在电子商务中,Internet为所有的市场参与者提供了平等的机会,在这里大公司并不比小公司具有先天优势。在传统商务中,"大"是非常有效的市场信号,但在电子商务中"大"和产品质量并没有必然联系,这就降低了市场进入的障碍和经营者的伪装成本,因为至少在目前电子商务中对经营者的处罚力度很难比传统商务高。而且在电子商务中有关的法律法规尚不健全,无法可依的现象大量存在。互联网的开放性和匿名性(信息不对称)为经营者欺骗提供了沃土。一家网上商店可以在一天内建立起来,也可以在第二天消失。这样,经营者的欺骗行为就可以很容易地逃避法律的惩罚。

此外,由于目前电子商务中的立法还很不够,就电子商务中的单个消费者而言,受骗时求助法律解决的成本是相当高的,以至于诉讼带来的收益不能补偿其成本。一般而言,电子商务中消费者的维权积极性较之传统商务而言会降低。在这种情况下,经营者伪装欺骗消费者的积极性就可能增加,从而选择不欺骗的概率减小了,选择欺骗的可能性增大了。因此,不完全信息是非技术风险形成的根本原因。

---

① 曾小春,孙宁. 基于消费者的电子商务风险界定及度量[J]. 当代经济科学,2007,3:95-102.
② 曾小春. B2C 电子商务非技术风险研究[M]. 光明日报出版社,2009:4.

二、非技术层面的风险防范与控制策略[①]

(一)完善相应的法律法规

1. 制定有关电子商务安全的专用法律法规

目前,涉及网络安全问题尤其是关于网络信息安全的管理和保护规则等方面,已有一些法律、行政法规、规章和司法解释,但由于这些法律规定较为笼统,使得电子商务发展过程中出现的许多新问题难以找到明确的具体保护。主要问题有以下几个方面:第一,由于这些法律和规章均着重于计算机系统的管理,并非对电子商务所涉及问题的直接立法,因而缺乏针对性。对电子商务活动安全保护只是通过对其所依赖的计算机信息系统的安全进行的,处于一个间接的、不充分的保护状态;第二,我国计算机信息系统安全保护的法规和强制性规章种类繁多,名目复杂,给法规、规章的运用带来了许多不便,且其效力缺乏权威性;第三,由于现有法规采取列举式方法对各禁止性行为加以规定,面对快速发展的计算机技术,使得法律、法规的应用出现捉襟见肘的尴尬局面,对新出现的情况缺乏适应能力。因此,很有必要对电子商务安全进行专门的立法保护。比如,制定电子商务环境下的商业秘密保护法规。

近年来,电子商务的发展,使得商业秘密侵权深入到了网络环境,网络商业秘密侵权案件时有发生,由于网络环境下的商业秘密侵权手段和保护方式都出现了新的特点,使得现有法律的适用性显得不足,迫切需要进行商业秘密立法。目前世界上许多国际组织和国家在商业秘密保护方面已经立法,《与贸易有关的知识产权协议》(TRIPS)、美国的《统一商业秘密法》、加拿大的《统一商业秘密法草案》等,这些立法不但有法律规定,而且有大量的案例、成熟的理论体系和丰富的经验,我们可以借鉴。这样既可以降低立法成本,也体现了与国际立法相协调。

2. 制定有关电子商务公证的法律法规

由于网络的虚拟特性,使电子商务交易的真实性、合法性与公正性以及数据的安全性、有效性与完备性等无法像传统交易那样相对容易确认。而交易主体信用与交易安全又恰恰是任何交易赖以成立的基础与避免纠纷的保障。为了很好地解决电子商务交易的真实、信用和安全问题,需要一个权威的公证第三方——电子商务认证机构的介入来证明交易者的真实身份、民事权利能力、民事行为能力,证明交易各方对商务内容、事实的确认,证明电子合同内容的合法性等。那么,由谁来管理认证机构,由谁来充当认证机构,认证机构具体应有哪些职责,承担什么义务,就成了必须解决的问题。从目前世界各国的立法情况来看,在认证机构的管理、选任上大致有如下几种做法:一是由美国犹他州率先采用的,被新加坡、韩国、德国等国借鉴的官方集中管理型;二是以澳大利亚、美国的加利福尼亚州为典型代表的民间合同约束型;三是由前两种方案折中而成的行业自律型。以上三种方案,无论是已被一些国家的立法所采用的,还是正在拟议与争论中的,都各有利弊优劣。

我国目前拥有数量众多的电子商务认证中心,但这些认证中心都是营利性的企业,不是行使公共权力的公益性事业单位。它们本身并不具备审查交易者身份、权利能力、行为能力

[①] 曾小春.B2C电子商务非技术风险研究[M].光明日报出版社,2009,12:134-141.

第十一章 电子商务风险管理

的法定职能,不具备审查电子合同合法性的法律职业水平。电子商务认证机构担负着保证电子商务公正与安全运行的任务,必须由有关法规规定其建立程序、资格、责任、范围、监管部门与方式、违规的处罚等。

公证作为一项法律制度在传统贸易活动中的保障作用已为当事人普遍认可。公证有着其自身的严谨程序,依法进行相关的证明活动。公证人本身是专业法律人员,国家赋予他们一种特殊的信誉与权威,公证人被授予了国家证明权。根据我国民事诉讼法的相关规定,当事人提供给法院的各种证据中,公证证据的效力是最高的。公证作为一项法律制度应该在网络世界中发挥作用,司法公证机关应当主动介入电子商务,担负起电子商务认证的重任。因此,应该制定相应的法律法规,对电子商务公证涉及的相关法律问题进行规范。

3. 制定和完善有关消费者权益保护的法律法规

随着全球电子商务的迅猛发展,出现了许多前所未有的侵犯消费者权益问题,消费者作为电子商务的重要主体,其权益的保护也显得越来越重要。纵观我国现有的法律规定,对电子商务环境下消费者权益的法律保护,散见于《民法通则》《合同法》《消费者权益保护法》《计算机信息网络国际联网管理暂行规定》《计算机信息网络国际联网安全保护管理办法》《中华人民共和国电信条例》及《上海市消费者权益保护条例》等法律法规中,内容简单、散乱,可操作性不够强,远远不能适应电子商务迅速发展所带来的对消费者权益保护的迫切需要。因此,要大力加强对电子商务消费者权益保护的立法工作,制定专门用于电子商务的消费者权益保护法,切实保护网购消费者权益。

(二)设计有效的激励机制

有效的激励机制能够指引追求个人利益最大化的理性经济人选择诚实,它具有一种无形的约束力。激励是行为的推动力。没有有效的激励,人们就缺乏动力或积极性。激励机制的设计,政府和企业都有责任,该机制的运行对消费者也应有约束作用。

"激励"一词最早是心理学中的一个术语,指的是激发人的动机的心理过程。一般认为,激励是激发人的工作或生活积极性、引导或约束人的行为并使期望行为得以巩固、持久的过程。"激励"一词后被引入管理领域,成为管理工作中约束人的行为,使之满足于组织需要的重要手段,并且由此发展起来众多的关于激励的理论。其中影响较大的是美国心理学家斯金纳(B. F. Skinner)提出的强化理论。强化理论是在巴甫洛夫条件反射理论基础上提出来的。它十分重视外部刺激对人的行为的影响作用,认为人的行为只是对外部刺激的反应,改变刺激就能改变行为。激励对于人的行为来说,就是通过一种有效的刺激,起到对行为的强化作用。按照强化理论,只要控制行为的后果,就可以达到控制和预测人的行为的目的。所以,管理者可以通过各种激励手段来刺激人们对行为后果的认识,从而有效地激发人的积极性或约束人的行为。

按照强化理论,激励可以区分为正激励与负激励两大类型。所谓正激励,是指对人们的某种行为给予肯定、支持、鼓舞和奖励,使这种行为得到巩固和强化,持续有效地进行下去。在电子商务非技术风险的防范中,正激励表现为政府对诚信电子商务企业、供应商的奖励和支持,企业对作出卓越贡献的诚信单位和个人的表彰和鼓励。所谓负激励(威胁激励),是指对人们的某种行为给予否定、制止和惩罚,使之弱化和消失,朝着有利于个体需要满足和组织目标实现的方向发展。而与之相对应,负激励需要制定出一套使个人行为应该与集体利

益相一致的规章制度,一旦某个成员违背,就对之进行惩罚。换言之,就是为了保证组织目标的实现,依据相关的规章制度,强制性地对有悖于组织目标的行为进行修正,对行为者进行限制和惩罚,使行为者产生压力,使这些行为削弱或消失,对他人产生警示和教育作用的一种手段。在电子商务非技术风险的防范中,负激励机制的核心内容就是企业和个人网上诚信档案的记录和建立,对被新闻媒体曝光或被政府机关查处的企业予以存档,把企业的网下品牌知名度和产品优势延伸到网上来,让企业的诚信口碑相传,吸引更多的客户主动上门,让整个社会来参与监督从而对企业和消费者达到一种行为的约束。

(三)强化自律的教育培训

电子商务风险的复杂性、隐蔽性、传染性、成长性、全球性等特征,是与电子商务的内在本质密切相关的。要想成功地防范风险,就必须对电子商务的发展规律和风险机制有一个较为清醒的认识。因此,人才培养和教育培训是一个不可忽视的重要问题。关于电子商务非技术风险的有关问题,政府、企业和消费者都应该充分了解,其重点是在企业和消费者层次。对企业来说,它包括企业管理层对信息安全的重视和企业内部有关制度的完善;对企业员工进行培训以防范"外部人破坏",进行职业道德教育以防止"内部人破坏";加强对安全保护措施执行情况的监督。对消费者来说,虽然在网上购物时可能会面临风险,但消费者的行为也可能使企业面临风险。表现之一是消费者下了订单以后又可能取消订单,这会增加网站企业的工作量;表现之二是在货到付款的方式中,等到商家把商品(假设商品的质量和服务没有问题)送上门的时候又拒付货款,这将给商家带来更多的损失。因此,应该对消费者进行道德教育和建立消费者自律机制。

(四)建立可靠的信任体系

市场经济是契约经济,信任是一切经济活动的基础。到了信息时代,信任是电子商务的灵魂。电子商务交易运作过程中主要存在着四个实体:企业、消费者、第三方和技术。这四个实体构成了电子商务中信任体系的三个部分:信任主体(消费者)、信任客体(企业)、环境(技术和第三方)。对消费者来说,需要质量好的商品(包括在制品),存在对方不投递商品或投递不符合要求的商品的风险;对企业来说,需要及时收到货款,存在对方不付款的风险,出于对交易对方履行合约的期望,就产生了信任的信念和信心,从而又导致信任意图和行为的产生,即愿意依赖对方并履行交易的责任和义务。环境因素构成了拓展消费者对企业信任的基础。建立信任的过程是一个不断积累的过程,在前面阶段的信任会影响到现实的消费者行为或企业行为。同时信任的建立也是一个交互的过程,交易双方会相互影响。这个体系需要有三个层面的支持:一是政策法律法规支持;二是伦理道德教育支持;三是安全技术支持。

1. 政策法律法规支持

我国电子商务相关的法律法规和管理制度不尽完善,没有根据国内情况制定更加具体的电子商务法律,与西方发达国家的管理差距较大。如美国至今已颁布了7部有关电子商务的法案,同时,欧盟、德国、澳大利亚、新加坡等国家和地区也都颁布了有关法案和条例,因此应加快电子商务的立法进度,设立一个专门的电子商务法律部门以适应电子商务这种新事物的发展,为网上消费者提供一个更加规范有效的网上交易环境。另一方面,建立完善有

第十一章 电子商务风险管理

效的惩罚机制非常有必要。要形成强有力的信任环境和信任秩序,仅仅靠法律这种强制约束是不够的,还要建立起完善的惩罚机制,对于确实缺乏诚信的网络商家与个人可以采用金融制裁,降低信用等级,在交易时要求提供各种保证,甚至不与其交易。同时,还可以通过网络等媒体公布违约、缺乏诚信者的名单,严重者可以交由法律部门处理。

2. 伦理道德教育支持

(1)网络伦理道德规范

网上商家作为风险的来源之一,会由于短期利益而忽视消费者的长期利益,从而产生败德行为,引起道德风险。伦理、道德规范作为一种软的约束机制,是人们自律的基础,通过规范网上企业的道德行为,加强伦理教育,能增强消费者对电子商务的信任。电子商务环境下,伦理规范有与传统商务环境下的伦理规范不相同的地方,主要表现为:商业欺诈升级、商业诽谤更明显、消费者隐私权的侵害、网络信息污染严重、黑客及黑客行为、网络犯罪等。上述问题一方面可以通过法律手段来调节和约束,另一方面则可以通过人们普遍认可的网络伦理道德来规范网上企业以及消费者的行为。边沁(时殷弘译,2000)[①]曾就伦理与法律的向量作了详尽的阐述,他认为伦理与法律不是对立的,二者是相互支持,相互补充的。只有当一个人的行为危害了他人利益,并造成重大损失,且这种损失超过某一临界点时才诉诸法律,而在达到某一临界点之前,通过道德向量的调节来规范人们的行为是可行的。吕耀怀等人认为道德作用机制主要由两部分组成:一是社会道德舆论,二是个体本身的道德责任心。基于此,一方面要求政府或民间团体出台相应的网络伦理规则,以规范交易主体的行为,这方面可以借鉴美国的经验。美国计算机伦理协会就有"计算机伦理十戒"和美国计算机协会的《伦理与职业行为准则》等,这些都规范了网络交易主体的行为,增加消费者对电子商务的信任。我们国家在这方面的工作还很少,因此应该借鉴美国等发达国家的经验制定相应的伦理规范,引导企业和个人去遵守网上伦理道德规范,促进电子商务的发展。另外若交易主体违背了伦理规范应受到社会舆论的监督与惩罚,这样才能起到威慑作用。

(2)在学校社区开展诚信教育

我国有几千年的文化伦理底蕴,自古诚信即是中华民族的传统美德。只是网络发展的速度太快,人们在如此快的发展速度下可能迷失方向,因此国家在这个过程中更加应该积极发挥引导作用。如上文所说的首先制定相应的伦理道德规范,规范消费者和企业的行为,其次就是通过教育机制,从中小学开始就开设有关网络伦理和计算机伦理方面的课程,通过持久、深入的教育,使网络伦理思想深入人心,从而增强个人的道德责任心,提高国民的整体网络伦理道德水准;再次就是开设相关讲座,可以在大学刚入学的时候就开设讲座培养学生正确的技术价值观,使他们能在合理的价值观的指导下,成为合格的网络公民。网络环境下人们道德水平的提高,有利于增加消费者的信任,消除消费者从事电子商务的风险。

3. 安全技术支持

安全技术支持是增加信任的必备条件,网站安全技术控制是影响消费者信任的一个重要因素。作为网上商家,应加强购物网站在系统安全可靠性及消费者隐私保护方面的努力,让消费者能够更放心的参与到网上购物中来。一方面网上企业可以通过对称、非对称信息

---

① (英)边沁.道德与立法原理导论[M].时殷弘,译.北京:商务印书馆,2000:347-360.

加密技术、企业防火墙的设置、数字认证(CA认证)、数字签名、报文摘要、网上印章、数字邮戳等措施来提高自身安全控制的水平,保证信息的保密性、数据的完整性、身份认证的真实性和不可否认性,从而提高消费者网上交易的安全,让消费者放心的购买。另一方面消费者在提供个人资料时总会担心自己的个人资料不会受到保护,甚至担心有的企业会利用消费者个人隐私信息制作商品,从中赚取利益。

在此我们可以借鉴国外的一些先进经验:首先要制定详细合理的隐私政策,并用清晰简洁的语言将其放置在首页的显要位置;其次可以加入某些第三方担保团体来提高自身的隐私保护水平,虽然国内尚没有这样的第三方担保团体,但可以加入国外的第三方担保团体(例如 Better Business Bureau 和 Truste)。通过以上两种手段提高电子商务公司的隐私保护水平对我国电子商务目前发展阶段而言是迫切和有效的。另外,网站还可以公布自己的网站性能指标及开发网站所采取的技术方案,对这些方案做出详细的说明和解释,这样更会使消费者放心,进一步赢得消费者的信任。

 ## 本章小结

电子商务风险是客观存在的,电子商务中常见的风险可分为经济风险、管理风险、制度风险、技术风险、非技术风险和信息风险。

电子商务风险评估原则主要有:独立性原则、客观性原则、科学性原则、预期性原则。其评估方法主要有:预测方法、风险树、头脑风暴法、德尔菲法、综合风险分析法。

一般来说,企业电子商务风险分为企业内部风险和外部风险两类。相应地,企业应对电子商务风险也要从这两个方面着手。对于外部风险的防范,主要策略为:建立信息管理平台,防范信息风险;建立完善的信用评价体系,有效抑制信用风险;运用法律手段规范、保证电子商务的正常运作;利用可靠的电子商务配置避免技术风险;等等。对于内部风险的防范,主要策略为:建立完善的内部管理制度,防范管理风险;通过科学的战略评估,防止战略风险;科学重组企业内部业务流程,防范流程重组风险;实施人才战略,防范人力资源风险;等等。

非技术风险(狭义的非技术风险)是指在电子商务活动中,在现有技术条件下,各种人为因素(别有用心或人员失误)引起的风险。不完全信息是非技术风险形成的根本原因。非技术层面的风险防范与控制策略主要有:完善相应的法律法规、设计有效的激励机制、强化自律的教育培训、建立可靠的信任体系。

 ## 思考题

1. 电子商务风险有何特征?
2. 常见的电子商务风险主要有哪些类型?
3. 电子商务风险评估应遵循什么原则?
4. 电子商务风险主要有哪些评估方法?
5. 企业面临的电子商务风险主要有哪些?应如何防范?
6. 什么是电子商务非技术性风险?应如何防范?
7. 国际B2B网络中客户企业所面临的风险都有哪些?

第十一章　电子商务风险管理

8. 政府在电子商务的调节、税收和控制领域所面临的问题都有哪些？

9. 你认为哪些风险会威胁到 B2B 业务中的企业，尤其是那些拥有国际供应商和客户的企业。

案例分析

网络支付引发的八大风险

1. 利用黑客手段盗取支付宝客户资金系列案

2015 年 6 月，珠海市公安机关侦破一宗横跨广东、黑龙江、四川、上海和浙江等 5 省（市）的特大利用黑客手段盗取支付宝资金系列案件，打掉一个非法买卖公民个人信息、制作扫描探测软件和实施网络套现的犯罪团伙，抓获关键犯罪嫌疑人 6 名，缴获作案计算机等工具一批。

该案是比较常见的支付账户盗窃案件，犯罪嫌疑人通过网上购买他人提供的账号、密码信息，使用扫号软件批量测试是否与支付机构支付账号、密码一致，比对成功后实施盗窃。公安部门初步查明，犯罪嫌疑人涉嫌盗窃支付宝账户 117 个，涉案金额 7 万余元。

此外，嫌疑人电脑硬盘中存储各类公民个人信息 40 多亿条，涉及支付宝、京东和 PayPal 等支付账户达 1000 多万个，初步估算账户涉及资金近 10 亿元。

2. 内鬼泄密 20G 海量用户信息被盗卖

2013 年 11 月 27 日，某支付公司内部一员工因伙同他人多次以批量出售的方式泄露用户信息被杭州当地警方逮捕。

据该涉案嫌疑人交代，他曾经是该支付公司技术员工，利用工作之便，在 2010 年分多次在公司后台下载了公司用户的资料，资料内容超 20G。

随后伙同两名外部人员，以 500 元 3 万条的价格将用户信息多次出售给电商公司、数据公司。这些用户资料，包括公民个人的真实姓名、手机、身份证号、电子邮箱、家庭住址、消费记录等。

据其供述，仅最大买家服装类电商 V 公司就曾通过该团伙一次性购买用户资料 1000 万条。不过 V 公司一位副总裁表示并不清楚此事。支付公司方面则承认确有内部员工盗卖用户信息案，一名负责人称："不得不承认，我们在管理上出了一些问题。"

3. 支付公司未履行安全保障义务导致消费者购物款被盗转

2014 年 7 月张先生在某购物网站上和卖家协商购买价值 27500 元的照相机一台，双方约定分多笔交易付款。后根据支付机构网页提示登录到网上银行进行付款操作，收款方名称为:xx 支付科技有限公司。

付款后该购物网站显示"等待买家付款中"，张先生到银行查询，被告知钱款已经打到支付机构。后张先生发现打入支付机构的钱款被转入另外一个工商银行账户，而此账号并非本次交易卖方的账户。

按照支付机构交易规则，在买方没有确认收货前，支付机构不能将货款转出。张先生诉至人民法院，认为该购物网站和支付机构作为交易平台的提供方和第三方资金管理方，未尽到安全管理义务，致使己方购物款被盗转，要求法院判决该购物网站和支付机构赔偿其相应损失。

经法院查明,支付机构未将货款转入卖方而转入他人账户,法院认定支付机构未尽到安全注意义务。其经营的网络系统、服务器和程序的安全性不足,或他人利用网络技术非法入侵,均有可能导致张先生的财产受到损失。最终法院判决支付机构应赔偿张先生相应损失,共计 20129 元。

4. 网络融资平台用户资金被盗案

2012 年 11 月,上海陆家嘴国际金融资产交易市场股份有限公司(下称"陆金所")运营的"稳赢"融资交易平台,部分用户 600 余万元资金被盗。

经初步查明,犯罪分子通过买来的某银行 600 余万条账户信息,将储户账户绑到"陆金所"交易平台,并通过该平台将资金转移到用假军官证开立的同名银行账户,利用"稳赢"网络融资交易平台绑定银行账户时无需提供密码且可一人同时绑定多个账户的漏洞,通过支付机构以购物退款的方式将资金转移到其实际控制的他名银行"网络账户",以达到其转移赃款的目的。

该案件暴露了以下几方面的问题:一是银行违反账户管理规定和实名审核要求,开立假名账户;二是支付机构账户实名制落实不到位,对特约商户管理不严,为洗钱犯罪提供了通道;三是部分网络交易平台存在安全漏洞,用户在网络融资平台注册的验证手续过于简单,且在绑定银行账户时未经银行验证。

5. 网店店主利用某支付公司漏洞制作营业执照盗取资金

2014 年 3 月 5 日,两名嫌犯张某、刘某利用某支付公司网上平台在账户改密业务中的漏洞,盗刷数家企业在该支付公司支付账户内的资金共 20 余万元。因涉嫌盗窃罪,目前他们被海淀区检察院批准逮捕。

张某、刘某一起在某购物网站上开店。在开店过程中,二人发现修改其网店的支付账户用户名和密码时,只需在网上向该家支付公司客服提交电子版营业执照即可,由于客服对电子版营业执照的审核不严,很容易受理通过。二人发现这一漏洞后,就采取 PS 技术,伪造其他公司的电子版营业执照,提交修改密码申请,进而控制账户并盗窃资金。

6. 快捷支付验证不足导致的客户资金被盗案件

托人代办信用卡的李先生由于将银行预留手机号码、身份证与储蓄卡的高清照片都泄露给了骗子,尽管存款当天便惊醒回神,迅速去银行柜面关闭网银并更改预留联系方式,但仍未能避免三日后卡内现金被悉数盗刷而空的命运。更让李先生气愤的是,此番快捷支付扣除他的款项,竟无需经过他银行卡支付密码的验证。

实际上,开通快捷支付业务并不繁琐,只需在支付机构快捷支付页面提供本人的姓名、身份证号码、银行卡号以及银行预留手机号等有效个人信息,即可快速开通,而后期支付时也无需经过原有银行卡的支付密码验证,只需在支付页面上输入支付密码或关联银行卡信息即可完成资金交易。

而对于为何支付转账等走款流程要越过银行卡支付密码的环节,支付机构方面则表示:这是国际上的规定和惯例,不允许在网上支付的时候输入银行卡密码。快捷支付业务模式里,银行的服务界面被屏蔽在客户的支付流程之外,银行从用户支付结算的前台,退到了代理第三方清算的后台,只扮演'账房先生'的角色,被动地处理来自支付机构的指令,不再认证用户的身份,不再掌握用户的支付行为。当用户的银行卡忽然在不知情的某天被绑上了

第十一章 电子商务风险管理

别人的快捷支付,且未经自己银行卡支付密码的验证便被刷走卡内所有现金,这种惊心动魄的切身体验是否还会让你继续一往无前地依赖那种"方便"与"快捷"?

7. 利用网络支付平台盗划银行卡资金案

2015年3月,中国人民银行四川省射洪县支行相继接到商业银行金融重大事项报告,称其客户赵某个人银行结算账户大额资金被盗划。

2015年3月11日,赵某分别向银行反映其5个银行卡存款账户资金在2015年3月7日至9日期间遭到连续盗划二十余次,盗划金额累计达到21.9万元,期间被屏蔽了手机动账短信提示。

通过查询赵某5个银行卡个人银行结算账户交易流水,发现其资金通过上海某网络支付机构划至北京一家公司账户,系客户个人身份信息被不法分子盗取,不法分子冒用客户在网上注册三方理财公司所致。该盗划事件的特点在于屏蔽了银行客户手机动账短信提示功能,并关联客户所有银行卡个人结算账户。经各方努力,截至5月,客户被盗资金全部被追回。

8. 不法分子利用支付平台从事虚假交易实施诈骗

广东省公安机关经侦部门在侦办一起涉嫌合同诈骗案件时发现,犯罪嫌疑人吴某、文某、曾某等人虚构现货交易平台,通过第三方支付机构将被骗群众账户的亏损资金转移至犯罪嫌疑人所控制账户非法牟利。

初步统计两个平台涉及受害群众近4000名,涉案金额1亿余元。与以往虚假大宗现货交易平台直接收取被害人资金、修改数据侵吞钱款的手法相比,这种方式更加隐蔽和难以打击。

资料来源:中国电子商务研究中心.盘点:网络支付八大风险案例[EB/OL].[2015-08-10]http://b2b.toocle.com/detail—6269594.html.

第四篇

发展篇

第十二章 电子商务效率的改进

 内容提要

除了创新(将在下一章讨论)之外,电子商务的核心竞争力是成本和效率,本章通过分析电子商务的主要成本,进行电子商务效率评价,在此基础上提出了电子商务业务流程再造的主要程序和改进策略。

第一节 成本分析

随着 Internet 的迅猛发展,企业电子商务的发展渐趋成熟。基于 Internet 的电子商务冲击着传统企业的经营模式、管理模式和经济活动的运作手段,并为企业提供了大量市场机会。

一、电子商务对传统企业的影响

(一)电子商务对传统企业采购带来的影响

大多数传统企业在国内还是以订单的形式满足供应和原材料采购为主要策略,从而花费大量人力、财力、物力,电子商务的应用正好可以弥补这个缺点,提供一个新的企业采购的有效途径,以减少采购成本。电子商务的发展,使企业之间的竞争不再是依赖于企业实际占有多少,但对公司的资源可以制约利用现有资源。因此,企业必须采取外部资源的优势,特别是发挥网络的作用,与合作伙伴、供应商、互联网络本身联系在一起,使实时信息资源共享,最大限度地提高运营效率,降低采购成本。这主要体现在以下几个方面:

首先,电子商务模式能让许多供应商通过互联网快速轻松地找到合适的合作伙伴,供应商的产品信息也能及时了解,如交货期、价格、库存等,并可以获得较低的价格。同时,通过在内部网络,以保持通过各种媒体了解该公司的库存,及时采购,传统的采购或供应商的动态信息推动活跃,一个长的时间的供应商信息的知情搜索,并通过传统渠道供应采购业务交易,成本高,库存信息主要来自各种汇总统计和财务报表,增加购买实时制约的难度。

其次,通过电子商务,企业可以加强与之合作的主要供应商的关系,形成一个集成系统的信息传输和信息处理,从而降低了采购成本,采购人员可以把更多的精力和时间重点放在改善价格与供应商谈判和处理关系上。

(二)电子商务对传统企业生产加工过程带来的影响

在传统的生产管理中,存在着许多这样或那样的理由。作为一个企业为了及时生产出

合格的种类繁多的产品,必须使用各种策略来解决生产理由。早期常用的策略来监控库存,一旦库存减少,就要重新排序,以确保不间断生产。这种生产策略是更复杂的情况下,往往造成库存占用过高,资金利用率较低。电子商务对生产经营模式、生产周期、库存等将产生巨大的影响。具体表现在以下几个方面:

首先,传统生产的商业模式是大批量、标准化、固定的流水线生产过程,是整个产品生产过程的全部,产品工序和品种较少。电子商务的生产是基于顾客需求拉动生产。网络将连接生产者和消费者结合在一起,使消费者的需求可以快速地传达信息给生产者,根据这些信息组织生产,从而使生产方式由大批量、标准化生产的一个典型的工业生产客户需求的变化生产,以满足客户的不同需求,使用了灵活的生产流程管理。

第二,缩短了生产和研发周期。首先,电子商务的实现,可以大大提高信息和资金的有效利用,提高工作效率,缩短生产周期,从而降低单位生产成本。其次,电子商务环境下,制造商总是用自己的技术和产品赢得新的市场,以在竞争中取胜。随着人们生活水平、消费水平的不断提高,人们要求更优质、更高速的个性化服务。为企业的研究和开发工作,即使花费巨额资金,也在所不惜。

第三,减少库存,提高库存管理水平。生产周期较长的产品,会占用更多的企业库存,以应对可能延迟交付,响应市场需求的变化就越慢。产品库存越多,其运营成本较高,效率较低。凡有大量货物的仓库租金成本的企业,会使得企业的管理和维护成本增加显著。

(三)电子商务对企业销售带来的影响

相对于传统的销售来讲,电子商务网上销售是一种全新的模式,可以降低企业的销售成本,电子商务本身的特点决定网上销售不受时间与空间的限制,企业在展示产品和交易等方面体现出了很多优势,具体表现在如下几个方面:

首先,电子商务可以通过新的交易手段和工具大大降低企业的交易成本。电子商务模式是通过互联网和市场研究的广告,建立全球营销网络,转变品牌定位,市场准入和规则,建立无中介的销售渠道。互联网可以绕过传统渠道的分销渠道、批发、零售及其他中介机构,使生产者和消费者直接接触,不需要通过零售商和制造商,直接完成商品流通的整个过程,不仅加快了商品信息的流通速度,并且降低了交易成本和流通成本。网络营销成本要比传统的营销方式成本大大降低。

第二,突破了时间和空间的限制。传统的商业模式主要是通过各种媒体进行广告宣传,需要管理复杂的销售渠道和目标市场地域的限制,这是一个处于主导地位的营销营销方式,电子商务环境下,网络营销的主动方是客户的,体现出了一种新型的软营销方式。由于地理条件的限制,传统企业的市场是非常有限的,而电子商务经营活动中使用互联网的是,使企业直接面向市场开展网上营销活动,面对的是全球市场,能够迎合世界每一个客户,电子商务已经成为最好的国际商业交易平台。

第三,全方位的显示产品,促使顾客购买。从理论上讲,合理的顾客购买,不仅可以提高自己的消费的成效,而且还可以节省社会资源。网上销售可以利用网上多媒体的性能,完整功能的内部结构,来展示商品陈列、质量、性能、价格和付款条件等优势,从而帮助消费者充分了解产品和服务,客户对他们需要的商品发出命令,去购买它。

第十二章　电子商务效率的改进

（四）电子商务对企业客户服务的影响

企业所有内部努力开发新产品，提高生产效率和产品质量，降低消耗，必须依靠顾客的购买和取得实际成果，因此，顾客是最重要的资源。不断地了解客户的需求，不断提高产品和服务，以满足客户的需求，提高客户满意度和忠诚度是在关键市场上的业务能力。为企业客户提供电子商务服务，主要体现在以下几个方面：

首先，电子商务企业与客户之间的互动关系比传统企业的要密切很多，大大提高了为客户服务的质量。一方面，世界各地的客户不再受地理环境的约束，在世界各地可以随时尝试购买一个公司的产品或服务，客户可以直接根据自己的需要直接向公司申请或购买服务，企业可以利用因特网根据客户的不同需求提供个性化、针对性的服务。另一方面，企业可以掌握所有客户信息的相关信息，这样就很好地降低了企业决策的风险，企业可以随时和上游供应商以及下游分销商能够进行更好地沟通，并通过客户关系管理可以使企业准确地把握客户的需求信息，有利于企业对市场的发展趋势作出正确的决定决策。

其次，密切的客户关系，提高用户的理解和提高售后服务。随着互联网的实时互动沟通，并没有外部因素的影响，消费产品和服务干扰，可以更容易地表达自己的产品和服务的评价，这种评价一方面使企业可以更好地理解的内部需求用户，及时了解市场动态，调整产品结构；另一方面，公司之间的实时互动沟通可以提高企业的服务水平，提高客户满意度，并推动双方之间的密切关系。

第三，鼓励企业引进更先进的客户服务系统，以改善客户服务。电子商务的基础上，企业可以建立客户智能管理服务系统，企业对市场通过其进行信息收集和分析、销售管理、服务管理和整个企业为客户提供360度全方位了解企业资源的各种信息，理顺客户需求与企业资源之间的关系，提升客户满意度和降低客户叛离的可能性。以往传统的企业客户服务人员很难统一起来，对待同一客户可能有不同的面孔，会造成客户的反感。通过电子商务客户服务系统，服务人员在接听电话之前就可以通过系统迅速调用客户服务记录自动作为参考，从而充分及时地掌握客户信息，可以做到统一面对客户，以实现客户服务和个性化的服务，提高客户满意。

二、电子商务成本及其构成

电子商务成本概念可以界定为：电子商务企业在生命周期内生产经营付出的所有代价，包括要素投入成本、交易成本、其他成本和隐性成本。"代价"体现出电子商务成本包含显性成本和隐性成本两层含义。电子商务成本的本质是电子商务企业成本。

电子商务成本受到互联网经济的影响，具有典型的信息经济特征。电子商务成本具有高固定成本、低边际成本、容易估算等特征。这些特征是电子商务成本区别于传统商务成本的主要特征。

（一）显性成本

1. 技术成本

电子商务的技术成本包括软硬件成本、学习培训成本和运维成本。在互联网有所保证的前提下，企业实施电子商务必须投入各种类型的服务器、存储、交换机、路由器、计算机等

设备,这就需要企业增加成本支出,而这些设备随着技术的更新会逐步被淘汰,企业还必须不断投入经费进行必要的设备更新和维护。同时,企业还需配备相关的系统软件和网络软件,才能实现电子商务具备的功能。随着业务的拓展和模块的增加,软件也需要不断升级,无形中又要增加企业的成本。电子商务系统需要专业的人员来进行管理和维护,对这方面人才的培养也需要投入一定的经费①。

2. 安全成本

电子商务的交易环境具有鲜明的开放性,无疑会存在一定的安全隐患,如何消除安全隐患,打消企业和消费者的疑虑,这是亟待解决的一个重要问题。要确保网上交易的安全性,就必须投入相关安全技术进行支持。首先,必须明确电子商务市场的安全标准及安全协议,并照此规范操作。同时,要致力于开发和研制安全技术和安全产品,制定相关安全规章制度,利用各种安全技术来规避风险。而这些用于交易安全的协议、规章、软件、硬件、技术的安装使用及其学习和操作定会加大电子商务运营的成本。

3. 物流成本

物流成本一直是电子商务企业成本体系里的重要组成部分,这部分成本处于狂升阶段。它是指商品在商家与消费者之间进行流通所耗费的包括人力、物力、财力在内的所有成本的总和根据产品流通方向的不同可分为正向物流和逆向物流两种类型。电子商务环境下的正向物流是指在消费者完成下单和货款支付后商家将产品移交到最终使用者手中的一连串过程。正向物流成本即为产品在移交期间所发生的如包装运输、物流配送等环节所产生的各种资源耗费的总和。在具备退换条件的情况下,当产品失去了原有的使用价值、低于消费者对其相对应的期望值或超过使用期限而需要被淘汰时,产品从最终消费者手中到商家的过程则称为逆向物流。逆向物流成本主要包括产品的返修、退回、再造等所发生的成本费用②。

4. 法律成本

毋庸置疑,电子商务的发展面临着大量的法律问题,例如:①网上交易纠纷的司法裁定、司法权限;跨国、跨地区网上交易时法律的适用性、非歧视性等;②安全与保密、数字签名、授权认证中心(CA)管理;③网络犯罪的法律适用性:包括欺诈、仿冒、盗窃、网上证据采集及其有效性;④进出口及关税管理:各种税制;⑤知识产权保护:包括出版物、软件、信息等;⑥隐私权:包括个人数据的采集、修改、使用、传播等;⑦网上商务有关的标准统一及转换:包括各种编码、数据格式、网络协议等。电子商务规则的建立可以有效地减少交易纠纷,但同时也增加了电子商务各方操作的难度和成本负担。

5. 风险防范成本

企业开展电子商务面临着诸多风险,最明显的就是病毒攻击和网络犯罪。众所周知,病毒的危害是巨大的,造成许多计算机程序和系统的极大破坏,更严重的直接导致网络瘫痪。网络犯罪除了一些黑客利用病毒攻击破坏企业网络系统之外,更严重的直接利用计算机网络技术盗取企业机密,获取巨额经济利益。为了杜绝这类事件的发生,使电子商务健康有序

---

① 宋慧峰.浅谈电子商务对企业成本的影响[J].现代工业经济和信息化,2016,24:26-28
② 徐雪梅.基于成本视角的电子商务企业价值创造[J].经营管理者,2015,35:318-320.

第十二章 电子商务效率的改进

发展,必须在这方面增加企业防范风险的成本①。

(二) 隐性成本

1. 信用成本

目前我国相当多的企业信用程度普遍很低,消费者往往会担心支付了货款后,得不到自己购买的货物。由此可见,企业电子商务的进行要受到客户观念的影响。若企业推行了电子商务,而客户群体却不能接受,企业就会在转变客户观念上耗费很多成本。

2. 库存持有成本

库存持有成本就是因为持有库存而产生的相关成本。电子商务企业大多是商品流通企业,较少生产实物产品,向上可以向供应商提货,向下可以将物流配送这一块完全转包给第三方,企业本身只是起到联结的作用,认为这部分成本不在自己的核算范围内,但是从价值链的角度分析,电子商务企业应该尽量减少价值链环节上成本支出,降低库存成本,提高整体竞争力。但是目前价值链上的企业协作能力不够,应对突发状况能力较差,对于采用自营配送和物流联盟方式的企业就更应关注库存成本。

3. 客户成本

电子商务的客户成本,指的是顾客用于网上交易所花费的上网、咨询、支付直到最后商品到位所花费的费用总和,这是一种完全依赖于网络的服务,只要消费者一开始享受这样的服务,就要承担每小时数元钱的最低成本,还不包括添置相应的硬件设备和学习使用的费用。这种费用虽然不列入商家的运营成本,但是作为用户成本、却是影响电子商务发展的重要因素。如果用户用于网上浏览、查询、挑选、支付所花费的费用超过实体交易的费用,用户便会放弃网上购物的方式。电子商务虽然孕育着巨大的商机,但是利润的真正实现,需要经过详细的论证。

总之,企业的电子商务成本有继续增大的趋势,它直接影响了企业的成本构成,并决定了企业的效益。因此,必须对电子商务系统的每一项成本支出进行认真分析,尽量减少支出,只有这样才能更好地提高企业的效益。

第二节 效率评价

一、电子商务效率的内涵

(一) 效率的涵义及层次

经济学意义上的效率(即经济效率,简称效率),是研究稀缺条件下资源的合理配置问题,体现为投入与产出或成本与收益的关系。经济效率有静态和动态之分。静态效率反映均衡的性质,即无人愿意改变其行动的状态。评价静态效率的标准是帕累托最优状态:一种不可能不损害他人的利益而改善自己的福利的状态。动态效率反映的是经济增长,是从一个均衡状态到一个更高的均衡状态的变化。

---

① 宋慧峰.浅谈电子商务对企业成本的影响[J].现代工业经济和信息化,2016,24:26-28.

如果生产要素的组合所达到的产量能给消费者带来一定的满足,那么,经济就具有一定的效率。如果生产要素重新组合后的产量能使消费者得到更大程度的满足,这就表明经济是更有效率的。如果生产要素组合所达到的产量能使消费者得到最大程度的满足,任何重新组合将使消费者的满足程度减少,这就表明经济处于最有效状态,即帕累托最优状态。

经济学中的效率主要由三个层次构成:

(1)微观主体以投入和产出之比表示的效用,指成本与收益的对比关系;

(2)经济主体在追求微观效率的同时是否带来了全社会资源的合理利用,经济资源是否在不同的经济主体得到了有效配置;

(3)引导微观效率向配置效率转化的制度效率,即:现有制度安排对微观效率和配置效率的影响以及在此基础上对经济制度本身的效率评价。

(二)电子商务效率

1. 何谓电子商务效率

电子商务效率是指运用电子商务技术所带来的投入与产出之比。电子商务首先是一种利用先进信息技术的新型交易技术,是一种技术变动。本质上,它是企业和市场利用互联网络组织分工和专业化的一种经济活动,是为节省交易成本而出现的,是一种制度变动。

2. 电子商务效率分析的基本内容

(1)微观主体——企业内部实施电子商务后的效率影响及其变化;

(2)在企业内部电子商务效率基础上,企业间电子商务效率的变化;

(3)电子商务作为一种制度变动,其本身的制度效率。

这三种效率又有静态和动态之分,其中静态效率以电子商务的技术优势促进当前基本分配格局中的资源配置效率增加和减少交易成本为标准;动态效率以促进社会分工进程为标准。

二、电子商务效率基本分析

分析电子商务经济效率,应该以电子商务减少交易成本的基本作用和网络效应特性为核心,从资源配置和分工促进的角度分析。具体方法为,先建立电子商务经济效率的基础理论模型,然后分层次研究电子商务效率的实现机制,第一层次为企业层次,第二层次为市场层次,产业层次作为第三层次。最后要进行企业、市场、产业和政府制度创新的理论思考,确保电子商务经济效率作用的发挥,形成完整的经济分析框架。

(一)基础理论模型

电子商务活动,以互联网为依托,提高了交易效率,降低了交易成本,扩展了个人与企业的选择范围,是市场经济中不断涌现出新组织、新产业和新职业,与此同时,提升了协调分工的交易成本,电子商务带来的分工收益与其交易成本构成了冲突。综合来看,电子商务的网络特性适应现代社会分工发展的要求,有效提高社会分工水平和生产力,电子商务基础理论模型研究的出发点是电子商务对交易成本所产生的影响,是对电子商务经济效率研究的基础。

(二)企业的电子商务效率分析

电子商务是在传统企业中发展起来的,企业效率倚靠企业技术和制度。企业技术和制

第十二章 电子商务效率的改进

度结构的不断优化,可以有效促进企业效率的不断提高。在企业内部实施电子商务,可以有效降低企业的成本费用,包括企业生产费用和组织成本。电子商务特有的技术特征、产品特征和市场结构特征在很大程度上改变着企业组织交易的规模、经营方式和运作模式。企业可以通过不断努力提高企业技术水平,不断完善企业制度,有效结合两者的力量,实现电子商务的发展,大大提高企业经济效率及其专业化水平和分工水平。

(三)电子商务虚拟市场分析

电子商务的交易活动是在互联网上进行的,是一种无形的虚拟市场,扩大了信息收集和市场的范围,提高信息搜集的效率,相比传统交易而言,大大降低了交易成本,增强了企业在市场竞争中的优势。但是,网络交易具有很大程度上的广泛性,而且是一种虚拟交易模式。交易双方难以确认主体,引发了信誉和产品质量等一系列市场问题,给电子商务带来了新的交易成本。交易的不确定性较强,降低了市场交易效率,这一现状要求有效中介链接交易双方,来提高电子商务交易的规范性和交易效率。例如网上购物中的支付宝,可以有效保障交易双方的经济效益,避免网上交易带来的信誉和质量问题,有效缓解交易双方的矛盾,降低成本。电子中介是社会分工水平提高的产物,电子中介在进一步发挥传统中介作用的同时,还有其自身特有的功能。

(四)电子商务企业网络效率

电子商务促进分工及其专业化的演进,会引起企业间组织形式与合作方式、合作水平的变化,电子商务可以在很大程度上增进不同企业之间的协作关系。讨论电子商务企业网络效率需要考虑两方面的内容。第一,电子商务以网络技术为基础创造价值,加强企业之间的竞争与合作,推进新经济组织形式——企业网络的发展,从根本上促进产业化分工,从而产生显著的网络效应,实现获得报酬的递增,其经济组织具有一定的效率,同时可以促进产业结构变革、提高经济效率。第二,电子商务的网络效应带来了较大的经济效应,但网络交易的虚拟性也增大了交易活动中的协调风险,对电子商务经济效率产生了负面影响,需要企业内部通过制度创新来减少和消除这一负面影响。

(五)电子商务经济效率的制度保证

总结上述四点内容分析,只有有效结合技术创新和制度创新,才能发挥电子商务节约交易成本的作用,发挥电子商务正面的网络效应,有效控制负面的网络效应并实现电子商务经济效率。制度创新包括企业内部制度的创新、市场制度的创新、产业制度的创新和政府政策的创新。这一系列制度有效结合,共同推进电子商务的发展。企业的制度创新在电子商务交易活动中起着催化剂的作用,电子商务对企业制度创新要求很高,是全方位并互相联系的。在电子商务环境下,针对电子交易市场虚拟交易效率的影响因素,要对电子市场交易机制进行创新,包括电子中介和虚拟社区等。产业制度创新主要是为电子商务发展提供网络技术产业的发展、物流业的发展和金融业的发展等相配套的产业转变。在电子商务健康发展中,同样需要政府这只无形的手,为市场提供政策支持,充分发挥政府决策对市场的规范作用和技术创新方面的激励作用,为电子商务交易制定有利于技术创新的政策和相关法律

环境,加强信息基础设施的建设,为电子商务发展创造良好的政策环境①。

三、电子商务的效率评价

(一)电子商务效率的度量

电子商务效率的度量可以采用以下两种方式。

1. 第一种度量方法

计算公式如下:

$$SE = (TR - PR)/SC = SR/SC \quad (12-1)$$

式(12-1)中,SE、SR、SC 分别代表电子商务效率、电子商务收益和电子商务成本,TR 代表采用电子商务后企业的总产出,PR 代表采用电子商务之前企业的总产出。在这种度量方式中,电子商务收益是由于采取了电子商务技术和交易方式而带来的收益,即如果不采取电子商务,这部分收益就不会出现。对企业进行电子商务改造,这样虽然形成了一定的成本 SC,但总产出却增加了,达到了 TR,而 TR 与 PR 之间的差值就是电子商务收益。这种度量方式的优点是从逻辑上对电子商务效率的度量,较为准确,缺点是对 PR 的估计很困难,因而只能做一个粗略的估计。

2. 第二种度量方法

这种方法是在传统经营基础上,比较企业由于采取了电子商务而增加的收益与成本,即比较采用电子商务前后企业的边际收益与边际成本,由此形成电子商务的边际效率。这种度量方式可用公式表达为:

$$ESE = ESR/ESC \quad (12-2)$$

式(12-2)中:ESE、ESR、ESC 分别代表电子商务的边际效率、边际收益和边际成本。

这种度量方式的优点是在判断采用电子商务的科学和理性方面有重要作用,并度量准确易行。缺陷主要在于不能反映全部管理的平均水平,需要现有成本以外其他投入要素不变的假设等。从式(12-2)可以引出采用电子商务时如何才是有效率的规律:

第一,只要 $ESE > 1$,采用电子商务就有其合理性,是有效的。

第二,如果有多个管理方案,应该选择 ESE 最大的一种方案才更有效率。

第三,电子商务收益最大化的边界条件是 $ESE = 1$,即 $ESR = ESC$。

(二)电子商务效率的评价指标

1. 客户

客户保持长期稳定的关系是企业获得持续竞争优势的关键。反映企业在客户方面的绩效可以用如下指标评价:市场份额、客户保持率、新增点击数率、客户满意程度(产品质量、服务、商品选择、商品交货、货款支付等)和信任度。

2. 内部经营能力

电子商务企业可以不直接从事商品生产活动,包括商品原料的采购、加工处理、运输和售后服务都可以转包给第三方完成,企业本身只负责商品信息的发布、接收和处理顾客的订

---

① 赵玉.关于 B2B 电子商务经济效率的探讨[J].商业经济,2014,16:72-73,97.

第十二章 电子商务效率的改进

单、联系生产和运输单位等工作。因此,信息收集能力、信息处理能力、信息应用能力是衡量企业内部经营能力的主要指标。

信息收集能力是指电子商务企业准确收集顾客的需求信息(包括产品和服务的数量、质量、时间和价格等)和生产者的商品信息(包括商品和服务提供的数量、质量、交货周期和成本等)的能力。信息处理能力是对于所收集到的各种信息能够进行正确的分析和加工处理,得到能够直接应用于企业决策的信息。信息处理能力包括处理手段、处理效率、处理质量三方面。信息应用能力是使用各种分析工具和分析方法加工信息后,基于这些信息制订决策并将其转化为与企业经营目标一致的具体行为的能力。

3. 企业的学习和成长

考察和评价电子商务企业学习和成长能力的指标包括:员工满意度、员工培训、员工劳动生产率等。

使员工感到满意是提高劳动生产率、客户响应速度和服务质量的前提。影响员工满意度的因素包括:参与决策、认为本职工作不错、在做好工作时得到肯定、主观能动性得到肯定等。组织员工培训不但可以使员工在技术、处理和分析问题的能力方面跟上时代,还可以沟通人际关系,塑造员工的创新精神和敬业精神。员工劳动生产率是衡量每个员工劳动效率的重要指标,一般可以采用每个员工平均创造的生产总值进行测定。

4. 财务

财务指标是评价电子商务效率的最为直接的指标,也是最重要的指标之一。由于大多数从事电子商务的企业仍然处于成长阶段,这样就决定了企业当前的首要目标是提高经营能力、销售能力,与供应商、客户建立良好的关系。因此,现阶段评价电子商务企业绩效的主要财务指标应该是:销售收入的增长率,目标市场、顾客群体和地区销售的增长率,资产的利用率等。

(三)电子商务效率评价实务分析

假设 A 企业运用电子商务,每月带来的收益和成本变化情况如表 12-1、表 12-2 所示。

表 12-1 A 企业采用电子商务每月产生的收益表

项目	金额	说明
节省的统计及记账人员的工资	60000 元	可节省 20 人,按每人每月平均 3000 元工资计算。 20×3000=60000 元
营业额增加所产生的净利	180000 元	由于及时掌握市场动态和消费倾向,促销效果提高,使每月 3000 万元销售额提高 10%,进而产生 6% 的净利。 30000000×0.10×0.06=180000
库存成本降低的利润	40000 元	由于及时掌握库存及畅、滞销商品情报,可使平均 2000 万元的存货降低 10%,从而产生至少 2% 的利润。 20000000×0.10×0.02=40000 元

续表 12-1

项目	金额	说明
降低盘亏损失	60000元	管理改善,可使一般百货商店0.5%的盘亏率降为0.3%。 30000000×(0.005-0.003)=60000元
合计	340000元	

表 12-2　A企业采用电子商务每月成本表

项目	金额	说明
计算机设备成本	92000元	依5500000元设备总价办理5年租赁,每月所付租金最多不超过92000元
计算机硬件维护费	30000元	从安装设备满一年后算起,一般为设备售价的7%
计算机软件维护费	20000元	从装设半年后算起,负责人员培训和程序修改工作
操作人员工资	28000元	4名人员负责机房的管理和数据输入或校对,每人以月薪4000元计,及4名收银员的工资每月12000元。
合计	170000元	

由上述分析可知,采用电子商务每月的有形净收益为收益减去成本,即:
340000-170000=170000(元)
全年的净收益为:　　170000×12=2040000(元)
单位成本的收益为:　340000/170000=2(元)
单位成本的净收益为:(340000-170000)/170000=1(元)

四、我国电子商务效率改进的对策

中国互联网研究与发展中心(CII,China Internet Institute)发布的《CII中国电子商务指数报告》中指出,当前中国电子商务发展十分不平衡,呈现为一个倾斜的天平:效益指数、人力资本指数、政策环境指数和交易指数依次将天平向非营利的方向下压;安全指数、发展潜力指数、基础设施指数和满意度指数依次将天平向营利的方向上抬。其表现出国内电子商务发展的现状是:与硬件相关的指数尚可,与软件相关的指数往往因为各种原因而不尽如人意。由此导致了中国发展电子商务的一个关键问题:效率较低(上面"电子商务效率评价实务分析"中的计算只是一个特例)而成本较高。如何提高电子商务效率是我们亟待解决的重要课题,下面的对策建议只是一个初步的考虑。

(一)加快保障电子商务经济效率实现的制度创新

电子商务节约交易成本作用的实现、正网络效应的发挥、负网络效应的控制及电子商务经济效率的实现,内在要求技术创新和制度创新的配合,特别是对制度创新的需求,包括企业内部制度创新、市场制度创新、产业制度创新和政府政策创新,以形成全面推动电子商务发展的激励和支持系统。

(1)企业制度创新将起到重要的催化作用,电子商务对企业制度创新的要求是全方位和

第十二章 电子商务效率的改进

相互联系的,主要是电子商务环境下,企业组织形式和组织结构的创新。

(2)市场制度创新,针对电子市场虚拟交易效率的影响因素,主要进行电子市场交易机制的创新,如电子中介、虚拟社区等制度安排设计。

(3)产业制度创新,主要是为电子商务发展提供产业配合,包括:网络技术产业的发展,物流业和金融业的配合发展,以及为企业间开展电子商务提供激励、协调和合作机制创新。

(4)政府政策创新,主要是外部环境创新,是借助政府行为促进市场体系的发育,发挥政策对技术创新的激励作用,制定有利于技术创新的政策和法律环境,以及信息基础设施的建设,为电子商务发展提供良好的政策环境和制度保证。

(二)加速企业全球化的进程

经济全球化时代,企业需要把眼光放长远一些,不要局限于在某一个国家的业务发展,因为在技术与互联网已经改变了人类生活的今天,企业要想生存和发展就必须制订全球化的发展策略,把企业放入全球经济的大环境之中。这一点对于中国企业具有特别重要的意义,中国已经成为世界经济的重要组成部分,激烈的国际化竞争就将成为不可避免的挑战。

(三)业务流程再造

企业需要制订电子商务的实施计划。电子商务之所以能节省开支、降低成本,很重要的原因就是它充分利用了互联网的优势,加强了企业内部的沟通。很多大型的跨国企业通常都有多套内部IT系统,这些系统相互之间独立运作,重复执行类似的任务,一旦将它们整合在一起,就能为整个企业提供统一的信息,同时减少管理的工作量和复杂性。企业需要采用新技术、建立电子商务基础平台、改造业务流程等。各种功能的堆积并不等于合理的流程,因此,分析企业运作过程,建立合理的流程或者说流程再造是提高电子商务效率的必需步骤。由于它对电子商务效率改进的重要性,本章将在下一节专门讨论。

(四)采用标准化而不是定制的软件

定制的软件通常价格昂贵,而且实施流程复杂。实际上,商品化软件已经包含了经过实践证明的优化后的业务流程,遵循这些流程实施电子商务,企业将获得事半功倍的效果。Oracle电子商务套件就是在众多企业最佳实践的基础上发展起来的,它不仅帮助Oracle自身成功地实现了电子商务,也帮助众多Oracle的客户获得了成功。

第三节 业务流程再造与效率改进

为适应新时代电子商务的要求,改进电子商务效率,企业必须利用现代先进的信息和通信技术对电子商务流程进行改进和重新设计,这是电子商务应用推广的重要基础。

一、业务流程再造概述

(一)业务流程再造的涵义

1993年,美国管理学家迈克尔·哈默和詹姆斯·钱皮提出了业务流程再造(BPR,business proess reengineering)的概念,并把它定义为:"是对企业的业务流程进行根本性的再思考和彻底性的再设计,其目的是在成本、质量、服务和速度等方面取得显著的改善,使得企业

能最大限度地适应以顾客(customer)、竞争(competition)、变化(change)为特征的现代企业经营环境。"

因此,BPR 即业务流程再造、企业流程再造,是指组织以关心客户的需求和满意度为目标、对现有的业务流程进行根本的再思考和彻底的再设计,利用先进的制造技术、信息技术以及现代的管理手段,最大限度地实现技术上的功能集成和管理上的职能集成,以打破传统的职能型组织结构,建立全新的过程型组织结构,从而实现企业经营在成本、质量、服务和速度等方面的突破性的改善;是站在企业外部,通过考察业务流程的发生、发展和终结过程,确定、描述、分析、分解整个业务流程,重构与其相匹配的企业运行机制和组织机构,实现对企业全流程的有效管理和控制。

(二)业务流程再造的核心内容和特征

1. 业务流程再造的核心内容

业务流程、根本性思考、彻底性变革、戏剧性效果是 BPR 的四个核心内容。

BPR 关注的基本点是企业的业务流程,围绕其业务流程展开重组再造工作。业务流程是由不同的人或组织为达到特定的价值目标而共同完成的一系列活动。活动之间有着严格的先后顺序限定,活动内容、方式、责任等也有明确分工和定义,使得流程上各个环节的活动在不同组织或个人间具有承继和传递交接的可能。只有对业务流程进行有效管理和运作的企业,才可能保证企业各个价值链环节在成本、质量和速度上最优,提供的服务或产品更具竞争力。

根本性思考表明企业流程再造所关注的是企业最基本、最核心问题,这涉及企业的商业模式、运营方式以及组织结构等企业最根本的生存价值和意义。如我们要问自己"为什么要做这项业务""为什么要用这种方式或流程来实现这项业务""为什么必须由这些人做这项业务"等,通过对企业运营中这些最根本性问题的再思考,我们会发现企业现在赖以生存或运营的业务假设是需要重新设计的。

彻底性变革要求企业流程再造应对现有的业务进行追根溯源。不是在原有的业务流程和习惯的基础上进行简单的修补改良或调整性的完善增强,而是抛弃现有的陈规陋习,突破原来的思维模式和既定的结构与过程的限制,创新完成业务的方法手段,重新设计构建企业业务流程。

戏剧性效果表明企业流程再造所追求的目标不是企业某些绩效指标的略有提升或稍有好转,而是企业在新的业务流程体系下所有业绩全方位地显著增长和飞跃,这种戏剧性的变化甚至超出变革之初所设定的目标,这也是企业流程再造的特点和成功的标志。

2. 业务流程再造的特征

(1)对企业发展的非连续性、根本性的重新思考,并追求企业性能的突破性提高。业务流程再造不是对现有流程细枝末节的修改,而是在打破原有的工作规则下的重新设计,是对流程的整合与简化。一个企业要想在激烈的市场竞争中立足,必须具有快速响应能力。对企业内部的最基本的流程重组,多角度、全方位地思考所有各流程,大胆取舍。

(2)以客户为中心,强调客户需求。企业的价值是通过满足用户需求而得以实现的,因此用户的需求决定了业务流程的内容。业务流程再造要符合用户的需求,用户满意是企业业务流程再造的出发点。企业要以产品为中心转向以用户为中心,建立以用户为中心的业

第十二章 电子商务效率的改进

务流程。

(3) 以业务流程为导向。企业流程再造,就是要重新建立新的企业观念。无论是重新设计现有流程,或者是进一步完善刚刚设计完成的流程,企业流程再造的最终目标都是通过信息技术所提供的机会进行流程整合、简化,以构建面向顾客,反应灵活的新管理模式,将企业由过去的职能导向型转变为流程导向型。随着市场变化而不断改变着的每个流程,均由各类专业人员组成的团队实施。以流程为中心,要求企业流程的再造围绕结果进行,即围绕企业最终为顾客提供产品和服务这一结果来组织、设计、实施。

(4) 注重信息技术的运用。信息技术是使企业克服时间和场地的限制,使流程沟通不受时间和空间的约束。信息技术使信息流动最佳化,从开始到结束都使用数字信息流动以简化整体的流程,流程交接点减少,经手人也越减越少,从而提高了流程运行质量。因此,为了使业务流程可视化,必须建立一个体现信息集成和信息共享的信息化管理系统,才能真正实现优化资源和提高竞争力的目的。

(5) 强调人的作用。企业流程的再造并不是非常顺利的。据统计,大约有 70% 的企业都失败了,汉默认为:失败的原因是忽视了人。因此在企业流程再造的过程中,需坚持以人为本的团队式管理模式,既要关心人,又要关心流程。在一个团队里,有着共同的目标——流程绩效,集合着多学科的具有不同专长的人员——工程、设计、制造、财务、销售、采购等专业人员。工作团队是一个相对独立自主的集体,各类人员在自己的位置上都力争成为主力,并兼顾团结与岗位协作。

二、电子商务流程再造的内容和原则

电子商务流程再造(electronic business process reengineering)是指组织为满足顾客的要求和市场竞争的需要充分利用 Internet、Intranet 技术对组织内部以及组织之间的商务流程进行重新的设计和建立以达到资源及时准确地共享的目的从而降低成本提高效率和质量。

(一) 电子商务流程再造的内容

电子商务流程再造是利用 Internet 变革企业原有的业务流程,创造一个适合电子商务活动开展的业务流程,重点是将基于 Web 的信息系统同现有的组织内部系统以及属于顾客和供应商的外部系统集成起来,获得更大的市场价值。

1. 企业理念的再造

营造适宜的企业文化氛围是企业再造的保障。企业在流程再造时力求打破组织边界,不以职能设置部门,改变为以流程为导向,注重上、下环节的"价值增值"和"无缝连接"。

2. 组织结构的再造

传统企业的组织结构一般是"金字塔"式的层级命令体系,这种设置部门的管理方式的弊端是机构设置重复,流程重叠,效率低下。现代企业需对组织结构进行再造,调整形成一套面向流程的、以顾客价值创造为导向的扁平化的网络状组织结构体系,力求敏捷、灵活、快速、高效,降低多层结构的运作成本和管理成本,为新的业务流程运转提供制度保障。

3. 信息流程的再造

哈默认为:"信息技术是业务再造的必要条件,如果没有信息技术,谈再造无异于痴人说

梦话"。Internet、EDI等技术的使用为企业提供了必要的工具和手段,利用信息技术和网络技术达到信息的共享与交互,可以确实衔接企业内外各业务功能环节,实现对整个流程的有效管理。

4. 经营模式的再造

企业经营模式的再造是把企业的有限资源集中在有竞争优势的附加值高的部门上,同时注意产品的品质、成本及周期等其他能力的平衡,或者选择合作性的伙伴企业,形成战略联盟,共同获得市场利益。常用的经营模式再造如:业务外包、企业共生、策略联盟、虚拟销售网络等。

5. 人力资源的再造

企业应该确立"以人为本"的现代人力资源的管理战略,坚持"唯才是举"的用人制度,对企业的薪酬体制、绩效考核体制等进行全面变革,最大限度地调动员工的积极性和创造性。在电子商务时代,全球经济一体化的发展和市场空间的不断扩大,使企业之间的竞争日臻激烈,顾客真正成了企业的主宰,这就迫使企业的竞争战略必须以顾客为中心,不断提高顾客对企业产品和服务的满意程度。为此,企业必须具有良好的应变力,不断地为顾客提供价格优惠和质量过硬的产品,企业才能够继续生存和发展。企业流程再造为企业迎接新时期的挑战提供了良好的机遇。

(二)电子商务流程再造的原则

对电子商务流程进行系统化再造,很大程度上就是完成对企业核心流程的再造,然后围绕这个经过改造的核心流程,将企业的其他流程系统作一个适应性的调整。在传统环境下,它主要包括三个方面:坚持以顾客为导向原则,坚持以流程为中心原则,坚持以人为本的团队式管理原则。在信息化时代下,基于电子商务的特性,业务流程再造的原则还应包括以信息流、物流、资金流的整合为目的。

1. 以顾客为导向原则

日益激烈的市场竞争环境下,能否赢得顾客青睐是衡量企业成功的重要标准,即使再卓越的产品和服务,如果无法取得顾客认同,产品和服务无法顺利销售,那么企业将难以为继。顾客就是上帝是营销学的主旨,市场竞争很大程度就是企业争取顾客的竞争。因此,只有以顾客为导向的流程再造,以满足顾客需求和为顾客创造更多价值的流程改进,企业的流程变革才具有实际意义。

以顾客为导向,要求流程设计者要站在顾客的角度考虑问题,判断流程变革是否取得效用时,应以是否为顾客提供了满意的价值为标准。以顾客为中心原则,是企业流程再造获得成功的首要保障。

2. 以流程为中心原则

以流程为中心原则,要求企业将过去以职能为中心的经营模式改造为以流程为中心的运营模式。许多企业的流程再造通常采用循序渐进的变革方式,减少激进式革命可能对企业产生的猛烈冲击,有利于保障流程再造过程中企业的正常经营和员工情绪的稳定性。但是过于缓慢的变革进度以及对待问题的谨小慎微,都可能使变革领导者和实施者将注意力过分集中在技术问题或是员工抵制等方面,从而忽略了流程再造的中心任务,偏离了最初设计的轨道。因此,无论企业选择的流程再造方式是激进式或是变革式,都必须牢牢把握流程

第十二章 电子商务效率的改进

再造的核心原则,把企业由传统的职能中心转变为以流程为中心的新型企业经营模式。

3. 以人为本的团队式管理原则

团队是由一群具有共同目标共担风险且彼此负责的相互独立的自然人组成。以人为本的团队管理原则,能够帮助企业建立起一支有凝聚力的战斗团队,用高效的管理原则与体系支撑整个团队运作,促进团队内部各成员的紧密联系和协作。在团队中,必须有领导者制定企业的全面发展战略,将分配资源、产品研发、市场营销等各项流程统一起来,防止各部门各自为政,也需求各成员勤勤恳恳兢兢业业地工作。因此,在一个团队中需要各种不同角色的成员为共同目标协同努力,,这也是现代企业以人为本的团队式管理与传统部门式管理重要区别。

4. 以信息流、物流、资金流的融合为目的原则

传统环境下,企业的业务流程再造大都以职能部门为划分,如采购流程再造、生产流程再造、销售流程再造等等,虽然这种以某一生产环节进行的流程再造可以实现企业的效率提高,但也往往牺牲了企业作为一个系统的整体性,同时也没有体现流程为中心的原则。在电子商务环境下,企业商务活动的"三流"——信息流、资金流和物流将在很大程度上通过网络融合起来,彻底改变传统商务活动中"三流"由不同职能部门控制、由不同员工分散管理的做法,实现协调运作。

由于信息流、物流、资金流贯穿于企业的各个职能活动,因此结合电子商务的特性,电子商务环境下的 BPR 应围绕信息流、物流、资金流来进行,以信息流、物流、资金流的融合为目的,这样有助于企业作为一个系统的整体再造进程,从而疏通企业内外部活动,真正实现电子商务应用中业务流程再造的目的。

三、电子商务流程再造的基本层次和步骤

(一)电子商务流程再造的基本层次

电子商务业务流程再造由观念重建、流程重建和组织重建三个层次构成,其中以流程重建为主导,而每个层次内部又有各自的步骤,各层次也交织着彼此作用的关系。

1. 观念重建

电子商务流程再造的观念重建要求在整个企业内部树立正确的观念,让企业的员工理解流程再造的重要性。企业可从组建电子商务流程再造小组、进行宣传准备、设置合理的阶段性目标几个方面入手。

2. 流程重建

流程重建是指对现有的电子商务流程进行调研分析、诊断和再设计,然后重新构建新流程的过程。它主要包括以下三个环节。

(1)电子商务业务流程分析与诊断,也就是对现有的电子商务业务流程进行梳理,分析其中存在的问题,并给予诊断。通过"流程捕捉",捕捉活动、资源、控制、商务规则和信息流,将流程文件化。通过数据收集、分析和筛选,重组流程。利用流程价值分析法等方法和工具分析现有的流程,记录每个活动流程的时间与费用,测试每一个主要活动的价值。明确地描述每个流程活动的顺序及其时间与成本,以便衡量现有流程在成本、品质、服务和速度等方面是否可获得改善或取得更佳的效果。

(2)电子商务业务流程的再设计,主要是针对前期的分析诊断结果,结合行业的最佳实践,重新设计现有流程,使其趋于合理化。流程再设计可以表现为:①多道工序合并,归于一人完成;②将完成多道工序的人员组合成小组或团队共同工作;③将串行式流程改为同步流程等。

(3)电子商务业务流程重组的实施,主要是指将设计好的新流程具体去实际操作,落到实处。包括:通过目标陈述、约束条件陈述、衡量标准、阶段步骤、项目工作计划来制定实施计划;通过设计项目组一览表、基本资料需求表、教育训练分派任务表、实施工作流程及时间表、人员分工调整说明来制定实施计划任务书;通过制定各部门各岗位的标准来定义接受标准;将新流程文件化,正式发布运行。

3. 组织重建

电子商务组织重建的目的是要给电子商务业务流程重组提供制度上的维护和保证,并不断改进。具体包括:评估电子商务流程再造实施的效果,与事先确定的目标进行对照,评价是否达到既定的目标,对实施效果的评估应该贯穿流程再造实施的始终,严格考核阶段成果与目标的吻合程度;建立长期有效的组织保障,用有效的组织保障来保证流程持续改善的长期进行,比如建立流程管理机构,明确其权责范围,制定各流程内部的运转规则与各流程之间的关系规则等。

在"海尔再造"与企业信息化研讨会上,海尔首席执行官张瑞敏在会上向与会专家、学者介绍了海尔实施流程再造,提升企业核心竞争力的工作和体会。他说,海尔的流程再造:一是推倒了企业内外两堵墙,把割裂的流程重新联结起来,形成以订单信息流为中心的市场链流程。外部,通过推倒企业与上下游企业的墙,形成了共生共赢体,上游的分供方不再是以满足企业为宗旨,而是与下游企业共同满足终端消费者的需要。内部,海尔将部门职能关系变成市场关系,部门之间不是以各自利益划圈,而是以市场的效益确定报酬。二是速度制胜,输入用户的需求输出用户的满意,将职能下达任务转化为用户需求,减少层次,让企业每位员工直接感受和快速满足用户的需求。企业的运行都是围绕订单而进行,因此企业的信息化是以订单信息流为中心进而带动物流和资金流的运行。三是全员经营,海尔流程再造的目的是增强企业的活力和市场竞争力,只有企业每一位员工都充满活力,具有较强的竞争力,企业的活力和竞争力才能得到体现。

(二)电子商务流程再造的基本步骤

为适应新时代电子商务的要求,企业必须及时对自身的经营范围进行调整,重新确立企业自身的市场地位,通过调整公司战略与正在出现变化的电子商务环境的配合来发现再造机会。对企业电子商务流程的再造应从以下几个方面入手:

1. 抓住管理层的承诺

电子商务流程再造第一个关键的步骤是说服高层管理者认识到流程再造的重要战略意义。公司领导者要提供启动再造所需的授权,并且确保所提的建议予以执行。为了搞好这项工作,需要产生或确认一个"再造拥护者"。这个拥护者应当是高级经理,有很高的权威和影响,并能为流程再造调动资源和激发热情。公司外部的再造顾问也可能被用来做催化剂,提供过去成功的再造工作中得来的经验。无论是哪种情况,这些人的角色必定是推进再造的主要力量。其目标包括削减成本、降低生产周期或提高顾客满意度。

第十二章 电子商务效率的改进

2. 相关事情的确定

(1) 识别并适应电子商务环境。企业识别并适应电子商务环境可以提高内部效率、增加顾客满意度以及使组织各部门能够克服地域限制而共同运作电子商务技术。企业通过学习电子商务环境下的新观念、新思维、新技术、新组织形式,从电子商务的视角审视企业的行业特性、产品特性、生产特性、产销特性,审视企业经营的关键成功因素、组织结构及原有的业务流程,为制定适应电子商务环境的流程规划提供新观念、新思维、新方法。电子商务专家与高层管理人员一起,对照公司的电子商务计划,确认其战略目标和电子商务流程结构。

(2) 明确并启动电子商务再造项目。了解了公司的战略方向、备选流程以及可能的电子商务技术工具后,高层管理人员下一步应当对备选流程以及它们与公司所提供的产品和服务的关系进行评价。应针对每一流程中的关键行为指标的潜在影响进行确认和讨论。评价的结果应当表明每一流程再造的难易程度。对每一流程的详细分析完成之后,应当排列出流程中相关问题的顺序,如与公司目标和目的的一致性、电子商务技术工具的可行性、再造的困难和风险程度,通过优先排序,可选出最关键的流程。在决定了一个流程再造时,应当去除任何有关流程组成的模糊成分,将该流程的定义和边界描划出来。而且,应当明确资源的评价和详细的预算问题,以及用于进行再造的努力程度。启动阶段包括再造小组的任命、行动目标的设置、项目的规划和股东/雇员的沟通。

(3) 准备项目计划。使用像 Gannt Charting、PERT 和 CPM 这样的技术,电子商务流程再造小组应当制订一个项目计划,大致描述项目的资源要求、预算、历程以及达到的目标,还要设置高水平的"延伸目标"以及提供判断项目成功与否的尺度的流程属性。流程行为目标可能是非常雄心勃勃的,当然,通过新设计的流程可以实现。这种行为目标应当直接来自以市场为基础的公司目标如产品质量、顾客/供应商满意度以及送达时间。用来帮助设置行动目标的技术包括:头脑风暴法、"打破框架思考法"、特别小组和德尔菲法等。

3. 电子商务流程的分析

(1) 诊断并发现症结。诊断分析阶段可能以快速的方式完成,电子商务再造小组可能直接进入到设计阶段。然而,如现有电子商务流程被认为是值得详细分析的话,那么,再造项目小组应当认真分析现有流程的症状,这包括活动、信息及其他相关流程特性之间相互关系的表达,这个任务必须发展为高层次的流程图,也应把它分解成若干子流程。几个层次的分解可能是必要的。

电子商务流程的一些不良症状可能被确认为阻碍或分离有效的工作流程活动、业务政策、官僚、失去沟通以及过多的非价值活动。为了发现这些症状,应当接受一个说明现有流程的新方法。可以提出下列规则:①确认不需要的活动、瓶颈以及不必要的官僚步骤;②确认分离的职能信息系统并整合为一个单一的全流程系统;③确认所有不需要的工作,并对文件、提案及报告的需要性逐个进行审查;④确认正式的和非正式的导致非增加价值的活动政策和规则。

(2) 评价技术因素。电子商务流程再造与技术条件密切相关。如果没有信息技术的进步和在企业中的广泛应用,那么电子商务流程再造是不可能成功的。事实上,电子商务流程再造的确需要许多技术支撑,并不仅仅是信息技术。从某种意义上说,现有的技术条件可以作为流程再造的出发点,即有什么样的技术条件支撑就进行什么程度的再造。因此,为了能

更好地应用技术来再造现有流程,企业必须具备评价现有技术和新兴技术的能力。

4. 流程再造的实施

经过了前期的准备工作,电子商务流程再造阶段将完成具体的流程再造方案。方案的可行与否很大程度上决定了 BPR 的成功与否。这个步骤需要众多人员的参与。电子商务流程重构的创新性使重构本身表现出非常规性和不规则性,电子商务流程再造往往要抛弃原有的规则、程序和价值观念才可能实现。在此,除了强化增值活动、优化非增值活动和排除无效活动外,还要引入时间因素。BPR 以追求效率为首要目标,提高顾客满意度等目标大部分还是通过提高效率来实现的。因此,时间是在流程重构中一个非常重要的参数。

(1)开发设计方案。没有用于设计有效电子商务流程的通用规则,然而,这个工作的关键部分是充分发挥电子商务流程再造小组的创造能力,去开发方案。这可以使用头脑风暴法来完成,也可以使用一些创造性技术,如言语和思想转变,突破障碍开发,激发新思维法以及公开论坛和非关键因素讨论。

(2)设计新的电子商务流程。根据设计阶段所用的相关技术,所选方案可进一步扩展成一些更细的方案。根据所用的技术革新,电子商务流程的各方面包括输入、输出、关键岗位、资源、控制程序、记录时间等可被捕捉。一个成功设计的关键是要经常问"为什么",一项任务要完成,谁应对之负责以及何种信息技术将支持这个新流程。

(3)设计人力资源结构。一个好的人力资源架构设计,应能支持信息的自由交换,以及支持个人和工作小组的决策制定和执行力的增强。

(4)选择电子商务平台。一些因素将影响支持新设计流程的电子商务平台的选择。通常,信息技术基本要求是支持公司系统以及分布式系统的通信,并通过广域网来联结供货商、零售商以及用户。由于更弹性和经济的需要可能要求降低主体框架为基础的系统的规模,转向使用时间技术的局域网。电子商务再造小组的可行性分析可以根据适宜计划、内部操作、成本、技术可行性以及系统发展工作等方面做出。所选的平台应符合决策要求,如各厂级执行水平的硬件、操作系统、数据结构的选择,这样的选择也包括各层级执行的软件系统,如信息系统、执行层的决策支持系统、用于交易流程的集成工作的第三方软件、内部软件等。

5. 流程再造后的进一步改进

即使一个企业成功地完成了电子商务流程的再造,也并不意味着大功告成,再造后的评价和监测工作同样不可或缺,因为企业的电子商务活动很难通过一次再造工程而达到最优。在再造流程后,企业必须通过评价和监测,找出存在的缺点,不断予以改进。也就是说,最理想的情况是企业在完成 BPR 项目后就转入电子商务流程的进一步改进,这样才能使电子商务不断适应越来越激烈的竞争。值得注意的是,由于 BPR 对企业产生的变动大,企业的高层领导者在项目完成后,应当持久地参与其中。同时,企业文化、职业道德、岗位设计等同样是关系到电子商务流程再造成败的问题,培训员工使其具备新环境下的新技能也十分重要。

(1)试验整套电子商务流程。这与传统的信息系统意义上试制的思想很相似。按传统方式系统行为"被试验"并得到用户的反馈,通过使用角色扮演、文件处理测试以及工作流设计,以确认进一步改进的机会和技术,全部的流程将被排练,得到再造小组检验和评价,并应当向管理层提供一个工具以对最终流程设计进行判断。

第十二章　电子商务效率的改进

（2）进一步的改进。根据专门设定的人力资源结构和所选的电子商务平台，进一步改进的主要条件为：伴随着任何环境的变化，当问题产生时，所设计的方案必须保留重新设计的空间。要支持新流程和新电子商务系统的开发和使用。电子商务再造小组专家的主要任务是根据信息要求、信息数据流、逻辑和物理系统数据库设计、系统配置、分布式设置以及安全性来进行详细的系统分析，看是否有进一步改进的必要。

（3）再造人力资源。人力资源结构在重新设计阶段的规划，必须谨慎，以尽量减少对职员士气的影响。这一步的重点应放在向新组织设计的平滑过渡和综合改进，主要包括子业务单元再造、职员减少、选择小组和职员、岗位转换、通过培训和教育程序向留下的职员授权以及改进工作质量。根据新流程设计，各种职务角色和描述都可能替换、消除或重定义，新组织结构以及详细的职务分配必须传达给所有的职员，规划他们新的职责和行为预期。

（4）评价流程性能。评价重新设计的电子商务流程以及公司其他流程管理活动，如流程质量控制。执行之后，接下来进行的任务是监视和评价流程表现，这主要包括对启动阶段质和量的表现、度量和动态监控。流程度量主要包括：①流程表现：循环期、成本、顾客满意度、资源消耗；②信息技术表现：故障时间、系统利用率、文件减少率；③生产率指数：每小时的订单处理量、每星期完成销售额等。

（5）与其他管理方法的有机结合。这包含以下两个方面的结合。①与全面质量管理的结合。电子商务业务流程再造与全面质量管理都注重顾客满意、全员参与、全过程性、持续改进等先进管理理念。但是两者之间又不完全是一回事。全面质量管理强调的是以质量为中心，以全员参与为基础，目的在于通过让顾客满意和本组织所有者、员工、供方、合作伙伴或社会等相关方受益以达到长期发展的一种管理途径。而流程再造着眼于全面的、跨职能边界的整个企业运行系统彻底的变革。②与供应链管理的结合。电子商务供应链管理能达到最优的合作和优势互补作用。它追求整体效率和竞争优势的提高，减少内耗和浪费。建立供应链管理模式，是对企业经营思想的革命，需要一定的外部环境条件和内部条件。从内部条件考虑，涉及企业规模、信息化程度、产品及市场、占有率特征、企业行业地位、企业组织结构和管理水平等多方面的因素。纳入供应链管理的企业都应该顺应这一新的管理体制，作出相应的变革。因此，这种变革就是一个改造过程。这种改造过程与流程再造在许多方面都是相同的，都是对企业活动的整体管理与变革。

本章小结

电子商务对传统企业的影响主要包括：采购、生产加工过程、销售和客户服务等方面。

电子商务的成本主要有显性成本和隐性成本。显性成本主要包括：技术成本、安全成本、物流成本、法律成本和风险防范成本；隐性成本主要包括：信用成本、库存持有成本和客户成本。

电子商务效率是指在运用电子商务技术所带来的投入与产出之比。电子商务效率分析的基本内容包括：企业内部实施电子商务后的效率影响及其变化；在企业内部电子商务效率基础上，企业间电子商务效率的变化；电子商务作为一种制度变动，其本身的制度效率。

电子商务效率基本分析。以电子商务减少交易成本的基本作用和网络效应特性为核心，从资源配置和分工促进的角度分析。具体方法为，先建立电子商务经济效率的基础理论

模型,然后分层次研究电子商务效率的实现机制,第一层次为企业层次,第二层次为市场层次,第三层次为产业层次。

电子商务效率的度量可以采用两种方法:第一种度量方法用电子商务收益和电子商务成本来度量电子商务效率;第二种度量方法是比较采用电子商务前后企业的边际收益与边际成本,由此形成电子商务的边际效率。电子商务效率的评价指标主要有:客户、内部经营能力、企业的学习和成长以及财务指标。本章还提出了改进电子商务效率的对策建议,包括电子商务流程再造。

电子商务流程再造包括观念重建、流程重建和组织重建三个层次。电子商务流程再造与改进的基本步骤主要有:抓住管理层的承诺、相关事情的确定、流程的分析、流程再造的实施以及流程再造后的进一步改进。

思考题

1. 电子商务成本的构成及变动趋势。
2. 电子商务效率的基本分析有哪些?
3. 电子商务流程再造的内容是什么?
4. 电子商务流程再造的层次和流程是什么?

案例分析

联想的电子商务

作为电子商务的前期工作,首先是软件基础建设方面。联想开始建设企业核心的业务管理应用系统和电子商务网站。为了整顿内部管理,提高工作效率,联想开始考虑实施ERP。ERP是企业资源计划,它将企业内部原材料采购、生产计划、制造、订单处理与交付等环节有机地联系在一起,使得企业对供货流程的管理更加科学、规范、高效;同时由于它能够对库存的数量和金额进行实时监控,能够有效地提高决策支持以及财务核算的效率,因此,它是企业实施电子商务最基础、最核心的支撑系统。

通过 R/3 系统的实施,联想在企业信息功能和结构方面制定了统一的业务标准,建立了统一的信息平台,并利用这个平台,对整个公司的信息流进行统一的规划和建设。公司的财务管理、销售管理、库存管理等多个环节被集成在一个信息系统里,减少了数据冗余,并且信息流动更加有序和安全。由于系统高度集成,用户订单、库存、采购等业务流程中的数据能够实时更新,并能在用户之间集成和共享,同时又降低了运作成本,提高了盈利水平和工作效率。例如,财务结账日由原来的 20 天降低到 1 天,仅财务结算项目成本就减少了 9 成。

在加强内部信息化建设、实施 ERP 的同时,联想也没有忽视自身品牌的宣传和企业形象的树立。为了及时向外发布企业信息,让越来越多的人了解企业,联想还建立了实现互动的外部网站,在电子商务领域内迅速占领了一席之地。外部主页既是企业对外进行品牌宣传、发布信息和产品的窗口,也是企业进行电子商务、电子服务的必需工具。联想的外部主页不仅仅是一本电子版的杂志。联想电子商务网站系统的配置非常讲究,它包含很多技术成分:在网站上配置了防火墙、负载均衡设备和数据交换服务器等设备。联想开发的一个叫 i—Cache 的服务器,它利用计算机高速缓存的原理,以及这样一个事实——对 Web 的访问

第十二章　电子商务效率的改进

请求 80% 集中于 20% 的页面上来设计的,在系统中增配了此设备,据测试速度可相当于增加带宽 10 倍以上。由于联想网站的用户访问请求响应速度快,页面设置合理,内容丰富多彩,不仅吸引了大量用户,而且还大大提高了品牌的知名度,及时地树立了企业的电子商务形象。这时,联想的电子商务已经具备了基本框架,有网络硬件和信息环境作基础,有 ERP 完善企业内部管理以及电子商务网站作宣传。

联想的电子商务已经具备了基本框架,有网络硬件和信息环境作基础,有 ERP 完善企业内部管理以及电子商务网站作宣传。接下来,联想开始了电子商务的三个核心部分的设计,即 CRM、SCM 以及 PDM 这三个直接增值环节。

客户关系管理(CRM)就是通过构筑客户信息数据库,建立企业与每一个用户之间一致的界面,用户的每一次访问(不论是 Web、电话还是现场)都被记录下来,用以分析它的使用需求和访问习惯,以便于个性化地定制产品和网页;企业不同部门的人对用户的拜访也被记录下来,用以了解用户全面的需求和心理;客户的咨询服务只要拨同一个电话就会自动转接到相关人员那里,而且此人能够立即获取已购设备的用户以前的服务和维修的记录,便于向客户解答;也可以设计主动去了解用户对企业的需求和对产品的满意度,并有针对性地去提供他所愿意要的相关产品,从而大大提高企业的效率和客户满意度。

供应链管理(SCM),是在 ERP 基础上通过构筑和前端客户以及后端供应商的互动系统,来实现产品供应的通畅、合理、高效,既满足供应,又避免大量库存积压,以保持供应的高弹性。比如联想正在建设的第三代电子商务系统,将企业和代理商紧密地联系在一起。代理商可以通过 Web 了解到当前各产品的供货周期、订单的执行情况、资金状况,而联想则可以即时了解各代理商每个产品的库存情况、销售情况,通过统计分析作出新的市场决策,大大提高了决策的准确性和时效性。同时,在此模块实施过程中,联想还将其中的应用成熟的模块,诸如网上订单处理、网上信用管理、网上支付提炼成 i-order,i-Credit,i-Payment 这样的产品,用以支撑自身的系统集成业务,为其他企业提供服务。

产品研发管理(PDM),就是通过构筑产品信息数据库,建立一个统一的产品研发系统平台。在这个平台上,所有参与设计的人员通过浏览器就可以共享所有的设计文档与信息,通过浏览器就可以共同完成某种产品的开发设计工作。这样,联想的用户和合作伙伴,都可以跨越时空的限制,参与到联想产品研发设计的各个环节中来,使产品从一开始设计就充分体现用户的需求,这样生产出来的产品才能够真正让用户满意。同时,产品的设计信息将直接进入生产制造系统,与供应链上的采购、生产、销售、商务等各个环节自动连接起来,从而简化工作流程、大大缩短了新产品从创意到上市的时间周期。

正是由于 CRM、SCM、PDM 等模块的实施,帮助企业实现高效率、低成本,高度满足客户个性化的需求,提高了满意度。联想通过 E 化的方式,使产品的设计和市场的需要趋于一致,并缩短了企业和客户之间的距离,真正实现了电子商务更丰实的内涵。

资料来源:联想电子商务案例分析[EB/OL].[2014-02-07]http://www.wangxiao.cm/dz/46011378756.html.

第十三章
电子商务模式创新

 内容提要

首先结合相关学者的研究,对电子商务模式的概念和分类(主要讨论了基于交易对象的电子商务模式)进行了回顾,接下来,对商业模式创新的四个方法进行了介绍,在此基础上,梳理了电子商务模式创新的思路,然后,从不同视角对电子商务模式创新的策略进行了阐述。最后,介绍了电子商务企业巨头京东集团的一系列创新业务。

第一节 再论电子商务模式

充分认识电子商务模式,对于当前企业管理创新以及传统企业在战略转型的政策制定与实施方面均有着重要的理论和实践意义。我国电子商务经历了起步、快速发展、网络泡沫破灭、理性回归发展、迈向成熟等时期,电子商务的商业模式也变得越来越多样化。

一、电子商务模式的相关描述

电子商务模式是网络企业生存和发展的核心,也一直是业内的热点问题,各种分类(关于电子商务模式的相关分类,在本书第四章中已有介绍,这里就不再赘述)、定义方法五花八门。电子商务模式(electronic commerce model)是随着电子商务的出现而衍生出来的概念,Chesbrough等认为,电子商务模式提供了一个转变框架,以技术的一些特性为输入,转化为价值和利润,主要突出了新技术商业化中发掘潜在价值并赢利的功能。

Petrovic 将电子商务模式定义为商业系统的运行逻辑,为企业创造价值并隐于真实的流程之后;同样,Linder 等将电子商务模式定义为企业创造价值的核心逻辑,它和前者的区别就在于一个企业的运行逻辑可能不是独有的,但是各个企业的核心逻辑则有很大的区别。Linder 等也提出了电子商务模式权变的思想,他们认为,在强烈的动态竞争环境下,竞争对手的紧逼、市场或技术的变化,导致电子商务模式不能一成不变,必须能够随着环境的变化而发生变化。

Osterwalder 等提出电子商务模式是创造价值并将相应的价值传送给一个或几个顾客群,形成伙伴关系网络,并获得持续性的价值流过程,他们还认为,电子商务模式是战略与流程之间的联系纽带——位于两者之间,是公司的战略架构蓝图和流程的实施基础。

从以上的定义可以看出,为企业创造价值是电子商务模式的根本所在。虽然各家观点有所不同,但都揭示了商务模式的一个本质,即企业获取利润的方式。电子商务模式则是关于企业如何利用网络来获取利润的经营方式。

二、人们对电子商务模式的看法

随着越来越多的消费者转向到互联网购物,传统商务模式逐渐被瓦解。电子商务模式改变了收入和成本的结构,使得传统公司很难对付。尽管互联网对商务模式的影响因行业而异,但这些模式还是有规律可循的。有前景的网络公司想找风险资本寻求支持,就必须提交一份现有竞争者难以模仿的商业计划,实现这一目标的最快方式是打破现有商业模式的价格结构,这一策略为网络公司争取到宝贵的时间,因为现有的竞争者坚持不降价(特别是当电子商务仅仅占总销售收入的很少一部分时)。为了摧毁一个行业的价格结构,网络公司必须改变该行业的收入结构。

(1) 发现新客户。互联网公司要以更低廉的价格甚或免费提供传统竞争者销售的产品或服务,通过开发新的传统商业中不存在的收入来源来弥补损失。

(2) 提供新价值。互联网使公司收集和散发信息更为容易,互联网公司通常有可能为客户创造新价值。例如,互联网拍卖网站(eBay)所提供的价值远远超过传统征求广告,即使两者都提供了买卖二手家具的方式。

(3) 构建新的价格结构。聪明的互联网公司不会局限于杀价这一招,他们也会重新包装产品,以便为其改变价格结构提供方便。例如,对产品列入拍卖清单的销售者,eBay 只象征性地收取一点费用,但却对买主按一定比例收取费用。传统的征求广告通常收取很高的清单列入价格。

电子商务模式与创新是息息相关的。当移动电话出现在市场上的时候,它提出了一种与固定电话不同的价值主张;在互联网的早期就已非常流行的门户,比如雅虎,帮助人们在网上寻找信息;戴尔将互联网作为分销渠道已经取得了巨大的成功;苹果依靠其出色的设计和电子产品复活了;Google 依靠与搜索结果相关的文字广告而盈利;等等。

对于企业管理者来说,他们拥有了一系列全新的方式来规划自己的企业,在每个行业都产生了许多新型的商业模式(包括电子商务模式,下同)。以前,因为所有公司的商业模式都大同小异,只要确定一个行业就知道自己该干什么了。但是今天,仅仅选择一个有利可图的行业是不够的,需要设计一个具有竞争力的商业模式。此外,日益激烈的竞争和成功商业模式的快速复制迫使所有公司必须不断地进行商业模式创新以获得持续的竞争优势。作为电子商务企业,必须深入了解本公司的商业模式和组成商业元素的不同元素之间的关系,才能在自己的商业模式被复制前重新审视并再次创新。

第二节 基于交易对象的电子商务模式

充分认识电子商务模式的分类,有助于传统企业根据自身的特点正确选择合适的模式,更有助于网络企业在原有的商务模式基础上实现更大的创新。电子商务模式基于不同的标准给出了不同的分类体系。本节主要介绍比较成熟的一种分类方式,即按照交易对象划分的电子商务模式。

目前我国的电子商务商业模式按照交易对象大致可以分为五类:企业对企业的电子商务 B2B,企业对消费者的电子商务 B2C,企业对政府的电子商务 B2G,消费者对政府的电

商务C2G以及消费者对消费者的电子商务C2C。而B2G、C2G是政府的电子商务行为,不以盈利为目的,主要包括政府采购、网上报关、报税等,对整个电子商务行业不会产生大的影响。因此,以下主要讨论B2B、B2C、C2C这三种商业行为的电子商务模式。

一、B2B电子商务模式

B2B电子商务主要是指企业与企业之间通过Internet进行商务活动。传统企业间的交易往往要耗费大量的时间和资源,无论是销售、分销还是采购都要占用成本。通过B2B的交易方式,买家与卖家在网络平台上选择交易对象,通过在线电子支付完成交易。企业之间可以通过网络平台在市场、产品或经营等方面建立互补互惠的合作,形成水平或垂直的业务整合。B2B的商务模式很多,可以根据不同的标准对其进行分类(下面仅介绍两类划分)。

(一)根据交易机制的划分

根据交易机制的不同,可将B2B的商务模式分为以下四类:

(1)产品目录式(product catalogue)。产品目录式电子商务产生价值的根源在于将高度分散市场中的需求方与供给方聚集到一起,提供"一店买全"的服务。这种服务为用户带来的收益有:节约收集、处理相关材料的时间;信息及时更新;提供更多、更全面的比较信息。

(2)拍卖式(auction)。拍卖式为买卖双方带来的主要好处在于提供更多的选择和机会。

(3)交易所式(transaction)。在交易所式B2B电子商务网站上交易的产品通常都是大宗商品。由于采取相对标准的合约与严格的交易管理方法,安全、交易量等问题都比较容易解决。

(4)社区式(community)。通过提供行业新闻、评论、市场信息、工作机会、在线聊天、公告板及专家服务等方式,吸引特定行业的买卖双方。其主要收入来源为广告费、赞助费与会员费。

(二)根据交易对象地位的划分

根据买方和卖方在交易中所处的地位不同,又可以将B2B电子商务划分为以下三种模式:

(1)以卖方为主的模式。这是一种最普遍的B2B电子商务模式。在这种模式中,提供产品和服务的企业即卖方企业占主动地位,它先上网公布信息,然后等待买方企业上网洽谈、交易。

(2)以买方为主的模式。需要产品或服务的企业占据主动地位,买方企业先上网公布需求信息,然后等待卖方企业上网洽谈、交易。

(3)中立模式。企业之间的电子商务可以是一个企业对几家企业,即一对多的模式,也可以是多对多的模式,这就需要有一个行业或专业的中介平台和机构,实现多家企业之间的合作和交易。对卖方或买方而言,提供买卖交易的平台是由第三方提供和建设的,他们对卖方或买方都有着同样的吸引力。

二、B2C电子商务模式

B2C即企业通过互联网为消费者提供一个新型的购物环境——网上商店,消费者通过

第十三章 电子商务模式创新

网络实现网上购物和网上支付。B2C 模式可以说是我国最早产生的电子商务模式,以 8848 网上商城的正式运营为开始。这种模式大大节省了消费者和企业的时间,提高了交易效率。

(一) 根据交易对象的性质划分

根据交易对象的性质,可将 B2C 电子商务模式分为以下两类:

1. 卖方企业——买方个人

卖方企业——买方个人的电子商务是商家(零售商)出售商品和服务给消费者个人的电子商务模式。在这种模式中,商家首先在网站上开设网上商店,公布商品的品种、规格、价格、性能等,或者提供服务种类、价格和方式,由消费者个人选购,下订单,在线或离线付款,商家送货上门的电子交易方式。

这种模式的优势在于:对商家而言,可以通过 Internet 更直接、有效、快捷地展示新产品及服务内容,节省了很多中间环节,从而节约了成本。同时,利用网络扩大了销售渠道,并可有效收集客户数据,有利于挖掘更深层次的用户价值和忠诚度。对于消费者而言,网上购物节省了时间和精力,并且有丰富的商品目录可以选购。

2. 买方企业——卖方个人

买方企业——卖方个人的电子商务是企业在网上向个人求购商品的一种电子商务模式。这种模式应用最多的就是企业用于网上招聘人才。如许多企业在中国人才盟网(www.job.com.cn)上招聘各类人才。在这种模式中,企业首先在网上发布需求信息,后由个人上网洽谈。这种方式在当今人才流动量大的社会中极为流行,因为它建立起了企业与个人之间的联系平台,使得人力资源得以充分利用。

(二) 根据交易客体的划分

根据交易的客体,可把 B2C 分为无形商品和服务的电子商务模式与有形商品和服务的电子商务模式。前者可以完整地通过网络进行,而后者则不能完全在网上实现,要借助传统手段的配合才能完成。

1. 无形商品和服务的电子商务模式

无形商品和服务,如电子信息、计算机软件、数字化视听娱乐产品等,一般通过网络可以直接提供给消费者。无形商品和服务的电子商务模式主要有以下几种:

(1) 网上订阅模式。消费者通过网络订阅企业提供的无形商品或服务,并在网上直接浏览或消费。这种模式主要被一些商业在线企业用来销售报纸杂志、有线电视节目等。网上订阅模式主要有:

在线出版——出版商通过 Internet 向消费者提供除传统印刷出版物之外的电子刊物,消费者通过订阅可下载有关的刊物;在线服务——通过每月收取固定的费用而向消费者提供各种形式的在线信息服务;在线娱乐——在线娱乐商通过网站向消费者提供在线游戏,并收取一定的订阅费。

(2) 广告支付模式。在线服务商免费向消费者提供在线信息服务,其营业收入完全靠网站上的广告来获得。这种模式虽然不向消费者直接收费,但却是目前最成功的电子商务模式之一。Yahoo 在线搜索网站就是依靠广告收入来维持经营活动的。

(3) 网上赠予模式。这种模式经常被软件公司用来赠送软件产品,以扩大其知名度和市

场份额。一些软件公司将测试版软件通过 Internet 向用户免费发送,用户自行下载试用,也可以将意见或建议反馈给软件公司。用户对测试软件试用一段时间后,如果满意,则有可能购买正版软件。采用这种模式,软件公司不仅可以降低成本,还可以扩大测试群体,改善测试效果,提高市场占有率。美国的网景公司(Netscape)在其浏览器最初推广阶段采用的就是这种方法,从而使其浏览器软件迅速占领市场,效果十分明显。

2. 有形商品和服务的电子商务模式

有形商品是指传统的实物商品。采用这种模式,有形商品和服务的查询、订购、付款等活动在网上进行,但最终的交付不能通过网络实现,还是用传统的方法完成。这种电子商务模式也叫在线销售,目前,企业实现在线销售主要有两种方式:在网上开设独立的虚拟商店;参与并成为网上购物中心的一部分。

三、C2C 电子商务模式

C2C 电子商务模式,是消费者个人对消费者个人的电子商务模式,这种模式的本质是网上拍卖,它的主要特点是:一种平民之间的自由贸易,通过网上完成跳蚤市场的交易,从而完成了个人商品的流通。目前,C2C 电子商务企业采用的运作模式是通过为买卖双方搭建拍卖平台,按比例收取交易费用,或者提供平台方便个人在上面开店铺,以会员制的方式收费。C2C 这种模式的产生以 1998 年易趣成立为标志,目前采用 C2C 模式的主要有易趣、淘宝等公司。

该模式可分为以卖方为主的消费者个人——消费者个人的电子商务和以买方为主的消费者个人——消费者个人的电子商务两种模式。

(1)以卖方为主的消费者个人——消费者个人。这是一种由出售商品的个人在网上发布信息,由多个买者竞价,或与买者讨价还价,最终成交的模式。这种模式的代表有淘宝等拍卖网站。要出售商品的个人将商品的图片和详细资料放在拍卖网站上,供那些想买东西的人挑选。通常消费者可以获得价格较市面更低的商品。

(2)以买方为主的消费者个人——消费者个人。这是一种由想购买商品的个人,在网上发布求购信息,由多个卖者竞卖,或与卖者讨价还价,最终达成交易的电子商务模式。

第三节 商业模式创新

按照创新理论鼻祖熊彼特的观点,凡是引入新产品、引用新的生产方法和工艺、开辟新市场、获得原材料或半成品的新供给来源等都是创新。在知识经济时代,企业只有依据市场变化,不断调整产品结构,推陈出新,才有可能在激烈的竞争中立于不败之地。从这个意义上说,创新是企业生存和发展的必要保障,是企业持久发展的不竭源泉。

在论述电子商务模式创新之前,这里先回顾一下 IBM 商业研究所和哈佛商学院克利斯坦森教授(Christensen)关于商业模式创新的内容。[①]

---

① 本节以下内容摘自商业模式创新的四种方法,创业邦网站(http://www.cyzone.cn/a/20120717/229820.html),访问时间:2017 年 2 月 15 日

第十三章　电子商务模式创新

按照 IBM 商业研究所和哈佛商学院克利斯坦森教授(Christensen)的观点,商业模式就是一个企业的基本经营方法(method of doing business)。它包含四部分：用户价值定义(customer value proposition),利润公式(profit formula),产业定位(value chain location),核心资源和流程(key resources & processes)。商业模式创新就是对企业以上的基本经营方法进行变革。一般而言,有以下四种方法。

第一种方法,改变收入模式,即改变一个企业的用户价值定义和相应的利润方程或收入模型。这就需要企业从确定用户的新需求入手,即去深刻理解用户购买你的产品需要完成的任务或要实现的目标是什么。该教授认为,用户要完成一项任务需要的不仅是产品,而是一个解决方案。一旦确认了此解决方案,也就确定了新的用户价值定义,并可依此进行商业模式创新。

国际知名电钻企业喜利得公司就从此角度找到用户新需求,并重新确认用户价值定义。喜利得一直以向建筑行业提供各类高端工业电钻著称,但近年来,全球激烈竞争使电钻成为低利标准产品。于是,喜利得通过专注于用户所需要完成的工作,意识到它们真正需要的不是电钻,而是在正确的时间和地点获得处于最佳状态的电钻。然而,用户缺乏对大量复杂电钻的综合管理能力,经常造成工期延误。因此,喜利得随即改动它的用户价值定义,不再出售而出租电钻,并向用户提供电钻的库存、维修和保养等综合管理服务。为提供此用户价值定义,喜利得公司变革其商业模式,从硬件制造商变为服务提供商,并把制造向第三方转移,同时改变盈利模式。

第二种方法,改变企业模式,即改变一个企业在产业链的位置和充当的角色,也就是说,改变其价值定义中"造"和"买"(make or buy)的搭配,一部分由自身创造(make),其他由合作者提供(buy)。一般而言,企业的这种变化是通过垂直整合策略(vertical integration)或出售及外包(outsourcing)来实现。如谷歌在意识到大众对信息的获得已从桌面平台向移动平台转移,自身仅作为桌面平台搜索引擎会逐渐丧失竞争力,就实施垂直整合,大手笔收购摩托罗拉手机和安卓移动平台操作系统,进入移动平台领域,从而改变了自己在产业链中的位置及商业模式,由软变硬。IBM 也是如此。它在 1990 年代初期意识到个人电脑产业无利可寻,即出售此业务,并进入 IT 服务和咨询业,同时扩展它的软件部门,一举改变了它在产业链中的位置和它原有的商业模式,由硬变软。

第三种方法,改变产业模式,它要求一个企业重新定义本产业,进入或创造一个新产业。如 IBM 通过推动智能星球计划(Smart Planet Initiative)和云计算。它重新整合资源,进入新领域并创造新产业,如商业运营外包服务(business process outsourcing)和综合商业变革服务(business transformation services)等,力求成为企业总体商务运作的大管家。

第四种方法是改变技术模式。正如产品创新往往是商业模式创新的最主要驱动力,技术变革也是如此。当今,最具潜力的技术之一是云计算,它能提供诸多崭新的用户价值,从而提供企业进行商业模式创新的契机。另一项重大的技术革新是 3D 打印技术。如果一旦成熟并能商业化,它将帮助诸多企业进行深度商业模式创新。如汽车企业可用此技术替代传统生产线来打印零件,让用户在网上订货,并在靠近用户的场所将所需汽车打印出来！

第四节 电子商务模式创新的思路

如何找到成熟的并且适合本企业特点的电子商务模式是每个企业面对互联网时代不得不思考的问题。一些早期涌现出的电子商务模式如门户类模式(如新浪网)、网上商家模式(如当当网)、虚拟社区模式(如天涯网)、内容提供商模式(如中国知网)、交易中介商模式(如携程网)等等让一批互联网企业纷纷立于不败之地。近些年来,随着网络技术的迅猛发展和竞争的加剧,一方面,越来越多的传统企业涉足互联网,另一方面,大批互联网企业纷纷转型,电子商务新模式层出不穷。电子商务模式创新能给企业带来战略性的竞争优势,是互联网时代企业应该具备的关键能力。总体来看,电子商务模式创新应该遵循着以下思路。

(1)不易复制。理想的电子商务新模式应该难以被竞争者模仿,常给企业带来战略性的竞争优势,而且优势常可以持续数年。任何一种新的电子商务模式出来势必会引起其他企业的关注。可以想象,对于那些门槛过低的电子商务模式是难以获得持久竞争优势的,短时间内会被大量企业模仿,失去自己的先发优势。例如电子商务团购的模式在 2010 年由美国的 Groupon 引入我国,短短半年多的时间,我国迅速出现了 1400 多家团购网站,数量如此之多正是由于网络团购模式的低门槛、易复制的特点。电子商务模式的创新要紧紧围绕自身独特的核心资源,例如微信就是基于腾讯庞大的、具有黏性的客户群体,以及个人的社交属性迅速获得发展的。

(2)关注顾客需求。电子商务模式创新更注重从顾客的视角,从根本上思考设计企业的变革行为。电子商务模式创新的出发点,是如何从根本上为顾客创造更多的价值。因此,它逻辑思考的起点是顾客的需求,根据顾客需求考虑如何有效满足它。那些完全追求新奇性而忽视顾客需求的模式是不可能获得长远发展的。

(3)与时俱进。随着新技术不断出现和环境不断变化,电子商务模式也要不断与时俱进。正如前文提到过的云计算、3D 打印技术以及新的社交媒介微信的出现,它们能提供诸多崭新的用户价值,从而为企业进行商业模式创新创造契机。

(4)重视顾客社交属性。近些年来,微博、微信以及一些社交网站(如 Facebook)等社会化媒介的出现为电子商务模式创新创造了巨大的空间。社会化媒介的突出特征就是滚雪球式的快速传播效应以及个人与个人之间的粘性效应。电子商务企业与社会化媒介充分融合,一方面可以在传统的电子商务平台上增加社会化媒介的板块,通过社会化媒介的口碑效应和粘性机制换取消费者的关注和销售额的持久上升;另一方面,电子商务企业可以在关注度高的社会化媒介中进行本企业的营销,通过话题炒作、软文营销、赞助活动等方式迅速引起网民的关注。

由口袋购物最早开发的"微店"App,以极低的入驻门槛和管理门槛,快速掀起一股手机端开店热潮。不同于以往移动电商的 App,微店主要基于移动端(尤其是微信),商家可以直接装修店铺,上传商品信息,还可通过自主分发链接的方式与社交结合进行引流,完成交易。微店的出现,是对于整个传统电商生态的一种颠覆。无论是 PC 时代还是 APP 时代,都是要追求流量导入,追求不断拉新客户,追求成为入口。但当社交购物的微店出现,游戏规则变了,微店追求的是用户关系的深度,通过维系老客户,提升购买频率,能够形成持续的

第十三章 电子商务模式创新

购买。①

5.增强用户体验。互联网经济是体验经济,用户体验也因此被称做创新2.0模式的精髓。用户体验是"以人为本"的社会交易模式,它贯穿在电子商务运行的全过程,从网站的设计到产品和服务的提供,从支付平台的搭建到物流配送系统的建立,从线上体验再到线下体验,无一不是用户体验创新的领地。如果电子商务企业能抓住其中的某一个或某几个环节加以改进,创造与众不同的用户体验,就有可能获得更多消费者的青睐,从而提升企业的业绩。②

京东集团不断创新升级,满足顾客购物体验。例如,2016年6月1日,京东集团召开"京东陪伴每时每刻"——2016京东陪伴计划发布会,重磅推出"陪伴计划"一站式综合体验平台。"陪伴计划"作为京东的战略项目,致力于为目标用户打通、聚合京东现有体系关联资源,建立共生关系的开放式平台,为消费者提供更贴心、更高品质的服务,为父母陪伴孩子成长提供购物、资讯、理财、公益于一体的专属产品和服务。③

值得一提的是,2014年洋码头推出的海外扫货神器带给用户不一样的体验。2014年,海淘和代购产业一路兴旺,并且渐渐由朋友圈生意走向大规模规范化操作,洋码头的海外扫货神器在这样的背景下脱颖而出。"海外扫货神器"的使用场景大致可以描述为:买手现场给促销商品拍照上传App,用户在App下单、支付,买手收集订单进行现场采购,然后发货。值得注意的是,由于买手是在现场直播,所以对时间有限制,通常一场扫货的时长是4到6小时。这无疑对买家的下单速度要求极高——之所以选择以App为主要平台,也是为了方便用户随时随地抢购。以海外实体卖场为基点、实现同步促销、完全基于移动App是"海外扫货神器"相比国内其他海外代购网站的三个关键差异。④

第五节 电子商务模式创新的策略

总体来看,电子商务模式创新有两大类型:一类是无中生有,对原有商业模式颠覆性的变革,创造一种新的商业模式,另一类是模式衍伸,在已有商业模式的基础上进行局部修订,提高商业运作的效率,例如改变企业提供的产品或服务内容、改变交易方式、寻找新的合作伙伴等等。下面主要结合沃顿商学院的拉斐尔·阿米特和克里斯托弗·佐特提出的商业模式创新内容,介绍电子商务模式创新的策略。

沃顿商学院的拉斐尔·阿米特和克里斯托弗·佐特将商业模式定义为:一套互相联结并且互相依赖的活动系统,决定了公司与顾客"做生意"的方法。这套活动系统是为了满足市场需求而存在,并且明确指定相关成员应该做哪些事,以及这些事之间的相互关系。他们认为,一家公司的商业模式基本上是由内容、结构与管理这三项元素所构成的,每一种创新方式都对应了某一项元素的变动。⑤ 实际上,电子商务企业除了内容创新、结构创新和管理

---

① 2014年八大电商创新商业模式[EB/OL]. http://www.fashangji.com/news/show/3613/.
② 电子商务企业如何进行商业模式创新[EB/OL]. http://www.cyzone.cn/a/20111230/221079.html.
③ 2016年Q2京东大事记[EB/OL]. http://www.v4.cc/News-1780725.html.
④ 2014年八大电商创新商业模式[EB/OL]. http://www.fashangji.com/news/show/3613/.
⑤ 创新商业模式[EB/OL]. http://www.xuexila.com/chuangye/moshi/875603.html.

创新外,还可以在服务水平上进行创新,满足顾客的消费体验。为此,这里介绍内容创新、结构创新、管理创新和服务创新四种策略。

1. 内容创新策略

内容创新主要指的是公司活动范围的改变,也就是调整公司原有的活动。例如,京东创新的脚步从未停止,自 2004 年涉足互联网以来,不断增加公司产品和服务种类与范围。

从产品角度来说,京东最初成立京东商城时主要销售 3C 类电子产品,2010 年,京东进行了转型,做一站式的购物平台,产品种类包罗万象。从服务角度来说,京东一直在扩充自己的服务内容。2007 年,京东打破原来网购只能采用电子支付或货到付款的支付模式,首次实现中国电子商务上门刷卡服务;2009 年 2 月,京东尝试出售一系列特色上门服务,包括上门装机服务、电脑故障诊断服务、家电清洗服务等;2010 年 6 月,京东开通了全国免费上门取件服务;2012 年 9 月,京东再次升级次日达服务,在 150 个城市推出;2013 年 1 月京东与戴尔强强联手,开创了电子商务行业一种全新的售后服务模式,即针对所销售的戴尔计算机,京东可以通过自我诊断,为消费者提供高效的在线部件订购和安装服务,从而自行解决消费者售后维修方面的相关问题。① 此外,京东于 2013 年正式成立金融集团,构建了网络支付(网银在线)、供应链金融(京保贝、京小贷)、消费金融(京东白条)、财富管理(小金库、理财)、众筹和保险等六大业务板块。

2. 结构创新策略

结构创新主要是指基于活动结构的改造,也就是这些活动互相联结的方式,以及联结的顺序的改变。例如 Priceline.com 所创新的交易机制,一般情况下,如果消费者需要购买机票、住宿等旅游相关的服务项目时,定价权力都掌握在服务方的手上。而 Priceline.com 却反其道而行之:消费者可以通过 Priceline.com 提供他们期望的产品和价格,与 Priceline.com 合作的航空公司、旅行社则通过 Priceline.com 获得市场的需求信息,根据消费者的需求决定是否提供相关产品与服务。通过这种截然不同的机制,Priceline.com 创造出了一个反向市场,并获得了生存与发展的空间。②

3. 管理创新策略

管理创新则是指负责进行这些活动的主体改变。从管理方面创新商业模式,有时能够带来意料之外的合作关系,将敌人化为至少是暂时的盟友。网络媒体的崛起,以及平面杂志与广告的衰退,就让美国的五大出版业巨头共聚一堂,为了推出网络时代的新类型杂志,而组成了策略联盟。因共同目标而集结的时代公司(Time Inc.)、新闻集团(News Corporation)等五家公司,一同推出了一个线上的杂志贩卖摊:下期杂志媒体网(Next Issue Media),让使用者可以透过网络,直接订阅这些公司的电子版和出版物。③

4. 服务创新策略

从企业的经营活动来看,电子商务模式创新可以体现在营销的创新、采购的创新、库存的创新、生产过程的创新、交付过程的创新、售后服务的创新等方面。物流配送服务是电子

---

① 雷鸣,夏雨.京东商城的创新发展路径分析[J].市场研究,2014(4):40-41.
② 创新商业模式[EB/OL]. http://www.xuexila.com/chuangye/moshi/875603.html.
③ 同上

第十三章 电子商务模式创新

商务的重要组成部分,也是制约电子商务企业发展的瓶颈。在电子商务环境下,消费者对物流配送体系提出了更高的要求,比如配送的速度更快,配送的质量更高,配送的范围更广。因此,建立完善、高效的物流配送体系,将成为未来电子商务企业赢得竞争优势的关键要素,也是电子商务企业商业模式创新的重要切入点。电子商务企业京东集团在物流服务上一直不乏创新。2016年6月8日,京东无人机从宿迁双河站配送中心将数个订单的货物送至宿迁曹集乡旱闸的乡村推广员刘根喜手中,京东无人机配送首单顺利完成,京东无人机项目又迈出了坚实的一步,也标志着京东智慧物流体系的建设实现了一次重要落地。

总的来说,电子商务模式的创新不是一蹴而就的事情,需要根据环境变化不断调整。电子商务模式创新不能仅停留在一个新的想法上,是否能够成功,最终还需要有相当行业经验和管理经验的强有力的领导人以及合理的文化、制度、公司治理结构的支持。

本章小结

本章首先介绍了电子商务模式的经典描述,对基于交易对象的电子商务模式进行了较为深入的分析和探讨。在此基础上对电子商务模式创新的思路进行了较为深入的分析。电子商务模式不是一成不变的,是随着环境的变化而不断持续创新的。最后,本章介绍了电子商务模式的创新策略,并对电子商务企业京东2015年典型模式创新举措进行了案例分析。

思考题

1. 什么是商业模式?电子商务企业商业模式创新有什么重要意义?
2. 基于交易对象的电子商务模式分类方法有哪些?
3. 电子商务模式创新时要注意哪些问题?
4. 电子商务模式创新策略有哪些?

案例分析

京东集团2015年五大业务创新

一、京东的基本发展情况

京东于2004年1月正式涉足电子商务领域。目前,京东集团有京东商城、京东金融、拍拍网、京东智能、京东到家和海外事业部等六个业务实体。截止2014年底,京东共有6.8万名员工。2014年京东的交易额为2602亿元,同比增长107%;净收入为1150亿元,同比增长66%。今年一季度,京东交易额同比增长99%,净收入同比增长62%。京东2014年的收入规模在国内超过了苏宁云商,成为我国最大的商业零售企业;在国际上超过了美国第二大电商eBay。京东是我国目前唯一一家年收入超过1000亿元的互联网公司,是仅次于亚马逊的全球第二大网络零售商。

二、2015年上半年的业务创新和工作亮点

乘着"互联网+"的东风,京东主动适应经济发展新常态,把"创新突破"作为2015年的发展主题,在"转方式、调结构、惠民生"等方面充分发挥龙头示范带动作用,预计在未来几年仍将保持高速增长。2015年上半年,京东的业务创新和工作亮点主要体现在以下五个方面。

电子商务管理

(1)创新 O2O 模式,京东到家促进传统产业转型升级。

3月16日,京东的O2O项目京东到家正式上线。京东到家主打生鲜产品,它利用移动互联网,整合3公里范围内的超市、鲜花店、水果店、蛋糕店等实体店资源,为消费者提供"2小时快速送达"服务。除了自有配送体系外,京东还推出了众包物流,利用社会化运力实现商品的快速送达。餐饮外卖、家政、洗衣、洗车、美甲、按摩等本地生活服务也是京东到家的重点发展方向,可为消费者提供专业的上门服务。

目前,京东到家已在北京、上海和广州三座城市正式上线,在深圳、武汉、成都、南京等城市积极筹备。其中,北京和上海的入驻商家已接近100家,门店近3000家。京东到家通过盘活线下资源,创新推动"互联网+实体零售"、"互联网+生活服务业"的发展,促进传统产业转型升级。

(2)加快渠道下沉步伐,大力开拓农村电商市场。

我国的电子商务发展不平衡。在广大偏远地区,人们难以享受到像大城市那样物美价廉、快速便捷的电子商务服务。为此,京东集团加快了渠道下沉步伐,重点发展县城和农村市场。京东农村电商的发展战略有三部分,即工业品进农村战略(Factory to Country)、农村金融战略(Finance to Country)和生鲜电商战略(Farm to Table),简称"3F战略"。

京东将着力构建一张覆盖农村地区的新型网络。这张网络主要由县级服务中心、"京东帮"服务店和乡村推广员组成。其中,县级服务中心和"京东帮"服务店开设于县城,发展目标是分别实现"一县一中心"和"一县一店"。乡村推广员可帮助农民进行咨询、下单、支付、配送、售后等一系列服务。

截至2015年5月底,已有209家县级服务中心正式开业,已招募乡村推广员超过2.5万人;已有693家"京东帮服务店"开业运营,覆盖超过23万个行政村。京东农村电商业务发展十分强劲,保持每月数倍增长。以4月为例,来自县城和农村地区的订单量比上月增长393%,销售额比上月增长466%。京东的合作伙伴也充分享受到了京东的发展红利。乡村推广员对农民来说是一份兼职工作,但已有很多推广员的单月佣金收入超过当地县市的平均工资水平,并涌现出了单月佣金收入超过一万元的明星推广员。

(3)大力发展跨境电商,加快国际化步伐。

京东的跨境电商主要由进口和出口两部分业务组成。

在进口业务方面,2015年4月15日京东推出了"全球购"平台,另外,京东与eBay合作的"eBay海外精选"频道也同步上线,目前已开设法国馆、韩国馆、日本馆和澳洲馆。

在出口业务方面,2015年6月11日京东上线"全球售"业务,首站已进入俄罗斯市场,印度、巴西、东南亚等国家和地区将是未来的重要拓展方向。

(4)发力互联网金融,构建普惠金融体系。

京东于2013年正式成立金融集团,构建了网络支付(网银在线)、供应链金融(京保贝、京小贷)、消费金融(京东白条)、财富管理(小金库、理财)、众筹和保险等六大业务板块。其中,网络支付是互联网金融的基础。供应链金融服务于产业链企业,提供三分钟快速融资服务,真正解决中小企业的融资难题。消费金融和财富管理服务于消费者,分别提供信用服务和理财服务。众筹服务于创业公司和投资人,产品众筹上线半年就成为我国最大的权益类众筹平台,行业占比超过三成;股权众筹于2015年3月底正式上线,可使投资人切实享受到

第十三章　电子商务模式创新

我国经济发展的红利。2015年5月,京东正式上线保险业务,推出众筹跳票取消险、海淘交易保障险、投资信用保障险、家居无忧服务保障险、30天无理由退换货险等互联网保险产品。

(5)加大投资并购力度,布局未来发展。

自2014年开始,京东集团逐步加大了对外投资并购力度,有效补充了已有核心电商业务模式,通过投资并购切入汽车、旅游、餐饮、生鲜等领域,一是更为全面地满足京东海量、优质用户的多元化需求,二是进入高潜力垂直领域市场,为公司长远发展进行战略布局。

2015年,京东已战略投资了三家上市公司——易车网、途牛旅游网和金蝶软件,并还与科大讯飞、上海医药两家A股上市公司签订合作协议,与科大讯飞成立一家专注于智能家居和语音技术的公司,与上海医药共同增资上药云健康,打造医药电子商务和移动医疗的生态系统。

2015年上半年,京东还联合投资了我国最大的网上订餐平台——饿了么,战略投资了金融服务公司——分期乐、51信用卡和ZestFinance,以及生鲜电商天天果园。

请问:本案例中京东集团一些创新举措体现了哪些电子商务模式创新的思路和策略?

资料来源:《京东集团2015半年报》发布:五大业务创新曝光[EB/OL]. http://www.56products.com/News/2015-7-13/320BH7CH18BJ0KE2451.html.

参考文献

1. Koki Murakata, Tokuro Matsuo. Computational Collective Intelligence in Electronic Commerce:Incentive Design in Evaluation System[C]. 2011 IEEE International Conference on Systems,Man,and Cybernetics. 2011.
2. 覃雄派,王会举,杜小勇,等. 大数据分析——RDBMS 与 MapReduce 的竞争与共生[J]. 软件学报,2012(1).
3. 李琪,张秦,严建援. 电子商务概论[M]. 北京:人民邮电出版社,2002.
4. 乔拓. 电子商务智能管理研究[D]. 哈尔滨:黑龙江大学,2015.
5. 杨晨光,李海霞. 电子商务[M]. 西安:西安电子科技大学出版社,2002.
6. 许智超. 电子商务订单实时处理的智能系统研究[D]. 大连:大连理工大学,2005.
7. 宋远方,姚贤涛. 电子商务[M]. 北京:电子工业出版社,2003.
8. 黄建康. 企业电子商务管理与战略[M]. 南京:东南大学出版社,2004.
9. O'Brien JA. Management Information Systems:Managing Information Technology in the E-Business Enterprise[M]. New York:McGraw-Hill,2002.
10. 赵春雷,乔治·纳汉,"大数据"时代的计算机信息处理技术[J]. 世界科学,2012(2).
11. 黄兰秋. 基于云计算的企业竞争情报服务模式研究[D]. 天津:南开大学,2012.
12. 朱云捷. 电子商务下决策支持系统的应用分析与研究[J]. 信息与电脑(理论版),2012(10).
13. 中国互联网络信息中心. 2015 年中国网络购物市场研究报告[R]. 2016.
14. 王玲. 智能客户关系管理发展趋势研究[J]. 管理科学文摘,2007(2).
15. 王珊,王会举,覃雄派等. 架构大数据:挑战、现状与展望. 计算机学报,2011(10).
16. 中国互联网络信息中心. 中国互联网络发展状况统计报告[R]. 2017.
17. 关永宏,王晓玲等. 电子商务法[M]. 广州:华南理工大学出版社,2003.
18. 覃征,岳平等,电子商务与法律[M]. 北京:人民邮电出版社,2001.
19. 张平. 网络法律评论[M]. 第一卷. 北京:法律出版社,2001.
20. [英]安德鲁·斯帕罗. 电子商务法律[M]. 林文平,陈耀权,译. 北京:中国城市出版社,2001.
21. [英]尼尔·巴雷特. 数字化犯罪[M]. 沈阳:辽宁教育出版社,1998.
22. 王金玲,刘立霞等. 电子商务的法律与规范[M]. 沈阳:东北大学出版社,2003.
23. 沃里克·福特,迈克尔·鲍姆. 安全电子商务——为数字签名和加密构造基础设施[M]. 劳帼龄,等,译. 北京:人民邮电出版社,2002.
24. 吕廷杰. 电子商务教程[M]. 北京:电子工业出版社,2000.
25. 杨坚争,高富平,方有明. 电子商务法教程[M]. 北京:高等教育出版社,2001.

26	李翔,王钇,等.电子商务[M].北京:机械工业出版社,2006.
27	联商网.第三方平台卖家售假,电商平台需承担连带责任[N].2014-7-28.
28	曲涛.传统企业发展电子商务的风险分析及对策研究[D].大庆石油学院,2005.
29	段钢.大数据时代的伦理忧思[J].社会科学报,2016.
30	林玉英.电子商务法律问题研究[D].大连:大连海事大学,2003.
31	张楚.外国电子商务法[M].北京:北京邮电大学出版社,2000.
32	方智勇.我国电子商务物流发展存在的问题及对策分析[J].中国商贸,2014(26).
33	谭敏,张涨,王睿.电商"假货门"[EB/OL].http://gzdaily.dayoo.com/html/2014-03/29/content_2581756.htm.
34	张旭珍,周剑玲,魏景新.电子商务安全技术的研究[J].计算机与数字工程,2008.
35	廖益新.国际税法学[M].北京:北京大学出版社,2001.
36	李琪,等.电子商务概论[M].北京:高等教育出版社,2009.
37	夏锋.高级计算机网络[M].北京:清华大学出版社,2014.
38	Sebesta.R.W Programming The World Wide Web,Eighth Edtion[M].Pearson Education Inc.2013.
39	郝兴伟.Web技术导论[M].2版.北京:清华大学出版社,2009.
40	邱仲潘,洪镇宇.网络安全[M].北京:清华大学出版社,2016.
41	石磊,赵慧然.网络安全与管理[M].2版.北京:清华大学出版社,2015.
42	蔡剑,叶强,廖明玮.电子商务案例分析[M].北京:北京大学出版社,2011.
43	李蔚田,孙学军.网络金融与电子支付[M].2版.北京:北京大学出版社,2015.
44	柳俊,王求真.陈珲.基于内容分析法的电子商务模式定义研究[J].浙江大学学报(人文社科版),2010,5:82-91.
45	戴国良.C2B电子商务的概念、商业模型与演进路径[J].商业时代,2013,17:53-54.
46	齐丹.我国电子商务C2B模式的现状及发展策略研究[J].福建质量管理,2015,09:23.
47	王刊良.基于分类的企业电子商务模式创新方法[J].系统工程理论与实践,2003,03:18-23.
48	Paul Timmers.六大电子商务发展战略[M].北京:机械工业出版社,2001.
49	Peter Weill,Michael R·vitale.企业e化八原型[M].台湾:蓝鲸出版有限公司,2001.
50	Allan Afuah,Christopher L·Tucci.互联网商务模式与战略[M].北京:清华大学出版社,2002.
51	Paul Bambury,A taxonomy of Internet commerce[J].First Monday,1998,(10).
52	Michael Rappa.Business models On the web[EB/OL].http://digitalenter-prise.org/models/models.html.
53	Paul Timmers.Business models for electronic markets[J].Journal on Electronic Markets,1998,8(2):3-8.
54	William Hanrott,Business models for generating value on the Internet-a study of how to market an Electronic Music Tutorial[EB/OL].http://www.mainem.co.uk/diss/will/dissertaion.html,2000.

55　C. Dreisbach, S. Writer. Pick a web business model that works for you[EB/OL]. http://www.workz.com,2000.

56　Steven Kaplan, Mohanbir Sawhney. E—Hubs: The New B2B Marketplaces[J]. Harvard Business Review. May/Jun2000,2000,78(3):97-103.

57　Mary Modahl. Now or never: how companies must change today to win the battles for Internet consumer[M]. New York: Harper Business,2000.

58　Nicholas Schmidt. Patents on Internet Business Models[EB/OL]. http://www.web-pr.co.uk/news/patens.asp,2000.

59　高展. 我国茶叶电子商务市场现状分析及营销模式研究[D]. 重庆:西南大学,2015.

60　卢秋萍. 基于LBS的移动电子商务精准化营销模型及策略[J]. 电子商务,2014.

61　王旭. 创业者如何赢得风险资本融资青睐—以当当网融资为例[J]. 运营指南,2011.

62　丹尼尔·A·雷恩,阿瑟·G·贝德安. 管理思想史[M]. 孙健敏,黄小勇,李原,译. 北京:中国人民大学出版社,2012.

63　刘冀生. 企业战略管理——不确定性环境下的战略选择及实施[M]. 3版. 北京:清华大学出版社,2016.

64　杰弗里·F·雷波特,伯纳德·J·贾沃斯基. 电子商务[M]. 北京:中国人民大学出版社,2004.

65　汤兵勇. 电子商务原理[M]. 北京:化学工业出版社,2012.

66　冯英健. 网络营销基础与实践[M]. 5版. 北京:清华大学出版社,2016.

67　张润彤. 电子商务概论[M]. 北京:电子工业出版社,2003.

68　田艳. 电子商务基础与应用[M]. 广州:华南理工大学出版社,2016.

69　朱迪·斯特劳斯,雷蒙德·费罗斯特. 网络营销[M]. 5版. 时启亮,孙相云,刘芯愈,译. 北京:中国人民大学出版社,2010.

70　徐海涛. 从战略规划走向战略管理——院校研究的作用[J]. 高等教育研究,2010,31(12):61-67.

71　陈文. 海尔集团电子商务有限公司发展战略研究[D]. 济南:山东大学,2016.

72　赵益维,杜延庆,何娟. 面向岗位需求的电子商务应用创新型人才培养模式探究[J]. 高教学刊,2017,5:51-52.

73　海因茨·韦里克,哈罗德·孔茨. 管理学——全球化视角[M]. 马春光,译. 北京:经济科学出版社,2004.

74　王学东. 电子商务管理[M]. 2版. 重庆:重庆大学出版社,2012.

75　陈春花. 激活个体:互联时代的组织管理新范式[M]. 北京:机械工业出版社,2016.

76　王吉斌,彭盾. 互联网:传统企业的自我颠覆、组织重构、管理进化与互联网转型[M]. 北京:机械工业出版社,2015.

77　陈春花. 组织行为学[M]. 3版. 北京:机械工业出版社,2016.

78　刘林,吴金南,传统企业的电子商务组织模式选择[J]. 安徽工业大学学报(自然科学版),2010(3).

79　刘巍,赵冬梅. 电子商务与企业管理的变革[J]. 中国农业大学学报(社会科学版),2001

(4).
80 林英晖,屠梅曾.电子商务与企业组织结构的变革[J].科学·经济·社会,2003(2).
81 王学东.电子商务管理[M].北京:高等教育出版社,2005.
82 李严锋,张丽娟.现代物流管理[M].大连:东北财经大学出版社,2004.
83 汤萱.电子商务模式下三流运作演变机理分析[J].物流工程与管理,2012(10).
84 吴翠霞.电子商务中的"三流"互动机理分析[J].集团经济研究,2007.
85 汤萱.基于"三流"协同运作机理的电子商务模型研究[J].广州大学学报(自然科学版),2013(10).
86 罗贤春.中小企业电子商务三流整合研究[J].商业研究,2006(04).
87 王鑫.企业竞争新优势——三流融合[J].经济与管理,2007.
88 胡晓兰,肖科峰.论物流与人力流、信息流、资金流的整合优化[J].云南社会科学,2016(6).
89 王苑.分析电子商务环境下的物流管理创新[J].中国商论,2016(20).
90 鲁祥.供应链管理模式下的企业物流管理[J].经济与管理,2016(1).
91 薛东辉.大数据时代下的物流、信息流、资金流融合——基于商业银行视角[J].物流技术,2014,33(1).
92 张健,罗红梅,易文燕.基于物联网B2C电子商务业务流程优化与"三流"探析——以武汉中北仓储为例[J].科技展望,2014(13).
93 Aleksandra Mojsilović, Bonnie Ray, Richard Lawrence and Samer Takriti. A logistic regression framework for information technology outsourcing lifecycle management [J]. Computers and Operations Research, Volume 34, Issue 12.
94 Smith, M. A., Mitra, S. and Narasimhan, S. Information systems outsourcing a study of pre-event firm characteristics[J]. Journal of Management Information Systems, v15 i2, 61-93.
95 Lee H L, So K C, Tang C S. The Value Of Information Sharing In A Two-level Supply Chain[J]. Management Science, 2000, 46(5): 626-643.
96 Georoge Q Huang, Jason S K Lau, K L Mak. The impacts of sharing production information on supply chaina review of the literature[J]. International Journal of Production Research, 2003.
97 文华."互联网+"视角下的供应链体系优化[J].当代经济管理,2016,38(9).
98 中国电子商务研究中心[EB/OL]. http://www.100ec.cn/detail—6383756.html.
99 田碧蓉.浅析ERP系统[J].科技创新与应用,2016,(03):67.
100 李敏.基于ERP的企业财务管理探析[J].企业改革与管理,2016(09):111-112.
101 刘艺.浅析管理会计与财务会计的融合[J].财经问题研究,2014(S1):92-94.
102 贺岳星,计竞舟.中小企业ERP的现状及发展趋势[J].长江丛刊,2016(30):159-159.
103 潘秀芹.ERP系统的特点、作用及发展趋势[J].中国管理信息化,201619(14):51-53.

104	卢仁鹏.管理新时代下ERP发展前景探讨[J].探索科学,2016(6).
105	闫磊,曹丹凤,李德雄,等.谈ERP在我国制造业的应用现状与趋势[J].工程技术(全文版),2016(7).
106	武怡凡,林吉祥,胡春雨.企业ERP系统的构建——以京东集团为例[J].商场现代化,2016(26):116-117.
107	王学东.电子商务管理[M].北京:高等教育出版社,2005.
108	李严锋,张丽娟.现代物流管理[M].大连:东北财经大学出版社,2004.
109	马士华,林勇,陈志祥.供应链管理[M].北京:机械工业出版社,2000.
110	张诚.我国供应链管理研究综述[J].华东交通大学学报,2011(6).
111	杨洁.基于利益相关者理论的供应链管理绩效评价体系研究[J].齐鲁珠坛,2015(2).
112	王炬香,胡宗武,王安麟.基于电子商务的供应链管理[J].自造业自动化,2000(04).
113	于巧娥.电子商务环境下供应链战略联盟的绩效评价[J].商业经济研究,2016(13).
114	赵雪娇,朱向梅.供应链体系下大型零售企业竞争力提升关键影响因素研究[J].商业经济研究,2015(28).
115	张琪.电子商务平台物流供应链服务质量测度基于天猫与京东的比较[J].商业经济研究,2015(10).
116	李儒晶.供应链绩效评价研究[J].企业经济,2012(10).
117	杭俊.电子商务视域下再论我国企业的供应链管理[J].商业经济研究,2015(33).
118	蔡松林.供应链内外均衡状态的经济学分析[J].商业经济研究,2015(23).
119	康静静,谢合明.基于供应链管理的物流绩效评价体系设计[J].物流研究,2012(30).
120	耿延峰.供应链绩效评价探析[J].吉林省经济管理干部学院学报,2010年6月.
121	[美]Ronald H·Ballou.企业物流管理——供应链的规划、组织和控制[M].王晓东,胡瑞娟,等,译.北京:机械工业出版社,2005.
122	Craig R Carter, Rudolf Leuschner, Dale S Rogers. A Social Network Analysis of the Journal of Supply Chain Management: Knowledge generation, Knowledge diffusion and thought leadership[J]. Journal of Supply Chain Management, Spring 2007;43,2; ABI/INFORM Global, pg. 15.
123	Xiande Zhao, Barbara B Flynn, Aleda V Roth. Decision Sciences Research in China: Current Status, Opportunities, and Propositions for research in supply chain management, logistics, and quality management[J]. Decision Sciences, Feb 2007;38,1; ABI/INFORM Global pg. 39.
124	姚国章.电子商务与企业管理[M].北京:北京大学出版社,2002.
125	钱旭潮,袁海波,丁源.企业客户关系管理[M].北京:科学出版社,2004.
126	袁道唯,田淑红.呼叫中心的视野与格局[M].北京:清华大学出版社,2005.
127	杨路明,巫宁.现代旅游电子商务教程[M].北京:电子工业出版社,2007.
128	崔妍卿.数据挖掘及其在证券业CRM中的应用[D].万邦数据库,学位论文,2005.
129	田同生.客户关系管理的中国之路[M].北京:机械工业出版社,2001.
130	王广宇.客户关系管理方法论[M].北京:清华大学出版社,2004.

参考文献

131 朱·W·肯凯德. 惠普客户关系管理[M]. 北京:人民邮电出版社,2005.

132 王瑶. 21世纪的新管理[EB/OL]. http://www.globrand.com/2006/04/20/20060420-12523-1.html.

133 成栋. 电子商务概论[M]. 北京:中国人民大学出版社,2001.

134 华峰. 呼叫中心管理系统八大趋势[N]. 中国计算机报,2001-01-08.

135 刘献军. 呼叫中心产业化发展趋势[J]. 当代通信,2004(6).

136 姚宇华. 一个呼叫中心系统的设计与实现[D]. 华中科技大学馆藏论文,馆藏号:Y778536,2005.

137 Anol Bhattacherjee. An Empirical Analysis of the Electronic Commerce Service Continuance[J]. Decision Support Systems,2001.

138 Dwyer F Robert,Schurr Paul H. Oh Sejo. Developing Buyer-Seller Relation[J]. Journal of Marketing,1987.

139 Frederick Newell. Customer Relationship Management in the New Era of Internet Marketing[J]. Frederick Newell,2000.

140 Hans HBauer,Mark Grether,Mark Leach. Building Customer Relations over the Internet[J]. Industrial Marketing Management,2002.

141 James GBarnes. Secrets of Customer Relationship Management:It's All About How You Make Them Fell[J]. McGraw-Hill Eduction,2001.

142 何健. 知乎日报[EB/OL]. https://daily.zhihu.com/story/9152558.

143 张守刚. 商务沟通与谈判[M]. 2版. 北京:人民邮电出版社,2016.

144 网站上的"帅哥导购员. 深圳特区报[EB/OL]. http://tech.sina.com.cn/i/2008-01-17/15341980491.shtml.

145 邱琳. 中小企业客户关系管理实施策略[J]. 民营科技. 2009(2).

146 畅享网. IBM眼中的CRM[EB/OL]. http://www.vsharing.com/k/CRM/2002-10/A453191.html.

147 畅享网. 以客户为中心的"的新型商业模式——CRM[EB/OL]. http://www.vsharing.com/k/CRM/2014-3/696023.html.

148 畅享网. 云时代呼叫中心客户价值挖掘[EB/OL]. http://www.vsharing.com/k/CRM/2012-7/662301.html.

149 新浪博客. 海底捞服务如此让人咋舌[EB/OL]. http://blog.sina.com.cn/s/blog_48dbd9310102dtih.html.

150 李晓. 沟通技巧[M]. 北京:航空工业出版社,2006.

151 吕冬青. 沟通的艺术[M]. 北京:燕山出版社,2009.

152 潘肖珏,谢承志. 商务谈判与沟通技巧[M]. 上海:复旦大学出版社,2006.

153 李越. 工业4.0时代下的客户关系管理探究[J]. 经济师,2016(12).

154 田子露. 微博营销在企业客户关系管理中的应用问题研究[J]. 现代营销(下旬刊),2016(12).

155 陈蕾. 微博营销在小微企业客户关系管理中的应用问题研究[J]. 现代营销(下旬刊),

2016(05).

156 刘海超.企业通过微博营销加强客户关系管理问题研究[J].现代营销(下旬刊),2016(08).

157 刘冠东.客户关系管理在企业营销管理中的应用[J].商场现代化,2014(03).

158 张蕊.论客户关系管理在企业市场营销中的作用[J].科技经济导刊,2016(03).

159 马旺.客户关系管理在企业市场营销中的价值探讨[J].科技经济市场,2016(01).

160 董猜.客户关系管在企业市场营销中的作用分析[J].全国商情,2016(14).

161 青林.现代企业如何做好客户关系管理[J].现代国企研究,2016(22).

162 刘庆龙.浅谈顾客价值视角下的客户关系管理[J].中国集体经济,2015(04).

163 曲涛.传统企业发展电子商务的风险分析及对策研究[D].大庆:大庆石油学院,2005.

164 曾小春.B2C电子商务非技术风险研究[M].北京:光明日报出版社,2009.

165 曾小春,孙宁.基于消费者的电子商务风险界定及度量[J].当代经济科学,2007(3).

166 (美)凯范·大卫斯.组织行为学[M].北京:经济科学出版社,1989.

167 汪秀.云计算环境下电子商务安全风险评估模型研究[D].合肥:安徽财经大学,2015.

168 余晖.电子商务风险研究[J].现代管理科学,2003(12).

169 陈德人,张少中,高功步,徐林海.电子商务案例分析[M].2版.北京:高等教育出版社,2013.

170 许平,胡一波,时遇辉.电子商务概论[M].长春:东北师范大学出版社,2016.

171 陈金辉.浅谈电子商务的风险管理[J].经济研究,2004(2).

172 洪国彬,范月娇.电子商务安全与管理[M].北京:电子工业出版社,2006.

173 劳帼龄.电子商务安全与管理[M].北京:高等教育出版社,2003.

174 黄岚,王喆.电子商务概论[M].2版.北京:机械工业出版社,2016.

175 王珊君,李键.电子商务安全风险评估模型研究[J].现代管理科学,2013(1).

176 袁峰,邱爱莲,蒋文杨.电子商务企业的风险识别与评价[J].软科学,2003(4).

177 Emmanuele Zambon, Sandro Etalle, Roel J. Wieringa, Pieter Hartela. Model-based qualitative risk assessment for availability of IT infrastructures[J]. Software & Systems Modeling,2011,4(10).

178 宋慧峰.浅谈电子商务对企业成本的影响[J].现代工业经济和信息化,2016,24:26-28.

179 徐雪梅.基于成本视角的电子商务企业价值创造[J].经营管理者,2015,35:318-320.

180 赵玉.关于B2B电子商务经济效率的探讨[J].商业经济,2014,16:72-73,97.

181 杨小凯.网络经济电子商务的超边际分析[J].浙江金融,2001(2):35-36.

182 姚洋.制度与效率——与诺斯对话[M].成都:四川人民出版社,2002.52-53.

183 樊刚.市场机制与经济效率[M].上海:上海三联书店,1999.81-83.

184 诺斯.时间进程中的经济绩效[J].经济社会体制比较,1995(6).

185 诺斯.制度、制度变迁与经济绩效[M].上海:上海三联书店,1995.

186 张红历,等.B2B电子商务经济效率分析[J].科技进步与对策,2006(10).

187 张李义,等.电子商务的成本——效益构成与分析[J].科技进步与对策,2001(4).

参考文献

188　张小康. 电子商务企业绩效评价体系[EB/OL]. 维普资讯 http://www.cqvip.com, 总第326期.

189　刘列励. 信息网络经济与电子商务[M]. 北京:北京邮电大学出版社,2001.

190　蒋志青. 企业业务流程设计与管理[M]. 2版. 北京:电子工业出版社,2004.

191　颇光华,等. 企业再造[M]. 上海:上海封经大学出版性,1998.23-28.

192　杜丹丽,等. 企业流程再造实施对策研究[J]. 商业研究,2004.

193　叶向阳,等. 现代管理思潮与企业流程再造[J]. 江苏论坛,2004(1),76-78.

194　苏伟洲. 中国企业流程再造探析[J]. 西南科技大学学报(哲学杜会科学版),2003(6).

195　Chesbrough H, Rosenbloom R S. The Role of the Business Model in Capturing Value from Innovation:Evidence from XEROX Corporation's Technology Spin-off Companies[C]. Industrial and Corporate Change,2002(11):529-555.

196　Petrovic O, Kittl C, Teksten R D. Developing Business Models for E-business[C]. Proceedings of the International Conference on Electronic Commerce. Vienna, Austria,2001.

197　Linder J C, Cantrell S. Changing Business Models:Surveying the Landscape[J]. Institute for Strategic Change, Accenture,2000.

198　Osterwalder A, Pigneur Y. An E-business Model Ontology for Modeling E-business[C]. Proceedings of the 15th Bled Electronic Commerce Conference e-reality:Constructuring the eEconomy. Bled, Slovenia,2002.

199　吴应良. 电子商务概论[M]. 广州:华南理工大学出版社,2003.

200　董雪宾,朱慧. 电子商务教程[M]. 杭州:浙江大学出版社,2005.

201　刘伟江,王淑华,杨艳萍. 电子商务模式分析及展望[J]. 吉林大学社会科学学报,2001(4):40-45.

202　Bambury P. A taxonomy of internet commerce[J]. First Monday,1998,10(3).

203　电子商务模式:创新为魂[EB/OL]. 中国电子商务论坛, http://www.cecb.cn/read.php?tid-3200-page-e-fpage-14.html.

204　Mahadevan B. Business models for Internet based e-commerce:an anatomy[J]. California Management Review,2000,42(4).

205　吴晨,梅姝娥. 电子商务模式的多维分类体系研究[J]. 华东经济管理,2005(9):80-84.

206　Q. Todd Dickinson. Can You Patent Your Business Model[J]. Harvard Business Review. Jul/Aug2000, Vol.78 Issue 4,p16.

207　Anonymous. Business Method Patents Take on Prominence in Battle for Internet Dominance[J]. PR Newswire,08/01/2000.

208　N/A. Business methods boom in Japan[J]. Managing Intellectual Property. Sep2000 Issue 102,p31,3p.

209　吕本富. 企业e转型的路径[J]. IT经理世界,2001(10).

210　刘远航,等. 网络营销的理论创新与优势[J]. 商业研究,2000(11):3-4.

211 方孜,王刊良.基于5P4F的电子商务模式创新方法研究[J].中国管理科学,2002(4):74-81.
212 B4C与B2B、B2C、C2C三种主要模式对比分析[EB/OL],http://www.gogoemule.com/Shopping/2007-4-26/ B4C-Yu-B2BB2CC2C-SanChongZhuYaoMoShiDuiBiBanSi-299x05.html.
213 商业模式创新的四种方法[EB/OL]. http://www.cyzone.cn/a/20120717/229820.html.
214 2014年八大电商创新商业模式[EB/OL]. http://www.fashangji.com/news/show/3613/.
215 电子商务企业如何进行商业模式创新[EB/OL]. http://www.cyzone.cn/a/20111230/221079.html.
216 2016年Q2京东大事记[EB/OL]. http://www.v4.cc/News-1780725.html.
217 创新商业模式[EB/OL]. http://www.xuexila.com/chuangye/moshi/875603.html.
218 雷鸣,夏雨.京东商城的创新发展路径分析[J].市场研究,2014(4):40-41.

图书在版编目(CIP)数据

电子商务管理/曾小春主编. —2版. —西安:西安交通大学出版社,2017.8(2021.8重印)
ISBN 978-7-5605-9996-0

Ⅰ.①电… Ⅱ.①曾… Ⅲ.①电子商务-经济管理-教材 Ⅳ.①F713.36

中国版本图书馆 CIP 数据核字(2017)第 201555 号

书　　名	电子商务管理(第二版)
主　　编	曾小春
责任编辑	祝翠华
出版发行	西安交通大学出版社 (西安市兴庆南路1号　邮政编码 710048)
网　　址	http://www.xjtupress.com
电　　话	(029)82668357　82667874(发行中心) (029)82668315(总编办)
传　　真	(029)82668280
印　　刷	西安日报社印务中心
开　　本	787mm×1092mm　1/16　印张 19.875　字数 473千字
版次印次	2017年8月第2版　2021年8月第4次印刷
书　　号	ISBN 978-7-5605-9996-0
定　　价	39.80元

读者购书、书店添货如发现印装质量问题,请与本社发行中心联系、调换。
订购热线:(029)82665248　(029)82665249
投稿热线:(029)82668133　(029)82664840
读者信箱:xj_rwjg@126.com

版权所有　侵权必究